U0948767

【张学良研究中心系列丛书】

张氏父子与近代东北铁路建设

ZHANGSHIFUZIYUJINDAIDONGBEITIELUJIANSHE

张连兴 ◎主编

辽宁人民出版社

图书在版编目（CIP）数据

张氏父子与近代东北铁路建设 / 张连兴主编 . —沈阳：辽宁人民出版社，2021.6
ISBN 978-7-205-10194-7

Ⅰ . ①张… Ⅱ . ①张… Ⅲ . ①铁路运输—交通运输史—东北地区—近代 Ⅳ . ① F532.9

中国版本图书馆 CIP 数据核字 (2021) 第 093121 号

出版发行：辽宁人民出版社
地址：沈阳市和平区十一纬路 25 号　邮编：110003
电话：024-23284321（邮　购）　024-23284324（发行部）
传真：024-23284191（发行部）　024-23284304（办公室）
http://www.lnpph.com.cn
印　　刷：辽宁鼎籍数码科技有限公司
幅面尺寸：165mm × 235mm
印　　张：25.5
字　　数：366 千字
出版时间：2021 年 6 月第 1 版
印刷时间：2021 年 6 月第 1 次印刷
责任编辑：赵维宁　贾　勇
装帧设计：白　咏
责任校对：吴艳杰
书　　号：ISBN 978-7-205-10194-7

定　　价：70.00 元

“张学良研究中心系列丛书”编委会

《张氏父子与近代东北铁路建设》编委会

前 言

张氏帅府博物馆与辽宁张学良暨东北军史研究会，于 2019 年 8 月联合举办“张氏父子与近代东北铁路建设”学术研讨会。来自全国 18 个省市和日本的专家学者 60 人，提供论文 49 篇，对张氏父子与近代东北铁路各方面问题展开讨论。

铁路既是近代化的表征，又是带动近代化发展的载体和动力。东北属于后发地区，自 1894 年东北第一条铁路——关内外铁路修筑后，到 1920 年的 20 余年里，东北境内铁路增加很多，但几乎全在日、俄控制之中。清末民初，历届东北当局都意识到自主筑路在经济建设、国防建设和抵制外国势力侵入中的重要性，并进行各种努力，但均无多大实际成效。到了张氏父子执政时期，东北地方政府实行了坚定自主的筑路方针政策，经 10 年努力，终于修筑了 10 条自主经营的铁路。

1921 年至 1931 年，东北地方政府和部分商民投资修筑了锦朝、廾丰、打通、沈海、呼海、鹤冈、昂齐、齐克、吉海、洮索等 10 条铁路，营业里程总长 1521.7 公里，占东北铁路营业总长 6254.9 公里 25%；以京奉铁路干线为基础发展成为东北自建自营的铁路网和铁路运输的大系统，这一网络和系统的形成，与日本独资经营、中俄合办共管的铁路运输大系统并驾齐驱，形成了“三足鼎立”的局面。这种局面的出现，对东北经济社会发展，产生极大影响，具有非常积极的意义。

第一，东北自主建设自主经营铁路的出现，改变了东北铁路的投资结构和外资垄断的局面。同时也打破了外资垄断东北铁路管理的局面，并形成了东北地方政府经营的铁路网系统。此时，东北交通委员会管辖的国有和省有铁路的营业里程占东北铁路50%。[①]

在东北地区形成的三大铁路运输系统，南满铁路仍占据绝对优势地位。中东铁路车辆充足，经营时间较长，继续垄断东三省北部客货运输，其运输能力仅次于南满铁路。东北自主自营铁路运输系统，因资金、技术、设备等问题，与南满和中东铁路两大系统竞争，仍处于十分艰难的状态。为改变被动局面，东北当局对自建自营铁路采取联运、通票等措施，到1930年收到了明显效果，提高了与日俄两大铁路运输系统的竞争力。

第二，自主自营铁路的发展，推动了东北近代化进程。自主自营铁路的发展，对地区经济的振兴，对边疆地区的稳定和开发，都起到显著作用，其中对东北地区近代化事业的推动，是最为直接的。

铁路运营会极大地带动近代化的运输业、通信业、工业、商业、农业的发展。长期以来，东北的电信与日本控制的电信相互转接，致使沈阳地区的电信没有自己完整的系统网络。1923年创建的东北无线电台，设在沈阳故宫内。创建之初，只是从军事需要着眼，只装设1台马可尼发报机，当时它“只能与东北各大埠，如长春、哈尔滨、营口、卜奎（今齐齐哈尔）等处，传递官报”[②]。1924年2月，东北无线电台又装设1台较为完备的具有接收世界信息功能的无线电收发机，可直接接收欧美各国电报，并可收听世界各国发布的电讯新闻，这是中国与欧美直接通信的开端，被称为世界收发处。通信事业的建设与发展，打破了日、英等帝国主义国家垄断的电报权，加强了国际国内信息交流与沟通，促进了地区间的交流，从而推动了东北现代化各项事业的发展。

第三，铁路作为现代化交通工具，对工业的影响最为显著。首先，自主自营铁路带动了铁路沿线民族矿业兴起。东北矿产资源丰富，尤其是煤炭、钢铁和木材。这三者的开发是相互作用的，同时都离不开铁路运输。煤炭资源开采需要木材，外运需要铁路；铁矿的开采与冶炼需要煤炭，外

① 王贵忠：《张学良与东北铁路建设》，香港同泽出版社1996年版，第222页。
②《东北年鉴》，东北文化社，1931年，第616页。

运需要铁路；而铁路机车的运行需要煤炭，铁路和机车又需要钢铁和木材为原料。铁路的修筑和运行，直接促进了沿线煤炭、钢铁和森林资源的开发和利用。

自建铁路的运营，还直接带动了机车等重工业的发展。进入20世纪20年代，以沈阳为中心的重工业发展，出现了快速发展的态势。最具代表性的有东北大学工厂、皇姑屯机车车辆厂、东三省兵工厂附设机车车辆厂等。这些工业从无到有，再到迅速发展，不仅极大地促进了民国时期东北民族工业的进步，也增强了与列强抗衡的实力，并为新中国东北重工业基地的形成，打下了坚实的基础。

第四，自主自营铁路运营，对农业的促进十分明显。首先是方便了移民涌入，加速了东北土地开发。1925年至1931年，由于本国铁路实行减价免费运送关内移民政策，清末以来的“闯关东”难民乘车难的问题得到了解决。1929年6月，东三省交通委员会专门制定和公布了《东北开垦难民输送规定》，规定了各种优惠、减免政策，如单身男子只收三等票价的30%，女子只收15%。“确系垦荒带家眷者一律暂免收费”，移民携带农具行李一律免费运送。此项政策加上其他鼓励垦荒优惠政策的出台实施后，铁路每年运送出关人数多达80万至90万人，1931年竟超过了100万人①。人口、土地和粮食，是成正比同步增长的。粮食年产量从1912年的8002305吨，增至1930年的18865000吨，18年间净增10862695吨，平均每年净增603483吨。这是移民和开垦政策带来的直接成果，其中铁路运输的促进作用是重要因素。

第五，自建铁路方便了运输，在促进工农业发展的同时，也加快了农产品的商品化。据统计，20世纪20年代末，东北大豆的商品率为80%—83%，小麦79%，高粱为40%—42%。各类粮食作物平均商品率达到了53%左右。到1931年九一八事变前，东北地区不仅成为全国商品粮重要产区，也成为世界性商品粮生产基地，世界市场上的大豆80%来自中国东北。当时中国

① 王奉瑞：《东北之交通》，台北文海出版社，第49页。

处于内战不休和经济衰退的状态下，而唯有东北边疆自办铁路红红火火，民族工业迅猛发展，农业生产蒸蒸日上，并带动了对外贸易和商品经济的空前繁荣。

民国时期，东北地方政府自办铁路的成功，冲破了近代以来东北铁路建设和铁路运输由日俄两国独霸的局面，带动了工业、农业的快速发展，拉动了对外贸易和商业经济的快速增长，促进了东北地区城镇的崛起。自主修筑铁路和铁路事业的发展，其影响是多方面的，具有战略意义。

张连兴

2019 年 12 月

目 录

近代东北铁路的竞争与三足鼎立局面的出现

胡玉海

在中国近代铁路发展史上，东北铁路的发展占有重要地位。近代东北铁路发展是伴随各列强对东北铁路竞争开始的，英、俄、美、日等国都试图通过对东北铁路的修筑、借款等形式来占有，以达到扩张势力的目标。中国政府和东北地方当局清醒地认识到，在东北没有自主的铁路便没有“活路”。经前后几届政府的努力，到了张作霖时期，才有了近十条自主铁路的出现，并造成了与日、俄的铁路势力形成对峙，出现了“三足鼎立”的局面。

一、英、俄对关内外铁路的争夺与瓜分路权

英、俄两国在国际上的竞争由来已久，而对于在中国铁路上的争夺，是由清政府修筑关内外铁路引起的。1897 年，清政府已经拟订了将山海关铁路向关外延伸的计划，并决定继续任命英籍人金达[①]充当铁路工程的总工程师。

① 金达，英国人，名克劳德·威廉·肯特（C.W.Kinder），中国人称之为“金达”。1878 年，清政府成立开平矿务局，金达被任命为总工程师。1887 年，李鸿章决定修筑唐胥铁路。金达经天津税务司德璀琳的推荐，被任命为铁路工程的总工程师。1891 年，李鸿章在山海关督办北洋官铁路局，金达再次担任总工程师。金达来华，虽然是英国扩张在华势力的一种象征，但他在华期间，在铁路修筑、培养铁路人才等方面做出的突出贡献，已在中国近代铁路发展史上留下浓墨重彩的一笔。

清政府的行为立即引起俄国方面的强烈反应。同年 8 月 17 日，俄国代理公使巴布罗福向清政府递交照会，反对清政府任命英国人为关外铁路的总工程师。照会声称：闻清政府欲将“所有山海关以北至锦州、营口、沈阳、吉林铁路，赶紧开办”。更闻该铁路工程“交于英国矿师修造，以金达为首”。俄国认为在东北修筑铁路，特别是“锦州迤北一路”，“为俄国之要”。因此，清政府修筑铁路，“必不能置俄人于度外”，应当先行与俄国磋商，清政府如果在铁路工程中采用俄国人充当工程师，则“更属秉公之道”。清政府如有用款之处，俄国“亦可相助觅求”。同时，巴布罗福还表示，现已经将该问题向国内禀报，在俄国政府未做出外交表示之前，清政府不能自行决定铁路事宜[①]。几天以后，巴布罗福向清政府转达了俄国的训令，“要求以俄国的工程师替换金达的职位”。

俄国以金达为借口对英国在华扩张进行阻击，招致英国政府的不满。英国方面表示：“英国没有反对西伯利来铁路延长线之通过满洲，这表明了英国无意于阻碍俄国的发展；但是，除非认为山海关向北延展的铁路是一条俄国的铁路，俄国便没有理由反对中国政府雇用它所愿意的任何一个国籍的工程师，何况是一个这样充分得到他们信任的工程师。”[②]

1897 年 10 月，俄国代理公使巴布罗福访问了英国驻华公使窦纳乐，就金达事件进行交涉。窦纳乐明确表示：英国已经了解了俄国对金达的抨击，所以决定“立即采取步骤来保护一个英国公民的权利和利益”。对于英国人的强硬态度，巴布罗福表示：他本人“对金达并无反感”。他之所以坚决反对清政府“在北部延长线上雇用金达”，是因为中国政府已经向俄国表示，“不打算继续展修向北延长的路线”。也承诺俄国政府，一旦“在任何时候如果……要继续修筑”，本着“俄、中两国政府之间所存在的特殊友好关系”，中方“一定首先聘用俄国工程师……利用俄国的资本”。强调俄国对金达事件的干涉，主要是针对清政府的“违背诺言”。

①［总署行顺天府尹胡燏棻文，光绪二十三年七月二十六日］，宓汝成：《中国近代铁路史资料 1863—1911》第一册，中华书局 1963 年版，第 332 页。

②［窦纳乐致沙士伯雷函，1897 年 10 月 17 日］，宓汝成：《中国近代铁路史资料 1863—1911》第一册，中华书局 1963 年版，第 333 页。

经反复交涉，最终，清政府没有如俄国所要求的撤换金达，而代之以俄国工程师。

英、俄两国在针对“金达事件”进行中国路权争夺战的同时，又因铁路借款问题以及与借款相关的铁路抵押等问题产生冲突。这种冲突也是英、俄两国对中国进行铁路利权争夺的体现。

为筹措铁路经费，清政府决定向英国借款，并与英国汇丰银行签订了借款合同草约。清政府借用英国资本修筑关外铁路的行为，使俄国担心英国势力顺势入侵东北，因此强烈反对清政府借款筑路。同时，俄国代理公使巴布罗福称，中国政府如果向英国借款用于东北铁路的修建，则修筑的铁路不得用于借款抵押。

在与英国洽谈借款时，英国外交部表态：“如借英款修路，无论何国与中国有征战之事，英国必愿相助。”清政府“若交英国人办理，后来不论有何国向贵署争论，英国均有办法”。中方表示，中国向英国借款修路，“只将此路作保，并非作押”①。

在英国与中国官方交涉之时，俄国代理公使正式就清政府向英国借款修关外铁路一事提出三项要求：“一、不得以铁路抵押借款；二、不得以铁路为借款作保；三、铁路不得有泰西人管理”②。最终，清政府同意，“借款不得以此路作押，中国国家嗣后应永为此路之主，无论如何，永不得以此路或此路之一段藉词托故改为外国人产业，亦不得归外国人经营，亦不准外国人干预铁路相关之事”③。

俄国向清政府提出的这些要求，意在破坏英国攫取关外铁路权益、扩张在华势力的野心。英国当然不会因俄国的反对而就此作罢。1898 年英国方面派沙士伯雷与中国驻英公使会面，表示：“俄国没有任何权利来抗议汇丰银行贷与牛庄铁路的抵押借款”，对于俄国的无理要求，清政府应该

① [窦纳乐在总署晤谈纪要，光绪二十四年六月初六日]，宓汝成：《中国近代铁路史资料 1863—1911》第一册，中华书局 1963 年版，第 336—337 页。

② [窦纳乐致总署照会，光绪二十四年六月初九日]，宓汝成：《中国近代铁路史资料 1863—1911》第一册，中华书局 1963 年版，第 337 页。

③ [总署致窦纳乐照会，光绪二十四年六月十四日]，宓汝成：《中国近代铁路史资料 1863—1911》第一册，中华书局 1963 年版，第 337 页。

"置诸不理"[①]。

自从1897年，俄国占领了中国东北旅大，又同清政府签订了《东省铁路公司续订合同》，其势力已经全面入侵中国东北。1898年，清政府与英国签订了《山海关—牛庄铁路借款合同》，英、俄两国间的铁路之争愈演愈烈。1899年，英、俄两国在圣彼得堡进行了会谈，缔结了一项协约。协约的签订使英、俄斗争暂时中止。在协约中，双方对两国在华的势力范围进行了划分。协约规定："英国约定不在中国长城以北，为自己或为英籍臣民或其他人士争求任何铁路让与权，并且不阻挠——直接的或间接的——为俄国政府所支持的对这一地区铁路让与权的要求。"通过协约，英国承认了俄国在中国东北的铁路权益，同时承诺不染指东北铁路，分割俄国利益。协约也对俄国做了规定："俄国方面约定不在扬子江流域为自己或为俄籍臣民或其他人士争求任何铁路让与权，并且不阻挠——直接的或间接的——为英国政府所支持的对这一地区铁路让与权的要求。"[②]俄国承认了英国在扬子江流域的铁路权益，并承诺不在该地区进行势力扩张。

这是一份瓜分中国路权的协约。通过协约，英、俄两国划分了各自的势力范围，使其在铁路问题上的纷争暂时缓和。

二、俄国"借地筑路"与势力扩张

俄国人欲在西伯利亚兴建铁路的动机很早。在1857年（咸丰七年），罗曼诺夫就建议西伯利亚总督，兴建索菲斯克至德喀斯脱里斯湾的铁路，因资金无着而搁置。直到1895年这条西伯利亚铁路修到了贝加尔湖的上乌丁斯克后，关于铁路线路的走向出现两种意见。西伯利亚铁路原来的路线是：由赤塔沿石勒喀河和黑龙江北岸曲折前行，到伯力后再顺乌苏里江东岸南下，一直到达海参崴。在路线勘测中发现，石勒喀河和黑龙江北岸

①［沙士伯雷致窦纳乐电，1898年8月8日］，宓汝成：《中国近代铁路史资料1863—1911》第一册，中华书局1963年版，第337页。

②［英俄瓜分中国路权范围的协议，1899年4月28日，圣彼得堡］，复旦大学历史系中国近代史教研组：《中国近代对外关系史资料选辑1840—1949》上卷第二分册，上海人民出版社1977年版，第119页。

的地质和气候条件复杂，而且人烟稀少。这时，以财政大臣维特为代表的一派，极力主张穿过中国东北北部地区直达海参崴；以外交部亚洲司司长卡普尼斯特为代表的一派，则主张穿过中国北部直达布拉戈维申斯克，而不是海参崴。

俄国政府内部对铁路线路的走向问题展开了激烈的争论，卡普尼斯特批评维特的方案是一个冒险方案。认为将这条长达1500—2000俄里的铁路，“建筑在外国领土上”，而且“与我国边界又相距甚远”。从军事角度看这是史无前例的冒险行为。而且，这样做又势必导致对中国的瓜分，其结果就会出现包括英国在内的一些国家“对这些或那些沿海基地”的侵占，这对俄国战略是不利的。即使不从战略上考虑，维特的计划也“没有提供相应的利益”[①]。维特为反驳对他的批评，从三个方面强调其方案的重要意义：一是从铁路建筑方面，该线路能缩短700俄里的路程[②]，并节省3 500万卢布的建筑费用。二是具有重大的政治和军事战略意义，它将“使俄国能在任何时间内在最短的路上把自己的军事力量运到海参崴及集中于满洲、黄海沿岸及离中国首都的近距离处”，可极大提高俄国的威信和影响”。三是具有重大的经济意义，建成这条线路，海参崴将成为“满洲大部分地区的主要港口”，把欧俄、西伯利亚、乌苏里边区联结起来，“提供非常有利于俄国商业的条件”[③]。维特还进一步强调：“中国、日本和朝鲜，这三个国家的人口总和不下四亿六千万……欧洲文明各民族都致力于占领东方亚西亚市场，毫不吝惜任何代价。”[④]最后，维特的铁路线路方案被俄国政府采纳了。

西伯利亚铁路通过中国东北这一路线确定后，该如何取得在东北占地筑路的权利呢？维特向中国驻俄大使许景澄函述：俄国“防备”日本非常急切，现在已经赶造西伯利亚铁路，建议中国“造路与彼接连，两收通商调兵之利”。直到这时，俄国并没言明借地，只是不断催促中国尽快修路。

①［苏］鲍·亚·罗曼诺夫：《俄国在满洲》，列宁格勒1928年版，第98页。
②另一说是：原路线为3080俄里，从赤塔到海参崴约计2100俄里，即缩短980俄里。
③张蓉初：《红档杂志有关中国交涉史料选译》，三联书店1957年版，第169—173页。
④［苏］鲍·亚·罗曼诺夫：《俄国在满洲》，列宁格勒1928年版，第58页。

到1895年12月上旬，维特邀晤许景澄，说中国自造铁路，“目前未必有款，又无熟悉工程之人办理，恐难迅速”。所以他提出，“莫如准俄人成立一公司，承造此路，与中国订立合同”[①]。清政府看出俄方虽以公司名义进行商办，而实际上是俄廷自为，“惟有自造铁路，在中俄交界，与彼相接，方无流弊”[②]。所以，清政府明确向俄表示，由自己造成铁路与俄铁路相接。

俄国欲在中国东北借地筑路，是在三国干涉“还辽”之后，当然要引起国际社会的广泛关注，各国报刊“皆谓中国已允俄国在满洲通造铁路，以为相酬”[③]。恰在此时，华美合兴公司的代表巴什也向清政府提出承揽东北铁路工程的要求。其计划是：以“辽东湾某海港为起点，向北伸展经过牛庄、沈阳和吉林”，然后由“吉林经齐齐哈尔同俄国横贯西伯利亚铁路某站相接。同时，从沈阳往南伸向朝鲜边界”[④]。并确立公司对满洲一切铁路建筑为期30年的垄断权。[⑤]

华美合兴公司为消除俄国对美国的疑虑，一再向俄国表示友好，保证美国没有“领土野心”，不对沙俄在中国东北的利益“构成威胁”。为了迎合俄国的利益，在东北修筑的铁路采用和俄国相同的路轨，还可转让股份与债券总数的40%。[⑥]对华美合兴公司上述友好表示，俄国则坚持认为无论从政治的角度，还是从经济的角度，美国都是在与俄国针锋相对的。于是，沙俄政府命其驻北京公使尽力活动，“务必使中国将满洲铁路干线和支线的租让权无条件地给予俄国公司，拒绝任何外人插手”。俄国公司在北京采取双管齐下的策略：一方面设法使华美合兴公司放弃在东北修筑铁路的计划；一方面建议俄国政府向清政府施压，“如中国政府拒绝由我国（俄国）修筑铁路，必将招致严重的后果”[⑦]。俄公使喀西尼甚至威胁

① 许景澄：《许竹筠先生出使函稿》卷12，铅印本，1898年版，第9页。

② 王彦威编：《清季外交史料》卷118，清季外交史料编纂处铅印本，1934年版，第3页。

③ 许景澄：《许竹筠先生出使函稿》卷12，铅印本，1898年版，第6页。

④［苏］福森科著，杨诗浩译：《瓜分中国的斗争和美国的门户开放政策（1895—1900）》，三联书店1958年版，第45页。

⑤［苏］鲍·亚·罗曼诺夫：《俄国在满洲》，列宁格勒1928年版，第103页。

⑥ 王学良：《美国与中国东北》，吉林文史出版社1991年版，第12页。

⑦［苏］鲍·亚·罗曼诺夫：《俄国在满洲》，列宁格勒1928年版，第59页。

说："中国不顾邦交，我与日本联络，另筹办法。"[①]对于沙俄这种威胁，清政府虽然没有俯首就范，但也没有更为积极的应对政策。

1896年5月26日，沙皇尼古拉二世举行加冕大典。清政府应俄国之意愿，派李鸿章为"钦差头等出使大臣"赴俄，并顺路访问英、德、法等国。表面上李鸿章是以专贺俄皇加冕而出使俄国，但中俄双方都清楚李鸿章此行是为俄国欲"借地筑路"交涉而赴俄的。5月3日，在双方秘密谈判一开始，维特就摆出一副"救星"的样子，说"我们帮了中国不少的忙，中国因为我们才能完整地保存着"。接着就和盘托出其计划："为了使我们维持我们所提倡的，必须先让我们有一种能够实际上帮忙的地位。我们没有铁路，自然无从帮忙，因为我们的军力大部分在欧洲各国。只有建设铁路，才能将欧洲和海参崴及中国联在一起。……所以需要从俄国修筑通过中国而到海参崴的铁路。"[②]李鸿章对这条铁路在政治、军事上发挥的作用是比较清楚的。所以，他明确表示反对，坚持要修就由中国自己来修。维特也不客气地说："如果中国自己修筑，恐非十年不成。"接着又说，如果不让俄国来修，今后就不能帮助中国，他们可以另想办法。前面说的是实情，后面说的则不是友谊，而是威胁。

李鸿章此次出使俄国，已内定要联俄制日，所以本来就要给俄国一些便宜，但这是以不损主权为前提的。维特见李鸿章疑虑重重，便奏请沙皇秘密召见李鸿章。召见时，尼古拉二世表示："我国地广人稀，断不占人尺寸地。中俄交情，近加亲密，东省接路实为将来调兵迅捷，中国有事，亦便帮助，非仅利俄。惟华自办，恐力不足。或令在沪华俄银行承办，妥立章程，由华节制，定无流弊，各国多有此例。"[③]俄皇的这番表白，使李鸿章心理发生变化，特别是由华俄银行承办，由中国节制的说法，使他的担心和警觉都放松了。他在给总理衙门的电报中说："俄方动机，纯欲与我成立友好关系，我若拒绝，彼必深憾，且将为我之害。"[④]5月27日，

① 翁同龢：《翁文恭公日记》第35卷，商务印书馆1925年版，第27页。

② 密约交涉未刊电稿，二十九，转引自董守义《李鸿章》，哈尔滨出版社1996年版，第438页。

③ 王彦威编：《清季外交史料》第121卷，北平1934年版，第5页。

④ 王芸生：《六十年来中国与日本》第3卷，三联书店1980年版，第110页。

清廷总署大臣集体定议照办，28 日请旨，29 日发电给李鸿章。经过 5 月 3 日至 6 月 3 日历时一个月的谈判，《御敌互相援助条约》签订。条约共六款，其要点是：一、日本如侵占中、俄或朝鲜土地，中、俄海陆军互相援助，军火粮食，互相接济。二、非两国共商，不得与敌议和。三、开战时，中国所有口岸，准俄兵船驶入。四、中国允许华俄银行于黑龙江、吉林接造铁路，以达海参崴，合同另订。五、开战时，俄用该铁路运兵运粮运械，平时亦可运兵运粮过境。六、铁路合同批准，此约生效，以十五年为期。条约签订后，李鸿章自我感觉良好，他认为此行达到了“联络西洋，牵制东洋”的目的。所以当他回国时，很自信地对人说“二十年无事，总可得也”。

在中国近代史上的所有不平等条约中，《御敌互相援助条约》是最典型的不平等条约。通过此条约，俄国在中国建筑中东铁路，而中国得到的只是第一款“互相援助”的承诺。该条约是俄国扩张势力阴谋的一个重要组成部分，事实正如格林斯基所评论：“占领满洲不是俄国的最终目的，俄国应分得这个中国巨人的大部分。”①《御敌互相援助条约》签订和中东铁路在东三省全线开始修建后，俄国采取各种手段扩张在中国东北的权益，很快就使东北沦为俄国的势力范围。促使这一局面出现，是俄国通过政治、军事扩张的手段才得以实现的。

清政府在沙皇俄国步步紧逼面前，不断退让，“充分说明中国在 19 世纪末所处的经济和政治衰败的状态”。这让世界列强进一步看清了大清帝国的虚弱本质。沙皇俄国“借地筑路”和《御敌互相援助条约》的签订，既导致东北亚国际局势紧张，又引发了帝国主义瓜分中国狂潮。

三、日俄战争与日俄南北满的势力划分

俄国在中国东北的独霸行为，不仅加深了与中国的矛盾，同时也激化了俄国同日、英、美等国的矛盾。其中，日本因地缘利益关系，与俄国的矛盾最为激烈。而英、美对俄的强硬立场，对日本是一个强有力的支持。

① ［苏］B. 阿瓦林：《帝国主义在满洲》，商务印书馆 1980 年版，第 36 页。

日本自从与英国缔结同盟条约后，就已决意不惜用战争来解决与俄国之间的矛盾。1902年8月，日本在向俄国提出谈判划定各自在东北亚地区的势力范围时，曾遭俄国拒绝。1903年6月，日本的御前会议和内阁会议做出决议，要认真“解决”在东北亚的势力范围问题：“一旦提出建议，即须排除万难，坚决贯彻我方目的”[①]。战争的危机已露端倪。

随后，日本向俄国提出6条草案，主要内容是：日、俄两国相互承担义务，尊重中国和朝鲜的独立和领土完整，维护各国在该两国的工商业机会均等；俄国承认日本在朝鲜的优先利益，日本承认俄国在满洲铁道经营方面的特殊利益；将来朝鲜境内的铁路延长到南满，与中东铁路及山海关至牛庄铁路相连接，俄国不予干挠；等等[②]。日本是打着尊重中国、朝鲜的独立和领土完整的旗号向俄方提出建议的，而要达到的目的却是通过铁路延伸的方式，使自己的势力扩展到南满和整个东北地区；给予俄国的只是承认其在中国东北铁路经营方面的特殊利益。

按俄国独霸中国东北的扩张思路，日本这样的建议，是根本不能接受的。俄国回应日本建议的原则是：日本必须“确认满洲完全处于它的利益范围之外”，而“俄国准备捍卫自己在满洲的利益，如果必要，即不惜诉诸武力”[③]。并提出了8条对案，主要内容是：日本有向朝鲜提出“建议”和提供经济援助以及派兵到朝鲜保护日本“工商利益”的权利；日本保证在出兵朝鲜时“事先通报俄国”，日本不在朝鲜海岸建军事设施，日本不得派兵进驻北纬39°以北的朝鲜地区；日本必须“承认满洲及其海岸全然在日本利益范围之外”[④]。

由此看出双方完全针锋相对，俄国一方面在对日本在朝鲜特殊权益肯

① 日本外务省编：《日本外交文书》第36卷第1册，日本国际联合协会1957年版，第4页。

② 日本外务省编：《日本外交文书》第36卷第1册，日本国际联合协会1957年版，第12—13页。

③ 苏联国家中央档案馆：《日俄战争》，见崔丕：《近代东北亚国际关系史研究》，东北师范大学出版社1992年版，第220页。

④ 日本外务省编：《日本外交文书》第36卷第1册，日本国际联合协会1957年版，第23页。

定的同时，又加以限制；另一方面告知日本不要谋取满洲的任何权益。从双方提出方案所划势力上看有一个共同点，即我的势力范围你不能进入，而你的势力范围我要进入。在谈判中日本曾提出只要俄国承认“朝鲜在俄国的利益范围之外”，日本即可承认“满洲在日本利益范围之外”[①]，这种互相承认独占地位的方案遭到俄方拒绝，日本又不肯妥协，就只有战争一条路了。

1904 年 2 月，日俄战争拉开了帷幕，经一年多激战，最终以日胜俄败宣告结束。1905 年 8 月 10 日，日、俄在美国海军军港朴次茅斯正式媾和谈判。9 月 5 日，双方正式签订了《日俄和平条约》及附加条款，因是在美国朴次茅斯签约，所以通称日俄《朴次茅斯条约》。该条约正约和附约共 17 款，其中有 7 款涉及中国东北主权[②]。归纳 17 款主要有 6 项内容：1. 俄国承认日本在朝鲜有“指导、保护、监理”之权，俄国“不得阻碍干涉”日本认为必要的措施；2. 俄、日两国同意在 18 个月内从中国东北撤军，两国占领的东北三省地方交还中国政府；3. 经中国允许，俄国将旅顺口、

① 日本外务省编：《日本外交文书》第 36 卷第 1 册，日本国际联合协会 1957 年版，第 28 页。

② 这 7 款分别是：第三条 日俄两国约定两点：一、除辽东半岛租借权所及之地域不计外，所有在满洲之兵，当按本条约附约第一款所定，由两国同时全数撤退；二、除前记之地外，现被日俄两国军队占领及管理之满洲全部，交还中国接收，施行政务；俄国政府声明在满洲之领土上利益，或优先的让与，或专属的让与，有侵害中国主权及有违机会均等主义者，一概无之。第四条 日俄两国彼此约定，凡中国在满洲为发达商务工业起见，所有一切办法列国视为当然者，不得阻碍。第五条 俄国政府以中国政府之允许，将旅顺口、大连湾并其附近领土领水之租借权内一部分之一切权利及所让与者，转移与日本政府，俄国政府又将租界疆域内所造有一切公共营造物及财产，均移让于日本政府。第六条 俄国政府允将由长春（宽城子）至旅顺口之铁路及一切支路，并在该地方铁道内所附属之一切权利财产，以及在该处铁道内附属之一切煤矿，或为铁道利益起见所经营之一切煤矿，不受补偿，且以清国政府允许者，均移让于日本政府。第七条 日俄两国约在满洲地方，各自经营专以商工业为目的之铁道，决不经营以军事为目的之铁道。但辽东半岛租借权效力所及地域之铁道不在此限。第八条 日本政府及俄国政府，为图来往输运均臻便捷起见，妥订满洲接续铁道营业章程。附约中第一条 自讲和条约施行之日起，以十八个月为限，所有两国在满洲之军队除辽东半岛租借地外，一律撤退。两订约国可留守备兵，保护满洲各自之铁路线路，至守备兵人数，每一公里不过十五名之数，由此数内，日俄两国军司令官可因时酌减，以至少足用之数为率。步平等编著：《东北国际约章汇释》，黑龙江人民出版社 1987 年版，第 278—281 页。

大连湾及附近领土领水之租借权转让日本；4. 俄国将宽城子（长春）至旅顺口间之铁路转让日本；5. 日、俄两国撤军后，仍留守备兵以“保护铁路”，在各自经营线的铁路上，每公里配备 15 名守备兵；6. 俄国将北纬 50° 以南的库页岛割让给日本，并允许日本在滨海州沿岸享有捕鱼权。

日本为逐一消化落实战胜果实，先是逼迫朝鲜与其签订了第一次《日韩协约》。接着开始与清政府举行谈判，最后签订了《中日中日会议东三省事宜条约》，其中规定，中国同意《朴次茅斯条约》第五、六款让与日本的权益。这样，日本不仅完全继承了俄国的地位，而且攫取了许多额外利益，如东三省开埠 16 处，增加了法库门及宁古塔两处（第一条）；日本有权在铁路沿线配备守备兵（第二条）；日本得以在营口、安东、奉天划定租界（第九条）①。

上述条约表明，日、俄两国战略矛盾的冲突所导致的战争，最终是以牺牲中国权益作为双方和谈条件的，是以重新分割而达成协议的。战争中，中国以中立国地位处于中立状态；和谈期间，中国被摈弃于日俄和谈之外；日俄达成协议后，中国又被迫接受日俄对中国东北地区的政治分割。所以，日俄战争双方，战败者俄国无所损；战胜者日本从中国攫取到权益；中立者中国是真正的最大受害者。

日本作为胜者，在中国东北攫取了旅顺口、大连湾及附近领土领水之租借权，宽城子（长春）至旅顺口间铁路控制权，撤军后仍可留守备兵以“保护铁路”权，并以此为据继续扩张这种权益，如通过《中日中日会议东三省事宜条约》，又可经营安东至奉天、奉天至新民厅所筑之军用铁路，以致将来从宽城子展筑铁路至吉林等权益。这些权益都是具有决定意义的，由此，就决定了日本在南满地区的优势地位。俄国作为这场战争的败者，最大的损失是转让了在中国取得的权益，但仍保有对中东铁路的控制权。这样，就使列强在中国东北的力量配置发生了变化。一方面是俄国独霸东北局面的结束和日俄分踞东北局面的开始，日俄分别通过控制南满铁路和中东铁路，划定了两国在东北地区的势力范围；一方面是英、美等国的进一步插足东北，形势趋于复杂和激烈。为应对日趋复杂的东北亚局势，日、

① 步平等编著：《东北国际约章汇释》，黑龙江人民出版社 1987 年版，第 278—281 页。

俄两国在条约的基础上，分别调整各自的战略目标。

日俄战争，是俄国扩张战略与日本“北进”战略相矛盾冲突的产物，双方均以争夺中国东北为目的。战争结束后，这种战略上的冲突虽然没有本质上的变化，却出现了不同于以往的新趋势。最为显著的特点是，日本和俄国由交恶变为修好，两国为巩固他们在东北亚地区已经获取的利益，联合一起，共同抵抗美国等势力进入这一地区；同时，两国在以铁路为据分别控制南北满的格局下，既相互戒备和竞争，又不断地交涉签订密约，划分势力范围。这一特征一直持续至九一八事变。

四、自主筑路与三足鼎立局面的出现

日俄以经营铁路的方式分踞南北，并以咄咄逼人的气势向清政府提出种种无理要求，尤其是日本的威胁让清政府感到无法容忍。东北地方官员虽力图抵制日俄势力扩张，但没有实力的口舌之争，是无济于事的。为改变中国政府在东北边疆困难而又紧张的局面，清政府和东北边疆大吏都极力主张图强自救。

徐世昌在就任东三省总督前曾在一份奏折上提出，“充实内力”和“抵制外力”，是解决目前东北问题的关键。1907 年 4 月，徐世昌上任后，经考察认为要摆脱日俄在东北挟制的局面，必须把英美商人的资本引进东北，以造成均衡的态势。集各国的财产，以“谋发达三省之实业，则各国势力均，财产重，而两强之狡谋戢，将易兵战而谋商货之利益，则我之疆土保，主权固而京师东北之屏藩巩固，关以内方可无忧矣”[①]。

徐世昌的主张是全方位的，但重点是开办银行和修筑铁路，以发展东三省的经济，振兴地方，达到不战而“驱”人之兵的目的。徐世昌基于上述认识，上任后即开始实施他的主张，到 1909 年 5 月离任，两年间他曾致力于东三省银行建立和铁路建设，但均未获得实质性成果。徐世昌希望锡良到任后，“全力关注，锐意以图，使东三省危而复安，以竟其未达之

① 徐世昌：《退耕堂政书》卷 7，台北文海出版社 1968 年版，第 4 页。

志”[①]。从后来锡良在东三省的作为上看，与徐世昌的引进外资造成“均势”，以抗衡日俄的思路是一致的。

锡良上任后，1909年5月至1910年5月，中日、中俄、中美、中英之间签订了《东省铁路公议会大纲》《东三省交涉五案条款》《锦瑷铁路借款草合同》《安奉铁路购地章程》等约18个条约，其中日本就占了13个。通过这些条约，使日本的要求不断得到满足，而中国的要求却不断受到打压。这种严峻的外交现实，让锡良与徐世昌更感责任重大和焦虑不安，日俄在东北“头头是道，我则首尾受敌，徒拥领土之权，竟无一路可以自由兴筑”[②]。1907年7月，锡良上奏《密陈东三省关系大局情形折》中指出：“三省则实切近心腹之区，稍有挫失，不堪设想，亦不忍言，所谓卧榻之侧不容他人鼾睡者也。”[③]在奏折中，他一面请款设立银行，一面主张借款修筑铁路。

锡良和朝野大多数人主张相同，徐世昌上条陈呼吁：“以东三省论，非联合欧美不足以抵制日俄”[④]。驻日公使胡惟德此时向外务部报告说：“两三年来，欧美各国颇不满意于日本官员在东三省之行为，啧有烦言，甚至有英日解盟，美日失好之说。”建议中国抓住时机，进一步改善中美、中英关系，对中美关系要“尤宜加意维持”[⑤]。这个时期，东北地方政要与清政府已经形成共识，即通过引进外力以抗衡日俄。

引进英、美势力以抗衡日俄的政策与英、美伺机进入东北之心契合，1909年9月底，司戴德作为新任美国银行团代表来到沈阳，开始与锡良正式交涉锦（州）瑷（珲）铁路问题。10月2日，双方签订《锦瑷铁路借款草合同》。但最后锦瑷铁路计划还是夭折了。锦瑷铁路建设计划的夭折，实际上就是引入外力抗衡日俄外交战略的失败。

①《徐世昌年谱》上卷，《近代史资料》总69号，中国社会科学出版社1989年版，第37—38页。

② 中国社会科学院历史研究所第三所编：《锡良遗稿》第2册，中华书局1959年版，第950页。

③ 中国社会科学院历史研究所第三所编：《锡良遗稿》第2册，中华书局1959年版，第929页。

④ 徐世昌：《退耕堂政书》卷34，台北文海出版社1968年版，第10页。

⑤《清宣统朝外交史料》卷4，北平外交史料编纂处，1932年版，第27页。

到了赵尔巽时期，也积极推进在东北自建铁路的主张，但仍是没有任何实质性进展。这样，日、俄以铁路控制中国东北的独霸局面，似乎就很难打破了。

进入民国后，特别到了张作霖统治时期，自主修筑铁路的愿望更加强烈。但自主修筑铁路的客观环境不但没有好转，相反日本在强势推进铁路扩张下，通过《中日中日会议东三省事宜条约》，对东北当局自建铁路的打压更加严重了。无论在东北何地修筑自主的铁路，日本都会说成“南满铁路平行线”，加以阻挠。面对日本对东北自主筑路的干涉和阻挠，东北地方政府采取一系列措施和手段，推进自主筑路的方针。

第一，通过向日本借款作为条件，换取日本的让步。要建成由自己独自经营而不受外国控制的铁路，必须使用本国官府或本国商民的投资，铁路建设也必须使用本国的技术力量，这样才能完全摆脱日本及南满会社的控制。但在袁世凯时答应了日本满蒙五路借用日本资金历史背景下，还必须与日本方面协调关系。这期间，东北地方政府就用洮昂和吉敦两条国有铁路向日本借款作为交换条件，换取了自主修建奉海和打通铁路的权利。在自己国家的土地上修筑铁路，却要以向外国借款作为交换条件，是一件违背常理的怪事。但在那个国权丧失的非正常年代里，作为地方政府敢于做出如此设想，是一种维护国权的尝试，实在是难能可贵。奉海和开丰两条铁路线的换回，就使海龙至吉林的吉海铁路预定线不再与日本的南满铁路直接相连了，日本方面的吉海路借款权也同时失去条约上的根据。这在经济上竞争和国防安全方面，都具有重要意义。

第二，顶住日本的压力，实行坚定的自主筑路方针。1923年年初，奉天省省长王永江开始筹建沈海铁路，表示要“不依靠外国借款，完全用奉天省自己的力量修成一条模范铁路”①。对此，“满铁”横加干涉阻挠，蛮横地说：“不论民国是利用本国资本修建，还是用外国资本修建，只要不依靠日本资本，即显然侵害日本的既得权利。”② 这显然不是交涉，而是露骨地推行一种强盗逻辑。

① 吉林省社会科学院：《满铁史资料》第2卷第3分册，第729页。

② 王芸生：《六十年来中国与日本》第5卷，三联书店1979年版，第93页。

对日本帝国主义这种强盗逻辑，东北地方政府采取针锋相对斗争的方针。1926年，当东北地方政府正在筹建打通铁路时，日驻奉天总领事吉田茂即提出口头抗议：东北当局一面借款修建铁路，一面利用这个时机修建南满平行线路，这是日本不能默认的。接着送交照会，抗议打通铁路计划。张作霖也以照会的方式驳斥吉田茂："现在并无计划铺设之事，如将来为开发奉省起见，经官府或人民提议兴修，事关内政"，日本政府亦"无干预之必要"。打通铁路按计划开工后，"满铁"竟要求东北当局停止施工。奉天省按计划加快工程进度，终于建成了第一条铁路干线。事实正像常荫槐向路局人员所说的那样："坚定地实行自己的铁路计划，日本的无理抗议是不足畏惧的。"[①]

第三，多方筹措资金，调动各方筑路积极性。自主筑路，除外国干涉问题外，最大的困难是财政经济问题，这也是东北长期不能实行自主筑路的根本症结。张作霖出任奉天督军兼省长的第二年，开始任用王永江为奉天省财政厅长，并对王说："东北这么大，为什么穷得没有钱花？你去接财政厅长，看看毛病在哪儿。"王永江接任财政厅长后，大力整顿金融，整顿吏治，发展实业，均取得成效。到1921年，不仅填补了前任所累积下来的赤字，而且省库还结余1100万余元。奉省进入了"人民生活比较充裕"，"经济比较稳定"的时期[②]。奉天财政经济好转，为自主筑路提供了经济基础。

为解决筑路资金问题，奉天省还采取调动各方面筑路积极性的方针，官办、商办、官商合办并举。开丰铁路就是采纳了冯守田的建议，由民间举办，节节推进，"先由开原至西丰铺一轨路，即刻通车，俟进款有余，再按段推进"。通过民间筹资的方式，建成了开丰铁路。还有奉海铁路，是东北第一条官商合办铁路干线。

清朝末期到1931年九一八事变，东北地方政府在近40年的自建铁路进程中，前30年虽然也做了很大的努力，却没取得实质上的成就。在这

---

① 辽宁省档案馆日文档案，交通邮电卷，663号卷。

② 陈裕光：《王永江整顿奉省财政之前前后后》，《吉林文史资料选辑》第4辑，第177页。

后10年，东北地方政府自主建成了10条铁路，总长2243公里，占当时中国国有、省有铁路10434公里22%。占东北铁路营业总长6254.9公里24.32%；以京奉铁路干线为基础发展成为东北自建自营的铁路网和铁路运输的大系统，与日本独资经营、中俄合办共管的铁路运输大系统并驾齐驱，形成三足鼎立的局面。

民国时期，东北地方政府自办铁路的成功，冲破了近代以来东北铁路建设和铁路运输由日俄两国独霸的局面，带动了工业、农业快速发展，拉动了对外贸易和商品经济增长，促进了东北地区城镇崛起。自主修筑铁路和铁路事业的发展，其影响是多方面的，具有战略意义。

作者单位：辽宁大学历史学院

近代东北铁路建设与晚清政府的外交策略

许淳熙　　杨韵华

一、引言

清末，中国封建统治日趋没落，而资本主义国家则发展迅速，开始了大规模海外殖民扩张。中国拥有广阔的市场和丰富的资源，成为列强激烈角逐的对象。抢夺在华的铁路修筑权，通过开发铁路扩张势力，掠夺中国的资源，成为列强重要的侵略方式。自 1876 年英国在上海修建中国第一条铁路——吴淞铁路以来，列强在华修筑的铁路达 33 条，其中仅东北地区就有 25 条，竟占总数的四分之三。近代中国东北铁路，是在 20 世纪初沙俄帝国主义侵略中国东北而开始铺设修建的。围绕近代东北铁路建设，俄、日充当急先锋，美、英跟进，均积极抢夺筑路权，以扩张势力，达到殖民统治之目标。对于其时的中国而言，一方面东北地区急需修筑铁路来促进经济发展与国防建设，却严重缺乏资金；另一方面又需要防止列强通过铁路借款与攫取铁路修筑权来侵略扩张，进行掠夺。在国力不济的情况下，通过外交策略来制造列强在华互相制衡的局面，成为其时所乐道的应对之策，为此，清政府与各帝国主义国家围绕东北铁路修筑权与铁路借款开展了一系列的外交活动。

本文以探讨在近代东北铁路的建设过程中，晚清政府对外交涉的策略为主题。首先概述俄、日、英、美为染指东北铁路而进行的活动，继而分析清政府与各国交涉的状况，并从中归纳出针对东北铁路建设，晚清政府先后采取的三种对外交涉策略：联俄拒日策略，均势外交策略，亲美以遏制日俄策略。

二、俄、日、英、美染指东北铁路

近代东北铁路的建设史也是一部帝国主义列强入侵史与对东北资源的争夺史，围绕东北铁路，俄、日、英、美纷纷伸出魔爪。

（一）俄国

俄国一直把吞并中国东北地区作为它的既定国策，末代沙皇尼古拉二世和主管远东外交事务的财政大臣维特制定了运用银行和铁路，向中国进行经济扩张的远东政策。东清铁路（1920 年起称中东铁路）即沙俄远东政策的产物。

俄国在 1891 年开始修筑西伯利亚铁路，其主要战略目的之一，就是实现对中国的侵略计划。1896 年，当西伯利亚大铁路修筑到外贝加尔湖的上乌丁斯克时，俄财政大臣维特提出修改该铁路的线路走向，主张直接穿过中国东北部地区而连接海参崴。维特在致沙皇的《节略》中强调，按此方案不仅可缩短 700 俄里的路程，节省 3500 万卢布的费用，而且“从政治和战略方面来看，这条铁路将有这种意义，它使俄国能在任何时间内在最短的路上把自己的军事力量运到海参崴及集中于满洲、黄海海岸及离中国首都的近距离处。相当数目的俄国军队在上述据点的出现，一种可能性是大大增加俄国不仅在中国并在远东的威信和影响，并将促使附属于中国的部族和俄国接近”[①]。

清光绪二十二年（1896），沙俄威逼清政府特使李鸿章，签订了《御敌互相援助条约》（简称《中俄密约》）[②]，其中第四条规定“今俄国为

① 张蓉初译：《红档杂志有关中国交涉史料选译》，三联书店 1957 年版，第 169 页。
② 王铁崖编：《中外旧约章汇编》(第一册），三联书店 1957 年版，第 650—651 页。

将来转运俄兵御敌，并接济军火、粮食，以期妥速起见，中国国家允于中国黑龙江、吉林地方接造铁路，以达海参崴……其事可由中国国家交华俄银行承办经理。至合同条款，由中国驻俄使臣与银行就近商订”，从而获得了筑路权。1898 年，华俄道胜银行北京分行经理璞科第又与清政府签订了《旅大租地条约》和《续旅大租地条约》，取得了从中东铁路干线修筑一条支线到旅顺、大连的权利。[①]

1897 年 8 月 16 日，东清铁路破土动工，以哈尔滨为中心，分东、西、南三线六处同时开始相向施工。北部干线（满洲里到绥芬河）和南满支线（宽城子至旅顺）及其他支线，全长 2500 多公里，采用俄制 1524 毫米轨距，干支线相连，恰如“T”字形，分布在中国东北广大地区。1903 年 7 月，正式通车运营。中东铁路和南满支线的建成，大大方便了俄国对华的经济渗透和资本扩张。沙俄开始了掠夺式地开发东北地区的森林与矿产资源，东北的农、林、矿产品源源不断地输往欧洲。通过中东铁路沙俄不仅取得了大量的商业利润，而且大量的俄国纺织、卷烟等工业品也倾销到东北市场。

（二）日本

19 世纪末、20 世纪初，随着日本经济、政治、军事实力的增长，其侵略东北的野心日益膨胀，攫取东北地区铁路的权利就成了日本推行“满蒙政策”的关键。1904 年日本发动日俄战争，打败了俄国，并于 1905 年 9 月 5 日与俄国签订了《朴次茅斯条约》。《朴次茅斯条约》共计十五条，其中第六条为：俄罗斯政府允将由长春（宽城子）至旅顺口之铁路及一切支路，并在该地方铁道内所附属之一切权利财产，以及在该处铁道内附属之一切煤矿，或为铁道利益起见所经营之一切煤矿，不受补偿，且以清国政府允许者均移让于日本政府。[②] 日本从而从俄国手中取得了南满铁路。南满铁路的支线包括：南关岭至旅顺线；大房身至柳树屯线；大石桥至营口线；烟台煤矿线；苏家屯至抚顺线；沈阳至苏家屯至安东之安奉铁路线。由于《朴次茅斯条约》规定俄国让与日本南满铁路，“以清国政府允许者”

① 郭立彬：《华俄道胜银行对近代东北的铁路投资》，《兰台世界》2012 年 3 月上旬号，第 28—29 页。

② 步平等编著：《东北国际约章汇释》，黑龙江人民出版社 1987 年版，第 290 页。

为条件，日本政府就任命小村寿太郎和内田康哉为全权大臣于1905年11月17日—12月22日同清政府全权代表奕劻、瞿鸿禨、袁世凯举行会议，签订了《中日中日会议东三省事宜条约》[①]，该条约的第一款就是，中国要对《朴次茅斯条约》中俄国“允让日本国之一切概行允诺”。这样日本就取得了投资南满铁路的“合法权”。在该条约的附约中，日本又攫取了“由安东县至奉天省城所筑造之行军铁路仍由日本国政府接续经管”“中国政府允南满洲铁路所需各项材料，应豁免一切税捐、厘金”“允许设一中日木植公司，在鸭绿江右岸采伐木植”“将东三省十六个地方开埠通商”“留驻护路兵”等权利。在会议记录中还有关于中国允于该路附近不筑并行干线及有损该路利益之支路，以及中国自筑吉长路允向日本借款，新奉行军铁路议价售与中国，中国自造该路向日本借款等苛刻的要求。[②]

为攫取铁路利益，日本于1906年11月26日在东京正式成立南满洲铁道株式会社，采取了借地自营、借款、承筑垫款、中日合办、中国自建铁路须聘用日本人为总工程师等方式进一步控制东北中国铁路建设。这使日本获得了高额利润，为日后的大规模扩张打下基础。

（三）英国

沙俄的南下政策，特别是西伯利亚大铁路和东省铁路的修筑，引起英帝国主义的极大震动。英国自鸦片战争以来凭借其军事和经济力量，基本上占据着控制中国的主导权，维持“势力均衡”的传统政策，不希望出现新的竞争者或爆发新的战争。但其优势地位遇到了沙俄的威胁，英国不能允许俄国势力东扩来削弱自身的霸主地位。其采取的针锋相对的措施之一就是借助修建京奉铁路之机大力向东北地区渗透扩展，以加强在中国东北的影响力。京奉铁路贯穿山海关内外，又称为关内外铁路。英国对关内外铁路的修建非常重视，认为“控制这条铁路涉及到英国是否能留在满洲的问题，这条路如果在英国手中将对俄国势力向南方扩张设置障碍，并且能

---

① [清] 全权大臣：《中日中日会议东三省事宜条约》，清光绪铅印本（收藏于国家图书馆）。

② 尹英杰：《略论近代日本对中国东北地区铁路投资及影响》，东北师范大学硕士学位论文，2005年。

保证英国在南满的位置，使俄国关闭满洲的努力归于失败”[①]。

由于清政府同意由英国人金达担任关内外铁路总工程师，俄国表示强烈不满，认为由一名英国人控制修建一条向东北内地延伸的铁路会加大英国在东北的影响，并由此会极大损害俄国的利益。为此，俄国多次提出要求撤换金达的职务，并称山海关以北的铁路线，应该用俄国资本和俄国工程师来修筑。对此，英国驻华公使窦纳乐曾强硬表示：英国政府会把俄国这种强迫金达从关内外铁路上离职的行动看成一件最不友好的事件。

除金达事件外，英俄关于关内外铁路的贷款问题又起风波。俄国认为英国的资本优势及在关外铁路贷款上的活跃行动，将影响俄国在中国东北铁路修建中的话语权。俄国公使巴布罗福反对清政府使用英国贷款，并声称如果使用英国贷款，不得将该路抵押。英国为了达成铁路贷款，对清政府又压又拉，并在具体问题上做了让步，不再强调用关外铁路作为贷款抵押，只是作为贷款担保。在窦纳乐公使的积极努力下，1898 年 10 月 10 日，英国汇丰银行与中国铁路总公司正式签署了《京奉铁路借款协定》（关内外铁路借款合同），通过这个条约，英国获得了对京奉铁路的借款权，确保了英国在东北的权益。

继《京奉铁路借款协定》之后，英俄双方几经交涉，于 1899 年 4 月签订《英俄铁道协定》，其结果是英国确保了在长江流域的主导地位，且在东北占有一席之地；俄国则取得了在东北的主导地位。在铁路问题上达成一致，也反映出双方在侵略权益上的互相妥协和认可。1907 年，英国拟修新民屯至法库门的新法铁路，以备将来延展至齐齐哈尔与瑷珲，进而通达西伯利亚，以进一步扩张势力，但因日本的干涉而成为泡影。

（四）美国

19 世纪末，美国将触角伸入中国东北地区，对东北地区铁路觊觎之心甚深。1896 年，美国打着“把中国从俄国人的入侵中解放出来的”幌子，向中国提出了“巴什铁路”计划，要求中国“以辽东湾的‘某个’港口为起点，经牛庄、奉天、吉林、齐齐哈尔，直至西伯利亚铁路‘某’站。并从奉天另筑一线通到朝鲜边境，公司应有权在满洲各地和铁路沿线的蒙

① 马跃：《英国与中国东北关系研究》，吉林大学博士学位论文，2012 年。

古各地开发‘土地、森林和矿山’，并确立公司对满洲一切铁路建筑为期三十年的垄断权”[①]。

美国对东北地区的投资被俄国所阻，为了给美国资本开拓市场，实现“商业机会均等”的“门户开放”政策，对日本给予了“支持和鼓励”。《朴次茅斯条约》签订后，美国企图利用日本战后财政的窘困插手东北地区的事务，借机提出了修建一条环球铁路，把日本、中国东北、西伯利亚和欧洲连接起来的哈里曼铁路计划。

美国铁路大王哈里曼所计划的第一步就是取得由日本管理的南满铁路管理权，但是旨在收买南满铁路的哈里曼与日方代表桂太郎签署的《备忘录》却遭到日本外相小村寿太郎的强烈反对，他借口《备忘录》没有商请中国政府承诺，因而不能作数，环球铁路计划也就束之高阁了。哈里曼又计划在骆驼队通路上敷设铁路，经卡尔康和乌尔卡，在伊尔库茨克附近连接西伯利亚横断铁路，此计划里程达一千二百里，因困难重重而辍止。[②]

宣统元年（1909）8月19日，美国与中国缔结投资修筑锦瑷铁路的草约。1909年11月，美国国务卿诺克斯又向各国提出“满洲铁路国际化”方案（或称“诺克斯计划”），由各国向中国提供贷款，将满洲各铁路收归国有，再由国际共管。这两项计划均触犯了日俄在东北的利益，遭到他们的强烈反对。英法顾忌同日俄的关系，也不赞成。美国不仅未能实现以经济实力排挤日俄的意图，反而促使日俄联盟，孤立了自己。[③]从巴什铁路计划到修筑锦瑷铁路的草约，美国试图通过各种途径争夺东北铁路的修筑权，谋求东北市场的“机会均等”，均以失败告终。[④]

---

①［苏］鲍里斯·罗曼诺夫著，陶文钊、李金秋、姚宝珠译：《俄国在满洲》，北京：商务印书馆1980年版，第95页。

②陶彦林、李秀莲：《20世纪初美国对中国东三省铁路的觊觎》，《黑河学刊》2001年第5期，第74—76页。

③金星卫：《门户开放政策在远东早期国际关系中的作用和影响》，《镇江师专学报》（社会科学版）1992年第3期，第108—113页。

④尹英杰：《略论近代日本对中国东北地区铁路投资及影响》，东北师范大学硕士学位论文，2005年。

三、晚清政府采取的对外交涉策略

针对日、俄、英、美等国争相渗透，抢夺东北铁路权的行径，晚清政府无力抵制。鉴于国家积贫积弱之现状，利用列强之间的矛盾，试图通过外交策略来打破垄断，制造列强互相制衡的局面，成为其时的无奈之举，为此晚清政府先后采取了三种外交策略。

（一）联俄拒日策略

甲午战争中国战败，促使日本侵略中国之野心空前膨胀。两江总督刘坤一上折说："各国之患犹缓，惟日本之患为急。"张之洞上奏说："今日救急要策，莫如立密约以结强援。"[①]甲午战后，俄国出面联合德、法对日本进行了"三国干涉还辽"之行动，使得清政府大受鼓舞。为抵御日本，维护国家安全和利益，其时朝野都主张联俄防日。仓场侍郎许应骙上奏建议朝廷派遣"忠贞夙著胆识兼优之大臣"赴俄订约，"孚以信义，托以腹心，彼此订约，为局内之国，无事同沾利益，有事共匡扶。"[②]刘坤一率先提出"联俄拒日"的完整设想。张之洞也向光绪帝上《密陈结援要策片》[③]，表示支持联俄。当时以慈禧为首的清王朝，最终选择了联俄抗日的主张。

清朝光绪二十二年（1896），清政府仕命李鸿章为特使赴俄祝贺沙皇加冕典礼，意在实施联俄拒日策略。李鸿章到达沙俄后，沙俄趁机采取了威逼诱迫手段，迫使李鸿章与俄国外交大臣罗拔诺夫、财政大臣维特在莫斯科签订所谓的《御敌互相援助条约》（简称《中俄密约》），获取了中东铁路的修筑权。该年12月，俄国将铁路定名"满洲铁路"，遭到李鸿章反对。李鸿章坚持"必须名曰'大清东省铁路'，若名为'满洲铁路'，即须取消允给之应需地亩权"。因此正式定名为大清东省铁路，又称中国

① 王树楠：《张文襄公全集》第37卷，河北人民出版社1998年版，第36页。

② 王彦威、王亮辑：《仓场侍郎许应骙奏日患方殷请联俄以资控制折》，《清季外交史料》116卷，清季外交史料编纂处铅印本，1934年版，第6页。

③ 王树楠：《张文襄公全集》，河北人民出版社1998年版，第1002页。

东省铁路，简称东清铁路。《中俄密约》的签订实际上把中国东北变成了俄国独占的势力范围，并把中国置于俄国准保护国的地位。

中东铁路的中俄交涉与条约、合同的签订，实际上是城下之盟。一方面，因甲午战败，俄国以修筑中东铁路作为结盟之先决条件。正如李鸿章所说："我若拒绝，彼必深憾，且将为我之害。"[①]所以，允许俄国在中国东北修筑中东铁路，是"两害"取其轻的一种产物。《中俄密约》签订后，俄国即投入铁路修建工作，招募了20万名中国工人，用刺刀监视着"从事奴隶式的劳动"，被折磨致死的人数"达到骇人听闻的程度"。3年后，俄国偷偷地照会英国政府，主动提议瓜分中国，完全背信弃义。义和团运动期间，俄国军队趁机侵入东北；1902年4月，中俄约定俄国军队分批在13个月内全部撤走，到期后，俄国不但不撤军，反而不断增兵，又向清政府提出众多无理要求。

联俄拒日是清政府甲午战后初期的外交应对，其目的是在俄国策动三国干涉还辽的基础上，通过加强与俄国的外交关系，进一步实施对日本的报复，同时也是对英国拒绝参加对日干涉的回应。但是无论是朝廷还是地方督抚，都未能细察一向与中国不和的俄国何以在此时以助华排日的面目出现，换言之，俄国策动三国干涉还辽的真实动机和后续举动都是清政府决策联俄拒日的盲点，清政府的联俄拒日就不可避免地带有很大的盲目性。这一切都反映出联俄策略必将失败的结局。[②]

（二）均势外交策略

联俄策略破产后，面对严重危机，中国朝野都试图进行外交政策的转向。进行均势外交，即将英、日、美、德等国势力引入东三省，达到牵制俄国的目的，成为其时的外交策略。张之洞早在1901年即提出解决东三省问题的办法"惟恃各国牵制"，而熊希龄明确提出在东北实行外交均势，使东北成为"永久中立"之地。

实施均势外交策略的方式，一是在东三省"开门通商"，主动开埠通

① 王芸生：《六十年来中国与日本》第3卷，三联书店1979年版，第110页。

② 孙昉：《从联俄拒日到联盟日英——甲午战后中国外交（1895—1899年）》，华东师范大学博士学位论文，2008年。

商可以看作“均势”思想的实际运用。晚清启蒙思想家郑观应就曾主张“大开门户”，在东北边境要地开设“万国公共商场”，让外国人在中国口岸“杂居”，“借彼合力，以保疆土”。[①]郑观应所谓“借彼合力”，即利用列国“均势”之意。

二是通过铁路借款的交涉展开。日俄战争刚一结束，驻俄公使胡惟德就向清政府上《日俄战局善后筹议》，其中就提出向欧美各国借款筑路：“若能由中国向英、美、法或日本各大国押借巨款，改中国通用之轨度，即聘延各国共管此路，商定年限，限满赎回。”[②]他主张向各国共同借款，打破俄国对东北铁路的独占地位。

1906年11月，英国人欧里巴向奉天（盛京）将军赵尔巽建议，延长京奉线至法库门，并可进一步向北延伸至黑龙江齐齐哈尔。他认为，这条铁路修成以后，东北与天津、秦皇岛等地物资交流可以通畅。赵尔巽认为日本以南满铁路为侵略东北的大动脉，中国方面应另建铁路以资抵制。因此，他接受了欧里巴修建新法铁路的建议。1907年2月，他电奏称：“新民屯至法库门，再辽源州抵齐齐哈尔，应修一铁路，以联络蒙疆，收回权利。”[③]同时，黑龙江将军程德全也拟修筑齐瑷（齐齐哈尔至瑷珲）铁路，资金的筹措拟仿照川汉铁路有限公司等商办公司，专招华股，以保路权。但最后因款额过巨，只得暂从缓议。俄国方面曾提出与中方合办，程德全“严词拒绝”[④]。

1907年4月，清政府宣布改革东三省官制，盛京将军改为东三省总督，三省各设巡抚。首任总督为徐世昌，他多次强调解决东三省危机的关键是实行开放，引进外资，实现外交均势。徐世昌在上任之前的一份奏折中就认为：“必集合各国之财产生命，日谋发达三省之实业，则各国势力均，财产重，而两强之狡谋戢，将易兵战而同谋商货之利益，则我之疆土保，

① 夏东元：《郑观应集》（下），中华书局2013年版，第414页。

② 刘俊：《驻俄公使胡惟德奏议》，《近代史资料》总100号，中国社会科学出版社1999年版，第215—216页。

③ 王芸生：《六十年来中国与日本》第5卷，三联书店1979年版，第72页。

④ 马陵合：《清末民初铁路外债观研究》，复旦大学博士学位论文，2003年。

主权固而京师东北之屏藩巩固，关以内方可无忧矣。”①

晚清政府的均势外交思想在趋向上是积极的，力图将发展经济与制约日俄结合起来。然而在日俄战后，日本的势力急剧上升，欧洲各大国除德国外，此时都成为日本的盟友，都公开地牺牲中国，而予日本以种种好处，与日本签订了对中国有害的协定。这使得均势外交策略所起的效果与预期相去甚远，无论是朝廷还是地方督抚，都未能达到平衡与防范的目的，更未能避免自身的主权和利益遭受进一步的侵害。

（三）亲美以遏制日俄策略

在对外关系上主张联美，并不是一种新的观念。早年的薛福成、郑观应和伍廷芳均有过联美之建议，借美款筑铁路是其中主要主张。②戊戌年间，面对列强瓜分中国之危局，美国成为不少人心目中可以倚重的对象。在联美方式上也出现了借用美国资金修筑铁路的建议。《知新报》曾发表文章《论中国今日联欧亚各国不如联美国之为善》，称应“以联美为第一”③。伍廷芳用英文在《北美评论》（*North American Review*）1900年7月号发表《中美互惠互利》一文，更为明确地要求引进美国的资金和技术：“中国人有足够的资金来发展他们的工业吗？他们是做小本生意的民族，只要有钱就投入小本经营，他们在本能上不愿做大生意。所以，中国的资本虽然很大，却像海滩上的沙子，范围虽大却没有内聚力，用它建不成任何高楼大厦，中国在真正走上迅速繁荣的道路之前，必须找到充分利用她的一切有利的经济条件的办法，中国迫切需要现代技术，美国的机会也在这里……所有的公共工程中，中国最为急需的是铁路……中国修建铁路的时代可说是刚刚开始，她渴望在这一巨大的工程中得到美国的帮助。”④在甲午战后借款筑路的高潮中，张之洞和盛宣怀曾一度对美国抱有极大兴趣。盛宣怀在借款修筑芦汉铁路时，有意借美款。他在呈递给恭亲王的说帖中说美国

① 徐世昌：《退耕堂政书》卷33，说帖，条议，台北文海出版社1968年版，第4页。

② 马陵合：《清末民初铁路外债观研究》，复旦大学博士学位论文，2003年。

③ 方汉奇：《中国近代报刊史》，山西教育出版社1981年版，第126—127页。

④《中美互惠互利》，1900年7月，丁贤俊、喻作风编：《伍廷芳集》上册，中华书局1993年版，第88页。

对于中国“无所觊觎，铁路工程尤精，如借美债，用美匠，各国忌心稍逊”。

1907年8月17日，清廷召东三省总督徐世昌入觐，徐“密陈三省切要办法四项”，其中之一即要求“联合一国，尤外交切要之图，苟能联属邦交，则各国待我之政策，必为之一变，而我乃得以保存”。[①] 这里的“联合一国”指的即美国，因为只有美国，在远东继续推行一项独立于欧洲外交的外交政策。

锡良接任东三省总督后不久，便与美方进行锦瑷铁路借款交涉。1909年，塔夫脱任美国总统后，继续积极推行对华门户开放与金元外交政策，又使清政府看到了联美的一线希望。当时，联美成了政府内部的热门话题。驻日公使胡惟德也在1909年6月向外务部报告：“两三年来，欧美各国颇不满意于日本官员在东三省之行为，啧有烦言，甚至有英日解盟、美日失好之说。”认为这是中国应主动抓住的机会。他不仅附和当时颇为流行的“联美”之说，还主张对中美关系“尤宜加意维持”。[②]

然而作为一种外交政策，联美的基础是极为脆弱的。日本绝不会坐视中美联盟实现，同时美国的远东政策也仍然将日本摆在优先地位。这样一来，日美谅解的可能性就大大高于中美联盟的可能性，联美计划的胜算是极低的。[③] 这表明，晚清政府围绕帝国主义列强染指东北铁路建设问题，由于不能自立、自主，完全依赖外交周旋，依赖某一国家是完全行不通的。

作者单位：华中科技大学

武汉博物馆

① 徐世昌：《退耕堂政书》卷9，台北文海出版社1968年版，第6—9页。

②[清]王彦威辑：《清宣统朝外交史料》卷4，北平外交史料编纂处1932年版，第27页。

③ 马陵合：《公共舆论与晚清联美问题》，《安徽大学学报》（哲学社会科学版）2010年第1期，第109—115页。

简论奉系铁路建设自主化政策的确立与核心目标的推进

陈海燕　赵菊梅

张氏父子主政时期（1916—1931年），东北地区在铁路交通领域发展显著，“大有一日千里之势，实为优异之现象”[①]，从而形成了近代东北铁路建设的一个快速发展期。然而，细究起来，张作霖虽然于1916年春夏之交就登上了奉天督军兼省长之高位，但奉系成系统、自主化的铁路建设却是在第一次直奉战争结束后才开始的。“东北以前只为日俄二铁道系统之角逐场，无所谓铁道政策，自民十年以来……始有统筹全局之铁道系统的计划”。[②]应该说，随着1922年东北自建铁路计划的出台和1924年东三省交通委员会的成立，奉系才逐步形成了以自建自营铁路为中心的发展策略和建立自主的东北交通体系这一核心目标。此后，奉系集团虽然于1928年经历了最高军政首脑的人事变动和从北京政府统治时期到南京国民政府号令下的政权过渡，但东北地方政府的铁路自主化发展政策与核心目标始终一脉相承，且取得了引人瞩目、极富特色的建设成果。

本文拟以时间为序，将奉系铁路自主化政策的发展过程分为尝试、形成、实践、完善、夭折五个部分，从而对东北自建自营铁路政策的形成、

①宗孟：《东北对外贸易概论》（续），《东三省官银号月刊》1929年第1卷第8号，第18页。

②任发涛：《横梗东北之中日铁道问题》，《东北新建设》1931年第3卷第2期，第8页。

发展及其核心目标的推进状况即不同阶段所取得的铁路建设成果等进行全面梳理，或对我们深入了解在当时极端困难的环境中奉系为自主经营东北铁路所做努力和贡献有所裨益。

一、尝试——东北铁路自主化建设的试水之举

1916 年张作霖开始主政奉天到第一次直奉战争结束，是奉系在铁路建设方面的尝试期，主要表现为修筑锦朝（锦州—朝阳）铁路和虎壕（打虎山—八道壕）铁路的试水之举。

锦朝铁路最初是 1913 年由京奉铁路局为便利运输朝阳东北部北票煤矿的煤炭而提出的修筑计划。但由于种种原因，直到 1921 年 4 月，该路才正式开始建设。先是由京奉铁路以部分利润为资金投资进行，及至第一次直奉战争爆发后，工程一度停顿。随着政治局势的变化，京奉铁路关内外分别由北京政府和奉系掌控，锦朝铁路的建设资金也改由奉系控制的奉榆铁路盈余中拨付。为修筑此路，奉系及奉榆铁路局共拨付 500 万元，最终于 1924 年 12 月完成了锦县至北票煤矿段全长共计 112.59 公里的建设，但北票至朝阳一段却迟迟未能竣工。虎壕铁路则是为了便利张作霖投资的八道壕煤矿修建的。它名义上是京奉铁路的支线，由交通部许可和投资，实际上资本均由奉天政府提供。该路于 1921 年 9 月正式开工，次年 12 月 19 日竣工，全长 25 公里。

这两条铁路的修建，拉开了奉系自建自营铁路的帷幕，极大地便利了北票煤矿和八道壕煤矿的运输，进而也促进了这两座煤矿的产煤量。但由于这一时期奉系修筑的铁路主要着眼于短期的经济效益，以能源的开发和利用为主，所筑线路较短，属于修筑铁路的试水之举，并没有对东北铁路的建设和发展进行系统规划，更谈不上有什么明确的铁路建设目标，故我们将这一时期称为奉系自建自营铁路的尝试期，它为奉系自建自营铁路积累了初步经验，为下一步系统规划东北铁路建设奠定了实践基础。

二、形成——东北铁路自主化政策与核心目标的确立

1922 年第一次直奉战争结束张作霖宣布东北独立到 1924 年第二次直奉战争前夕，是奉系铁路发展策略的形成期，主要表现为 1922 年东北自建铁路计划出台和 1924 年东三省交通委员会成立，这标志着奉系正式确立了以自建自营铁路为中心的发展策略。

1922 年 5 月，奉系在第一次直奉战争中失败后退居关外，宣布脱离北京政府，实行东三省“自治”。在这一背景下，奉系为巩固赖以生存的东北根据地，并为日后重整旗鼓、再度入关做准备，进行了许多领域的整顿和革新，以铁路为中心的交通发展成了奉系革新东北的重头戏。

首先，奉系于 1922 年出台东北自建铁路的计划，初步勾画了建立自主的东北交通体系的发展蓝图，即奉系自建铁路想要实现的核心目标。

为加强东三省之间的联系，形成政治、经济一体化的局面，以进一步巩固奉系集团的统治地位，并强化边疆地区的建设，东北地方政府于 1922 年开始规划自主修筑东、西两大铁路干线：其中东部干线由奉天至吉林，计划由奉天、吉林两省分别组织铁路建设机构，以海龙为中心，南段成立奉海路公司，由奉天省官民共同出资，北段在吉林成立吉海铁路局，由吉林省官民共同出资，皆任用本国技术人才，完全自主地分别建设由奉天至海龙、吉林至海龙的铁路，以完成奉吉交通干线。西部干线是从奉天至齐齐哈尔，此路中间距离甚长，以连通已有的各条国有铁路为原则。奉天到打虎山利用京奉铁路干线，通辽至郑家屯利用四洮铁路支线，洮南以北则利用洮昂铁路干线，因此在奉天境内只需从打虎山站修筑一条支线到通辽即可，这就是后来有名的打通铁路。另外，以衔接四洮铁路及洮昂铁路最北之终点昂昂溪起，接修跨越通过中东铁路的昂昂溪站，以达齐齐哈尔，并达其更北之克山（最大产粮区）。这两大铁路干线都通过京奉铁路与关内相连，一旦修成，对东北经济、国防的前途有无限好处，将会成为与南满铁路和中东铁路相抗衡的东北第三大铁路系统。

其次，奉系对东北交通管理体制进行了改革，成立了东三省交通委员

会，使东北铁路建设能够在统一领导下有序开展。

奉系实行“自治”后的两年内，东北交通事业的管理实际上处于过渡时期，出现东三省保安总司令部、省长公署等多重机构管理却无专门机构负责的局面，“谓为隶属于总司令部，而遇有关涉民政者则将无法处理；谓为隶属于省长公署，而遇有关涉军政者则又难加指挥”。权责不明和管理机构混乱带来一系列的负面影响。正如奉系高层总结的那样，“交通行政愈敏速愈能活动。稍一迟滞，匪特交通自身难以运用自如，即与交通具有连带关系而牵大者，如实业之发达也，教育之普及也，均将无从措手”。[①] 在这样的背景下，1924年春，奉系当局认为整顿东北交通管理现状已经“刻不容缓”，遂决定成立统一的交通管理机构——东三省交通委员会。

1924年5月14日，东三省交通委员会正式宣告成为当时东北各项交通事业之最高决策、管理机关。其委员长由奉天省代省长王永江担任，委员由奉、吉、黑三省军政机关的15名首脑担任。由于东北在一定程度上不受北京政府控制，交通委员会的地位“俨然是东三省之交通部也”。它对于东北铁路之营运兴筑、省县公路之修建、电话电信网之完成、航权之收复、航政之整理等负其督导之责。[②] 为有效规划铁路建设，交通委员会还从东北各铁路局各推选两人作为调查员，从事铁路建设的审查、调查和采购等工作。

东三省交通委员会的组建，结束了东北交通多头管理、事权不统一的状态，为奉系推进交通发展奠定了坚实基础。这样，以东北自建铁路计划的出台和交通委员会的成立为标志，奉系以自建自营铁路为中心的发展策略和建立自主的东北交通体系这一核心目标就初步确立了。此后，在张作霖为首的奉系当局的主导下，东北进入了自建自营铁路的活跃期。

---

①《东三省保安总司令张关于成立东三省交通委员会的咨文稿》，辽宁省档案馆：JC10-1-3781。

② 凌鸿勋：《中国铁路志》，台北世界书局1963年版，第306页。

三、实践——东北铁路自主化建设的活跃开展

东三省交通委员会成立到东北易帜，是奉系自建自营铁路的活跃期，主要表现在奉系当局开筑了奉海、吉海、呼海、打通等几条自建铁路。它们是张作霖主政时期东北自建自营铁路政策最重要的实践成果，初步奠定了东北自建铁路网计划的基础。

奉海铁路从奉天省城至海龙，是近代东北第一条“官商合办自款自营之基本干线”。它开工于1925年7月，1927年8月完成了主干线的建设。1928年4月开始修建海龙至朝阳镇的延长线，并于当年8月竣工，其营业里程总长263.5公里。另有1927年5月开始动工修建的梅河口（海龙）至西安（吉林辽源）的梅西支线73.6公里。奉海铁路是奉系的铁路网计划中属于沟通奉、吉、黑三省和联络关内外的东干线中枢段，也是东三省交通委员会成立后奉系铁路自主化政策下最先规划和实现的路线。它突破了建设资金不足、筑路经验缺乏和日本无理阻挠等重重困难，以远低于当时国内铁路建设平均造价而提前大半年完工，是20世纪20年代中国自建铁路的模范。正如时人所言，此路“时间与金钱所费极省，为吾国自主铁路之中最为称道者”[①]，“不但开东北自筑铁路之新纪元，且其工程之艰巨，建筑之迅速，用费之节省，足以表现吾国人筑路之能力远驾乎为我耗费之外人之上也”[②]。它的成功，不仅为此后东北铁路建设提供了可贵的经验借鉴，更重要的是打破了东北铁路基本受外力主宰的局面，具有与南满铁路抗衡和维护东北经济权益的重要意义。

吉海铁路从吉林市至海龙，于1927年6月举行开工典礼，1929年11月全线正式营业，总长183.9公里。它是在以张作相为核心的吉林当局的尽力支持下，“不顾日本的无理阻挠和抗议而完成的”[③]吉林省境内第一

① 杨承训：《三十年来中国之铁路事业》，中国工程师学会编辑刊行《三十年来之中国工程》，1946年版，第33页。

② 东北文化社编辑刊行：《东北年鉴（民国20年）》，东北文化社1931年版，第426页。

③ 王昕斋：《吉海铁路修筑的片段回忆》第七辑《辅帅生平》，中国人民政治协商会议吉林省吉林市委员会文史资料研究委员会编印《吉林市文史资料》，吉林人民出版社1988年版，第186页。

条自主修筑和管理的铁路干线，是东北铁路自主化历程中的重要一步。该铁路全部的技术问题均由中国人解决，全线126座桥梁均为钢铁桥，采用水泥混凝土修筑，[①]其工程质量在东北各自建路线中堪称优良。它建成后奉吉两省的联络无须借道南满铁路，并且经由奉海铁路在奉天与京奉路相连，一起构成了东北自建铁路网中的东部干线，由此形成了吉林到关外的互通。正如时人所言："此路既成，则由吉林经沈海可入北宁而通关内，沿途不必经由外资建筑之路，其畅快为何如！"[②]

呼海铁路从呼兰至海伦。20世纪前十年，从中央到地方，中国官民就曾屡次筹议修建呼海铁路，但屡遭挫败。20世纪20年代中期，在奉系铁路自主化政策的推动下，呼海铁路终于在以吴俊升为首的黑龙江当局的努力下成为现实，于1926年2月开工，1928年12月25日全线正式通车营业，全长221.5公里。呼海铁路从初次筹谋到全线开通历经20余年，遭遇以日、俄为首的外力屡次干预，在东北自建铁路中引发的日俄纷争最多，深刻展现了近代东北自建铁路的复杂与艰辛。呼海铁路"北接中东，东行入海，西达欧陆，南连南满北宁诸线。虽形似孤单，而其实雄踞一方"[③]，是黑龙江境内第一条贯通北部腹地的自主铁路干线，在交通、战略和经济上均有着不容小觑的作用。美中不足的是，该路不能与奉、吉两省的自主铁路直接连通，沿途出产仍有不少经由中东铁路输出，某种程度上成了中东铁路的营养线。

打通铁路从打虎山（后改称大虎山）到通辽（旧称白音太来），是西干线中最重要的承接线。在奉系的铁路网计划中，西干线的基本设想是纵贯南北、沟通黑龙江和奉天，并加强东北三省与热河和内蒙古东部的联系。这条干线由四洮路、打通路和洮昂路（1928年后齐克路加入）构成。其中，四洮路为借款铁路，洮昂路为"满铁"包工铁路，均受"满铁"掣肘。20世纪20年代，奉系力推自主建设打通铁路，以此贯通西干线。打通路的

① 吉林市地方志编纂委员会编：《吉林市志·铁路运输志》，中国铁道出版社1995年版，第46页。

② 东北文化社编辑刊行：《东北年鉴（民国20年）》，东北文化社1931年版，第432页。

③ 东北文化社编辑刊行：《东北年鉴（民国20年）》，东北文化社1931年版，第435页。

前身是奉系自主化建设铁路尝试期修建的虎壕路。1922 年 12 月虎壕铁路完工后，新立屯商会请求奉天省政府把虎壕路延长至本地，得到张作霖的批准。1923 年 4 月，自八道壕起，经过芳山镇至新立屯的延长线开始动工。与此同时，京奉铁路局又聘请英国技师对新立屯至彰武一带进行测量。第二次直奉战争期间，筑路工程受到影响。1925 年，东三省交通委员会更换沟帮子至奉天钢轨，用拆下的旧轨敷设打通铁路。东三省交通委员会不顾日本的无理抗议，采取分段施工的策略，终于在 1927 年 10 月按计划修成了打通铁路，使奉系铁路网计划中的西干线初具规模。打通铁路“全长 436 华里，合 251 公里 17 丈。所有建筑费用，均由北宁路提供拨给，共费约 720 万元”[①]。它是与“满铁”竞争最强的铁路，具有重要的战略价值和经济意义。

这一时期，受到奉系当局发展交通和实业的奖励，东北还自主建设了几条民业铁路，如 1925 由穆棱煤矿公司投资建成的全长 59 公里的穆棱铁路，1926 年 11 月建成的全长 55 公里的鹤岗铁路，1927 年完成的全长 63.7 公里的开丰铁路等。这样，到 1928 年下半年，张作霖时期的铁路网计划中的大部分路线或已建成，或即将建成，不少已经通车运营，东北自建铁路网已粗具规模。这些自建自营铁路，寄托了东北官民强烈的民族感情和利权意识，打破了东北交通主要由外力控制的局面，在改变近代东北交通格局的同时，更为东北边疆的稳定、主权的维护、经济的开发、城市化进程和社会变迁等奠定了物质基础，成为东北现代化的重要内容和推动力量。

四、完善——提出更庞大、更全面和更立体的交通发展设想

1928 年张学良子承父业主政东北到 1931 年九一八事变，是奉系自建自营铁路的完善期，主要表现在改组后的东北交通委员会提出以三大干线为主的新铁路网建设计划和铁路港口一体化建设计划以及对这些计划的实施。它是对张作霖时代东北铁路自主化建设蓝图的进一步完善。1928 年

① 东北文化社编辑刊行:《东北年鉴（民国 20 年）》，东北文化社 1931 年版，第 391 页。

更至 1931 年，时间虽短，但以张学良为首的东北地方当局一直在为建立自主的东北交通体系、为实现东北官民对铁路发展的近代化梦想而努力奋斗着。

张作霖时代的铁路建设，虽说已经取得了较大成就，但仍存在许多缺点和不足，正如时任东北交通委员会委员长、北宁铁路局局长高纪毅所言："东北的交通，在中国境内算得首屈一指，轮铁纵横，虽不能说是密如罗网，已经是四通八达了。不过它有三个短处，所以尚不能充分发挥妙用。第一个短处，是网结得密，却无网领可携。第二个短处，是孤翼独进，难收水陆发荣之效。第三个短处，与友邦经营的国际铁路逐渐变成了孤立的局势。这种孤立的局势，很不容易和其他的路线发生维系联络的关系，换句话说，差不多已经消失了国际性的本质。因为有这种种的短处，所以东北一切铁路只能讲到他们本身的盈亏，丝毫不能发展铁路营业以外的所谓国民经济、世界经济的效率，甚至于许多路线，连本身的营业，还有维持不住的……挽救这种失败，要紧的是在以上所说的三个短处想出个'一举三得'的办法……这个'以一贯三'办法，我们想来想去，就是海港……"①有鉴于此，东北交通委员会在广泛调查分析的基础上，提出了更庞大、更全面和立体化的交通发展设想，即以葫芦岛为共同出海口的三大铁路干线建设计划，即新铁路网计划。

在该铁路网计划中，东部干线自葫芦岛起，经沈阳、海龙、吉林、依兰、同江等抵达绥远（今黑龙江境内的抚远），全长 1623 公里。已经建成的有沈海（奉海）、吉海共计 760 公里。需增修从吉林出发，依次经过五常、方正、依兰、桦川、富锦、同江，最后至绥远共 7 段计 863 公里的铁路。西部干线自葫芦岛起，经打虎山、通辽、洮南、齐齐哈尔、嫩江等抵达黑河，全长近 2000 公里，其中已经建成的洮昂、昂齐、齐克等路共计 1549 公里。计划增修的路线主要是齐齐哈尔经讷河、嫩江至黑河各段，共计 415 公里。南部干线自葫芦岛起，经朝阳、赤峰抵达多伦，以及经朝阳、承德抵达北平，全长 1135 公里。此干线已经建成的主要是北宁线及锦朝支线等，需

① 高纪毅：《葫芦岛筑港兴工典礼致词》，北宁铁路管理局：《葫芦岛筑港开工典礼纪念册》，北华印刷局，1930 年 7 月 2 日，第 13—14 页。

要兴修的是金岭寺至北平、朝阳至多伦的近1000公里路线。[①]

东北交通委员会提出的铁路建设计划中，除了上述三条干线外，还有各路支线计划20多条，计4000多公里。实际上，这还只是交通委员会的短期计划，它的长期规划路线有100多条，共计1.7万多公里。[②]这一庞大的规划蓝图的核心是"葫芦岛中心主义之大铁道网"[③]，它计划将自建铁路与自主输出港口连成一体，集中反映了积极开展东北新建设的东北当局在铁路交通上的雄才大略。这一计划的最终目的是建立真正自主的东北交通体系，实现路港一体化，即以铁路为血脉，以葫芦岛为主要输出口，辅以公路交通，构建路网密集、输出无阻的交通网，使东北成为更具竞争力的自主经济体。通过这样规模庞大的铁路建设和路港一体化建设，东北当局和东北交通委员会期望不仅"完成东北铁路网，树立交通自由之基"，更要推动"东北经济国防前途"的进步与发展[④]，从而使东北的交通循环系统"近可以抗衡大连，而制其死命，远可以控制海参崴，而丧赤俄盘踞中东路之雄心，将来东北之经济全权，仍操之于我，而无旁落之虞"[⑤]。此一发展目标不可谓不宏大矣！

这一时期，在提出新铁路网计划的同时，以张学良为首的东北地方当局主要兴修了齐克铁路和洮索铁路两条干线。

其中齐克铁路全长204公里，由昂昂溪起，经齐齐哈尔以达克山，是东北自建铁路西干线的延长线，位于东北铁路网计划中三大干线的西大干线北段。它于1928年7月正式动工，但中间历经诸多变故与波折，到九一八事变，其干支线均未能完工。但因齐克铁路伸向黑龙江省的"谷仓"，故运输营业基础坚实，自临时营业起就有利润，而且收入逐年增加，仅次于东北自建的沈海和呼海铁路。

洮索铁路由东北保安总司令部直属的兴安屯垦公署与东北交通委员会

---

①《东北铁路网计划》，《铁路公报津浦线》1930年第39期，第9—10页。

② 东北文化社编辑刊行：《东北年鉴（民国20年）》，东北文化社1931年版，第374—375页。

③ 何西亚：《东北观察记》，现代书局，东北文化社1932年版，第200页。

④ 东北文化社编辑刊行：《东北年鉴（民国20年）》，1931年版，第374—375页。

⑤ 王同文：《东北铁路问题之研究》（下册），交通大学管理学院1933年版，第105页。

联合投资修建，是东北国防要道，具有重要的经济和战略价值。“洮索铁路，起自洮昂铁路洮安站，在辽宁省境内，西北循行洮儿河北岸，以达黑龙江省界上之索伦县……建造此路目的，一为军运，二为开发蒙荒”。[①]1929年8月动工，九一八事变爆发后被迫停工，仅完成一半左右。

1930年4月1日，葫芦岛港动工。7月2日，辽宁省举行盛大的葫芦岛港开工典礼。此后，工程进展非常顺利。一年半左右的时间，附近的半拉山、高粱垛等山头就被夷为平地，并延伸出了一段防波堤，还修建了车站、宿舍、水泥库等。建设期间，对北宁铁路港务处负责的港口附近各处建筑和筹备费用，东北当局“恐不敷用，拟行增加”，在原定为北宁铁路局承担的现洋1500万元的基础上，新增现洋700万元，由辽宁省政府承担。[②]可见张学良“俾竟全功”之决心。

在推进新建线路的同时，东北交通委员会还积极促成了东北各铁路间尤其是东西干线上的四路联运。这样一来，旅客或货物在多条铁路运输线路中使用同一运输凭证，无须在连接车站换车或搬载，即可直达目的地，既有利于降低不同路线和路局之间的时间和物资成本，提高运输流转速度，还大大提升了东北自建铁路的运营能力和竞争力。

五、夭折——东北自建铁路在九一八事变后被迫中断

东北铁路的自主化建设始终是在日本帝国主义的无理干涉和百般阻挠中艰难前进的。只要交通委员会在东北铁路上有所举动，日本无一例外都会以各种理由反对。尤其是奉系以发展东北自建自营路线和开辟葫芦岛港为重心，推进东北的路港建设，夺取了“满铁”的部分经济利益，强烈冲击着日本的“满蒙铁路网计划”及“满蒙政策”，日本对其仇视有加。因此，东北路权问题也成为九一八事变爆发的引子之一。

1931年9月18日，关东军制造了武力占领东北的事变，日本迅速扩大军事行动并在占领地区扶持地方伪政权的建立。很快，“辽宁地方维持

① 东北文化社编辑刊行：《东北年鉴（民国20年）》，东北文化社1931年版，第444页。
②《盛京时报》，1930年7月23日第4版。

会”“吉林省政府”“东省特别区治安委员会”先后成立。“满铁”也积极着手夺取东北路权。10月23日，伪东北交通委员会成立，以“奉天地方自治维持会”委员丁鉴修为委员长，吉长路局兼吉敦路局局长金壁东为副委员长，“满铁”理事十河信二为主席顾问，村上义一为代理首席顾问，另有3名“满铁”社员担任顾问，四洮路局局长阚铎、洮昂路局局长万咸章、吉海路局局长艾乃芳也加入其中，但实权皆由“满铁”掌握。

“满铁”成立伪东北交通委员会的目的在于“明确各铁路的经营管理主体，收拢动荡的人心”，“把铁路从各独立政府中分离出来，以便于建立新政府”，“加速恢复一般经济”，“和平占据军事占领所未及的中东、洮昂、吉海、齐克、北宁、打通等线”，以及“制造解决铁路悬案的主体”。[①]这样一来，东北路权很快被“满铁”攫取。到1932年4月，东北的自建及待建所有铁路、港湾、河川全部由“满铁”经营。至此，以张作霖、张学良为首的东北当局苦心经营十多年的铁路自主化历程被迫中断，成为一场令人惋惜的悲剧。

作者单位：张氏帅府博物馆

①《满铁史资料》第2卷，《路权篇》第4册，中华书局1979年版，第1110—1113页。

张氏父子与近代东北铁路建设若干问题浅议

姚文孙

铁路是近代重要的交通运输工具，19 世纪末出现在中国东北地区。20 世纪 20 年代前后，在张作霖和张学良父子的倡导和支持下，东北掀起一个自建铁路的高潮，引发了经济社会的剧变。本文试对其特殊的背景、大致的情况和深远的影响做了简要的探析。

一、张氏父子建设东北铁路的背景

1. 铁路建设的重要性。铁路是国家重要的交通设施，是关系国民经济发展的重要因素，对国家的政治、经济、文化及国防建设与发展都起着重要作用。与水路、公路、航空及管道运输比较，铁路交通运输方式具有速度快、运量大、成本低、适应性强、连续性好、安全系数大等优点。铁路在近代中国的发展并非一帆风顺，但铁路潜在的巨大能量还是备受世人重视。1883 年，李鸿章写信给醇亲王："火车铁路利益甚大……将来欲求富强制敌之策，舍此莫由"。辛亥革命后，孙中山对铁路建设情有独钟，"铁路常为国家兴盛之先驱，人民幸福之源泉也"，"交通为实业之母，铁路又为交通之母。国家之贫富，可以铁道之多少定之；地方之苦乐，可以铁道之远近计之”[①]。

2. 东北地区的战略性。一是地理位置优越。二是自然资源丰富。三是农业资源富裕。东北有大片的平地，人丁兴旺，土地肥沃，农耕条件较好。东北是全国重要的农业、林业、牧业基地，重要商品粮基地，甜菜、油料和药材生产基地，以牛、羊为主的乳、肉、毛生产区，还是全国重要的海洋捕捞基地。东三省作为我国最大粮仓之一，目前黑龙江仍然是全国第一产粮大省和商品粮大省。东北被日本视为侵略整个中国的跳板。因此，不管是从资源、地理还是从军事角度，东北都是极其重要的。

3. 晚清筑路的奠基性。在我国，铁路最早出现于19世纪末，20世纪初掀起了修建铁路的高潮。1881年年底，9.2公里长的唐胥铁路建成，标志着中国铁路运输业的真正开端。随着国防形势的需要，在李鸿章的坚持下，唐胥铁路得以向东西延展，后修成关内外铁路，直至延伸到沈阳，即京奉铁路。加上此前俄日已建东清（中东）铁路和南满铁路及其支线，大致构成了“丁”字形的东北铁路网，为张氏父子建设东北铁路奠定了初步基础。

4. 客观形势的严峻性。东北铁路原来多为外国人控制，即俄国（后为苏联）人控制的中东铁路和日本人控制的南满铁路及其支线，总长度达2874公里；真正属于中国的铁路仅京奉铁路山海关至奉天（沈阳）段，连同支线共计531公里，约占东北铁路总长度15%。[②]俄、日还利用铁路线不断向东北扩张势力。尤其是日本，通过“南满铁道株式会社”，加紧向满蒙地区扩张和渗透，并不断向中国政府施加压力，屡屡提出新的路权要求。面对外国人把持路权并利用铁路侵略的强烈刺激，东北民众热切盼望当局能自己修筑铁路，以开发东北，便利民众。

5. 张氏父子的前瞻性。近代某条铁路兴修往往与强势人物有着至关重要的关系。因而有学人分析近代中国铁路有强人筑路的特点，如孙科利用庚款完成了粤汉铁路株韶段及陇海铁路潼西段，从而实现了粤汉铁路的全

① 孙中山：《在北京全国铁路协会欢迎会的演说》，《孙中山全集》第2卷，中华书局1982年版，第420页。

② 杨玲：《张作霖、张学良父子与东北铁路》，《世界轨道交通》2008年第8期，第70页。

线通车和陇海路西延；张嘉璈新修苏嘉铁路、京赣铁路、浙赣铁路、湘黔铁路及钱塘江桥等战备铁路；张静江与淮南铁路。东北铁路建设，则与张氏父子的强势推动不无关系。张氏父子深感日俄侵略势力的威胁，尤其是垄断铁路在战时后果严重。张氏父子推进铁路建设，不仅是考虑经济效益，更是考虑军事意义，以维持自身统治。奉系集团虽经历了首脑的变动以及从北京政府统治时期到在南京国民政府号令下的过渡，但在东北铁路建设上矢志不渝。

二、张氏父子建设东北铁路的概况

1918—1931年，东北在铁路交通领域“大有一日千里之势，实为优异之现象”，形成了近代东北铁路建设的第二个高潮。促成这一发展的主导者是以张氏父子为首的奉系集团。

张作霖控制东北之后，便苦心经营东北，努力修筑铁路，以利运兵和开发。尤其是1922年第一次直奉战争张作霖战败以后，退回东北，宣布东三省自治，拟订了庞大的铁路修筑计划，顶着日本方面的压力，大力推进铁路自主建筑。1912年到1928年，东北地区新建铁路通车里程达1800多公里。其中最主要的铁路线有：吉长铁路，吉林省城至长春，长127公里，该路动工于清末，完成于民初；吉敦铁路，吉林省城至敦化，长210公里；四洮铁路，南满铁路四平街站经通辽至洮南，长427公里；洮昂铁路，洮南至黑龙江省城齐齐哈尔附近的昂昂溪，长220公里；京奉铁路锦朝支线，京奉铁路锦州至朝阳，实际只修至金岭寺，长113公里；京奉铁路大通支线，京奉铁路大虎山站至通辽，长251公里。

1928年，张学良主持东北大局，继续加紧修筑铁路。至1931年九一八事变前后，又新修筑铁路660多公里。此间完成原已动工修建和新修建完成的主要铁路线有：沈海铁路，沈阳至海龙又延展至朝阳镇，干支线长358公里；吉海铁路，吉林省城至朝阳镇，与沈海铁路相连通达海龙，故名吉海铁路，长183公里；呼海铁路，黑龙江省呼兰县松浦经绥化至海伦，长215公里；齐克铁路，洮昂铁路终点昂昂溪至克山，长205公里；

洮索铁路，洮昂铁路的洮安至索伦，长 170 多公里。其中齐克路、洮索路因九一八事变影响，未能全部完工。[①]

在张氏父子的大力倡导和支持下，东北地方当局和商民冲破重重阻力和困难，在东北掀起了一个自建铁路的高潮：在短短十余年里，利用本国资金和技术修筑了朝锦、打通、开丰、奉海（1929 年更名为沈海路）、吉海、呼海、昂齐、鹤岗、齐克、洮索等 10 条铁路，营业里程总计 1521.7 公里，占当时全国铁路总长 10% 以上，[②] 形成了以京奉铁路（1929 年更名为北宁路）干线为基础的东北自建铁路网和铁路运输系统。与此同时，上述 10 条自建铁路加上自营的洮昂路，使得东北自建自营铁路占当时全国自主铁路 82.38%，[③] 位居全国自建自营铁路之首。当时全国铁路 85% 是由外国资本控制，只有 15% 属于国有。而这 15% 中有 2/3 是在东北，足见当时东北自办铁路事业成就的显著。[④] 而且，九一八事变前，除了日本“满铁”独资的南满铁路和安奉铁路外，东北地区其他运输干线系统的监管权、经营权、管理权皆在张氏父子掌控的东北地方政府手中。[⑤]

三、张氏父子建设东北铁路的影响

铁路也是生产力，张氏父子的东北铁路建设，无论是对奉系本身实力的提升，对日俄侵略势力的抵制，还是对东北近代化进程，都产生了积极影响。

---

① 李占才：《近代中国铁路发展特色析》，《首都师范大学学报》（社会科学版）2006 年第 4 期（总第 171 期）。

② 王贵忠：《张学良与东北铁路建设》，香港同泽出版社 1996 年版，转载自程亚娟、曾亚玲：《东北自建铁路的特点及其影响》，《哈尔滨学院学报》2012 年第 33 卷第 3 期，第 113 页。

③ 张德良、周毅：《东北易帜暨东北新建设国际学术研讨会论文集》，香港同泽出版社 1998 年版，转载自程亚娟、曾亚玲：《东北自建铁路的特点及其影响》，《哈尔滨学院学报》2012 年第 33 卷第 3 期，第 113 页。

④ 孟晓光：《民国初年东北官民自办铁路及对满铁铁路的抵制》，东北师范大学硕士论文，2009 年。

⑤ 李淑云：《铁路交通与东北近现代经济发展 》，《辽宁师范大学学报》1999 年第 4 期。

从奉系本身看，以东西干线为核心的东北自营铁路网的形成及运营，打破了列强垄断东北铁路系统的格局，在一定程度上减轻了奉系对中东铁路、南满铁路的依赖，促成了奉系力量的凝聚与提升。以军事而言，吉林、黑龙江两省的军事运输和军队调动，即可或由东干线——吉海、奉海、北宁路集结，或由西干线——齐昂、洮昂、打通、北宁路集结，无须如此前处处受日本和南满铁路的制约，从而使日本失去利用铁路运输威胁奉系的军事筹码，弱化了日本对奉系的控制。从经济而言，奉系铁路网与日本独资、中俄合办铁路运输系统并成三足鼎立之势，初步具有了与外国铁路运输竞争的能力。加上东北资源的丰富、对外贸易的发达，其运营的客货收入极为可观，成为奉系的重要财源，为其军事、政治和经济活动提供了重要支撑。以政治而言，交通的便利与否直接影响行政的效率和效能，张氏父子东北铁路建设，带来了对铁路沿线控制的强化。特别是此前交通不畅、运输不利、经济不兴的东北北部和西部，由于西干线的开通，奉系对这些地区的管理和控制有所增强。①

当然，张氏父子对东北铁路的强势控制如同双刃剑，铁路成为其军事和政治活动的工具，不仅铁路收入常被截留，铁路的运营与管理也时常遭遇军队和军事活动的干扰，乃至发生1928年奉军撤退至关外途中扣留京奉、平汉、津浦等路数千车辆等事件。甚至可以说，张氏父子都栽在了东北铁路上。皇姑屯事件，张作霖命丧黄泉；九一八事变，即柳条湖事件，成为张学良一生的污点。但张氏父子为首的奉系集团主导建设的铁路对东北近代化的多重价值不容忽视。

其一，推动了区域经济发展。自建铁路进一步沟通了东北与关内各省和国外的交流，促进了农工商各业的发展，尤其是对外贸易的繁荣。20世纪20年代在我国内地对外贸易长期处于入超状态时，东北却长期处于出超地位，1922年出超782万两海关银，1927年则出超13913万两海关银。②1931年，输出激增到4.7亿海关两，输入2.2亿海关两，铁路带来的交通运输条件的改善功不可没。自建筑铁路以来，“历年土地人口贸易，

①②马尚斌：《奉系经济》，辽海出版社2001年版，第117页。

十足惊人”，1908年至1928年，荒地的开辟增加64%，人口增加60%，国际贸易增长10倍。[①]不仅如此，铁路还促成了东北区域经济的新进步，在此前的中东路区、南满路区和京奉路区之外，催生了以东西四路为中心的新的经济发展区，形成了联系紧密的铁路经济带，一定程度上改善了东北区域经济发展不平衡的状况。在铁路交通的带动下，民国时期东北地区的工业、农业等各大经济产业的发展，为后来东北地区成为我国的重工业基地打下了一定的基础。

其二，加快了移民实边的步伐。在东北当局和交通委员会的政策激励下，东北自建铁路网大量输送关内移民，铁路沿线成为移民的主要聚集地，东北的土地开垦、农业发展和人力资源结构因此发生变化。它促使清前期就开始的向东北的移民运动掀起了高潮，加大了东北土地开发的进程，“关内外铁路最有价值的功绩就是把人烟稠密、人口过剩的直隶省和山东省的人口移殖到富饶而人口稀少的满洲去”[②]。比如随着四洮铁路的开通和联运，“满蒙”地区的人口不断增加，1927年增加4.7%的人口，1928年增加4.5%的人口，1929年增加5.7%的人口。[③]

其三，带来了工业化、城市化和社会生活的变迁。东北不少内陆地点因铁路开通迅速成为工商业重镇，部分城镇因铁路冲击而没落，人们的日常消费和文化生活因铁路开通而明显变化。如果说历史上的东北城镇全部因河流而兴，那么近代东北主要的城镇则因铁路而兴。比如直接受四郑、郑洮、洮昂铁路影响而崛起的中型城市主要有：四平、郑家屯、洮南。此外，洮昂路、齐昂路的建成，为原黑龙江省城齐齐哈尔带来了复兴的机遇，齐市成为东北三大粮食出口中心之一。同时，一批小城镇也随着铁路的建成而迅速崛起，主要有保康、开通、白城子、镇东（今镇赉）、泰来等。[④]与此相反，辽河流域传统城镇在铁路开通后，沿线的城镇牛庄、田家台、台安、海城、辽阳、三岔河、通江口、铁岭、开原、昌图、三江口等城镇

① 袁海洋：《张作霖时期的东北铁路》，《环球人文地理》2016年第10期，第147页。

② [英] 肯德：《中国铁路发展史》，三联书店1958年版，第190页。

③《满蒙年鉴》，中日文化协会，1931年版，第23页。

④ 吴明罡：《近代东北西部的铁路建设对区域社会经济的影响》，《社会科学战线》2014年第5期，第125页。

逐渐丧失了港口的功能，江河日下，像牛庄、通江口等地甚至出现了逆城市化的趋势。还有，作为东北第一个开埠地口岸城市、辽河流域乃至东北最大的商业贸易中心的营口，则由于运输货物大量减少，船只锐减，逐渐走向衰落。而大连发展迅猛，成为新的贸易中心。

其四，呼应了东北利权的斗争。奉系的铁路建设，从目的和效果来看，具有明显的与中东铁路和南满铁路抗衡的性质，其中又以与日本及其南满铁路对抗的性质最为突出。奉系所主导的铁路建设，使东北当局管理的铁路里程超过了中东铁路和南满铁路的总和，尽管仍难撼动南满铁路的地位，但东北铁路网系统的形成无疑具有显著的维护路权和经济利权的意义。当时，东北人民为维护东北利益，收回东北利权掀起了三次大规模的反日保路运动，而以张氏父子为代表的奉系政府虽然在自建铁路时备受来自日本的外交压力乃至军事威胁，但东北铁路建设的步伐始终没有停下。这不但符合东北人民的愿望，也给予东北人民力量，大大振奋了民族精神。[①]在一定意义上说，张氏父子的东北铁路建设，是凝聚“收回国权”运动的民族主义地方政治的表现。[②]诚然，近代东北铁路建设既是日俄英等列强在东北殖民侵略的工具，又是奉系军阀张氏父子主政东北寻求自主发展的内容与重点，其中路权是奉日间根本利益冲突的外在表现，也是皇姑屯事件和九一八事变爆发的引子之一。

1931 年九一八事变爆发后，随着东北地区的沦陷，以张作霖、张学良父子为首的东北当局苦心经营十多年的铁路自主化历程被迫中断。由是，近代东北铁路全部被日军占领，成为日本帝国主义进行殖民统治、掠夺式开发的魔爪，也成为一场令人惋惜的悲剧。

作者单位：安徽中国徽州文化博物馆

① 袁海洋：《张作霖时期的东北铁路》，《环球人文地理》2016 年第 10 期，第 147 页。

② [日] 西村成雄：《张学良》，中国社会科学出版社 1999 年版，转载自程亚娟、曾亚玲：《东北自建铁路的特点及其影响》，《哈尔滨学院学报》2012 年第 33 卷第 3 期，第 116 页。

近代东北铁路建设研究综述

刘祯贵

中国近代历史上，近代东北的铁路建设书写了浓墨重彩的一笔，在民族危机日益加深之时取得了辉煌成就，对于当时东北地区的政治、经济、文化、社会生活等方面以及当前东北铁路的建设和发展都产生了积极影响，极大地促进了东北地区的经济社会发展进程。结合所藏相关资料和网络查询，笔者对当前近代东北铁路建设研究情况进行梳理、学习，从中了解、明确当前近代东北铁路建设研究态势，进而增强自己对近代东北铁路建设的认识。

一、近代东北自建铁路研究

宫雯雯认为，晚清政府修建了京奉铁路（关内外铁路）标志着东北铁路建设的起步。英、俄、日等帝国主义列强纷纷加入对东北铁路筑路权的争夺，控制东北铁路，进行疯狂的殖民扩张。直到20世纪20年代，东北地方当局开展铁路自建运动，打破了俄日独霸东北铁路的局面。在国际和国内势力的双重影响下，自成体系的东北铁路网出现[①]。赵启重在概述东北地区早期铁路干线一文中提及，为了与沙俄抗衡，李鸿章希望能修一条通往东北边境的铁路，并拟订了一个修筑关外铁路的粗略计划。李鸿章的

① 宫雯雯：《铁路发展与近代东北城市化研究》，大连理工大学2014年硕士论文。

思路与清廷吻合，东北是清室发祥地，宗庙陵寝所在。[①]

吴菊英简介了东北地区现存民国铁路档案。据全国民国档案资料目录中心初步统计，东北地区各级档案馆保存的民国时期的东北铁路档案有3万余卷，是研究近代东北自建铁路的重要史料[②]。邢俊峰认为，中国人民铁路史始于东北铁路的创建，而东北铁路是在解放战争的炮火中诞生的[③]。李淑云认为，九一八事变前，东北地区的铁路建设不仅实现了该地区铁路建设史上零的突破，而且构筑起东北铁路的主要框架，基本形成了纵横交错的铁路网络。这一时期东北铁路具有所有制类型多、铁路轨距不统一、运输系统各自为政等特点。东北铁路建设既方便了帝国主义的经济侵略，也促进了东北边疆的开发，促进了东北工矿业的发展，加快了农业生产的商品化步伐，推动了新兴城镇的崛起，加快了该地区近现代化的进程[④]。

王贵忠认为，20世纪20年代东北地方政府在建设和管理铁路过程中，确立了自建自营东北铁路的方针，实行了本国铁路干线联运政策、优待商民货运减价政策、减免铁路货运捐税政策和鼓励关内移民开发东北的减免票价政策。这些管理方针和政策推动了东北铁路运输事业发展，促进了社会经济发展，具有保护国家利权和收回利权的重要作用。这些管理经验对今天区域现代化建设和铁路交通管理仍有借鉴意义。[⑤]尹英杰认为，19世纪末、20世纪初，修筑铁路是帝国主义对华资本输出的主要形式。中国东北铁路主要控制在日俄的手中，它们借助铁路将其政治、经济、军事势力逐渐渗入东北。为了抗击日俄，中国东北政府和人民采取了多种形式修筑铁路，不仅包含抵制和反抗侵略的内涵，而且带动了东北资源的开发和经济发展。[⑥]

---

① 赵启重：《东北地区早期铁路干线概述》，《龙江社会科学》1995年第2期。

② 吴菊英：《东北地区现存民国铁路档案简介》，《民国档案》1996年第2期。

③ 邢俊峰：《钢铁运输线——解放战争时期的东北铁路》，《党史纵横》1995年第10期。

④ 李淑云：《九一八事变前的东北铁路建设》，《辽宁大学学报》（哲学社会科学版）1999年第3期。

⑤ 王贵忠：《20年代中国东北自建铁路的管理方针与政策》，《沈阳师范学院学报》（社会科学版）1999年第1期。

⑥ 尹英杰：中国东北自有铁路的建设（1891—1931），《绥化师专学报》2004年第3期。

程亚娟、曾亚玲分析了东北自建铁路的特点及其影响。1921 年到 1931 年九一八事变，东北地方当局和商民掀起了一个自建铁路的高潮，位居全国自建自营铁路之首。东北的自建铁路是在特殊的历史背景下进行的，全部利用本国的资金和技术力量，具有详密的计划和有效的组织管理机构，与日交涉贯穿筑路始终，自建铁路实现了与社会经济互动发展①。潘崇阐述了锡良督东时期东北铁路规划始末。与首任东督徐世昌借款筑路的思路不同，锡良督东之初力主自修铁路，但遭到中央部臣议驳。之后，锡良着力筹谋息借美款修筑锦州至瑷珲的铁路计划，欲图借此一方面与日本、俄国控制的铁路争利，一方面将欧美势力引入东北，实现均势外交下列强间的相互牵制，从而巩固东北边疆主权和边防安全。由于各方对东三省借款筑路飘忽不定，东北铁路建设面临中外博弈和中央与地方意见不一的双重困境②。杨小红从铁路政策层面分析了东北地方政府的治边思路。九一八事变前的民国时期，是东北自建铁路发展最快的时期。其间，东北地方政府坚持自主筹资、自主设计、自主管理的铁路政策，以及铁路修成后实行铁路联运，减免货运、客运价格等运输政策，推动了东北边疆的经济开发与社会稳定。从这些政策中，可以清晰地看出东北地方政府抵抗侵略、保证路权、维护主权、维护民族利益的“以路治边”思路③。

张伟分析了东北自建铁路面临的难题与财政难题的破解。甲午战争以后，俄、日、英三大帝国主义国家控制了东北铁路干线。从此，东北铁路变成了列强侵略东北的重要工具。民国时期，东北地方政府为了抵抗侵略，开发边疆，决心自建铁路，但遇到外交上受制于以往不平等条约的束缚、经济上受制于中央财政干涉等难题。为了解决这些难题，东北地方政府从破解财政难题入手，开始了大力兴办自主筑路的事业④。马尚斌从清末民

① 程亚娟、曾亚玲：《东北自建铁路的特点及其影响》，《哈尔滨学院学报》2012 年第 3 期。

② 潘崇：《锡良督东时期东北铁路规划始末》，《近代史研究》2016 年第 6 期。

③ 杨小红：《从铁路政策看东北地方政府的治边思路》，《辽宁大学学报》（哲学社会科学版）2004 年第 3 期。

④ 张伟：《东北自建铁路面临的难题与财政难题的破解》，《辽宁大学学报》（哲学社会科学版）2004 年第 3 期。

初到1930年东北自建铁路历史阶段的划分、地方政府四次自建铁路网计划和筑港计划的内容、设计思路、演变过程及其筑路原则等几个方面，比较系统地论述了东北地方政府自建铁路与边疆治理的关系[①]。

二、近代东北铁路建设意义研究

王海晨认为，民国初年到1931年九一八事变，东北地方政府制定了以筑路为先导的治理边疆战略，在官民支持下，东北兴起了大规模自主建路的热潮，并建成了十大铁路。自办铁路的成功，打破了帝国主义列强长期控制东北铁路干线投资权和垄断运输的局面，促进了东北边疆的经济开发和自然经济的解体，加快了东北现代化进程[②]。薛志刚探讨了近代东北自建铁路的历史意义。近代以来，伴随殖民侵略的深入，东北地区的铁路建设兴起。为了挽救民族危亡，东北人民掀起依靠本国资金和技术的铁路自主化建设高潮，并取得一定的成果。这些自主建设的铁路对于抵制殖民侵略和经济掠夺，促进东北经济发展、维护国防安全等方面都有重要的作用和意义[③]。

佟银霞分析了20世纪20年代东北地方政府的铁路政策及其成效。20世纪20年代，为应对日俄系列化的铁路经济侵略和强化对东北边疆地区的管控，同时也是基于军事运输，保证东北地方政府拥有独立近代化交通系统，进而带动东北边疆的整体开发，张作霖、张学良父子为主导的东北地方政府变被动为主动，努力于铁路新交通政策的实施，并取得了举世瞩目的成就。其成效：一是打破了日俄对东北铁路建设和运输的垄断，东北近代化铁路交通系统形成；二是巩固了奉系军阀的统治地位，加强了东三省之间的联系，形成政治、经济一体化的局面；三是加快了东北地区城市

① 马尚斌：《东北自建铁路网计划的演变及其特点》，《辽宁大学学报》（哲学社会科学版）2004年第3期。

② 王海晨：《论民国时期东北地方政府自办铁路的意义》，《辽宁大学学报》（哲学社会科学版）2004年第3期。

③ 薛志刚：《近代东北自建铁路的历史意义》，《大连近代史研究》2017年第1期。

化进程[①]。

三、近代东北铁路建设与移民研究

李楠以最新的移民重力模型为理论框架，利用19世纪中叶至20世纪初期东北地区移民和铁路发展的历史数据，通过构建双重差分模型对该时期铁路发展与移民之间的因果关系进行检验。研究发现，铁路发展对移民有显著的正向影响，特别是1903年以后，随着东北铁路网的形成，此影响格外显著。通过构建标准化回归发现，与其他影响移民的决定因素相比，交通的发展扮演着更加重要的角色[②]。

刘继阳分析了1928—1930年河南灾民移垦东北与铁路运输关系。1928—1930年中国北方发生严重的灾荒，其中河南地区灾情尤重。为迅速妥善安置灾民，南京国民政府以及东北地方政府积极出台“移民垦边”政策，形成了吸引河南灾民移垦的拉力。铁路作为主要的运输方式，在河南灾民移垦东北的过程中起到决定性作用。一定程度上说，中国传统的“移民就粟”救灾举措，正是因为铁路运输的参与而显示现代化的意味[③]。李海滨、李自典认为，作为一种现代化的交通方式和基础设施，京奉铁路的开通不仅开辟了新的移民路径，而且改变了移民流向，拓展了移民空间；通过发售移民减价车票，特别是小工票，以及行驶小工专列等，便利了关内移民的往返运送，在一定程度上推动了移民运动的高涨。京奉铁路的开通和运营，对近代东北移民运动产生了重要影响[④]。

---

① 佟银霞：《1920年代东北地方政府的铁路政策及其成效》，《东北师大学报》（哲学社会科学版）2017年第6期。

② 李楠：《铁路发展与移民研究——来自1891—1935年中国东北的自然实验证据》，《中国人口科学》2010年第4期。

③ 刘继阳：《1928—1930年河南灾民移垦东北与铁路运输》，《安阳师范学院学报》2015年第6期。

④ 李海滨、李自典：《京奉铁路与近代东北移民——以20世纪二三十年代为中心》，《兰州学刊》2013年第10期。

四、外资与近代东北铁路建设研究

张德良认为，九一八事变前，中国东北有两种资本主义现代化相互撞击着：一种是中国民族资本主义现代化，一种是日本资本主义现代化。日本资本主义在中国东北的投资与工业生产已占据优势地位。以铁路而论，日营铁路全长2300公里，为中国自建自营铁路1521公里的1.5倍。[①] 马陵合以均势外交为中心，论述了清季东北铁路外债的超经济特质日。俄战争后，为挽救东北危局，以徐世昌和锡良为代表的东北地方大员试图将美国的资本引入东北铁路，通过铁路外债的形式实现均势外交。由于诸多因素制约，美国被迫放弃单独投资计划，使得鼓噪一时的“联美”“均势外交”的努力陷于流产。[②]

张忠广认为，均势外交是晚清不少有识人士积极提倡的外交策略。以铁路外债为核心的“厚积洋债，以均势力”的均势外交则成为他们的现实策略。锦瑷铁路借款正是在这一背景下被提出的，然而它浓厚的政治色彩注定其只能无疾而终。均势外交策略虽用心良苦，但终成画饼[③]。郭立彬认为，清末，沙皇尼古拉二世和主管远东外交事务的财政大臣维特制定了运用银行和铁路，向中国进行经济扩张的远东政策。华俄道胜银行和中东铁路既是远东政策的产物，又是沙俄推行远东政策的工具[④]。尹英杰以近代日本对中国东北地区铁路投资及影响为题，认为铁路投资是这一时期日本对华投资的重要部门，不仅仅满足了日本资本主义发展中资本追求利润最大化的愿望，而且又以铁路为先导，推动“满蒙政策”实现。尹英杰还从日本资本主义发展需要、“满蒙政策”的推动、铁路在帝国主义争夺中

---

① 张德良：《中日铁路交涉案与九一八事变——两种资本主义现代化在东北》，《党史纵横》1997年第12期。

② 马陵合：《略论清季东北铁路外债的超经济特质——以均势外交为中心》，《历史教学》2003年第10期。

③ 张忠广：《略论清季东北均势外交的流产——以锦瑷铁路借款为例》，《兴义民族师范学院学报》2016年第2期。

④ 郭立彬：《华俄道胜银行对近代东北的铁路投资》，《兰台世界》2012年第7期。

的特殊地位三个方面分析日本投资东北铁路的原因，以独资经营、贷款兴办、中日合办三种形式介绍日本对中国东北铁路的投资。日本在中国东北地区铁路投资，不仅加深了东北的半殖民地化，客观上也推动了东北的近代化进程[①]。

胡玉海认为，近代中国东北是中外交涉的一个矛盾焦点地区。在诸多交涉中，铁路交涉是交涉的重点，并贯穿东北对外交涉的全过程。近代以来，铁路开发、铁路借款是殖民主义者惯用的一种侵略方式。因此，俄、日把修筑和控制中国东北铁路，作为扩张势力和控制这一地区各项政策的首选。当殖民主义者把铁路开发作为殖民统治最有效途径后，铁路开发的殖民色彩就超出了它自身的经济开发价值。近代东北既急需铁路来促进经济、国防建设，又要拒绝外国通过铁路来扩张势力。因此，近代东北铁路修筑权与铁路借款的交涉，就是在这一背景下展开的[②]。

五、近代东北铁路建设与东北城市发展研究

徐婷认为，铁路运输兴起，使近代东北城市发生了兴衰变化。城市的空间分布发生变化。东北地区虽开发较晚，但因铁路而兴起的城镇较多，大大超过铁路修建前的发展速度。在新的城市兴起之时，原有的一些地区和城市发生了因区位优势地位的得失，发生了盛衰消长的变化，有些地区丧失了原有的经济地位走向衰落，一些传统交通节点地区因为邻近铁路获得了新的发展契机[③]。何一民、韩英认为，中东铁路是帝国主义列强入侵东北的产物，其修筑与运营促使东北地区城市发展动力机制产生改变，深刻地影响了东北城市的空间分布与城市面貌，奠定了20世纪东

① 尹英杰：《略论近代日本对中国东北地区铁路投资及影响（1905—1931）》，东北师范大学硕士论文，2005年。

② 胡玉海：《近代东北铁路修筑权与铁路借款的交涉》，《辽宁大学学报》（哲学社会科学版）2004年第3期。

③ 徐婷：《铁路与近代东北区域经济变迁（1898—1931）》，吉林大学博士论文，2015年。

北城市发展格局①。荆蕙兰、宫雯雯、屈宏认为，为进一步加强殖民统治，掠夺中国资源，俄日等列强在东北地区敷设铁路，建成“丁”字形铁路网。由于铁路的修筑，近代城市迅速兴起，近代城市化开始起步。因其城市化过程中的起步晚、发展快、程度高、城市人口的外来性等特征，都与铁路建设密不可分，所以产生了独特的历史影响，带有浓重的殖民色彩②。

宫雯雯认为，近代东北城市的出现和城市化发展，都与铁路有着巨大的联系。铁路枢纽城市作为铁路网的基本单元，因其特有的区位优势，成为区域社会经济发展的核心。铁路影响下的近代东北城市化表现出了不同于中国其他地区的特征：城市在空间上沿路而起，在兴起时间上较为集中；城市化水平后来居上，居全国前列；城市化体现殖民地化和不可持续性；城市外来人口具有激增性。与此同时，原有依靠旧式运输业兴起的城市因铁路的发展而衰落。在铁路的影响下，近代部分东北城市的发展出现“逆化”现象。在近代东北城市化过程中，铁路影响甚至决定了东北城市化的历史进程。一方面，铁路加快了近代东北的城市化进程：推动了东北经济的发展，促进了东北城市建设的现代化，加速了城市文化的多元化，带动了东北区域的整体发展。另一方面，铁路也对近代东北城市化产生了一定的消极影响：加速了东北的殖民地化；经济掠夺进一步加剧；城市出现畸形发展；城乡差距更加明显。近代东北城市化的艰辛历程再次证明，交通是社会进步的先行军，没有主权的城市发展是畸形的③。

六、近代东北铁路建设与东北交通研究

李淑云简要论述了东北铁路交通网的形成过程和东北地区铁路建设概况，阐明了铁路交通在促进东北地区对外开放、工农业发展及新兴城镇

① 何一民、韩英：《中东铁路与民初东北城市发展变迁》，《深圳大学学报》（人文社会科学版）2016 年第 3 期。

② 荆蕙兰、宫雯雯、屈宏：《铁路交通视角下近代东北城市化特征及其影响》，《佳木斯大学社会科学学报》2014 年第 2 期。

③ 宫雯雯：《铁路发展与近代东北城市化研究》，大连理工大学硕士论文，2014 年。

崛起等方面的巨大作用，并提出了今后东北地区铁路建设与发展的几点建议。[①]易丙兰认为，奉海（奉天—海龙）铁路自清末起，一直是东北官民自建铁路计划中的重要干线，但由于时局和资金的因素，清末民初的数次筑路计划都以夭折而告终。直奉战争后，以张作霖为首的奉系当局确立了以自主筑路推进东北铁路自主化的政策，提出了东北铁路网计划。1923—1928年，奉系当局经过长期的筹备和艰难的修筑，完成了其东北铁路网计划中第一条干线——奉海铁路的建设，实现了数代东北人的梦想。奉海铁路的成功修筑，开启了东北铁路自主化的进程。[②]

李书源、徐婷论述了铁路与近代东北交通体系的重构。铁路兴建以前，东北的交通体系主要由河运、传统陆运和海运构成，运输工具停留在传统的马车、帆船等工具上。铁路修建给陆运、河运造成了巨大冲击，铁路与其他运输方式的竞争与合作，导致了传统交通体系的巨大变化，形成了以铁路为主导、以河运和传统陆运为辅助、以港口为铁路指向终点的新的交通体系。[③]

七、近代东北铁路建设与东北社会经济研究

戴五三认为，东北铁路的发展最早可追溯至1891年。这一年，清政府北洋大臣李鸿章以“俄患日亟”为由，奏准展筑由林西镇起，北出山海关，经锦州、盛京（今沈阳），最后抵至吉林的关东铁路。1894年，铁路修到辽宁省的中后所（今绥中）。自此，揭开了东北铁路发展史的第一页[④]。钟卫华认为，日本对图们江流域铁路的侵略是日本阴谋侵略中国大陆的重要一步，其目的是搭建战争跳板、开辟物资通道。侵略者在中国东北地区进行殖民统治期间疯狂开发图们江流域资源，其实质是奴役、压榨中国人民，

① 李淑云：《铁路交通与东北近现代经济发展》，《辽宁师范大学学报》1999年第4期。

② 易丙兰：《东北铁路自主化的开端——奉海铁路》，《东北史地》2012年第6期。

③ 李书源、徐婷：《铁路与近代东北交通体系的重构（1898—1931）》，《社会科学辑刊》2014年第4期。

④ 戴五三：《东北早期铁路发展对地区经济和社会的影响》，《社会科学战线》1992年第2期。

并破坏性地掠夺中国的资源。该行径客观上给中国东北物流格局带来了根本性转变，使南北纵向交通格局转变为南北、东西纵横交叉的交通格局，并给“环日本海”区域经济带来了跨越式发展，东北亚地区一度出现了贸易频繁、运输发达的虚假繁荣场景[①]。

徐婷论述了铁路与近代东北区域经济变迁。19世纪末，铁路出现在中国东北地区。作为机械、钢铁、土木等近代工程的结晶，铁路在建设伊始，就引起了东北社会经济巨大的变化。近代东北铁路的运营，导致了沿线地区产业结构、城市空间等方面发生了剧烈的变动。铁路沿线地区农产品产量大幅度提高，以大豆、玉米、高粱、小麦为代表的东北农作物在铁路运输的带动下，商品化率迅速提高，农业种植的专业化、区域化趋势进一步加强。东北相对发达的铁路网加强了内陆、沿海和海外市场的联系，铁路使大批量长距离商品物资运输成为可能，它改变了传统的商业路径，使东北商品流通网络重新建构。铁路沿线地区的商业较其他地区都更为繁荣[②]。金志焕认为，日俄战争期间日本铺设安奉铁路最初是因为军事上的需要，但在战争结束以后，日本作为后发资本主义国家，为了增加商品出口并扩大市场以提高其在经济上的职能，安奉铁路也成为一项十分紧急的工程。安奉铁路的铺设和改建，不仅提高了交通运输职能，并提供了区间性的便利条件，还扮演了连接日本、朝鲜及中国东北地区，进一步到欧洲的干线铁路的角色，并且为连接各个地区的新流通网的形成打下了坚实基础[③]。

吴明罡认为，为加快东北地区的开发速度和农牧业资源的输出，南满铁路公司与奉天省公署等部门相继在该地铺设了铁路网。由于地理条件相似，当时政令统一，东北西部地区的铁路建设和管理比较顺畅，促进了区

---

① 钟卫华：《图们江流域铁路开发与东北亚物流格局的改变——兼论日本侵华期间对中国东北进行的经济掠夺》，《延边大学学报》（社会科学版）2012年第6期。

② 徐婷：《铁路与近代东北区域经济变迁（1898—1931）》，吉林大学博士论文，2015年。

③ 金志焕：《安奉铁路与中国东北市场的变化》，《暨南学报》（哲学社会科学版）2015年第4期。

域经济发展和社会变革，加速了东北西部地区的城镇化进程。[①]徐祝申认为，清末民初东北地区的铁路交通发展迅速，为经济的发展提供了重要的条件。在铁路交通的带动下，民国时期东北地区的工业、农业等各大经济产业发展势头强劲，为后来东北地区成为我国的重工业基地打下了很好的基础。[②]

李书源、徐婷认为，铁路的修建给近代东北区域经济发展造成了巨大影响，然而这种影响并不是均衡的。铁路所到之处与铁路不达地区，经济发展差异巨大；铁路沿线不同区域所呈现的经济发展景观也有着明显的差异。这种差异的产生与铁路修建前后东北移民涌入、新交通体系导致的市镇变化和列强殖民地铁路发展政策有着必然联系。[③]纪秋颖论述了近代东北铁路与金融业的发展。铁路作为一种新型交通运输方式，于19世纪末在东北地区悄然兴起，在引领东北区域经济一体化上始终扮演着重要角色。与此同时，在商业贸易繁兴的基础上，东北社会需要良好的货币作为交换媒介，铁路交通的便利成为促进近代银行业发展的一个重要因素。[④]

八、近代东北铁路建筑技术研究

李之吉、杨易对东北近代敦图铁路站房建筑进行研究。伪满洲国成立后，日本在东北修建的第一条铁路就是敦图铁路。随着时间的流逝，原有敦图铁路沿线站舍大多破败不堪，有的站舍已经损毁甚至被拆除。对这些站舍建筑进行实地调查与研究，能丰富东北近代建筑的研究领域，同时也为这些近代铁路站舍建筑的保护提供历史与技术依据[⑤]。

---

① 吴明罡：《近代东北西部的铁路建设对区域社会经济的影响》，《社会科学战线》2014年第5期。

② 徐祝申：《民国时期东北地区铁路交通与经济发展》，《黑河学刊》2018年第2期。

③ 李书源、徐婷：《铁路与近代东北区域经济差异（1898—1931）》，《江西师范大学学报》（哲学社会科学版）2014年第4期。

④ 纪秋颖：《略论近代东北铁路与金融业的发展》，《哈尔滨师范大学社会科学学报》2016年第3期。

⑤李之吉、杨易:《中国东北近代敦图铁路站房建筑研究》,《四川建材》2017年第3期。

刘泉认为，近代东北地区的铁路附属地的规划设计布局具有模式化、标准化的特点，在功能布局、路网结构、街廓尺度、形态控制以及中心体系等方面与TOD模式具有一定的可比性。这些铁路站点地区重视通过构建规划法规体系对规划建设进行有效管理，并采用了土地综合开发的机制作为开发建设的保障。上述经验对今天区域层面的TOD规划建设体系构建依然具有借鉴意义①。

卢庆旼对中国东北和韩国近代铁路沿线主要城市及建筑进行比较研究，分析近代发达国家和殖民地城市的铁路形成过程及铁路对城市结构产生的影响。因铁路建设而诞生的近代铁路设施进一步促进了铁路设施的标准化，从而导致铁路中心城市的主要建筑设施考虑与铁路车站的位置布局，以功能为主要考量进行选址，反映出其建筑设计的近代性；由于这两条铁路同样在日本的经营下运行，其铁路沿线城市的建筑受到日本本土的重大影响，在其建筑风格、建筑技术方面均有明显表现，反映出其建筑设计的殖民性②。

九、张氏父子与近代东北铁路研究

侯文强认为，张氏父子为了加强东北边防安全，根据自建自营方针，制订了庞大的铁路修建计划，并不顾日本多方阻挠，努力将其付诸实施。经过近十年努力，打破了东北铁路长期由外国控制的局面，为加强东北边防安全奠定了较好基础③。

李正军分析了张学良主政时期东北铁路联运及其历史意义“皇姑屯事件”后，张学良主政东北，为了抵制苏联和日本势力在东北扩张，他采取了一系列措施。其中，大力发展交通事业是张学良主政东北的重要举措。张学良领导东北交通委员会将张作霖遗留的自建铁路联运，实现了东北自

① 刘泉：《前TOD时代的铁路站点地区规划布局模式解读——以近代东北铁路附属地为例》，《现代城市研究》2016年第11期。

② 卢庆旼：《中国东北和韩国近代铁路沿线主要城市及建筑之比较研究》，清华大学博士论文，2014年。

③ 侯文强：《张作霖、张学良与东北铁路建设》，《南京政治学院学报》2003年第3期。

建铁路的近代化，不仅巩固了奉系军阀在东北的统治，而且大大加快了东北社会经济和文化的发展[①]。

李正军还分析了张作霖与东北的铁路近代化建设的关系。直奉战争失败后，张作霖退居山海关外，宣布东三省“独立”，为求东山再起。张作霖在东北实施一系列措施加强自身实力，其内容主要是整军备战和为此而采取的一些经济文化措施，修建铁路就是其中重要一项。当时日本的殖民机构“满铁”控制了东北几乎所有的铁路。因此，张作霖在修建东北自己的铁路过程中顶住日本的巨大压力[②]。

易丙兰对改革开放以来关于奉系与东北铁路问题研究情况进行述评。以张作霖、张学良父子为首的奉系集团主政东北十数年，在东北的现代化进程中扮演了重要角色。其中，铁路交通是奉系主政时取得较大成绩的领域，东北成为九一八事变爆发前中国唯一拥有体系性自主铁路网的地区。与奉系铁路建设的丰富活动相比，学术界对奉系与东北铁路这一主题的探讨虽自 20 世纪 20 年代就开始了，但相较于中东铁路、南满铁路以及国内其他地区的铁路的研究，在深度、广度以及史料发现与利用方面都还略显薄弱[③]。

李正军还探讨了张作霖在东北铁路建设方面的对日交涉问题。直奉战争后，张作霖退居东北，为摆脱日本对奉系军阀的控制，他决心自建铁路。张作霖拟建的铁路对日本“满铁”的包围之势，影响了日本的在华利益，引发日本的抗议。张作霖在铁路方面对日采取两面派的外交方式，暗中仍旧实行自建铁路计划。在自建铁路问题上，张作霖态度坚决，对日本的无理要求进行公开抵制，值得世人尊敬。[④]

① 李正军：《张学良主政时期东北铁路联运及其历史意义》，《沈阳干部学刊》2013 年第 2 期。

② 李正军：《张作霖与东北的铁路近代化建设》，《兰台世界》2013 年第 4 期。

③ 易丙兰：《改革开放以来关于奉系与东北铁路问题研究述评》，《地域文化研究》2018 年第 4 期。

④ 李正军：《张作霖在东北铁路建设方面的对日交涉》，《“九一八”研究》2017 年第 1 期。

十、各方势力与近代东北铁路研究

贾兆鑫认为，20世纪初至50年代初的半个世纪，中国东北地区的铁路始终以外国因素控制为主导。而影响东北铁路的外国因素最主要的是苏联（包括沙俄）和日本两个国家，从而形成了影响近代东北铁路发展的两大外国因素——苏联因素和日本因素，它们是影响东北铁路近现代发展非常重要的因素。除此以外，还有中国本土及中国东北本土的因素为辅助。这三方面因素，以中国因素为最次，中国正值国破民弱，对铁路的控制和影响最小，却是被动受害影响最大的一方，并且通过筑路苦力、反抗暴动等方式从下至上影响了东北铁路的发展进程。[①]王伟论述了美国的东北铁路中立化计划。20世纪初期，美国政府及其代理人在中国展开一系列的外交活动，其中“东北铁路中立化计划”是其重要组成部分，通过对它的研究，可以更清晰地看到此时的美日矛盾和大国纵横捭阖的国际关系。[②]

高乐才论及日俄战争前后美国远东扩张政策与日美对中国东北铁路的争夺。日、俄谈判期间，美国仍支持日本，以赢得日本的“好感”，换取日本在“满洲”的利益。当《朴次茅斯条约》尚未签订之际，美国便迫不及待地插手日本的“满洲”利益，实施购买南满铁路计划。当此计划遭到日本的阻挠后，美国转而在中国东北实施投资修筑锦瑷铁路、策划“满洲铁路中立化”等计划。为此，日、美双方在“满洲”利益的问题上产生了对立与冲突，展开了激烈的争夺，从而也充分暴露了美国称霸世界和日本独霸“满洲”的野心。[③]戴博文通过查阅英方原始档案，从英国视角解读中国东北自建铁路运动的历史，并在此基础上分析英国对该问题的态度与评估。抗战历史进程中，中国东北自建铁路运动曾是我国人民反侵略斗争的重要组成部分。中日之间关于东北路权的争夺曾为英国政府密切关注。

---

① 贾兆鑫：《论中外因素对近代东北铁路影响力的对比》，《世纪桥》2013年第7期。

② 王伟：《试论美国的东北铁路中立化计划》，《社会科学战线》2011年第10期。

③ 高乐才：《日俄战争前后美国远东扩张政策与日美对中国东北铁路的争夺》，《东北师大学报》2004年第3期。

英国对东北自建铁路问题表面持旁观态度，坚持行动上不予干涉，实则倾向支持日本，一切以维护英国在华既得利益为根本目的。[①]

李聪认为，解放战争时期的东北铁路是国共东北之争的重要资源，苏联对东北铁路的影响甚大，很大程度上帮助中共修复了东北铁路，虽然有为了自身利益的目的，但也在一定程度上决定了东北铁路的归属权。[②] 中东铁路的修筑是沙皇俄国实现其远东战略的重要组成部分。成蹊认为，19世纪末，俄英关系的调整和巴尔干地区局势的暂时缓和，使俄国的国际战略重心开始转移到东方。其主要目标是扩大对中国和朝鲜的侵略。[③] 彭阳以《李顿报告书》为文本分析依据，通过对九一八事变之前日本在中国东北铁路权益的由来及中日之间围绕东北铁路权益的具体纠纷进行分析，来探讨中日两国复杂的外交斗争以及《李顿报告书》对这一问题所持有的客观立场。[④]

刘战、赵朗分析了日俄战争后美国对东北铁路权的争夺。19 世纪 90 年代以后，随着东北铁路的开通，帝国主义列强对中国东北的争夺转向了以铁路为主。在列强眼中，争夺铁路的价值绝不限于铁路本身。利用控制铁路达到侵略目的。[⑤] 高翠论述了 1909—1910 年英国对待中国东北铁路问题的态度。19 世纪末至 20 世纪初，为了对付德国在欧洲不断上升的威胁，英国开始实行结盟外交。在对中国东北铁路的争夺中，英国站在其盟友日、俄一方，不支持美国和中国提出的锦州—瑷珲铁路计划和满洲铁路中立化计划，并最终对日俄在东北的进一步团结表示同情。英国安抚日、俄的外

---

① 戴博文：《1931 年前英国政府对中国东北自建铁路问题的关注与评估》，《赤子》2015 年第 15 期。

② 李聪：《浅析解放战争时期苏联与东北铁路的关系》，《黑龙江史志》2014 年第 1 期。

③ 成蹊：《中外关系史研究中的一部佳作——读〈中东铁路护路军与东北边疆政局〉》，《中国边疆史地研究》1995 年第 3 期。

④ 彭阳：《九一八事变前的中日“东北铁路悬案”问题——以〈李顿报告书〉为视角》，《边疆经济与文化》2013 年第 3 期。

⑤ 刘战、赵朗：《日俄战争后美国对东北铁路权的争夺》，《兰台世界》2011 年第 5 期。

交最终实现了英国的初衷，巩固了与日、俄的友谊。[①]刘辉通过研究满洲铁路公司在中国东北的侵略活动，揭露日本侵略者的侵略行径。作为实行日本政府既定国策的特殊会社，“满铁”公司从创立到最后灭亡，都不折不扣地执行着日本政府的侵略政策。通过满洲铁路在中国东北的侵略活动，日本政府间接地实现了侵略中国东北的战略目的。满洲铁路在中国东北的活动，使极度缺乏战略资源的日本获得了可以支持长期战争的基地。[②]任松认为，南满洲铁道株式会社是20世纪前半期日本帝国主义从事殖民统治的组织机构，是侵略和掠夺中国东北的工具。[③]郭铁桩分析了九一八事变后“满铁”攫取我国东北铁路路权始末。九一八事变后，“满铁”在关东军支持下先后攫取了我国东北地区全部铁路路权，这个攫取是有条件的，那就是“满铁”必须支持关东军发动的九一八事变。正是在“满铁”支持关东军发动的九一八事变的基础上，关东军支持“满铁”攫取我国东北全部铁路路权。[④]孙乾博通过对比，在探讨原有史学观点和当时南满铁路状况，以及日本的相关政策与措施和不可否认的史实，分析证实南满铁路的重要性，得出“无南满铁路的‘主权’，导致东北三省沦陷”的结论。[⑤]

孟晓光认为，近代中国东北铁路运输长期被外国势力所垄断，特别是日本。自日俄战争夺取南满铁路后，日本即不断伺机攫取东北铁路权益作为南满铁路培养线，妄图建立以南满铁路为中心、覆盖整个东北三省的铁路网，企图依靠铁路掌握东北的经济命脉，最终实现吞并整个东北的野心。九一八事变爆发前，“满铁”在日本的支持下，先后通过提供借款方式攫取了吉长铁路、吉敦铁路、四洮铁路和洮昂铁路的全部或部分管理权和

---

① 高翠：《1909—1910年英国对待中国东北铁路问题的态度》，《北京科技大学学报》（社会科学版）2009年第3期。

② 刘辉：《满洲铁路对中国东北的影响》，吉林财经大学硕士论文，2011年。

③ 任松：《“满铁”与日本独霸东北铁路权益》，《龙江社会科学》1995年第2期。

④ 郭铁桩：《九一八事变后满铁攫取我国东北铁路路权始末》，《齐齐哈尔大学学报》（哲学社会科学版）2009年第1期。

⑤ 孙乾博：《南满铁路管辖权的丧失与东北三省的沦陷》，《鸡西大学学报》2010年第3期。

经营权[①]。董婕认为，日俄战争后，日本通过对南满铁路附属地的侵略性经营，将势力渗透到东北地区南部，为全面侵略东北做好了准备。这种特殊的侵略方式使中国面临领土和主权的双重沦丧，使东北社会的殖民性质大大加深[②]。

张盛发分析了列强在中国东北的争夺与中东铁路所有权的历史演变。19世纪末和20世纪初，列强在远东展开了激烈的争夺。沙俄通过加强对中国的影响，攫取中东铁路的筑路权和使用权。在中东铁路存在的近半个世纪里，被骗取铁路筑路权并且至多拥有名义上共管权的中国，由于国家积贫积弱，虽有心收回铁路路权，却无力实现自己的意愿，只能旁观列强在中国东北任意角逐，目睹铁路在列强手中辗转易手。中东铁路所有权和使用权的演变，见证了中华民族在历史上因软弱而蒙受的屈辱。[③]刘筱筱认为，铁路运输业作为国民经济的大动脉，是进行现代化战争运输、调动军队和日本掠夺中国物资补充国需的生命线。因此，日本帝国主义对中国东北铁路运输业的掠夺最早、统治最严，受益也最大。[④]张洁认为，九一八事变前，中国东北铁路已经发展到一定规模。事变后，关东军和“满铁”勾结，合谋东北路权。他们以各种手段霸占了既成铁路和拟建铁路的所有权，又想方设法夺取铁路经营权。日本在掠夺式经营和修建新铁路的过程中，榨取东北人民的血汗，搜刮东北丰富的资源，并最终形成了覆盖中国东北的铁路网。日本夺取东北铁路权，给当地社会的自然发展过程造成极大冲击，加速了畸形化进程。[⑤]

刘振甲认为，铁路是经济发展的先驱，在一定程度上促进了东北地区的近代化进程。日、俄两国在东北铁路网的资本很大一部分是强行输入

① 孟晓光：《民国初年东北官民自办铁路及对满铁铁路的抵制》，东北师范大学硕士论文，2009年。

② 董婕：《南满铁路附属地与东北社会殖民性质的加深探研》，《辽宁师专学报》（社会科学版）2008年第6期。

③ 张盛发：《列强在中国东北的争夺与中东铁路所有权的历史演变》，《俄罗斯中亚东欧研究》2007年第5期。

④ 刘筱筱：《日本对东北铁路运输业的掠夺》，《辽宁师范大学学报》2000年第5期。

⑤ 张洁：《“九一八事变”后日本攫取中国东北铁路权探析》，《辽宁大学学报》（哲学社会科学版）2009年第6期。

的，两国经营铁路的主要目标是侵略，尽管我们无法忽略其客观作用效果，但这永远不能与它所带来的破坏性、侵略性以及对东北人民的压迫相提并论，它给东北地区所带来的深重灾难罄竹难书，根本不是这些客观作用效果所能弥补得了的。①姚永超认为，1906—1931年，日本通过港口和铁路线的建设，使其经济势力逐渐从东北南部扩大到东北北部；同时，俄国（1922年以后为苏联）在东北北部的经济势力范围则逐步退缩。随着港口—铁路网的完善，1931年后日本确立了在整个东北地区的经济霸权②。卢岳美认为，沙俄是最早入侵我国东北的帝国主义国家。早在1896年，沙俄就与清政府签订了《中俄密约》，在共同防御日本侵略的借口下，开始修筑横贯吉黑两省的铁路干路——中国东省铁路（中东路）。1898年，沙俄又以德国强占胶州湾为借口，强占了旅顺、大连，并获取了纵穿辽吉两省的东省铁路支线的铺设权。1899年4月，英俄签订了关于在清国铁路利益的协议，英国承认长城以外包括整个东北，属于沙俄势力范围。因此，在日俄战争之前，主要是沙皇俄国在我国东北称霸，而英帝国主义只是在辽西走廊，即关内外铁路关外段上拥有某些利益③。

十一、近代东北铁路权益维护研究

尚春宇认为，薛衔天著《中东铁路护路军与东北边疆政局》一书中将1897—1920年俄护路军对中国东北地区的侵略行径进行归纳，并深刻认识到这支护路军在华的活动与俄侵略势力在华的势力消长，东北军民的斗争乃至中国东北边疆政局的安危密不可分④。刘晨曦、吴丽华、王煦认为，中东铁路修筑后，东北地缘政治形势发生变化，清末东北地方政府为抵御

① 刘振甲:《日俄在东北的铁路经营及其对东北的影响（1896—1931）》,《渤海大学学报》（哲学社会科学版）2007年第1期。

② 姚永超：《1906—1931年日俄经济势力在东北地区的空间推移——以港口、铁路、货物运销范围的变化为视角》，《中国历史地理论丛》2005年第1期。

③ 卢岳美：《本世纪初的悲剧——列强角逐东北铁路纪事》，《党史纵横》1998年第9期。

④ 尚春宇:《〈中东铁路护路军与东北边疆政局〉评析》,《现代交际》2018年第12期。

沙俄侵略势力对东北内地的渗透，在中东铁路沿线通过设立地方行政机构，在一定程度上维护了中国主权，并促进了铁路沿线的开发。[①]

王敬荣认为，十月革命后，黑龙江及吉林的地方官吏抓住沙俄专制政府垮台及俄国国内陷入内战混乱之机，果断地采取政治、军事等措施，调动各方力量，经过艰苦的努力从沙俄残余分子手中夺回了中东铁路的驻军权、管理权、土地权等部分重要权益，为国家挽回了重大利益，彰显了中国主权的威严。[②]

刘科认为，九一八事变后，东北铁路员工在中国共产党的组织和领导下，团结各界爱国人士，积极配合东北抗日义勇军和中国共产党领导下的东北抗日联军同日本侵略者进行了英勇的斗争，沉重地打击了日伪的殖民统治[③]。

孟晓光认为，"满铁"铁路系统对东北交通运输业的垄断激起了东北官民的极大愤慨。为了打破"满铁"铁路系统对军事运输的桎梏，摆脱其对东北经济发展的束缚，1922年以后，东北地方当局开始筹划自办铁路，并首先计划建设东、西两大铁路干线。在自办铁路的整个建设过程中，日本和"满铁"不断向东北地方当局提出无理抗议，妄图阻止自办铁路事业发展。然而东北地方政府顶住日方压力，依靠自己的力量和东北人民的支持，不但完成了各条铁路的建设，而且采取一系列措施改革铁路营运，以增强自办铁路的竞争力，抵制"满铁"控制的铁路系统。民国初期东北官民的自办铁路不但有利于东北地区的开发和工商业的发展，而且打破了"满铁"铁路系统对东北铁路运输的长期垄断，粉碎了日本企图以控制铁路灭亡中国东北的狂妄野心，在近代中国东北反帝斗争史上占有一定的地位。[④]

---

① 刘晨曦、吴丽华、王煦：《清末东北地方政府在中东铁路沿线的设治》，《兰台世界》2015年第31期。

② 王敬荣：《论十月革命后东北官吏在收复中东铁路部分权益中发挥的作用》，《世纪桥》2010年第13期。

③ 刘科：《东北铁路员工抗日斗争大事记》，《北方文物》2005年第3期。

④ 孟晓光：《民国初年东北官民自办铁路及对满铁铁路的抵制》，东北师范大学硕士论文，2009年。

十二、近代东北铁路遗产研究

朱海玄、吕飞认为，中东铁路的修建开启了其快速而特殊的现代化与城镇化历史进程。由于铁路具有重要的军事战略价值，中、日、俄三国展开了长达半个多世纪的对铁路修建权和管理权的争夺。在中东铁路、南满铁路和中国铁路的相互竞争和整合的历史过程中，伴随各历史主体和各国人民的流血与冲突，铁路成为中国东北地区社会现代化转型最主要的驱动力之一，促进了中国东北地区现代城镇群的产生和发展，在中国乃至世界近现代城镇发展史中都具有特殊的价值和意义[①]。杨易认为，伪满时期日本建设的铁路及站房影响着东北地区城市的建设和发展。铁路站房作为城市的地标性建筑，体现那个年代独有的设计理念及建造技巧，具有典型的时代特征和独特价值，是城市文化与历史的缩影[②]。

邵龙、唐岳兴、季宪立足于“东北振兴”视角，借鉴遗产廊道相关领域的理论研究成果，通过对中东铁路遗产廊道的资料收集、现场调研和整理分析，应用景观格局的空间分析方法，以文化的传播为主线，分析中东铁路遗产廊道格局构建对东北振兴的影响，明确中东铁路遗产廊道在实现东北全面振兴过程中的战略地位，提出以中东铁路遗产廊道保护带动东北全面振兴的可行性策略，以期实现中东铁路遗产廊道保护和促进东北全面振兴的有机结合[③]。

目前，近代东北铁路已经成为一个学术界关注的热点，值得深入研究。学术界的相关专家从不同角度、不同层面，探讨、分析了近代东北铁路的投资、国外势力争夺、作用、意义等，研究队伍是多层次的，基本上涵盖了国内从事历史、文化、旅游等领域的专家、学者，覆盖面广。这些专家、

---

① 朱海玄、吕飞：《军事战略维度下1945年前中国东北地区铁路遗产发展史考》，《遗产与保护研究》2018年第4期。

② 杨易：《伪满时期东北地区铁路站房及其保护研究》，吉林建筑大学硕士论文，2017年。

③ 邵龙、唐岳兴、季宪：《“东北振兴”视域下的中东铁路遗产廊道景观格局构建策略研究》，《城市建筑》2016年第31期。

学者，多数来自高校、科研单位，也有来自政府机关、文化旅游行业的具体工作者。但整体上看，近代东北铁路依然处于研究的初始阶段，研究的广度和深度不足，对近代东北铁路与东北经济的关系、各方势力与近代东北铁路、张氏父子在近代东北铁路中的作用等内容研究较多、较深，而对于近代东北铁路的现实影响、区域地位研究深度有待加强。总体上看，应继续深化近代东北铁路研究，探讨近代东北铁路与东北地区的政治、经济、文化、社会生活等方面的关系，以及近代东北铁路对当前东北铁路的建设和发展的影响，进而极大地促进东北地区的现代化进程。

作者单位：成都市住房和城乡建设局

张氏父子主导的铁路自建与东北经济发展关系研究

王荣亮

前　言

辛亥革命后，铁路路权问题受到全国各阶层的极大关注。诸多有识之士认为铁路事关国家经济发展大计，言“铁路为国家交通之利器”，“国无铁路，则其国宝藏虽富，物产虽盛，而无运输之机关，富源仍无由发达”。而中国的铁路路权为列强控制和不断渗透、导致“主权之丧失，国民之负担，无时可以挽回”的现状更促使民间反思借外债筑路，而掀起自主修筑铁路的倡议与尝试，同时，抵抗列强侵入路权的收回利权运动也蓬勃发展。辛亥革命后，收回铁路路权已有“嚣然遍国中矣”之势。东北因其地处东北亚战略要地，日俄等列强的势力长期向东北渗透，进行经济侵略和政治扩张，导致铁路路权大量外溢。南满洲铁道株式会社，是日本在中国东北进行政治、经济、军事等方面侵略活动的指挥中心，1906 年成立之初就得到了长约 1100 公里的铁路。[①] 从 1907 年 6 月开始，把得到的干支线全部改为标准轨距，先是安奉铁路的改轨和变线，在改轨的同时，修建了中朝边界上的鸭绿江铁路桥。从 1908 年开始，南满洲铁道株式会社本社分别修建了大连至长春、沈阳至抚顺等线段的第二线工程；与此同时，大规模地扩

① 吴晓松：《交通拓展与近代东北城市建设》，《城市规划汇刊》1996 年第 3 期。

建大连港。[①] 日本帝国主义在中国大连设立的对中国东北进行殖民的机构，是执行日本国策的地方机关，是日本经营东北的核心。日奉间在铁路方面的矛盾日益尖锐化和表面化，铁路成为中日“满蒙悬案”的首要问题，也是皇姑屯事件和九一八事变爆发的重要诱因。东北路权矛盾的实质是东北自主发展与日本侵华的大陆政策之间的根本利益的冲突。近代东北铁路的自主建设是在各种外力干扰下艰难展开的，又因日本的侵略而中断，在中国近代史上充满了悲剧色彩。

一、张氏父子主政东北期间开启铁路自主化运动

清末民初，日、俄两国控制着东北铁路网，利用铁路在东北进行扩张侵略。东北各阶层一直试图自建奉海（奉天—海龙）铁路，以维护东北路权，推动经济发展。但由于时局动荡，虽经多年谋划却未能实施。20 世纪 20 年代，张作霖、张学良父子主政东北期间，东北政局出现了短暂的局部相对稳定的状态，奉系提出了自建铁路的既定政策，奉海铁路最终在奉系的推动下得以修筑，也开启了东北铁路自主化的新时代，推动了东北铁路经济大发展。

日本在攫取东北大量铁路权益后，依靠垄断东北的交通运输业掌握了东北的经济命脉，对东北的政局发展产生了举足轻重的作用。为了获取更多军事政治利益，日本扶植援助奉系军阀成为东北的统治者，而张作霖为了巩固其在东北的统治，也为“满铁”的侵略行为提供了某些便利。然而，这种相互利用的关系在张作霖主政东北之后出现了微妙变化，双方最终出现裂隙，日本“满铁”的利益与东北当局的利益发生冲突。张作霖主政期间与日本人交涉最多的事务就是铁路权益，他想建立自己的铁路网。事实上，“满铁”对东北交通运输业的垄断使以张作霖为首的东北地方当局压力倍增。张作霖深刻认识到“满铁”的威胁，因此，奉系当局建立自有铁路网的想法十分迫切。1922 年，以张作霖为首的东北地方当局开始计划自主建设以京奉铁路为中心、贯通整个东三省东西的两大铁路干线。为完成

① 张祥斌主编：《张作霖传》，吉林大学出版社 2010 年版，第 131 页。

这一宏伟计划，1924 年 4 月，张作霖成立东三省交通委员会主导这一铁路工程。由于张作霖自办铁路势必会影响“满铁”的利益，因此不断遭到来自日本当局和“满铁”的无理阻挠。张作霖坚持强硬态度，日本的阴谋没能得逞。铁路建成后，面对打压，东北地方政府也采取了一系列措施来增强自身的竞争力，对抗“满铁”的排挤。除自建铁路外，奉系当局还建设葫芦岛港，打破日本在东北独揽港口的优势。此外，张氏父子格外重视教育，想要培养真正属于东北的人才，这一系列举措都是在抵制“满铁”的影响。由于有奉系当局的撑腰，东北自办铁路在九一八事变前都是“满铁”的主要竞争对手，在一定程度上推动了东北经济的发展。

二、自建铁路运动对东北经济发展的影响

在奉系军阀的发展史上尤其是与日本的关系上，铁路始终是一个重要因素。张作霖主导的铁路自建运动尤其对日本的“满蒙政策”和“满铁”的扩张造成一定打击，在一定程度上推动了东北经济发展。

（一）铁路修建吸引大批农民到来，为农业发展提供支持

奉系军阀为扩充军事政治实力，入关夺取北洋政府最高统治权，加紧修建铁路发展经济。张作霖等奉系军阀主要首领多出身农村，极度重视农业发展。为了发展农业，东北地方当局主要从土地、劳动力和资本等方面入手。首先，东北地方当局通过完善田赋制度，借机整理土地，从地主阶级手中整理出大量闲置荒地分配给农民开垦耕种。出台垦荒条例鼓励边地开荒，尤其重视开发内蒙古东部地区，但没有处理好民族关系，激化了阶级和民族矛盾，引发了嘎达梅林领导的反抗奉系军阀李守信的农牧民起义，起义后来失败。由于东北地方当局无视自然规律，过度开垦土地，科尔沁草原沙化已不可避免，造成了内蒙古东部生态环境的破坏。其次，东北地区地广人稀，随着土地大量开垦，劳动力不足问题日益凸显，再加上出于军事安全的考虑，东北地方当局鼓励移民实边，制定优惠政策吸引山东、河北等关内农民移民东北开垦土地，发展边疆农业经济。据统计，山东、河北等地自然灾害频发，加之军阀连年混战，从 1923 年到 1925 年，从关

内移民东北的人口每年达数十万，这些新增人口为发展东北农业注入了新的劳动力，同时为工商产业的发展提供了廉价劳动力。最后，东北地方当局鼓励发展商品农业，通过钱庄、新式银行等金融机构为东北棉花种植业提供资本支持，以发展纺织业。农业生产的快速发展增强了东北地区的整体经济实力，同时改变了当地农业发展中的生产关系，农民群体出现了分化，出现了富农、中农和贫农等阶层。

（二）铁路修建使交通畅通，促进工商业进一步发展

东北地方当局自建铁路后，工商业发展速度明显加快，奉天呈现产业结构高级化发展的态势。张氏父子主导的铁路自建运动有助于改变帝国主义控制下东北畸形的经济贸易结构，为该地工商业的发展创造了有利条件。在张作霖主政期间，奉天依托南满新兴棉田发展纺织业，与同时期日本纺织品展开竞争，投资开办电灯厂和电报房等加强电气化建设，使当时东北地区的电气化水平高于关内省份。在张学良主政期间，宣布服从国民政府，遵守三民主义，将奉天省改为辽宁省，省会为沈阳市，沈阳拥有全国最大的兵工厂，每天能生产80门火炮，大量机枪、步枪和子弹、炮弹等装备，这些都是建立在强大的工业基础之上的。奉系易帜后，东北地方当局将辽宁迫击炮厂等部分军工企业转归民用，促进了工商业进一步发展。在张学良的支持下，辽宁迫击炮厂等工厂组织中外科研攻关团队，在仿制改装国外零部件的基础上，制造出中国第一辆国产汽车，刺激了国内发展民族汽车工业的热潮，后因九一八事变爆发而终止。日本对东北地方当局发展汽车工业等装备制造业极为恐惧，九一八事变时，日军在占领北大营后，相继占领辽宁迫击炮厂等工厂，掠夺机器和资金，阻断了东北地区工商业的自主发展。

（三）铁路修建使东北财政金融实力更加强大

奉系集团为壮大军事经济实力，对东北财政金融体系建设提出更高要求：要在帝国主义经济侵略和军阀掠夺的夹缝中，维系经济社会稳定发展的金融命脉。张作霖主政东北初期，奉天省财政金融形势严峻，省厅债台高筑，奉票信用急剧降低，这进一步恶化了东北当局财政形势。为应对局面，1917年，张作霖请王永江出任奉天省财政厅厅长。王永江上任后依托

东三省官银号推行币制改革，将奉票改为汇兑券，用白银作为货币本位，同时联系日本的银行金票，实际上带有复本位性质，提高奉票的信用额度，稳定币值。东三省官银号在整个东三省金融生态地位逐步强化，足以领导区域内金融机构与日本金融势力抗衡。东北地区金融形势趋于好转，奉票币值相对稳定。东三省人民接受奉票，并用奉票支付赋税，政府财政收入有所增加，还清了奉系集团的内外债务。这一时期东北的金融体系相对独立于关内，张作霖严格限制中国银行和交通银行在东北开展业务，以防止北洋军阀的金融渗透，这分裂了民国货币体系，体现了奉系集团利益的狭隘性；同时，也对朝鲜银行为代表的日本金融势力保持警惕。当然，奉系军阀的财政金融措施都是为了壮大经济实力，支持军阀混战，这引发了军阀内部矛盾。第二次直奉战争爆发后，王永江被迫离职，财政金融改革失败。在失去制约后，东北当局进一步横征暴敛以增加军费开支，奉系军阀利用发行纸币以解决军费，实际上通过贬值掠夺人民，严重动摇了市场对奉票的信心，奉票信用趋于瓦解，币值下降。奉票贬值导致信用萎缩，资金供应不足，影响了工商业的发展。东北当局税收下降，失业增加，市场萧条，经济萎缩，进而影响军事实力，成为奉系集团战败的一个重要原因。此外，奉系军阀还着力于自然资源和矿产开发，包括林业资源、煤矿和冶铁等，推进交通基础设施建设，包括铁路、公路和港口。尤其在铁路方面，直奉战争后，东北地区兴起了官民投资建设铁路的高潮。出于奉系集团利益的考虑，张作霖与日本人争夺路权，兴建奉海铁路、洮索铁路、吉海铁路等，绕开并包围“满铁”，以对抗帝国主义经济侵略和军事野心。此外，军阀当局还致力于利用英美资本，例如与美国合作修建铁路，包括购买材料装备，以及合作开发葫芦岛港口建设等。

三、铁路自建运动与奉系集团军事政治实力发展的关系

张氏父子主导的铁路自建运动，与奉系政治、经济和军事力量的变化密切相关，有维护其政治利益的一面，更对东北经济现代化进程产生了积极影响。张氏父子先后主导的奉系集团虽然最终在中国政治舞台上消失，

但它主导铁路建设在东北经济发展、城市化进程等领域产生的社会效应却长期存在。在张作霖、张学良担任奉系首领时期，东北三省是中国经济发展较快和工业化程度较高的地区之一。从客观方面讲，东北有充足的资源优势和相对稳定的社会政治环境，东北区域内相对封闭，张氏父子独霸东北，各种政治军事实力暂时未深入这一相对独立的区域，战争破坏少；从主观方面看，奉系集团在东北实行有效管理，在铁路自主化政策思想的指引下，全力加强铁路建设，对工农业发展起到了重要推动作用。张氏父子主政东北期间，推行了一系列开明政策，东北经济发展尤其是铁路建设成就突出，但张作霖不满足于当“东北王”，还想问鼎中原，先后发动第一、第二次直奉战争，推行黩武政策加重了东北人民的负担，对经济破坏是比较严重的。一些奸商在战争中乘机鱼肉百姓，更加重了金融市场的混乱。1917 年，奉天省积欠内外债总额高达 1200 余万元。[①] 以张作霖为首的奉天当局，首先是从整顿金融财政入手。在整顿金融财政过程中，除实行“改行大洋”“币制统一”等措施外，也采取了强制措施。经过张作霖的苦心经营，东三省财政状况逐渐好转，以奉天省为例，王永江实行“节约除弊，年财政收入由三千万元增至五千万元”。1918—1921 年，奉天省出现了“经济比较稳定”的局面。张作霖开始筹划扩充军备，向关内扩张奉系势力。张作霖说：“凡国家若想富强，哪有不注重教育与实业，而能成功的呢！”1924 年 1 月，张作霖召集东三省军政官员讨论经济发展计划，决定三省联合集资 2000 万元，一年内，开办 10 个官办工厂、20 个采矿业，同时成立了东三省交通委员会负责统一建设和管理东北铁路。铁路交通和工农业的快速发展促进了对内的商业往来和对外贸易。以东北对外贸易为例，1903 年到 1930 年，东北对外贸易额增长 30 倍，而全国水平仅增加 3 倍，这充分得益于东北自建铁路运动的开展。1921 年至 1931 年，东北自建的锦朝、打通、开丰等 10 条铁路营业里程共计 1521.7 公里，占 1931 年东北铁路营业里程 25%，占全国铁路总长度 10%，在中国现代化建设史上写下了辉煌的一页。铁路自建运动的成就和东北经济的好转，促使张作霖问鼎中原的野心迅速膨胀。他大肆整军经武，决心再战，奉系在军阀战争中越

① 张祥斌主编：《张作霖传》，吉林大学出版社 2010 年版，第 235 页。

陷越深，军费支出越来越多。1922年，奉天省军费支出2040万元，占岁支出总数81%。到1926年，军费支出增至大洋7032万元，占岁支出总数95%。

纵观张作霖统治时期主导的铁路自建运动，可以得出这样的结论：一是铁路建设实施后，经济发展速度越快，张作霖等人军事扩张思想就越加膨胀；经济实力越强大，其黩武的军事规模就越大。因此，铁路经济力量与奉系军事行动之间存在一种正向的互动关系。二是军事行动越频繁、规模越大，导致经济建设投入越少，经济周期越短，结果是由铁路自建催生的铁路经济在奉系军事扩张的过程中逐渐衰败。

作者单位：扬州工业职业技术学院

近代东北铁路建设对东北近代化建设的推动及影响

耿　萍

近代东北铁路建设在民族危机加深之时，与东北所处地理位置、自然资源禀赋和地区时局紧密相连，对东北地区政治、经济、文化和社会发展等产生了深远的影响。本文通过对京奉、中东、南满和奉海等东北地区主要铁路史料研究，试图分析近代铁路发展对东北地区经济社会发展的实际推动作用，并从近代铁路交通发展的历史经验中汲取东北老工业基地振兴发展的新途径。

一、近代东北铁路建设的发展

（一）东北地理位置与自然禀赋

东北发展数百年间始终与冲突相伴，狩猎、游牧、农业三种民族的不同生活方式不断冲突与交融。东北的地理位置是日俄侵略或贸易聚焦区域。晚清时期，日俄对东北控制日益加深，为抵制外国侵略，在东北清政府主动实行开禁。民国时期，东北远离中原战场避免战争侵袭从而经济获得较快发展。“间与日俄，屏蔽中原，扼欧亚交通之要”，凸显东北重要军事战略位置，使近代东北成为“国际竞争之重”[①]，成为帝国主义侵略中国必争之地。

自古以来东北地区优越自然禀赋：土层厚实、水系丰富、森林茂盛、耕地资源丰富，为农业提供重要条件。东北地区地下储量丰富的煤、铁、石油等矿产资源，为近代东北的工业发展提供必要的原材料和能源。近代东北铁路网建设为东北地区近代城市化发展提供保障。冶炼、军工业产业发展，同时廉价劳动力也推进东北工业发展，使东北成为近代国内最早步入工业化的区域之一。西方文明进入东北边疆，改变着东北原有的生态文化。

（二）东北铁路修建与地区局势

在近代东北尚未修筑铁路前，主要运输系统由辽河、松花江形成水路网和驿路主干，民间自筑乡村小路构成驿路子系统。现代交通工具铁路出现，列强掠夺东北资源，依靠传统内河航运和陆路交通运输不够，这些运输方式受季节影响较大，铁路运输成为首选方式，铁路有效地打破地域限制，推动东北社会经济的开发与发展。近代东北工业化伴随着俄日殖民发展，一定程度上伴随着铁路修建兴起。俄日帝国主义对东北经济掠夺主要是攫取对东北路权控制。俄日帝国主义对中东铁路及其他支线的线路选择完全基于他们对东北的政治、经济、军事侵略的殖民需求。

1. 京奉铁路

19 世纪以来，中国成为西方列强瓜分对象，经济掠夺进一步加剧。晚清政府修建的京奉铁路标志着东北铁路建设起步，它是近代中国国有铁路重要干线之一，主要穿越冀东平原和辽西走廊，连接北京、天津、唐山、奉天（今沈阳）等城市，沟通华北与东北地区重要交通要道。1881 年，李鸿章主持修建唐胥铁路为开平煤外运，该路东、西两向分段延展，1894 年修到山海关，1895 年延伸到卢沟桥，1912 年修到奉天，全长 849.39 公里。京奉铁路开通运行速度达每小时 30 公里，从北京正阳门到奉天沈阳站，普通快车共需 23.55 小时，[②] 大大缩短两地时空距离。京奉铁路全线贯通，

① 马尚斌：《奉系军阀统治的危荡》，《中国东北史》第 6 卷，吉林文史出版社 2006 年修订版，第 98—160 页 。

② 《京奉铁路行车时刻表》，《旅行杂志》1928 年第 2 卷第 2 期，第 15 页。

与南满铁路实现对接。京奉铁路作为首条国有铁路，它的开通代表东北区域交通运输业步入近代化历程。京奉铁路对救济关内难民出关，从事就业生产，均衡调节关内外人口疏密意义重大，使华北与东北地区之间的经济、社会和文化联系更为紧密。

2. 中东铁路

俄国一直觊觎中国东北，在第二次鸦片战争中为控制新占领的中国领土及扩张其在远东的势力范围，1891 年 3 月 17 日，俄国政府开始动工修筑西伯利亚铁路。1896 年 5 月，俄国利用三国干涉还辽，以还辽有功迫使清政府签订《中俄密约》，[①] 获取修筑满洲直达海参崴的中东铁路路权。中东铁路是沙俄控制中国东北和争霸远东的重要工具。

中东铁路，1898 年 6 月 9 日开始修筑，以哈尔滨为中心，从旅顺、后贝加尔、双城子向哈尔滨方向同时施工，1903 年 7 月 14 日通车营业。俄国开始在东北驻军派警，掠夺林矿资源，经营工商业榨取高额利润，通过海参崴与大连港来控制东北对外贸易。中东铁路为沙俄获得大量商业利润，大量的俄国纺织、卷烟等工业品倾销到东北市场，东北的农、林、矿等产品也输送到欧洲。中东铁路敲开清朝政府长期在东北封禁政策的大门，加强东北与外界的经济、文化联系。加强东北同中外、城乡之间的联系，促进东北地区对外贸易的发展。随着铁路延伸，大片耕地被开垦，加快东北农业区生产商品的步伐。投资修建中东铁路，便利沙俄向东北进行经济渗透和资本扩张，促进东北地区资源开发和工矿业发展，加速东北地区近代化进程。

中东铁路沿线地区，哈尔滨、满洲里、绥芬河等重镇，以森林采伐、草原放牧、种麦产粮、甜菜亚麻维持经济需要。沿线站舍带动居民的留驻，给中国留下俄式建筑和生产生活习惯，但苏联因素因其铁路区位在东北北部体现较明显，南部较不明显。中东铁路修建使东北铁路运输系统更加完备，对沿线城市发展、经济增长、战事补给、人口迁移等方面产生重大影响。

① 罗文俊、石峻晨：《帝国主义列强侵华铁路史实》，西南交通大学出版社 1998 年版，第 4 页。

3. 南满铁路

1898 年，中俄签订《旅大租地条约》，将旅顺口、大连湾及附近海域租给俄国，修筑中东铁路支线哈尔滨至旅顺段，称为南满支线。中东铁路和南部支线修建通车，加剧日俄之间矛盾，1904 年爆发日俄战争。1905 年俄国战败，签订《朴次茅斯条约》，日本获得长春以南的铁路干线和一切支路，及该铁路线内所附属地的一切权利及财产。南满铁路及两侧一定范围是铁道附属用地，具有沿线驻兵权。1906 年 6 月 7 日，日本为加强对中国东北地区的经济掠夺和资本输出，设立"南满洲铁道株式会社"来经营。

20 世纪 20 年代，东北当局自建铁路修筑打破长期以来俄日垄断东北铁路建设和运输的局面，使东北铁路投资结构发生重大变化，打破外资垄断铁路干线局面，形成东北自建铁路与日本独资经营、中苏共管的铁路运输系统。日本主要体现在南满铁路沿线的经济影响，沿线城镇主要有大连、长春、沈阳、吉林等。"满铁"专设探察、勘探和规划等部，对沿线以及待建铁路的所经地区有详尽地理和社会调查记录。修建铁路配合殖民开发，将铁路沿线各镇市进行系统规划。"满铁"划定相当面积的一部分附属地，移民开拓随铁路延伸，更多体现在东北北部方面。

4. 奉海铁路

1924 年 4 月，东北成立东北交通委员会。张学良执政时期提出"建设新东北"口号，东北交通委员会成为与东三省平级的机构。1925 年至 1927 年奉海铁路支线完工，1929 年改称沈海铁路，今沈吉铁路一部分。起点奉天城东部大北门外，与京奉铁路连接。

1930 年，张学良领导东北交通委员会制订《建设东北铁路网计划》，构建三大铁路干线，以葫芦岛为新的出海口，与日本经营的大连港和南满铁路争利。奉系政府用自有资金和技术建成的官商合办铁路，由奉天省长公署与商民合作投资，奉海铁路股份有限公司承建和管理的省有铁路。这条铁路是东北铁路计划一部分，东西两侧修筑铁路干支线，平行走向包围遏制南满铁路来摆脱日本利用南满铁路垄断对沈阳进行运输控制与要挟，使民族资本获得更大经济利益，保证奉军军事运输的主动权。

近代东北铁路是帝国主义殖民侵略的产物，是帝国主义政治、军事和经济掠夺的工具。铁路作为近代文明象征，其影响大大超越殖民侵略初衷。铁路运输发展使东北传统的水陆交通体系重新构建，直接导致区域经济变动。

二、近代东北铁路与地区经济发展

中国社会开始从传统农业社会向现代工业社会转型，作为现代文明的标志之一的铁路成为改变中国传统生产方式的重要工具。列宁说："铁路是资本主义工业的最主要的部门即煤炭和钢铁工业的总结，是世界贸易发展与资产阶级民主文明的总结和最显著指标。"交通发展是社会经济发展的重要条件，铁路铺设及火车引进与发展，铁路运输成为东北地区经济发展大动脉。在铁路交通带动下，东北地区的工业、农业、林业等各大经济产业发展势头强劲，为东北地区成为我国重工业基地打下良好基础。

20世纪以来东北铁路相继建设，在空间上缩短东北和世界市场距离，带动东北农林产品商品化发展，加强东北城市之间的市场联系。铁路网扩大是东北经济一体化的必要条件。

（一）铁路与农业开发

我国是农业大国，自然经济长期以来占统治地位。近代以前东北地区还维持自给自足的自然经济，清末民初这种经济开始解体。铁路促进东北地区农业开发，加快自然经济解体。随着铁路修筑，铁路运输几乎贯通整个东北。东北土地开垦，对东北商品粮基地的形成发挥极大作用。人是生产力中最活跃的因素，铁路修建以前东北移民通过海路到达辽东半岛南部或是步行出关来到东北，东北的开发进程与移民的涌入是同步的。铁路修建以后更大规模的移民通过铁路到达东北各地，定居铁路沿线和较近的铁路辐射区域。铁路沿线的大片土地开始得到开发，耕地数量增加，农作物种植面积不断扩大，农产品数量逐年提高，铁路运输发展带动农作物种植专业化区域化和农产品商品化，东北成为粮食输出基地。铁路成为畜产品运输主要途径，对畜产品商业化也有一定影响。铁路运输使东北草原的畜产品运往各地，极大地促进民国时期东北地区畜牧业发展。

东北地区的森林资源丰富，如大小兴安岭、长白山以及松花江流域和黑龙江流域的原始森林资源。近代以前，由于东北地区地广人稀，木业需求量很少，当时东北居民多是从事农业或畜牧业生产。铁路交通发展促进移民数量增加，大量移民保证东北地区人口持续增长。

（二）铁路与工业发展

运输对经济发展十分重要，铁路是近代工矿业发展的产物，煤矿采掘和机械工业发展维持铁路正常运行。为满足铁路对煤炭的需求，铁路沿线形成抚顺、阜新、鹤岗等著名煤产区，大规模煤炭开采引起一系列连锁反应，东北冶金、化工等门类工业开始起步和发展。

钢铁产业与铁路运输密不可分。修筑铁路、造火车都需要钢铁，铁路运输发展也促进钢铁产业发展。铁路运输对其他工业的发展也起到极大促进作用：如糖业、纺织业、炼油业和面粉业等，它们虽不如采矿业兴起早、发展迅速，也是近代东北工业经济的重要部分。这些工业基本都集中在沈阳、长春、哈尔滨等铁路交通发达的大城市，铁路运输为产业发展提供交通运输保障，将大豆、小麦、棉花、蔗糖等原料从产地运进来，将生产出的成品运往销售市场。铁路运输速度快、运载量大，为厂家节省大量时间、人力和财力。

（三）铁路与金融业发展

东北区域经济一体化，强有力地支撑近代东北金融业的兴起。1924—1931年，张氏父子在东北共修筑铁路2250余公里，从根本上打破中东铁路、南满铁路垄断的局面。[①] 在此期间，边业银行先后发行数量巨大的大洋票及辅币票，为东北铁路网完善提供资金来源；改善东北发行货币混乱局面，将交通运输业和金融业的发展紧密结合。辽宁四行号联合发行准备库成立，对东北地区金融业整顿，整顿基础是区域经济一体化。铁路修建成为东北各城市金融联合的纽带。兴建铁路网带动着沿线城市金融业发展，金融业支撑东北铁路网再建设。东北铁路四通八达、便利交通是推动商品经济更加发达的外在条件；近代金融业是推动商品经济更加发达的内在条件。内在、外在条件同时发挥作用，极大地促进近代东北地区经济繁荣。

① 吴香椿、李德周：《东北铁路大观》，北宁铁路运输处计核课应务股1930年版，第71页。

随着东北进入铁路时代，铁路交通的便利成为促进金融业发展一个重要因素。东北商业贸易繁盛需要良好的货币作为交换媒介，商户间需要借助新式金融机构来实现不同货币间的转账汇兑以及办理存贷等业务。东三省官银号、边业银行为代表的东北近代银行业悄然兴起，为东三省货币统一、铁路沿线城市的金融发展做出突出的贡献。

（四）铁路与商品贸易发展

东北铁路铺设是经济发展的载体，是区域市场集中的纽带。铁路未兴时，东北各地商贸交易主要依靠航运，受自然条件影响，全年约有一半的时间河水处于结冰期无法通航。随着京奉、吉长、中东铁路相继开通，东北的粮食、煤矿、木材等产物不再受时间约束，通过各线铁路运输至商业中心城市，使得商品市场更加趋于集中。

铁路改变商品流通路径和集散市场。铁路运输运量大、成本低为商业贸易提供便利条件。商品贸易与工业、农业及交通运输密不可分。东北地区铁路运输发达使得工农业产品运输到东北境内各地，促进工农业发展，商铺开始大量涌现。商品贸易不断发展，东北各地开始出现各种商会。

东北以水路为主的商品运输体系受到铁路的冲击。商品集散市场从水路运输转移到铁路运输形成各级商品市场。铁路与港口结合使商品满足本地需要，将贸易拓展到全国，形成层次更为丰富、开放的市场体系。

（五）铁路与城市化兴起

人类城镇发展史，交通模式是影响区域城镇结构的关键因素，是促进区域社会和城镇发展重要动因。19 世纪末西伯利亚铁路修筑使东北地区地缘环境发生巨变，其社会和城镇的近代化与工业化快速推进，在近代人类社会发展史和城镇发展史研究领域都具有重要地位。19 世纪末到 20 世纪中期，东北城市进入现代化转型时期。铁路沿线地区较早开垦土地，移民聚集逐渐形成早期村镇，为了满足铁路对技术人员的需求以及列强长期殖民东北需要，沙俄和日本分别在中东铁路和南满铁路沿线大量移民。便利的交通条件加快农业商品化速度，使移民基本定居在铁路车站周围或铁路沿线附近的乡村地区利于农业发展。中东铁路铺设以来，各地移民不断涌向东北，多元化人口结构使不同文化元素整合发展。

近代东北城市经济职能逐步取代军事职能成为城市首要职能。近代以前东北地区的军事重镇主要职能是政治和军事。近代随着城市经济快速发展，一些经济型城市逐步兴起，多条铁路建成通车后，传统军事型城市向经济型城市转型，或逐步衰落至消亡。20世纪20年代初奉系政府在外城西北依托自有京奉铁路联络线规划建设新型城区。20世纪20年代中期，在铁路交通带动下已形成集工、商、居、旅等多种功能于一体的近代城区，为发展奉系军工企业和民族工商业提供空间。

三、近代东北铁路与区域经济发展启示

东北城市集群在很大程度上与城市体系接近是区域社会经济发展到一定阶段的产物，是城市发展带动区域发展最有效的形式之一。铁路的兴起为产品、原料流通和人口流动提供快捷安全的运输工具。工业发达成为东北城市集群形成和发展的重要因素，为其奠定雄厚产业基础。

在新时代新一轮的东北振兴中，深入学习贯彻习近平总书记在深入推进东北振兴座谈会上重要讲话精神，结合近代东北铁路建设和相关业态的近代化历史发展逻辑，解决思想观念问题，坚持问题导向，聚焦薄弱环节，重在行动。在整体转型升级大背景下，坚持制度创新，东北地区作为重要的工业、农业基地，人是东北振兴的动力源，资本来，人才聚，要发挥东北高校的人才培养优势。全面优化营商环境、深化改革，形成同市场完全对接，充满活力的体制机制，加大投资力度，增强发展竞争力。辽宁自贸试验区建设将提升东北老工业基地发展的整体竞争力和对外开放的新引擎，发挥引领性辐射性作用。

东北地区是连接欧亚大陆的重要门户，具有沿海沿江沿边条件，发挥其独特区位优势和产业优势，深度融合共建“一带一路”，推进东北地区与京津冀协同发展，加强边境口岸基础设施建设，形成完备的综合交通运输体系，做好实体经济，深化东北亚区域经济合作，抓住历史机遇，振兴东北经济。

作者单位：沈阳音乐学院

近代东北铁路建设与经济社会发展

徐祝申

中国东北地区在中国近代史上占有重要地位，幅员辽阔，资源丰富。近代以来，由于清政府腐败无能，帝国主义国家开始侵入东北，其中日本对中国东北的侵略尤甚。1895年中日甲午战争中国失败后，中日双方签订《马关条约》是日本实施“满蒙政策”将中国东北划为日本势力范围和殖民地的开始。1904年爆发的日俄战争以日本的胜利、俄国的失败告终。日本政府强迫清政府允许日本从俄国手中继承在辽东半岛、南满铁路的特权。1915年，日本向中国提出二十一条要求。条约内容共分五号，二十一条，其中第二号，内容涉及东北。日本对中国东北的侵略以铁路为触角深入东北腹地，大肆掠夺资源侵略中国国家主权。

以张作霖为首的东北地方当局随着崛起，面对日本不断铁路侵略渗透的危机，开始有计划地自建铁路。东北地方当局的自建铁路既有力地抵制了日本对东北的铁路渗透和侵略，又对东北地区经济社会发展起到了推动作用。

一、东北自建铁路

（一）日本对中国东北铁路侵略

日本侵略中国东北以铁路为主干，此种政策肇始于日俄战争，终结于

1905 年 9 月 5 日日俄缔结《朴次茅斯条约》，该约第六条内载："俄罗斯政府允将由长春（宽城子）至旅顺口之铁路及一切支路，并在该地方铁道内所附属之一切权利财产，以及在该处铁道内附属之一切煤矿，或为铁道利益起见所经营之一切煤矿，不受补偿，且以清国政府允许者均移让于日本政府。"[①]1905 年 12 月 22 日，日本迫使清政府与之签订《中日会议东三省事宜正约》，承认沙俄转让给日本的一切权益。是约规定："中国政府将俄国按照合约第五款及第六款允让日本国之一切概行允诺。日本割占中东铁路南满支线长春以南段后，将之改称南满铁道。"[②] 这是日本侵略中国东北铁路的开始。此后日本帝国主义更加紧了对东北铁路的掠夺和侵略，以"满铁"为中心，依托南满铁路不断地蚕食中国路权，以期达到最后独霸中国东北的目的。日本侵略东北铁路的方式如下：（1）独资经营的铁路——南满铁路及安奉铁路。（2）贷款兴办的铁路——吉敦、洮昂、四洮、吉长铁路。（3）中日合办的铁路——天图、金福、溪碱铁路。日本在东北的投资中铁路投资占绝对优势。"满铁与铁路，其初期主要是致力于经营和扩建。由于"满铁"的极力经营，到 1930 年 3 月末，在东北总长 6085 公里的铁路线路中，日人直接经营者为 1112 公里，中日合办的 240 公里，借款等投资的 988 公里，共 2340 公里，占 38%"。[③] 同时，由于日本强行租借旅顺大连，给东北经济造成了重大损失，"因无自筑海港，以致东三省物产，非东走海参崴，则南走大连，举凡四洮、吉长、吉敦、沈海、洮昂、齐克等路，名为我有，实则徒为外路之滋养线"[④]。

（二）东北自建铁路抵制日本侵略

在"满铁"打算掠夺中国铁路利权的同时，东北地方当局也开展了自建铁路活动。张作霖于 1924 年设立东北交通委员会，派奉天省省长王永江兼委员长，筹建铁路。1925 年 7 月，奉天省官商合办的沈海铁路开工，1927 年 9 月通车，长 251 公里，另有支线 83.3 公里。1925 年，奉天还

① 东北交通研究会编：《中国东北路电述要》，东北交通研究会 1932 年版，第 7 页。
② 李占才主编：《中国铁路史（1876—1949）》，汕头大学出版社 1994 年版，第 8 页。
③《东北交通委员会档案文书》：第 7503 号卷。
④ 王余杞：《北宁铁路之黄金时代》，星云堂书店 1932 年版，第 70 页。

开筑打通铁路，1927年10月通车，长251公里。1925年10月，黑龙江官商合办的呼海铁路开工，1928年12月通车，长215公里。此外，吉林省官商合办的吉海铁路（吉林—朝阳）、黑龙江官商合办的齐克铁路（齐齐哈尔—克山）也于1928年开工。[①]1928年6月皇姑屯事件张作霖作古，经过一番周折“少帅”张学良“子继父位”，主持东北全局。张学良对日本有杀父刻骨仇恨，决心摆脱日本的控制，毅然决定降下五色旗，升起青天白日旗，东北归属“中央”。张学良年少气盛，提出建设新东北的口号，决心整饬建设东北。在铁路建设方面，“也有宏大的计划和设想”。[②]张学良在主政东北期间，于1929年成立了东北交通委员会，作为东北推动铁路网建设的机构，接着，该委员会委员长高纪毅支持召开了东北铁路会议，编制了《东北铁路网计划起源》。该委员会强调指出：“若不收回满铁，东北就不得安宁。”[③]

据统计，在1922—1928年张作霖统治时期，奉方共修建铁路1344.13公里；在1928—1931年张学良统治时期，奉方共修建国营、省营、省商合办铁路910.18公里。1911年至1931年的20年间，中国的国有和省有铁路从5730公里增长到10434公里，营业里程共增长4704公里，平均每年增长235.12公里；东北地区的国有和省有铁路在这20年间增长2474公里，平均每年增长123.17公里，占全国铁路增长数量的一半以上。其中，东北地区在1921年至1931年的10年间铁路干支线增长2243公里，平均每年增长224.13公里。[④]因此，中国工程师学会编写的《三十年来之中国工程》一书指出：“自民国11年（1922）至20年（1931）为（中国铁路）渐进时期，修筑之新路大部分在东北四省之内，计有洮昂、吉敦、沈海、吉海、呼海、鹤冈、齐克、洮索等铁路。”关内只有陇海、平绥和平汉三条铁路为增长线路。当东北自建铁路几近完成时，一直不相信东北自建铁路能够成功的列强“唯咋舌不止”[⑤]。1930年4月以后，张学良直接领导东北交

① 杨勇刚：《中国近代铁路史》，上海书店出版社1997年版，第95—96页。

② 王晓华，李占才：《艰难延伸的民国铁路》，河南人民出版社1993年版，第118页。

③（日）满史会：《满洲开发四十年》，新华出版社1988年版，第135页。

④《东北交通委员会档案文书》：第7515号卷。

⑤ 东北文化社编印处：《东北年鉴》，东北文化社1931年版，第426页。

通委员会。在他的主持下，委员会制订了《建设东北铁路网计划》，准备在十年内修建铁路八千公里，至少修好三大干线，以便与日本控制的南满和安奉两路抗争。东干线从葫芦岛经沈阳、吉林到抚远，南干线从葫芦岛经大虎山、洮南、齐齐哈尔到黑河，西干线从葫芦岛经锦州到多伦。[①]“截至民国二十年（1931）东三省共有铁路6330.23公里。其中，我国建筑者占50.5%，中俄合办者占28.2%，中日合办者占17.7%。日本于我国订立建筑者占4.2%。总计以我国建筑者最多，中俄合办者次之，日本建筑者最少。”[②]

二、干线联运与日本竞争

铁路联运是近代铁路发展的必然。近代东北铁路干线联运却具有被迫性。东北自有铁路是在日本和俄国压迫的夹缝中建立起来的，由于这种因素，在铁路的兴建过程中皆为分段建筑、分线设局。东北自有铁路的竞争对手，日本的南满铁路，成路时间早，管理水平高，运输能力强，东北自建铁路无法与之相比，“昔者南满以与北宁竞争之故，减低运费，较北宁为低，其长春至大连438公里之运费，反较廉于自长春至营口之301公里之路线”。[③]“凡铁路竞争必要之条件有三：曰运输敏捷，曰运费低廉，曰港口便利。运输低廉在乎取经之长短；港口之便利，则在乎海港设备完善，足供货物进出之需要也。同长度之铁路，而有无海口之别，则其营业，亦相悬殊。我国自昔主路，即乏系统，又无计划，以前受人之威胁与条约之束缚，而处于被动之地位，焉能与外人竞争？”[④]当时，东北的吉长、四洮、洮昂、吉敦铁路属于国有铁路，但由于投资关系都受日本“满铁”不同程度的控制。“吉长、四洮、吉敦、沈海、洮昂各路筑成后，都无不与满铁联运，而俨然成为满铁的营养线”。[⑤]为了避免该四条国有铁路长期为“满铁”吸货，使其并入东北自有铁路网，“尤非实行联运不足以达

①《东北交通委员会档案文书》：第7503号卷，第417页。

② 东北交通研究会编：《中国东北路电述要》，东北交通研究会1932年版，第57页。

③ 王余杞：《北宁铁路之黄金时代》，星云堂书店1932年版，第31页。

④ 王余杞：《北宁铁路之黄金时代》，星云堂书店1932年版，第29—30页。

⑤ 陈晖：《中国铁路问题》，三联书店1955年版，第51页。

到便利交通之目的”[①]。由于上述原因，东北交通委员会计划“以北宁铁路为轴心之东北各铁路联络运输方案，召集各铁路派遣代表在天津北宁铁路局开联运会议，制定各路车辆过轨直通之详密规章”。[②]1929 年，东北地区的本国铁路实行东四路联运和西四路联运。

（一）东四路联运

东四路联运是指北宁、沈海、吉海、吉敦四条铁路干支线组成的客货联运。1929 年 5 月，吉海铁路完工通车，吉海局与沈海公司签订了《客货联运协定书》，实行两路客货联运，沈吉直通货车、客运在朝阳镇（今辉南）换车。是为东四路联运之始。[③]1929 年 12 月，东北交通委员会训令东北国有和省有铁路全面实行联运，与“满铁”南满路展开货物竞争，维持本国铁路营业。训令指出：“与南满路竞争地点以沈阳、通辽两站最为重要。”“粮运减价为切要之图，应准照办。惟该路（沈海）与吉海、北宁三路为连络满洲东部及关外一大干线，所有一切运输与满铁有竞争关系。为挽回利权，增进营业起见，亟应办理联运”[④]。除了东北区域性铁路联运之外，东北地方政府还多次和南京交通部协商，实行关内外铁路联运，借助全国之力，与“满铁”对抗。1929 年，东北交通委员会与南京铁道部共同商议关内外直通客车，实行北宁和津浦两路客运联运，从南京对岸的浦口直通客运列车至沈阳。9 月 1 日，北宁路和津浦路订立客车联运合同，协商具体通车办法。[⑤]1930 年 10 月 30 日，津浦路全线通车。沈阳至浦口之间直通客运列车具有重要的历史意义，它不仅是增强了东北自建铁路与日本“满铁”在铁路上的竞争能力的体现，也是东北地方政府加强东北边疆与中原一体化的重大举措，还具有以路巩固全国统一的意义。

（二）西四路联运

西四路联运是指北宁、四洮、洮昂、齐克四条铁路干支线组成的客货

① 东北交通研究会编：《中国东北路电述要》，东北交通研究会 1932 年版，第 72 页。

② 王奉瑞：《东北之交通》，台北文海出版社 1982 年版，第 43—44 页。

③《沈海铁路档案》：第 7199 号卷。

④《沈海铁路档案》：第 7197 号卷。

⑤ 杨小红：《从铁路政策看东北地方政府的治边四路》，《辽宁大学学报》（哲学社会科学版）2004 年第 3 期。

联合运输。通过北宁铁路干支线联结关内外的铁路及港口，通过北宁铁路打通支线、四洮铁路的郑通支线和郑洮干线，以及洮昂和齐克铁路，组成纵贯东三省西部的铁路运输大动脉。1928 年 11 月，东三省交通委员会在沈阳召开西四路联运会议，在齐克铁路建成以前，沈阳至昂昂溪直通客货混合列车，于 12 月 3 日开始实行，同时，在北京开往沈阳的列车上接有北京至昂昂溪的客车，从打虎山站转挂西四路联运列车通向昂昂溪。12 月 8 日，昂齐铁路建成，北京至昂昂溪的客车随联运列车通向齐齐哈尔。[①]1929 年 5 月 11 日，交通委员会在沈阳召开第二次西四路联运会议。会议决定自 9 月 20 日起实行西四路客货联运、运输事务由北宁铁路局具体负责，北宁局派人到通辽重新修建联运轨道和设备。日本“满铁”会社及其驻四洮铁路代表阻挠中国铁路联运，“满铁”借口西四路联运侵占日本借款修成的四洮铁路财产，阻挠修复联运轨道。“满铁”代表宇佐美乔尔于 1929 年春擅自拆毁在通辽的西四路联运轨道，这次阻挠中国方面修复，使联运中断一年之久。交通委员会多次与“满铁”交涉，持续到 12 月 8 日，日本外务省表示无条件撤回对打通铁路的抗议，默认了中国东北的西四路联运计划。[②]

三、葫芦岛军港的兴建抵制日本经济侵略

“一地方之发达必以交通为先务，且地方之发达日进，则交通之需要亦与之剧增，至于交通工具在水则为吞吐之海港，在陆则为联络之铁路，是二者又相互为用，不可或缺者也。如上述东北四省政治关系之重要于地方经济发展，至情状其于交通事业之需要至为迫切。”[③]“东北铁路系统就其性质而言，约可分为三大系：（一）中国铁道，以北宁路为干线，沈海，吉海及大通三铁路，为吉黑主要支线；（二）日本铁道以南满铁路为干线，吉长与吉敦，四洮与洮昂，及安奉等，为入吉黑与朝鲜联络之主要支线；

① 杨小红：《从铁路政策看东北地方政府的治边四路》，《辽宁大学学报》（哲学社会科学版）2004 年第 3 期。

② 东北交通研究会编：《中国东北路电述要》，东北交通研究会 1932 年版，第 23 页。

③ 东北交通研究会编：《中国东北路电述要》，东北交通研究会 1932 年版，第 3 页。

（三）俄国铁道，以中东铁路为干线，与俄乌苏里江相连，直达海参崴港，该路除哈长线外，无主要支线”[①]。而中国东北却没有良好的港口为吞吐口，“吉辽黑热四省，每年物产产额，农产二千一百万吨，林产四百三十五万吨，矿产八百三千六万吨，畜产二十四万吨，天产丰富如此，以无出口良港，一切利权，每多外溢，诚为可惜”[②]。

葫芦岛筑港，是东北边防军司令长官张学良为了对抗日本经济侵略的一个计划。1930 年 1 月 24 日，由北宁铁路局和荷兰一家建筑港湾公司签订契约，建筑经费达 640 万美元，向美国及其他方面洽借。过去向东北运输物资，是在日本租借地的大连港起卸上岸，再经日本经营的南满铁路转运；但如在葫芦岛筑成新港，而又能建好新的铁路网，以后即可以葫芦岛为卸货起点，好由中国方面经手转运。[③]葫芦岛军港修建的意义是巨大的，“一旦完成，则吉林海龙方面之产物，依北宁路，北满蒙古方面之物产，经朝锦线，悉吸收于葫芦岛，满洲商业之路线，将发生一大变动。此无论何人，不能否认者也。昔大连为开港时，营口为满洲唯一之贸易港，至大连崛起，而营口遂衰。今葫芦岛开港，将夺大连之席，取而代之矣。辽西赤峰方面之商务，将尽为葫芦岛吸收，至于徙大连中继港者，亦将减削其价值，渤海沿海贸易，悉折而入葫芦岛矣”[④]。正如当时国人所认识的那样：“今者葫芦岛筑港将成，营口亦拟整顿，东北干道，次第完成，则将来竞争之势力既充，定能周旋于南满中东路之间矣。——葫芦岛筑港成功，货物自由出入之路，不必假途外人。”[⑤]“连山港筑成，南满路之价值，即将锐减，旅顺大连，亦将失其经济地位，实足与日本在东北经济侵略之一致命打击。”[⑥]

自中国自己的铁道网正式实行以来，有沈海、吉海两铁道把吉林和辽宁省联络一起，西有洮昂四洮各路连接通辽等路线，如是南北货物运送，

---

①②王余杞：《北宁铁路之黄金时代》，星云堂书店 1932 年版，第 71 页。

③宓汝成《中华民国铁路史资料（1912—1949）》，社会文献出版社 2002 年版，第 56 页。

④王余杞：《北宁铁路之黄金时代》，星云堂书店 1932 年版，第 73 页。

⑤王余杞：《北宁铁路之黄金时代》，星云堂书店 1932 年版，第 29—30 页。

⑥方乐天：《东北问题》，商务印书馆 1933 年版，第 48 页。

已不必仰诸南满铁道，因此影响于南满铁道的营业自属极大，据日本经济年报所载，昭和五年度（1930 年 4 月迄 1931 年 5 月）较上年减削 380 万圆金洋，货物输送量也比上年减 320 万吨，这自然是受中国铁路竞争的一大打击。[①]“昭和六年（1931）尽管在会计簿记上加以掩饰，实际上出现了创业以来的第一次赤字，同年不得不解雇 2000 名职工，致使满铁真正被置于生死关头”[②]。“自东西四路联运完成，南满运输，遂一落千丈；自葫芦岛海港开工，大连将变荒地”[③]。铁路的联运和葫芦岛军港的修建给日本南满铁路以严重的打击，“南满铁路民国二十年纯利润年度减少两千余万元。”[④]而且中国葫芦岛筑港工程的将快完竣，铁路联运事业的发达，必然使东省货物的起落中心点由大连而转于营口、秦皇岛等处，大连为日政府不惜巨金所筑成的海港，如果因中国交通系统的完成而自归淘汰，则实足为日本经济侵略之致命伤。[⑤]

东北地方当局在抵御日本铁路侵略的过程中，开始了轰轰烈烈的自建铁路建设，通过本国的资金和技术修建省有铁路、民营铁路与南满铁路相竞争，极大地抑制了日本的侵略。同时，自铁路的修建进一步促进了东北地区经济社会的发展，对东北地区国防的巩固起到了重要作用。

作者单位：中共丹东市委党校

①② 中央大学社会科学研究会：《对日问题研究》，南京书店 1932 年版，第 9 页。
③［日］满史会：《满洲开发四十年》，新华出版社 1988 年版，第 136 页。
④ 王余杞：《北宁铁路之黄金时代》，星云堂书店 1932 年版，自序。
⑤ 王余杞：《北宁铁路之黄金时代》，星云堂书店 1932 年版，第 75 页。

论张氏父子自主修建铁路的意义

茹亚辉

在九一八事变前的十余年，东北地区自建自营铁路事业的发展迎来高潮。在东北地方政府和部分官民支持下，东北地区取得了自主成功修建十条铁路这一相当可观的成绩。[①] 以这十条铁路为主干的自主铁路网的建成，对于东北地区收回利权和近代化建设具有重要意义。

一、自主修建铁路动摇了帝国主义对东北铁路修筑权与运输格局的垄断地位

张氏父子主政时期，面对"北宁本借英款，中东有俄股，南满则为日军所占，当是时也，东北铁路殆非我有，交通之权为外人操纵"[②] 的局面，自主修筑铁路是维护主权，打破帝国主义对东北铁路实行垄断的重要举措。于是在官民的支持与投资下，这十条铁路的筑成一定程度上牵制了帝国主义势力在东北地区的渗透与扩张。

（一）打破了日俄垄断东北铁路建设的格局

自 1894 年京奉铁路关外段修筑起，至 1931 年九一八事变，东北地

① 张氏父子主政期间主持修建的十条铁路分别是锦朝、开丰、打通、沈海、呼海、鹤岗、昂齐、齐克、吉海、洮索。

② 东北文化社年鉴编印处编纂：《东北年鉴》，东北文化社 1931 年版，第 373 页。

区铁路的经营里程共有6225.9公里。从投资来源看，这一时期的投资来源主要是外国资本，本国资本微乎其微，其中外国资本又分为外国独资经营的南满铁路和中俄共管的中东铁路两大系统。所以说，此时的东北地区是全国铁路投资与管理最为复杂的地方。但是在1920年至1931年，东北地区的铁路营业里程增加了2603.5公里，其重要原因是东北地方政府和部分商民投资修筑了十条铁路。这十条铁路的修建使本国资本与外国资本在对东北地区铁路投资比例上发生了明显变化，其中有日本"满铁"投资关系的占总增长里程的36.31%，有俄国投资关系的铁路增长里程占2.51%，东北官民自建自营铁路铁路增长里程占58.45%，[①] 因此，东北自建自营的铁路运输系统与日本的南满铁路、中俄合办的中东铁路就形成了三足鼎立的局面，从而有力地打破了外国投资由于比重大而造成的垄断东北地区铁路建设的局面。

与此同时，东北铁路不仅投资关系发生了显著变化，而且管理结构也发生了重大改变。进行如此大规模的铁路建设和管理已有的铁路，仅仅依靠军政部门是难以维持的，所以东北地方政府为了促进铁路事业发展，把与铁路相关的事宜统一起来，组织建立东三省交通委员会，作为东北交通事业的最高决策机关，对于铁路的运输、公路的修建负有督导之责。由此可见，东北交通委员会权力之大，并且表明东北当局决心调动所有力量来修筑铁路和管控铁路及其他一切交通工具。因此，东北政府自主修筑铁路以抵抗列强对东北交通的垄断，这一目的得到了初步实现。

（二）打破了日俄垄断东北铁路运输的格局

张氏父子自主修筑铁路的成功在一定程度上打破了日俄垄断东北铁路建设的现状，但在东北铁路的三大运输系统中，南满铁路占据绝对优势，中东铁路的运输能力仅次于南满铁路，因此，日俄两国所经营的运输系统始终操控着东北铁路的运输格局。东北自营铁路系统与日俄控管的铁路系统运输能力对比如此悬殊，这不得不引起东北地方政府的恐慌。于是东北政府规定国有干线和省有干线实行联运，并着力发挥京奉铁路在本国铁路

① 王贵忠：《张学良与东北铁路建设》，香港同泽出版社1996年版，第193—194页。

联运中轴心和骨干的作用。随着政策的出台与实施，帝国主义者垄断东北铁路运输的局面就在一定意义上被打破了。

中国东北铁路联运政策实施后，铁路运输量大大增加。其中较为显著的是 1931 年北宁铁路在货运量已经增加到 960 万吨的基础上首次突破千万吨大关，比 1929 年增加 250 多万吨，而“满铁”因为受到了中国铁路改善运输业务和 1929 年世界性经济危机的双重影响，货运量和客运量都呈现递减趋势。货运量，1929 年南满铁路为 1865 万吨，1930 年减少到 1519 万吨；客运量，南满铁路在 3 年之间减幅近 40%，中东路的减幅也接近 40%。[①] 这些数据的前后反差表明东北自建铁路的运输作用有了明显提升，同时也展现了本国铁路联运的效果显著。因此，正是在东北地区政府和部分商民支持下，自主修建铁路成功地打破了日俄对铁路运输格局的垄断地位。

二、自主修建铁路促进了东北经济振兴与对外贸易发展

交通建设程度直接影响区域经济的开发。铁路是现代化的重要标志之一，张氏父子主政期间，随着自建铁路的铺设和发展，铁路运输成为了东北地区经济发展的大动脉。

（一）带动了铁路沿线采矿业等民族工业的发展

运输条件的改善促进了世界市场的形成，使得原材料和产品的流通具有了世界性，铁路对经济的发展就会产生巨大的推动力。这一时期东北地区采矿业的兴起就在很大程度上得益于铁路的修建。蕴藏丰富矿产资源的东北地区由于在之前铁路没有得到很好的建设，所以矿产资源的开采十分有限。铁路运输的发展就解决了这一难题，其中张氏父子自主修筑的十条铁路中，有部分铁路就是为了发展采矿业而修筑的。例如鹤岗铁路就是为了配合煤炭资源的开发而修筑的，铁路的开通使鹤岗煤矿的年产量由 1926 年的 3000 吨增加到 1929 年的 199118 吨。反过来，鹤岗煤矿的成功开采

① 王海晨：《论民国时期东北地方政府自办铁路的意义》，《辽宁大学学报》（哲学社会科学版）2004 年第 3 期，第 26 页。

又可以为呼海和齐克等铁路线供应煤炭。由此可见，东北铁路的建设促进了沿线矿产资源的开发，而采矿业的发展又推动了东北地区经济的发展。随着铁路运输的不断发展和矿产资源的不断开发，一些矿产公司先后成立，这为东北地区经济的发展注入了源源不断的动力。

铁路运输在促进采矿业发展的同时，也促进了钢铁工业的发展。一方面，钢铁可以为铁路和火车等交通工具的建造提供原材料；另一方面，交通事业的发展又可以带动钢铁工业的发展。随着铁路的修建，一些大型钢铁厂如沈阳的关东铁厂，哈尔滨的兴顺、义兴等铁厂相继落成。当时著名的鞍山铁厂，1925 年出铁量为 89.7 吨，到了 1929 年出铁量就达到了 217.8 吨，[①] 这充分表明铁路的修建使得钢铁工业发展之迅猛。除此之外，铁路运输对制油业、制糖业、纺织业和面粉业等轻工业的发展也起到了推动作用。总之，铁路的修建带动了沿线一系列民族工业的发展，这一时期东北地区经济发展称得上空前繁盛。

（二）带动了东北地区机车制造业等重工业的发展

东北自建铁路不仅促进了采矿业的发展，而且带动了东北地区机车制造业等重工业的发展。20 世纪 20 年代的沈阳出现了三大重工业工厂，即东北大学工厂、皇姑屯机车车辆厂和东三省兵工厂附设机车车辆厂。这三大重工业工厂使得东北工业建设的雏形初步形成，竟一时跃居中国先进地位。它们主要负责修理和制造机车客货车等任务，为东北地区重工业的完善和发展提供了技术支持和劳动力补充。

东北大学工厂于 1926 年 4 月建成，下设机械厂、铸造厂、发电厂、木工厂、铁工厂、印刷厂 6 个厂，制造各种铁路客货车辆、机车及其附属品、铁路工具，修理各种机车、汽机、电机等。[②] 东北大学工厂为东北自建铁路注入了源源不断的新技术，使建造的铁路和火车质量都非常过硬。皇姑屯机车车辆厂是京奉铁路关外修造厂，也是在东北地方政府支持下进行扩建的重工业大型工厂，其分厂设立门类齐全，各分厂操作起来配合井

① 李淑云：《铁路交通与东北近现代经济发展》，《辽宁师范大学学报》1999 年第 4 期，第 277 页。

② 东北文化社年鉴编印处编纂：《东北年鉴》，东北文化社 1931 年版，第 1044 页。

然有序，这些配置和设施使得皇姑屯工厂一跃成为中国一流的重工业机器制造厂。奉天兵工厂原先是一个只能做修理枪械等简单劳动的小型工厂，经张作霖两次扩建后，成为国内规模最大技术最先进的东三省兵工厂。至1931年春，它为沈海铁路公司制造货车300辆，为沈海、吉海等铁路局修理机车、客车97辆，成为东北自建铁路修造车辆的三大重工业工厂之一。[①]正是当时位列国内一流的兵工厂的修建，使得东北地区的众多重工业企业经历了从无到有、从小到大、从落后到先进的发展，这些重工业企业的壮大不仅促进了东北经济的发展与进步，而且对新中国东北重工业基地的迅速形成立下了不可磨灭的功绩。

（三）推动了东北地区商品贸易的发展和市场经济的活跃

商品贸易能够发展也是要依靠交通运输为其提供便利条件，离开交通运输，国内贸易和对外贸易都难以维持，东北地区交通运输的有力保障和工农业的快速发展使这一时期的商品贸易得到了前所未有的发展。农产品商品化是这一时期商品贸易发展的典型。据统计，20世纪20年代末，东北大豆的商品率为80%—83%，小麦为79%，高粱为40%—42%，各类粮食作物平均商品率达到了53%左右。[②]到1931年九一八事变，东北地区农产品商品化程度大大提高，使这一地区成为全国商品粮重要产地。除了铁路运输所带来的农业变革外，商业也得到了显著发展。这一时期也涌现了大大小小的商铺、商号、商会，这些组织的出现为活跃市场经济起到了巨大的推动作用。由此可见，铁路运输极大地促进了这一时期东北地区的商品贸易，使之呈现空前繁荣的景象。

随着自建铁路的修筑，东北地区的进出口贸易也在不断发展。这时内战正进入胶着状态，战争无休止地进行着，在南京国民政府统治时期，经济衰退严重，就是在这样的背景下，唯有东北地区红红火火地自办铁路，使得工业和商业的发展都出现了空前繁荣的盛况。1927年，东北对外贸易出超额突破1.3亿海关两。1929年，东北输出额占全中国出口额的

①辽宁省档案馆藏：《东北交通委员会文书档案》，第7515号卷。

②王奉瑞：《东北之交通》，台北文海出版社1982年版，第49页。

1/3，进口额占全中国的 1/4。[①] 更难得的是，民国时期的东北是全中国唯一的出超地区，出超额高达 1 亿海关两。由此可见，东北对外贸易发展能居全国前列很大程度上得益于自建铁路的修建。自建铁路是列强的侵略逐步渗透的结果，但铁路的修建对东北地区经济的开发同样也是有目共睹的。

三、自主修建铁路加快了东北地区的城市化进程和近代化建设

自建铁路的成功使得东北地区从帝国主义列强手中拿回了部分利权，从而促进了该地区经济的开发。在经济得到发展的同时，东北地区的城市化和近代化建设也在如火如荼地进行，深刻地改变了该地区的人口、城镇和产业布局。

（一）大量移民涌入，改变了东北地区的人口布局

东北地区的开发时间与关内地区相比较迟，所以在民国成立以前，东北地区依然是地广人稀的状态，大量沃土尚待开垦。因此，吸引移民就作为促进东北发展的一项重要政策被提上日程，同时，大批移民涌入也改变了这一时期东北地区的人口布局。一方面，政府提供了便利的交通条件。东北交通委员会专门制定了《东北开垦难民输送规定》，其中明确写道：单身来东北垦荒的农民，青壮年男子收三等客票价的 30%，青壮年女子收三等客票价的 15%，老年人和 12 岁以下的儿童一律免费乘车，同时在春耕之前，按关内移民春节前后出关的习惯及人数最多时给予优待。[②] 这些政策的出台激发了其他地区的民众迁往东北地区的热情，从而在一定程度上解决了东北地区农业的发展缺乏大量劳动力的困境。另一方面，政府采取优惠的政策。1923 年，张作霖在东蒙设立垦务局，对凡愿移往开垦的农民，将发给旅费、种子和农具，新垦土地将免租免税 3 年。[③]

① 王海晨：《民国时期东北自建铁路实践及意义》，《中国社会科学院研究生院学报》，2008 年第 3 期，第 140 页。

② 辽宁省档案馆藏：《沈海铁路档案》，第 7197 号卷，《吉海铁路档案》，第 1888 号卷。

③《中国经济讨论处英文周刊》，第 1 种第 130 期，第 6 页。

这些政策的实施，大大促进了各省居民移往东北的浪潮。

1912年至1930年，关内各省迁入东北的人口近1000万，且1927年至1929年迁入人口年均达100万以上，其数量之多，规模之大，在中外移民史上都是罕见的。[①]在迁入东北的这1000万人中，从移民的区域划分看，80%来自山东，其余来自河北和河南等地；从移民年龄来看，大部分为青壮年。移民人口的涌入改变了东北地区的人口布局，有力地缓解了东北地区和华北地区劳动力分布不平衡的矛盾。同时也对东北地区产生了巨大的经济效益，不仅加快了东北地区土地的开发，而且促进了东北地区工农业的发展。这些由移民涌入所带来的效益大大加速了东北地区城市化进程与近代化建设。

（二）东北城镇的崛起，改变了东北地区的城镇布局

因为受地理环境因素影响较多，东北传统城市主要是以集市为中心地带，民众的居住点分布较为松散。随着近代铁路的铺设，出现了一些交通枢纽城市和城市集群，近代东北城镇的崛起不仅具有中国近代城市化的共性，也具有自身发展的特性。第一，城市在空间上的分布是沿路而起。至20世纪30年代，东北人口最密之处，首推南满铁路，其次则为中东路南部、吉长路沿线、中东路中部一带。[②]第二，城市功能分区更加丰富。比如大连城区东部分布着行政区、文教区、金融商区和公共娱乐区，中部为居民区，而在与主城区相分离的较远的西部则是发电所、满铁工厂、机械所等构成的工业区[③]。这些功能分区在设置上体现了人文关怀，既使得城市功能齐全，又方便了人们的出行和起居。由此表明，城市功能的不同分区使得近代东北城市呈现新的区域结构形态。第三，近代东北城市的殖民地化程度高。一方面，这些新城市沦为帝国主义侵略中国的工具，这些城市在铁路运输的条件下，对外贸易完全带有殖民地化色彩。另一方面，因为东北地区内部殖民统治最为残酷，所以在城市规划上多有欠妥，以至

① 胡玉海主编：《奉系经济》，辽海出版社2000年版，第289页。

② 傅恩玲编：《八十四年前的东北地理教本》下册，南开大学出版社2015年影印本，第52页。

③ 丁文江、翁文灏、曾世英编：《中华民国新地图》第52《重要城市图》，申报馆、中华书局1934年版，第128页。

于城市发展呈现畸形状态。

近代东北城市在交通体系的更新下迅速崛起，表现为城市数量增加，城市类型多元，城市也由封闭走向了开放。可见，对于近代东北城市来说，无论是平面角度还是立体角度都发生了前所未有的变化，交通在其中起了关键作用。

（三）工农业生产的发展，改变了东北地区的产业布局

张氏父子主政期间，随着自建铁路的落成，更进一步地增强了农业的近代化趋势，促进了工矿业的近代化建设，从而深刻地改变了这一时期东北地区的产业布局。从农业方面讲，进入20世纪20年代，东北政府开始重视农林试验和技术改良，例如农安县农事试验场就是这一时期农业技术得到改良后发展起来的，该场除进行作物品种试验外，还进行病虫害防治、肥料、株行距、轮作、间作等试验。[①]在兴办农业试验机构的同时，东北地方政府也开始注重创办近代农业教育体系，以培养各类农业专门人才，发展东北农业。除此之外，农产品的商品化不仅使旧农业体制逐步解体，而且促进了农业商品经济的发达。从工业方面讲，自营铁路的修建为煤炭资源的开采提供了交通条件，这一时期东北自建自营了4个大煤矿，均为使用本国资金和技术建设的现代化煤矿。同时，东北大学工厂、皇姑屯机车车辆厂和东三省兵工厂等大规模工厂的扩建，又为东北地区工业的建设与发展提供了原料和技术基础。

随着工农业的发展，东北地区的产业布局由单一化变为多元化，传统的自然经济逐步解体，农业和工业都朝着现代化的方向发展，这种改变与东北地区铁路的建设密不可分。正是由于产业布局的优化调整，大大促进了这一时期东北经济的发展，加速了东北的城市化进程与近代化建设。

四、结语

交通运输业是发展社会生产和改善人民生活的基本条件，在国民经济

① 农安县政协：《文史资料汇编》第5辑，吉林市志政协编纂委员会1984年版，第62页。

中占有十分重要的地位。从民国初年到1931年九一八事变，在民族矛盾和阶级矛盾都日益深化的东北地区，张氏父子主政下的东北地方政府自主修建的十条铁路是东北地区近代化建设浓墨重彩的一笔。自主筑路的成功具有对内对外双重意义，对外动摇了帝国主义对东北铁路修筑权和运输格局的垄断地位，对内不仅促进了东北地区经济的振兴和对外贸易的发展，而且加速了东北地区的城市化进程和近代化建设。由此可见，在半殖民地社会的东北地区，取得自主成功修建铁路的这一成绩对于东北地区收回利权和近代化建设具有尤为重要的意义，这段历史值得我们深思和铭记。近代东北地区自主修筑铁路对于该地区的近代化建设贡献非凡，以古鉴今，在新时代的背景下，振兴东北老工业基地是我们党审时度势、谋划全局，致力于区域协调发展和全面建成小康社会所做出的重大战略部署，它绝不是一个口号，而是要去实实在在地落实，在保持和巩固农业基础地位的同时，不仅要提高科学技术水平，提升自主创新能力，促进老工业基地的再次振兴，而且要优化经济结构，建立现代化产业体系，加强基础设施建设，为全面振兴创造条件。东北人民要积极响应国家战略的号召，真抓实干、开拓创新，推动东北老工业基地实现跨越式发展，形成发挥独特优势和竞争力的新增长极。

作者单位：辽宁大学马克思主义学院

张作霖与中东铁路权益归属问题研究

张　恒

一、中东铁路的修筑

中东铁路是沙俄通过与清政府签署的《中俄密约》和《旅大租地条约》这两个不平等条约而修筑的。初名“大清东省铁路”（简称“东清铁路”），民国成立后改称“中国东省铁路”（简称“中东铁路”）。1896 年的《中俄密约》第四款规定：“今俄国为将来转运俄兵御敌并接济军火、粮食，以期妥速起见，中国国家允于中国黑龙江、吉林地方接造铁路，以达海参崴。”[①]1898 年的《中俄旅大租地条约》第八款规定：“中国政府允以光绪二十二年所准中国东方铁路公司建造铁路之理，而今自画此约日起，推及由该干路某一站起至大连湾，或酌量所需，亦以此理，推及由该干路至辽东半岛营口、鸭绿江中间沿海较便地方，筑一枝路。”[②]1898 年 8 月，中东铁路全面开工，以哈尔滨为中心，分东、西、南部三线，是贯穿中国东北并与俄国西伯利亚大铁路相接的“T”字形铁路。1903 年 7 月，铁路全线通车并正式营业。日俄战争后，根据《朴次茅斯条约》，沙俄将从长

① 鲁子石编：《帝国主义侵华罪行录——中国近代史上的不平等条约选编》，山东人民出版社 1986 年版，第 163 页。

② 鲁子石编：《帝国主义侵华罪行录——中国近代史上的不平等条约选编》，山东人民出版社 1986 年版，第 183 页。

春至旅顺段的中东铁路支线及其所属的一切权利、财产均转让给日本，此即“南满铁路”。但东清铁路其余部分——东到绥芬河（东线）、北到满洲里（北线）、南到长春（南线），仍被俄国所把持。“修筑中东铁路是俄国准备占有东北、控制中国、增强其远东霸权地位的重大战略举动”①，这条铁路不仅是日俄激烈争夺的焦点，且由于“俄国问题的核心是中东铁路的地位”②，所以也是导致张作霖与俄国产生矛盾的重要因素。

二、张苏双方对路权的争夺

十月革命后，帝俄统治的崩溃及协约国集团的武装干涉，“使俄国人拥有并经营这条铁路的情形陷入了严重的瓦解状态”③。对此，哈尔滨俄国工兵代表苏维埃积极响应列宁签署的“命令在路区夺权，并派驻满洲里、绥芬河、伯力海关委员”④的电令，导致局势更加混乱。1917年年底，中国军队进驻中东铁路附属地，解除了工兵代表苏维埃的武装并押解出境，为收复中东铁路迈出了关键一步。1918年年初，在错综复杂的形势下，吉林督军孟恩远派兵暂时接管了中东铁路。4月，中东铁路总公司在北京召集临时股东大会，重组董事会，由吉林省省长郭宗熙兼任中东铁路督办（董事长），霍尔瓦特担任会办，拉琴诺夫（V.D.Lachinov）担任路局局长。与此同时，协约国集团出兵远东，对苏维埃政权进行干涉，将中东铁路纳入其管理之下，由此进入“国际共管”时期，即路权从军事上为协约国军队及其支持下的白俄部队所控制，但在经营管理和技术层面，仍由中东路局长霍尔瓦特所把持。1919年7月25日，“为了摆脱其外交上孤立

① 薛衔天：《中俄关系史话》，社会科学文献出版社2011年版，第99页。

②［英］加文·麦考马克：《张作霖传：外国人眼中的张作霖》，湖南人民出版社2014年版，第137页。

③［英］加文·麦考马克：《张作霖传：外国人眼中的张作霖》，湖南人民出版社2014年版，第137页。

④ 薛衔天：《十月革命与中国收回中东铁路路区主权的斗争》，《近代史研究》1988年第4期，第192页。

无援的困境，急于在远东首先打开一个缺口”[①]，苏俄政府发表《俄罗斯苏维埃联邦社会主义共和国对中国人民及中国南北政府的宣言》（《第一次对华宣言》），宣称“苏维埃政府已放弃了沙皇政府攫取的一切占领区，放弃了沙皇政府从中国攫取的满洲和其他地区”，“并永远结束前俄国政府与日本及协约国共同对中国采取的一切暴行和不义行为”[②]。苏俄官方承诺将中东铁路及附属产业一并交还中国，从而为中国收复路权提供了法理上的依据。9月，鲍贵卿接任吉林督军兼中东铁路督办，并采取一系列措施强化对该路的控制。1920年1月，中东铁路局局长霍尔瓦特为垄断路权，公然宣称要掌控“对中东铁路界内俄人的完全统治权”，引起了东北当局和民众的强烈抗议。这说明，中东铁路权益归属问题“既有国际上的认同与协调的问题，也有与苏俄新旧政权的交涉问题，还有如何面对霍尔瓦特企图继续经营中东铁路的图谋”[③]。3月，中国政府趁苏俄鼓动的驱逐霍尔瓦特运动高涨之机，派兵进驻中东铁路沿线，解除了霍尔瓦特的职务，并宣称“中东铁路全属中国领土，不容第二国家施行其政治权……本督为维持路务起见，特行通告贵总（会）办，克日将中东铁路一切政权悉行解除，由中国照约办理，其他军装器械等项，一并派员接收”[④]。3月16日，霍尔瓦特的辞职标志着“俄国护路军盘踞中东路区的历史从此彻底结束”[⑤]，中国收回了中东路区的各项主权。9月27日，苏俄政府发表《俄罗斯苏维埃联邦社会主义共和国政府对中华民国政府的宣言》（《第二次对华宣言》），再次宣称“以前俄国政府历次同中国订立的一切条约全部无效，放弃以前夺取中国的一切领土和中国境内的俄国租界，并将沙皇政府和俄国资产阶级从中国夺得的一切，都无偿地永久归还中国”[⑥]。对此，中国政府交通

① 金光耀主编：《顾维钧与中国外交》，上海古籍出版社2001年版，第168页。

② 程道德主编：《中华民国外交史资料选编（1919—1931）》，北京大学出版社1985年版，第169页。

③ 胡玉海、董说平：《近代东北铁路与对外关系》，辽宁大学出版社2007年版，第188页。

④ 郑长椿编：《中东铁路历史编年》，黑龙江人民出版社1987年版，第148页。

⑤ 崔丕：《近代东北亚国际关系史研究》，东北师范大学出版社1992年版，第365页。

⑥ 程道德主编：《中华民国外交史资料选编（1919—1931）》，北京大学出版社1985年版，第174页。

部在1920年10月和俄亚银行达成协议：中东铁路由中俄两国共同管理，并在此基础上扩大中国人在各方面的职权。虽然中方得到了更多的权益，但并未从根本上解决中东铁路问题。这说明，苏俄的立场在此时也发生转变，将无偿归还中国变为中俄共管，且要求北洋政府同意远东共和国也可参加中俄签订的各项条约。可以说，“在一定程度上，两次宣言不过是苏俄政府为打破外交孤立而采取的一种现实主义的政策”①。1922年11月，苏俄政府专使越飞来华后强调“即使俄国把中东铁路所有权交给中国人民，也不会取消俄国在这条铁路上的利益，因为它是西伯利亚大铁道的一部分，并且是联络俄国的一部分领土和另一部分领土的”②。“中东铁路是俄人资金建造的，是俄国的财产，其‘合法权益’应予保障”③。这一立场导致中俄在这一重大问题上仍无明显进展。为化解中俄交涉的僵局，加拉罕一行于1923年8月来华，与张作霖进行多次会晤。加拉罕表示：不愿意放弃在华利益的原因在于“这些利益不破坏中国人民的主权。我们的实际利益可以很容易地同中国人民的利益与主权一致起来”④。奉方对此予以反对，双方遂争执不下。1924年5月31日，中俄双方正式签署《中俄解决悬案大纲协定》（《中俄协定》）及《暂行管理中东铁路协定》等一系列附件，规定：“中东铁路纯属商业性质……除该路本身营业事务直辖于该路外，所有关系中国国家及地方主权之各项事物……概由中国官府办理。”“苏联政府允诺，中国以中国资本赎回中东铁路及该路所属一切财产；并允诺，将该路一切股票，债票移归中国。”“两缔约国政府，承认对于中东铁路之前途，只能由中、俄两国取决，不许第三者干涉”⑤。大纲规定了中苏双方在东北的利益归属，也使中国收回了原沙俄时代在东北的一些特权。中东铁路是沙俄侵华政策的集中体现，但《中俄协定》却规定由两国共同经营，说明苏联并未彻底放弃或否决沙俄的侵华政策，也

① 吕厚轩主编：《中国近现代外交史》，山东大学出版社2015年版，第163页。
②［美］马士、宓亨利：《远东国际关系史》（下册），商务印书馆1975年版，第643页。
③ 金光耀主编：《顾维钧与中国外交》，上海古籍出版社2001年版，第171页。
④ 林军：《中苏外交关系1917—1927》，黑龙江人民出版社1990年版，第80页。
⑤ 程道德主编：《中华民国外交史资料选编（1919—1931）》，北京大学出版社1985年版，第200页。

为日后张作霖与苏联的冲突不断埋下了祸根。而张作霖却认为,《中俄协定》"虽经北京签字,唯关于东路航权各部分尚多遗漏。当由东省另订奉俄协定以资补救"[①],致使北京方面签署的《中俄协定》因得不到张作霖的许可而无法落实。9月15日,张作霖调奉军向关内进攻,第二次直奉战争爆发。张作霖为调中东铁路沿线部队去前线,只得与苏联妥协,而苏联也想趁此机会尽快解决中东铁路问题以避免帝国主义的干涉。9月20日,东北当局与苏联签署《中华民国东三省自治政府与苏维埃社会联邦政府之协定》(《奉俄协定》),该协定以中东铁路为主要内容,重申了《中俄协定》和《暂管协定》中的主要原则,规定"本铁路设理事会为议决机关,置理事十人,由中国委派五人,由苏联政府委派五人。中国派华理事一人为理事长,兼督办。苏联政府派苏联理事一人为副理事长,兼会办"。"本铁路设管理局局长一人,由苏联人充任,副局长二人,中国、苏联各一,均由理事会委派,由各该政府核办"[②],并规定各处处长、副处长及工作人员均按中苏两国平均分配的原则任用,即中苏"共管"中东铁路。至此,苏联终于获取了《中俄协定》中无法落实的共管中东铁路的权益,表明此时苏联的对华政策与其发表《第一次对华宣言》时的立场相比已大为退缩,也表明该协定是落实铁路共管问题的"再保险条约"[③],使得苏俄"实际上继承了沙俄对中东铁路的投资"[④],并逐渐在远东国际局势中占据了有利地位。1917—1924年,张作霖与苏俄对中东铁路的争夺日趋白热化,铁路主导权几度易手,争执和冲突不断,虽然最终签署了相关协定,但并未从根本上解决这一重大悬案。而张作霖在中东路问题上的进与退,主要是根据核心利益决定的,对此应客观地看待。

---

① 张氏帅府博物馆编:《张作霖书信文电集》,万卷出版公司2013年版,第607页。

② 程道德主编:《中华民国外交史资料选编(1919—1931)》,北京大学出版社1985年版,第211页。

③ 彭传勇:《〈奉俄协定〉是苏联重新控制中东铁路的"再保险条约"》,《西伯利亚研究》2010年第3期,第71页。

④ 张凤鸣:《中国东北与俄国(苏联)经济关系史》,中国社会科学出版社2003年版,第134页。

三、路权矛盾的激化

1924年第二次直奉战争后，张作霖在实际上控制了北京政府，掌握了全国政权。当初由于被进军中原的野心所驱使，张作霖并未对中东铁路遗留问题立即采取措施。但在执掌北京政权后，张作霖急欲收复路权使双方关系愈加紧张和恶化。在第二次直奉战争期间，冯玉祥配合张作霖将吴佩孚赶下了台，但张作霖为把持北京政权，遂极力排挤冯玉祥，以致形成了相互敌对的西北军和东北军两大阵营。而苏联对华外交手段十分灵活，在与北京政府建交的同时，和各派政治势力也建立了不同程度的联系，利用其彼此之间的矛盾相互牵制，从而为苏联的国家利益服务。冯玉祥遂成为苏联军事援助的重点对象，张作霖对苏联这一行为极其反感并视作苏联对中国内政的干涉。1925年年初，张作霖开始不断对苏联施加压力。首先是在日本的支持下，继续向前修筑洮南至昂昂溪的铁路，从而削弱了中东铁路在北满地区的垄断地位，苏联驻华大使加拉罕认为“东三省当局借日款筑洮南、齐齐哈尔间铁路，妨碍中东路发展”[①]，充分体现出张作霖“联日制苏”策略的应用，在中东路问题上借用日本的力量以制约苏联，避免一方独大。5月，中东铁路局局长伊万诺夫试图垄断《中俄协定》的解释权，欲将既不属于中国国籍也不属于苏联国籍的白俄人排除在外。张作霖对此表示强烈反对，并以武力为后盾迫使伊万诺夫妥协退让。11月，发生了奉系将领郭松龄反叛张作霖的事件，给奉军前线带来了巨大压力，而伊万诺夫也在此前宣称：从12月起，中国军队或路警使用中东铁路要先付运费。1926年1月，由于局长伊万诺夫在郭松龄反奉事件中及其后拒绝运送奉军，伊万诺夫被张作霖下令逮捕，东省特别行政区的苏联公民职工会也被封闭。苏联大使加拉罕对此提出抗议，要求释放被捕者并恢复中东铁路营运。2—3月，张作霖下令中东铁路沿线所有的市公议会及哈尔滨市公议会的正式语言由俄语改为汉语，并新设立完全由中国人组成的自治临时委员会取代

① 唐启华：《被“废除不平等条约”遮蔽的北洋修约史（1912—1928）》，社会科学文献出版社2010年版，第245页。

部分市公议会。此外，中东铁路的附属产业如船队、港口等，也均被东北当局没收经营。1927年1月，张作霖以“宣传赤化”为由将东省公民职工会主席叶西科夫逮捕，并对铁路职工会进行搜查。而后又采取了诸多措施进行防范：“增加护路队严防胡匪；取缔俄党在沿路宣传；对五站及满站入境之俄人，加以严密检查；中东路局严防俄方权力扩充，须随时抑止。”[①]至此，张作霖收复中东铁路及附属地的进程虽取得重大进展，但他在这一过程中所采取的一系列激进的做法使得本已存在的矛盾冲突大大激化，双方关系也由此进一步恶化，最终在张学良接管奉系军政集团后爆发了大规模的武装冲突。综上，张作霖在主政东北地方和北京政府期间，对于中东路问题可以说是锱铢必较、分毫不让，最大限度地维护中东铁路及附属地的主权利益。但对于苏联而言，张作霖的做法无异于以卵击石，因为双方的实力差距悬殊，所以虽然收回了部分路权，但在他有生之年始终未能彻底解决中东铁路权益归属问题。

四、中东铁路问题的影响

其一，并未从根本上解决中东铁路的争端，使张作霖与苏俄的关系进一步恶化。中国政府在此问题上一直强调拥有对铁路的全部主权，这不仅仅是依据苏俄在1919年发表宣言时的承诺，最根本的原因在于中国收复固有领土主权的合理性和正当性。而苏联关于中东铁路的立场是根据其国内外的政治形势而适时变化的，并非是固定的或一成不变的，其变化的核心目的是为实现国家利益最大化。通过1924年签署的《中俄协定》和《奉俄协定》，名义上由中苏“共管”铁路，但实际上“苏俄政府继承了沙俄在中东铁路上的不平等权益。后来的事实表明，条款中似乎有利于中国方面的部分并没有兑现，而苏俄方面却逐步实现了对中东铁路的控制权”[②]，这势必引起张作霖对苏联的反感，他不仅对加拉罕大发雷霆，并用强硬的手段处理路权问题，导致张作霖与苏俄关系进一步恶化，为日后双方矛盾

①《中东路问题》，《申报》，1927年4月28日第5版。

② 车维汉等：《奉系对外关系》，辽海出版社2001年版，第179页。

的激化和产生持续的冲突埋下祸端。

其二，加剧了张作霖的反苏倾向。从1917年俄国十月革命及大批俄侨迁入东北以来，张作霖对此采取严加防范和打压排斥的态度，并通过种种措施抵消苏维埃政权对中国东北的影响，表明其基本立场是反苏反共的。随着相关协定的签署和苏联重新把持中东铁路，张作霖对苏联的“利己主义”面目有了更加清晰的认识，出于对苏联种种行为的憎恶和反感，加剧了他的反苏倾向。因此在张作霖主政东北地方期间，虽然对日本也采取防范态度，但总体上还是采取“联日制苏”策略，即利用日本的力量来制衡苏联，以维护奉系集团的利益。

其三，加剧了日苏冲突，对远东国际关系格局产生了深远影响。由于张作霖的反苏立场和“联日制苏”战略的实施，加之日本历来与俄国在争夺中国东北问题上的尖锐矛盾，所以苏联对中东铁路的把控，必然会加剧由来已久的日苏冲突。为此日本不断扩大在东北的势力范围，九一八事变后，日本关东军占领了整个东北，沉重打击了苏联在东北的既得利益，只是由于日苏双方在二战期间各自斗争的侧重点不同，所以虽然出现了“张鼓峰事件”“诺门坎事件”等军事冲突，但并未全面扩大战火。直至1945年8月苏联红军解放中国东北，日苏冲突才告一段落，这对远东国际局势也产生了深远影响。

其四，为“中东路事件”的爆发埋下伏笔。“中东路事件”是指1929年张学良主政下的国民党新奉系集团为彻底收回东北铁路权益而爆发的中苏军事冲突。这既是南京国民政府推行“革命外交”后的结果，也是张学良主政东北后为重新整合奉系军政集团以树立统治权威并积极响应南京中央政府的外交政策而采取的必然措施。但追根溯源，还是由于张作霖在中东铁路权益问题上未能与苏联达成一致，双方具有根本分歧，无法妥协。可以说，张作霖与中东铁路权益归属问题所产生的一系列纠葛间接导致了中东路事件的爆发，这是南京国民政府建政初期“革命外交”政策在具体外交事件上的反映，从而对中苏外交关系和新旧奉系集团之间的权力交接均产生重大影响。

五、结论

苏俄对于中东路的态度主要表现在《第一次对华宣言》中，无条件归还路权是其主要论调。但远东局势渐趋稳定后，对中东路的处理逐渐以其国家利益为核心。由于“争夺中东铁路的实质，是争夺东北北半部的控制权”[①]，所以苏联诱使中国签署了相关协议，条约规定的“共同经营”表现出苏联在实际上已继承了沙俄时代的特权。而苏联在协定签署后也并未照常履行，招致了张作霖的反感。因此，路权问题是张作霖加剧对苏恶感的关键性甚至是标志性事件，使得张作霖最终看清了苏联的真实面目，于是他不再对苏联抱有不切实际的幻想，而是坚决地同苏联人进行斗争。奉张控制北京政府后，与苏联的路权矛盾进一步加剧。张借日资修筑洮昂铁路被苏联看作对中东路的巨大威胁，而后发生的一系列冲突都显示出双方的斗争已达到了白热化甚至是公开化的程度。而没收中东铁路局附属产业和搜查苏联东省铁路职工会的事件可以说令张作霖大获全胜，表现出张作霖对苏联攫取路权行为的报复，其反苏立场也因此而更加坚定。综上，中东铁路权益归属问题使得张作霖与苏俄的关系迅速恶化，这源于1919年、1920年和1923年苏俄发表的三次对华宣言，其关于中东铁路主权的基本立场大致经历了“无偿归还—中俄共管—绝不放弃”的变化过程。而张作霖对苏俄立场的渐变极为不满，认为这是言而无信的表现，更是沙俄侵华政策的延续。围绕中东铁路的权益归属问题，二者展开了针锋相对的较量，从而对双方关系的发展历程和东北政治局势产生了深远影响。

作者单位：辽宁大学历史学院

① 崔丕：《近代东北亚国际关系史研究》，东北师范大学出版社1992年版，第338页。

论晚清锦瑷铁路筹建——以多方博弈为视角

袁文科

晚清，特别是1905年粤汉铁路赎回自办后，排拒外债、收回路权成为官绅阶层的普遍认识，这推动20世纪初中国出现一个商办铁路的高潮。但与此同时，清廷与民间对于铁路外债的政治和外交功能也寄予厚望，具体表现为“借债救国”的思想，尤其是在清末的东北地区表现得极其明显。锡良接任东省总督后，为缓解东北面临的紧张局势，打破日俄对东北的垄断，筹划锦瑷铁路借款、修筑计划。但在具体的实施中，日俄、英美等国出于不同的利益考量相互博弈，表现出既斗争又协作的一面。同时，因种种原因，清廷中央和东北地方也龃龉丛生、颇多歧异。中外、央地之间围绕锦瑷铁路筹建存在的博弈与歧异，导致锦瑷铁路的筹建以失败告终。本文主要对锦瑷铁路的筹建背景、中外之间的博弈以及清廷中央与东北地方的歧异进行讨论，以展现清末东北铁路权斗争的复杂性。

一、均势外交与锦瑷铁路筹建

近代以来，东北地区一直是中外关系特别紧张的地区。日俄战争之后，日本、俄国分踞南北，形成对东北的垄断地位，通过外交策略打破日俄在东北的态势，成为清政府的基本方针。其主要办法是将美、英、日、德等国势力引入东三省，达到牵制俄国的目的。[①] 即推行均势外交、开放政策，使东北成为永久的中立地区，“非开放东三省之门户，隐藉列国以牵制俄人，使东北之患略纾”。[②] 因而，清政府在研究东北增开商埠问题时，主要考虑日俄势力尤其是日本在东北的威胁，试图引进各外国势力，保持该地区各国势力的平衡。[③]

在具体实践层面，1907 年 2 月，奉天将军赵尔巽就奏请修筑新齐铁路，“新民屯至法库门，再辽源州抵齐齐哈尔，应修一铁路，以联络蒙疆，收回权利”。[④] 同时，黑龙江将军程德全拟筑齐齐哈尔到瑷珲的齐瑷铁路，“在筹路资金上，拟仿照川汉等商办铁路公司，专招华股，以保路权”。[⑤] 东北地方长官，希望通过另筑铁路，对日本的南满铁路进行抵制。徐世昌上任东三省总督后，提出充实内力、抵制外力的方针作为解决东北问题的措施，其中，“筹划交通为其命脉”[⑥] 成为抵制外力的关键，具体包括赎路、自筑铁路两个铁路发展的目标。

事实上，因东北地方财力窘困，上述目标未能实现。在此情况下，徐世昌对筑路计划进行调整，提出借款修筑锦齐、奉珲两铁路，希望另筑“由中国控制的铁路来削弱日俄对东北铁路垄断的主张……力图做到发展经济与制衡列强并重”。[⑦] 到 1907 年夏，徐世昌开始与美国财团代表司戴德交涉，将东三省银行借款计划置于新齐铁路借款之上。这主要是因为徐世昌虽然强调铁路的重要性，但其一直将铁路作为发展实业的一部分，并非首要方面。因此，他奏请“欲治东三省，必先于整顿财政入手，欲整顿财政，必先以开拓银行入手，银行系济困之府，生利之源，整齐圜法之枢纽”，[⑧]

---

① 张之洞：《张文襄公全集》（卷 82），中国书店 1990 年版，第 13 页。

② 《论东三省终宜开放》，《时报》，1905 年 5 月 29 日。

③ 刘锦藻：《光绪朝东华录》（卷五），中华书局 1958 年版，第 5397—5398 页。

④ 王芸生：《六十年来中国与日本》（第 5 册），三联书店 1980 年版，第 72 页。

⑤ 《署黑龙江将军程奏拟修江省铁路折》，《东方杂志》第 3 年第 5 期。

⑥ 徐世昌：《退耕堂政书》（卷 7），沈云龙主编：《近代中国史料丛刊》（第 225 册），台北文海出版社 1969 年版，第 11—12 页。

⑦ 马陵合：《清末民初铁路外债观研究》，复旦大学出版社 2004 年版，第 213 页。

⑧ 徐世昌：《退耕堂政书》（卷 9），沈云龙主编：《近代中国史料丛刊》（第 225 册），台北文海出版社 1969 年版，第 10 页。

首先向清廷提出东三省银行借款计划。这里，徐世昌将借款筑路视为一种将来发展实业和移民实边的基础性措施，而非决定性举措。为此，东北督抚特别是总督徐世昌在中央积极活动，在致庆亲王的信函中指出，“欲治东三省，必先整理财政，欲整理财政必先开设银行，顾欲开设银行，非有二三千万两或三四千万两，乃有措手之方”。① 此外，他还致函鹿传霖、袁世凯等人，希望助其在中央疏通。但东三省银行借款计划遭受内外两方面的阻力，致使迟迟未能实现。

随后，借款筑路计划被提上日程，并在线路选择上搁置了原来计划的锦齐线和奉珲线，而将重点放在新齐铁路上，其目的意在制衡俄国东清铁路，他认为：“三省路权，皆在日、俄掌握，交通不便，几同绝地。非另辟一路，断不能以资策应，故修新齐铁路，为补救全局之要著。……此路若成,将来与兴各项实业及移民实边,方有办法。”② 该路计划分为三段修筑，第一段从新民到法库门，第二段从法库门至洮南，第三段从洮南到齐齐哈尔。其中第一段新法段预计需款370万两，计划向中英公司借款。经交涉，1907年11月东三省先后与英国宝林公司和中英公司订立草合同，宝林公司获得该路的工程建筑权，中英公司获得500万英镑的借款投资权。③

清廷内部对新齐铁路借款计划意见不一，反对声音较大。中央部属中只有邮传部支持新齐铁路借款计划，认为此路“本属自有主权，与南满铁路毫无相涉”④。当时外务部则认为，“铁路借款，似可暂从缓商，以免增生扰攘，不暇应付”⑤。同时，向英国借款修筑新法铁路引起了日本强烈反对，日本认为此路与南满铁路并行，有损南满路利益，实际上此路“在很大程度上，危及日本在满洲的战略地位”⑥，因而日本对该路坚决不予

① 徐世昌：《退耕堂政书》（卷35），沈云龙主编：《近代中国史料丛刊》（第225册），台北文海出版社1969年版，第2—3页。

② 徐世昌：《退耕堂政书》（卷10），沈云龙主编：《近代中国史料丛刊》（第225册），台北文海出版社1969年版，第15—16页。

③ 王彦威辑、王亮编：《清季外交史料》（卷207），书目文献出版社1987年版，第9页。

④ 王芸生：《六十年来中国与日本》（第5卷），三联书店1980年版，第86页。

⑤ 王芸生：《六十年来中国与日本》（第5卷），三联书店1980年版，第85页。

⑥ 吴心伯：《金元外交与列强在中国（1909—1913）》，复旦大学出版社1997年版，第12页。

承认。后经中日之间交涉，日本提出若同意中国修筑该路需附加两个条件：其一，中国如造新法铁路，须允日本由铁岭至法库门达郑家屯造一支路，以联络南满铁路；其二，要求中国改变线路，不经法库门，而是向西延伸。日本修筑南满支线，实际上是为了扩大南满铁路的控制范围，因而此举遭到徐世昌拒绝。清廷中央鉴于东北地方政府的态度，在修筑新法铁路及对日本的态度上趋向坚持自己的利益主张，中日关于新法铁路的交涉陷入僵局。此后，中日双方在交涉领土主权问题上，作为换取日本承认延吉领土归还中国的条件，清政府放弃新法铁路计划，标志着新法铁路借款计划以失败告终。

1909年5月，锡良接任东三省总督。在交接之际，徐、锡二人交谈数日，徐世昌认为东北“非将开放、借债、筑路诸大端，实力经营，几无保全之希望”，唯有“全力贯注，锐意以图，使东省危而复安，以竟其未达之志”[①]。在此之前，1908年11月，美日缔结罗脱—高平协定，日本获得了美国对其在中国东北以“和平手段”自由行动的认可，此举减少了日本在中国东北侵略的阻力，为此日本加快了侵略中国东北的进程。锡良认为，徐世昌在东北政事上的计划“皆深合事机”，自己所能做的“仍不外将徐世昌所筹各事，赓续办理”，指出“锦、洮一路，尚为东省一线生机，一面请款设立银行，一面与邮传部臣往返函商，仍主息借外债为筑路资本”[②]，即仍将东三省铁路、银行作为施政重点。但在具体实施办法上，锡良主张通过自筹经费开办银行、修筑铁路。这在他上奏清廷的奏折中有所体现，他认为东三省铁路为日俄分据，非另修干路不足以贯通脉络、稳固边防，因此在认同徐世昌提出的锦齐铁路计划之上，他进而提出再由齐齐哈尔展至瑷珲的方案，并将修筑经费陈请邮传部筹给。[③]这就是后来的锦瑷铁路计划。

锡良认为，对于外力在东三省的伸张，补救之策以自设银行最为紧要。

---

① 贺培新辑：《徐世昌年谱》（上卷），《近代史资料》总69号，中国社会科学出版社1988年版，第37页。

② 锡良：《旧病复发吁请开缺折》（1909年7月22日），中国科学院历史研究所第三所主编：《锡良遗稿》，中华书局1959年版，第950页。

③ 锡良：《请敕部筹修东省铁路片》（1909年4月21日），中国科学院历史研究所第三所主编：《锡良遗稿》，中华书局1959年版，第893页。

一方面，自设银行才可收回财权，抵制正金、道胜银行对东三省财权的侵夺；另一方面，无银行以谋交通，则矿、牧、林、渔无从开发，实边招垦亦属空谈。商请政府拨款1000万两作为银行开办资本。[①]随后他致电度支部尚书载泽，强调开办银行希冀生利之事，希望设法指拨。1909年6月，邮传部在回复锡良的奏折中肯定了修筑锦瑷铁路的计划，鉴于该路长达两千多里，“计惟借款兴筑，则程功较有把握”，邮传部认为只要掌握该路的筑路权，则于东北主权无碍，并进一步指出，所谓“借债、造路分为两事，冀于路事不至有损主权，于边事亦可藉资抵制，未始非目前应变之策”。[②]在此，不难看出邮传部在举借外债时对利权问题的重视，但将借款、筑路视为两事，则与东北形势不符。此时锡良认为修筑锦齐铁路与日、俄铁路相距甚远，自修应不会招致两国反对。为此，锡良再度上折邮传部，详陈日、俄分据的东三省形势危急，唯有自办铁路才能作为挽救之策。稍后，他又致电邮传部尚书徐世昌，阐述反对借款的原因是难以筹还、归款后患颇多，因而为保全东省大局，应当全国合筹，请求邮传部会商度支部酌筹路款。但邮传部商议后，“仍主息借外债为筑路资本”，度支部则认为“既议驳银行，又复驳诘路款”，因而导致中央部门的决策“蹉跎未定”。[③]对于中央各部属的不同意见，锡良极为不满，认为中央缺乏举全国之力支持东北的魄力，“竭全国之力以卫三省，则慎固三省之边防，即隐杜列强之眈逐，外忧不亟，内患自可渐祛……政府亦非不知注意经营，卒以款巨难筹，未能解决。时机日迫，岂能长此因循”。[④]

事实上，此时的清政府因新政改革、巨额赔款，面临沉重的财力与国力负担，各省均财力窘困，自然无法支援他省。1909年7月，清廷密颁针对东北铁路借款的上谕，否定锡良举国之力筹款修筑东省铁路的设想，肯

① 锡良：《请拨款开设银行折》（1909年4月21日），中国科学院历史研究所第三所主编：《锡良遗稿》，中华书局1959年版，第890—891页。

② 宓汝成：《中国近代铁路史资料》（第2册），中华书局1984年版，第617—618页。

③ 锡良：《旧病复发吁请开缺折》（1909年7月22日），中国科学院历史研究所第三所主编：《锡良遗稿》，中华书局1959年版，第950页。

④《复分省补用道麦信坚》（1909年6月28日），《锡良任东三省总督时信函》（第1册），中国社科院近代史研究所藏，甲374/75。

定了借款筑路的主张。载沣在上谕中指出："迭据臣工陈奏，莫如广辟商埠，俾外人麇至，隐杜垄断之谋；厚集洋债，俾外款内输，阴作牵制之计。使各国互均势力，兼使内地藉以振兴，似尚不为无见。"[①]清廷中枢对于借款筑路的肯定，改变了锡良先前坚持自筹路款的态度，标志着锡良自办锦齐铁路计划的失败，为此他很快拟订了东北借款筑路的计划。厚集洋债、互均势力，成为打破日俄割据之势，挽救东北危局的策略，其主要计划是修筑一条铁路以削弱东清铁路的影响。为避免引起日俄的强烈反应，锡良对徐世昌原定的筑路计划进行了调整，在新瑷铁路的基础上，将起点西移至锦州，称锦瑷铁路。该铁路被锡良寄予厚望，认为其在政治、外交上均有积极意义，"东省生路只此锦瑷一条"[②]。

二、锦瑷铁路计划中的各国博弈

锦瑷铁路计划由美英联合向中国提供资金并修筑铁路，路成之后由中、美、英三国组成公司经营。1909 年 10 月 2 日，司戴德代表美国财团和宝林公司与锡良签订了《锦瑷铁路草合同》9 款。锦瑷铁路借款草合同的签订，在各国之间引起了不同反应，锦瑷借款"咸以为世界上最重大之问题"，各国对此态度不一。

首先做出反应的是日俄两国。日本方面，在东北计划修筑锦齐铁路后，日本内阁认为此计划，"不仅在军事上和经济上对我有重大关系，而且直接影响我在南满洲的经营。因此，帝国认为有必要考究该路的修建后果，研究由此而引起的国际关系，并制定相应的策略"。日本政府认为修筑锦齐铁路是以开发中国东北及蒙古地区为目的，日本政府如果同意修建并适当援助，不仅符合政府的政策声明，也将带来商业大振，"南满属于我国经营地区，北满属于俄国经营地区，辽河以西将成为各国共同经营地区，届时我国除保有自己的南满经营地区外，还能够渗入各国共同经营地区，

① 王彦威、王亮编：《清宣统朝外交史料》（卷 9），书目文献出版社 1987 年版，第 3579—3580 页。

② 中国科学院历史研究所第三所主编：《锡良遗稿》，中华书局 1959 年版，第 964 页。

这对帝国将来的发展，会奠定极为有利的基础”[①]，使日本获得其他国家无法相比的利益。而日本驻英大使加藤在致信外务大臣时指出，“清国得意之着就是使列国互相纷争”，主张积极联合英国以采取共同行动。日本出于利益的考量，主张有条件地同意并参加锦瑷铁路修筑计划。其一，日本须参加修筑该路所需的资金贷款、材料供应和工程承包，但参加程度和方法同有关各国协商后再行决定；其二，中国为了使锦瑷和南满铁路连接起来，日后须修筑一条从锦瑷铁路的一站起向东南到达南满铁路的线路。[②]

对于俄国提出修筑张恰铁路代替锦瑷铁路的方案，日本政府认为此举利弊共存。一方面，锦瑷铁路的取消，将从中国东北排除各国势力，对日本而言有利；另一方面，张恰铁路的修筑使得俄国的势力向华北延伸，该铁路对南满铁路的危害远胜锦瑷铁路。但考虑到俄国修筑张恰铁路是多年问题，且将成事实，加上此路修筑可从中国东北排除各国势力，利于维护日本在中国东北现状，因而日本政府表示无任何理由阻止该铁路修筑，“现在以不反对俄国政府的提案，并在我国过去对锦瑷铁路的立场所能允许的范围内，采取赞同的方针是适宜的”[③]。所以，日本认为对于各国共同经营的张恰铁路，“不仅不反对该提案，并在不损害帝国政府过去对锦瑷铁路的态度范围内，毫不犹豫地予以友好的支持”[④]。

俄国方面认为锦瑷铁路计划，将给俄国经济上和军事上的利益带来极其有害的后果，“锦瑷铁路非为扩充满洲经济之必需，且反使现有完全之业损其利权，于中日俄三国之中，种其生隙之祸根”[⑤]。早在1899年清政府和俄国就已约定，如修筑北京以北的铁路，不得使用俄国以外的一切外资。“除用中国款项及华员自行造路不计外，设有他国商办造路之意，必

---

① 吉林省社会科学院《满铁史资料》编辑组编：《满铁史资料》第二卷路权篇（第一分册），中华书局1979年版，第93—95页。

② 吉林省社会科学院《满铁史资料》编辑组编：《满铁史资料》第二卷路权篇（第一分册），中华书局1979年版，第155页。

③ 吉林省社会科学院《满铁史资料》编辑组编：《满铁史资料》第二卷路权篇（第一分册），中华书局1979年版，第125页。

④ 吉林省社会科学院《满铁史资料》编辑组编：《满铁史资料》第二卷路权篇（第一分册），中华书局1979年版，第127页。

⑤ 郑孝胥：《再论锦瑷铁路之阻力》，《申报》，1910年3月17日第3版。

应将此意先与俄国政府或公司商议承造，而断不允他国或他公司承造”，为此俄国向清政府外务部提出抗议。外务部则以此事关系到中国内政，他国可不必过问回应俄国。这样的答复与当时清政府外务部得到美国的支持有关。

之后，俄国态度有所转变，对于外国银行团计划修筑的锦瑷铁路指出，若对其领土无任何危害，又不危害俄国在中国东北的利益，这种特殊情况下俄国政府表示不予反对。俄国认为可以用有利且较少危害第三国利益的计划代替锦瑷铁路，这样不会引起各国银行团的异议。基于此，俄国政府向清政府及英美资本家集团提出了另筑一条线路代替锦瑷铁路的方案，即从张家口至库伦然后再向北达俄国境内恰克图的路线，其中张家口至库伦段由各国共同经营，库伦至恰克图之间的修筑资金由俄国提供，以作为其参与投资的部分。

美国方面，在锦瑷铁路借款草合同签订不久，提出东三省铁路中立计划，“实行保全中国东三省主权，同享通商利益，须将东省铁路一概赎回交还中国，款由各国合借，中国未还款以前，管路、购料利益各国分沾。满洲铁路日俄独任，何如各国分任以保和平”。[①]此时清政府外务部在对外关系上主张亲美，联美以制日俄。而事实上，美国的真实目的在于凭借自己的金元实力，通过国际共管组织，把东北地区铁路名义上的中立化变成事实上的美国化。[②]美国指出其从锦瑷铁路计划中所享有的权利，跟英国有关公司的权利相同，是由与中国政府批准的契约中获得。对于任何国家在中国任何地区援引 1899 年俄清协定一类的条约下享有排他的权利，美国将绝难承认。美国政府认为俄国对中国东北的筑路极其重视，所以也表达在修筑东北铁路上与俄国协作的意愿。从这点出发，对于俄国在东北修筑张恰铁路“当然是欢迎的”，因为俄国在中国修筑铁路及发展商业上，采取了想同美国协作的互惠态度。所以，美国就俄国对于自己支持的锦瑷铁路计划所提出的修改建议，“给予充分而友好的考虑”[③]。但日本对于

---

① 王彦威辑、王亮编：《清季外交史料》，书目文献出版社 1987 年版，第 3649 页。

② 宓汝成：《帝国主义与中国铁路（1847—1949）》，经济管理出版社 2007 年版，第 122 页。

③ 吉林省社会科学院《满铁史资料》编辑组编：《满铁史资料》第二卷路权篇（第一分册），中华书局 1979 年版，第 130 页。

美国的东三省铁路中立计划极为不满，不希望美国在中国东北坐收渔利，这推动了日本走上与俄国的联合，以保护两国共同的利益。同时，日本认为美国是以满洲铁路中立化图谋锦瑷铁路的解决，美国势力向中国东北的延伸，引起日本的关注和重视。

英国方面为抵制德国扩张，在中国东北实行的是英日联盟政策，因而不愿与美国合作而得罪日本，所以对锦瑷铁路计划的态度模糊。但英国保龄公司对于日本提出的同沾利益且雇用日本工程师的提议，给予了拒绝。德国方面则表示赞成。法国认为锦瑷铁路的修筑并不违背中国政府及各国协商后的筑路方针，因此法国原则上在必要场合参加该铁路财政方面的经营，要求与此相当的便利条件，但日俄两国就筑路问题纯系商业性质，并无违背条约权利的政治军事及经济影响，中国与日俄之间需要就锦瑷借款提前商量。

在锦瑷铁路问题上，列强之间相互博弈，既相互争斗又相互合作。日俄为避免与美英形成对抗冲突，在保全自己在东北利益的前提下，并未直接反对锦瑷铁路计划，而是联合对清政府施加压力，以要求参与并提供资金、技术为条件，同时俄国提议修筑张恰铁路替代锦瑷铁路。美国因这一时期推行东北铁路中立计划，在锦瑷铁路问题上更多地主张利益均享、互惠原则，英德法等国在锦瑷铁路问题上选择的外交态度，也体现各自不同的利益诉求。

三、中央各部与东北地方之间的歧异

由于日俄对锦瑷铁路计划的干涉，清廷中央各部对于该计划迟迟未能定议，同时相互之间存在很大歧异。为此，锡良利用各方关系在中央活动，同时致电军咨处请求声援，指出修造锦瑷铁路是东三省的生存之机。到 1909 年 10 月 12 日，外务、度支、邮传三部联合上奏，认为东省修筑“虽然款不妨借，而筹款者必策其万全；路固当办，而应办者非止此一事……公司由中、英、美三国联络而成，暨提余利百分之十筹款，均侵损利权，未便照准。请饬下该督抚，将原立合同即行作废”[①]。中央三部对锦瑷铁路借款给予否定意见。此后，锡良等东北督抚再次上奏，重申东北面临的局势，以及锦瑷铁路的重要性，指出此路是借美国投资实现利益均衡，名为商路，实际含有重要的政治、外交之策，“势力始均，然后能与日、俄相抗，而东三省亦即藉以自存结语”，声明锦瑷一路，东北的核心主旨在于救亡，而非仅仅兴利。因而锡良希望“皇上宸衷立断，密饬外务部、度支部、邮传部从长计议，将锦瑷铁路公司仍允贷借英、美巨款，迅速核准签押，俾得支持危局，免滋贻误”[②]。

对于锡良的上折，外务部在致邮传部、度支部的函中指出，因锦瑷铁路事关重要，“中国固不便提议于各国，即美与各国磋商，亦非旦夕所可成，或因他国不能同意，致此事竟成画饼，亦难逆料”。外务部认为因东三省情形与内地不同，东省重在利用各国势力，互相牵制，以保主权。如果利用美款筑路可成，则“于大局裨益实非浅鲜”。因而外务部主张对东北督抚的奏折，应“从速议覆”，不致筹办计划“徒讬空言”。实际上，外务部对于锦瑷借款起初是持肯定态度，甚至一度对于日俄提出的抗议采取强硬态度。但由于日俄的强大外交压力，清政府迅速改变原有态度，到后来答复东北督抚，借款包工合同需要得到日俄的支持为前提。邮传、度支两部对锡良借款持否定意见，也影响了外务部之后在该问题上的态度。邮传部在致外务部函中也表达了从速议定锦瑷借款的建议。1909 年 12 月 10 日，外务、度支、邮传部议覆借英美兴筑锦瑷铁路折，认为东省具奏“均中肯要，自不应置为缓图，应即准如所讲……原立合同，多有损失权利之处，应由该督抚仿照各省借款修路之最善办法，取益防损，悉心改订”，对东省锦瑷铁路借款提出异议。

1910 年 2 月 2 日，锡良在致外务部电中声明“锦瑷路事，因与司戴德先期约定，未便临时食言。拟仍饬该司等赴津询明合同内容，非蒙大部

① 王彦威辑、王亮编：《清季外交史料》，书目文献出版社 1987 年版，第 3610 页。

② （民国）交通部、铁道部交通史编纂委员会：《交通史路政编》（第 15 册），交通铁道部交通史编纂委员会 1935 年版，第 793 页。

核示，断不能擅行订定”[①]。稍后，外务部复电锡良，指出日俄就中国借锦瑷铁路实行抵制之意照会外务部，向中国政府施压。鉴于东北路事关系重大，因此外务部希望“缓与提议，免致后悔”。对于此，锡良、程德全等在答复外务部时指出东省路事中日、俄的抗议自在情理之中，但此路绝非并行线，“我受两强夹挤，气息欲绝，寻出一线生路，稍可图存，梗其咽喉耳，倘若使其如愿，大局何堪设想”。邮传部盛宣怀在致锡良的电文中也指出，在“英亦庇日，不愿认包工为英利。要知法助俄、英助日，皆为债主”的情况下，此时仍由外务部核奏，并与俄日商定必然影响锦瑷借款计划实行。

此后，锡良又再次致电军机处、外务部、度支部、邮传部，指出东事日棘，为避免节外生枝，希望中央部门迅速核示，以便预筹。从东省与中央部属之间的电函中不难看出，东北就路事表现出的急迫与中央拖延未决形成对比。对于清廷中央而言，利用英美制衡日俄，无异于驱虎引狼，因而中枢决策需慎重考虑。但借英美资本收回东省铁路权引起外务部的极大兴趣，外务部也希望借美国东省铁路中立计划，实现“各国共办”，避免美英的垄断，实现各方的平衡。同时，外务、邮传、度支三部虽然认同锡良铁路、实业、垦牧兼营并进，但实际更倾向于先办实业兴修铁路，中央三部意在借铁路巩固国防，因日俄等国对路事施压，加上筑路计划提议之初就遭到那桐、载泽等权臣反对，所以随着中外交涉局势的复杂，中央各部认为锦瑷铁路借款计划负担沉重、侵损利权，因而逐渐倾向于缓议。

四、结语

锦瑷铁路的筹建是清末“借款筑路”思想下的产物，东省督抚为解决东北面临的紧张局势，希望通过向英美借款，引进欧美资本和势力打破日、俄对东北的垄断，实现列强在东北势力均衡，借以维护路权和主权。但锦瑷铁路借款计划威胁到日、俄两国在东北的利益，因而引起日、俄两国联

① 宓汝成：《中国近代铁路史资料》（第2册），中华书局1984年版，第636页。

合向中国施压，同时美英、法德等国出于自身外交、国家利益的考虑，表现出既争斗又协作的一面，尤其是日俄两国，为了共同的在华利益，从往日的宿敌到联手合作施压于中国，深刻体现出在近代中国问题上列强的博弈与合作。同时，中央外务部、邮传部、度支部等政府部门，就锦瑷铁路借款与东北地方反复争执、歧异不绝，具体表现为东省督抚极力筑路与中央各部门的摇摆不定形成鲜明对比，导致锦瑷铁路借款计划久而未决。究其原因，根本上是由清末中央与地方所处的地位、考量不同，外务部需要面临外交尤其是日俄施压，度支部则面临严重的财政不足，邮传部则更多地考量美英借款带来的利权流失。此外，这一时期中央内部各部门之间的权力斗争也影响了锦瑷铁路借款计划的最终决策。纵观锦瑷铁路筹建的过程不难发现，无论是“均势外交”还是美英日俄等国的争斗博弈，抑或清廷中央与东北地方间的歧异，无不体现着近代东北铁路修筑及路权斗争的艰巨与复杂。

作者单位：山西大学中国社会史研究中心

有关修筑新法路中日交涉之研讨

曾景忠

1905年日俄战争结束，俄国战败。日、俄两国于9月5日签订《朴次茅斯条约》，俄国将原先侵占中国东北的权益中的南满地区部分（主要是旅大租借地和南满铁路），转让与日本。《朴次茅斯条约》第六条规定："俄国政府允将由宽城子（长春）至旅顺之铁路及一切支路……（并在该地方铁道内财产煤矿）不受补偿，且以清国政府允许者，移让于日本。"[①]1905年11月17日至12月22日（光绪三十一年十月二十一日至十一月二十六日），中日两国全权大臣（清：庆亲王奕劻、瞿鸿禨、袁世凯，清廷外务部右侍郎唐绍仪为会办；日：小村寿太郎、内田康哉）在北京会谈东三省事宜，主要内容是落实日俄《朴次茅斯条约》中俄国转让给日本的中国东三省权益，取得中国的承认。12月22日签订的《中日中日会议东三省事宜条约》，第一条即为："中国政府将俄国按照日俄和约第五款及第六款让允日本国之一切，概行允诺"。[②]通过中日北京条约，日本取得了独占中国南满地区的势力范围。

日本自此以南满铁路为基地，不断扩展对中国东北路权的强夺和垄断。阻止中国修筑新民屯—法库门铁路线是典型一例。中国筹谋在本国领土上

①《俄日朴资（茨）茅斯条约》（1905年），尹寿松编：《中日条约汇纂》，外交月报社1934年版，第217页。

②《中日中日会议东三省事宜条约》（1905年12月22日），尹寿松编：《中日条约汇纂》，外交月报社1934年版，第89—90页。

修建铁路，却因日本的竭力干涉，反复交涉无效，而终致夭折。以往中日关系史论著中多有述及。王芸生《六十年来中国与日本》一书中专辟一章，做较完整的记述，并附文分析修筑新法铁路交涉过程中日本引以为据的1905年中日会议形成的“秘密议定书”之性质[①]。美国杨格窝尔德（C.Walter Young）《日本在满洲特殊地位之研究》[②]一书中亦有一节论述日本阻止新法铁路的修筑问题。宓汝成《中国近代铁路史资料》，收集相关资料较丰。本文借助资料，参考论著，拟进一步分析当年新法路问题中日交涉之过程，期能认识有所深化。

一、中国修筑新法铁路的筹谋

据载：赵尔巽任职盛京将军时（1905—1907年）即计划修筑新法铁路。光绪三十三年（1907）二月，赵氏致电军机处，筹划东三省善后事宜，提及：“新民屯至法库门，再至辽源州抵齐齐哈尔，应建一铁路，以联络蒙疆，收回权利。”[③]日本驻奉天领事荻原早就探知中国筹谋修筑新民屯—法库门铁路的情报：中国奉天将军请到苏州税关长英人欧里巴，于1906年11月间，前往铁岭通江口法库门地方视察商务。欧氏就新民屯—法库门间交通改善提出建议：延长辽西（京奉）铁路，从新民屯修至法库门。该地区地势平坦，无需巨额费用。铁路修成后，天津、秦皇岛地方将有大量物资终年不断运往法库门地方，而法库门地方的重要产品谷物可在夏季输出营口，冬季经秦皇岛出口。如不修建此路，辽西的谷物必通过南满铁路完全运往大连。此外，新法铁路完成后，还可进一步向北延长，直达黑龙江省新城齐齐哈尔。这对繁荣商业颇为重要。荻原迅即向日本外务省致送这一情报，并提出：新法铁路的修建案，与南满铁路有竞争的意义。“倘若企图断然实施，我方即须提出反对修建竞争线的抗议，以保护我南满铁路的

① 王芸生编著：《六十年来中国与日本》，三联书店1980年版，第五卷，第72—92页；第四卷，第225—230页。

② ［美］杨格窝尔德（C.Walter Young）：《日本在满洲特殊地位之研究》，叶天倪译，商务印书馆1933年版，第78—86页。

③ 王芸生编著：《六十年来中国与日本》，三联书店1980年版，第五卷，第72页。

利益。”[①]

1907年，东三省总督徐世昌、辽宁巡抚唐绍仪和黑龙江将军兼巡抚程德全，都有意修筑从辽西到黑龙江省铁路，并从新民屯至法库门一段起头。他们上过奏折，向外务部和邮传部致函，提出建议。是年夏，程德全建议修建新瑷线：“先由新民屯取道洮南，经札赉特旗直接瑷珲。”[②]

徐世昌和唐绍仪就任总督和巡抚刚数周，美国驻东三省总领事司戴德（Willard Straight）即向他们提出，于京奉路从新民屯至法库门筑一支线，将来可延展至齐齐哈尔与瑷珲，达西伯利亚。[③]徐、唐上奏修筑新（民屯）齐（齐哈尔）线方案：“从新民屯经法库门，由洮南以达齐齐哈尔，展筑铁路，实为必不可缓之举。”徐世昌复与外务部筹商，意见相同，外务部赞成此举。邮传部、商部答复告知，黑龙江将军程德全奏折已获允准。于是，徐世昌等积极筹划办法步骤，于11月致函外务部，报告筹备进展情形：“查新齐一路，道里绵长。若同时并举，不但需款繁多，且恐外人横生阻力。今拟分三段展修：由新民至法库门为一段，由法库门至洮南为一段，由洮南至齐齐哈尔为一段。并不另立名称，即为京奉铁路展修之路。盖路为京奉所展修，其关系不在东省，外人当无所藉口也。”第一期工程，第一路工，已经找到英国保龄公司（Pauling & Company，亦译波稜，宝龄）开始勘察线路，并拟请铁路总工程师詹天佑担任监督，如詹不能常川监工，则请詹派出精于路工之代表人随同督察。俟第一段路工完成，再议展修筑第二段工程。为担心日本方面的干涉，名义上只宣称：“此路系京奉展修之线，且第一段尚在辽西境内，与日人毫无干涉。”“彼倘强聒，即请钧部据此驳诘。我固有词可措，彼当无所藉口。第二、第三两段，暂不宣布。”此项铁路工程修筑之费用，拟借外债，循京奉路前例，向中英公司借款，但不以该路作抵，而由东三省筹还。徐氏提醒：“统希秘密，暂勿宣泄为

① 奉天日领获原致外务大臣林董函（1907年1月17日），满铁资料科档案，宓汝成编：《中国近代铁路史资料（1863—1911）》（第二册），中华书局1963年版，第601—602页。

② 程德全致外务部、邮传部函（1907年夏），经济研究所藏日文档案，宓汝成编：《中国近代铁路史资料（1863—1911）》（第二册），中华书局1963年版，第602页。

③ 王芸生编著：《六十年来中国与日本》（第五卷），三联书店1980年版，第74页。

祷”[①]。随函附上与保龄公司代表法伦许爵士（Lord French）和中英公司代表濮兰德（JOP Bland）所订之草合同等文件：一、《东三省总督与保龄公司订立建筑新法铁路草合同》（1907 年 11 月 8 日）节略；二、《保龄公司呈东督徐世昌、奉抚唐绍仪展修京奉铁路节略》；三、新民府至法库门铁路工程草合同。[②]

二、日本阻止中国筑造新法线

东北督抚积极筹划修筑新法线铁路的举措，已得到清廷批准，却遭到日本强烈反对。

1907 年 8 月 7 日，日本驻北京代理公使阿部守太郎致电外务大臣林董，报告他从清廷军机大臣处探知，东三省总督有借外债意图，正与度支部交涉中的信息。次日，林董立即复电指示阿部：“徐世昌的借款，可能是供作新民屯铁道的延长线费用。此线向北延长，将与南满铁道平行，对该线利益大有妨害，帝国政府断然不能容忍。希贵官急向清国政府声明之。”[③]自此，日本持续与中国交涉，阻止中国修筑新法路。

8 月 12 日，阿部致清廷外务部照会，发出询问，并表示日本反对意见：

“闻贵国关外铁路新民屯敷设新线往北延长，东三省总督有借外债说，是否为造路用?

“查前年日清议约之际，贵国全权曾声明，清国政府持保护南满洲铁路利益之目的，于该路未收回以前，不能于该路附近另设平行之干线，及侵害该路利益之枝线。该声明载于会议录第十一号以内，可据以为凭。现既有延长关外铁路之说，帝国政府不能不为留意。

① 徐世昌、唐绍仪致外务部函（1907 年 11 月 20 日），《清季外交史料》（卷二〇七），第 9—13 页，宓汝成编：《中国近代铁路史资料（1863—1911）》（第二册），中华书局 1963 年版，第 602—603 页。

②《清季外交史料》（卷二〇七），第 9—13 页，宓汝成编：《中国近代铁路史资料（1863—1911）》（第二册），中华书局 1963 年版，第 603—605 页。

③ 阿部与林董来往电，经济研究所藏日文档案，宓汝成编：《中国近代铁路史资料（1863—1911）》（第二册），中华书局 1963 年版，第 606 页。

“初九日，本代理使曾到贵部质问其说确否。吕（海寰）大臣、汪（大燮）侍郎接见，均答以尚未闻有此说。本代理使曾请详细查明，并声明：敷设与南满铁路并行之干线或侵害该路利益之枝线，帝国政府断难承认等语在案。兹再照会，希查照可也。”[①]

清廷外务部接到照会后，向东三省和邮传部询问。得到徐世昌和唐绍仪答复后，外务部于9月10日（光绪三十三年八月初三日）致阿部复照，只是将东三省督抚的回复转达一下：“经本部咨行东三省总督、奉天巡抚查照核复。兹准复称：‘东三省拟借外债，将来是否作为造路之用，系为中国内政所关。至铁路如何敷设，现在尚未议定。惟延长关外路线，为我国内交通便利起见，与南满洲铁路毫不相涉。既非于该路附近另设并行之干线，亦非侵害该路利益之枝线。请照复日本国大臣，毋庸过虑等情前来。’相应照复贵代理大臣查照。”[②]

邮传部对东三省修建新法线是表示支持的。在接到外务部转发的日本代理驻华公使阿部守太郎反对中国修筑新法路的照会后，邮传部于9月16日复外务部咨文说：“本部综理路政，所有各路路线，自当急筹扩充，以期推广完全自有之利益。就关内外一路而论，应行添造接展之路线甚多。将来如有筑造，拟即照光绪二十四年八月二十五日华英公司所订合同第一二条（即京奉铁路合同）办理。盖展筑铁路，乃增益本路营业进款起见。凡系不合宜之附近并线，断无敷设以妨碍自己利益之理。若如日本阿（部）代使所虑，于该路附近，另设并行线等语，是不独损南满洲铁路公司之利益，且有碍关内外铁路之利益，皆非本部所乐闻。现在本部计划，如将来在关外铁路敷设新线之时，其附近南满干线之距离，总不减于欧美各国现有铁路两线间距离之数之通行惯例，以期彼此无碍。相应咨呈贵部查照备案，并希照复日本驻京代使，是为至要。”[③]邮传部说明，筑造京奉路延线，

---

① 阿部守太郎致外务部照会（1907年8月12日），外交部档案铁路档，王芸生编著：《六十年来中国与日本》（第五卷），三联书店1980年版，第73页。

② 外务部复阿部照会，外交部档案铁路档，王芸生编著：《六十年来中国与日本》（第五卷），三联书店1980年版，第74页。

③ 邮传部复外务部咨文（1907年9月16日），外交部档案铁路档，王芸生编著：《六十年来中国与日本》（第五卷），三联书店1980年版，第76—77页。

不损害现有铁路利益，与南满路距离，也符合欧美通例。

同日，邮传部又咨复外务部，进一步阐明：新法线与南满路之距离，与欧美各国平行铁路线之距离通例不违背。日本控制的南满路，垄断了南满地区经济利益，中国必须将京奉线北延，抵制南满路。此线关系北方大局，必须坚持。复文说："查京奉铁路，本部现拟由新民屯往北展筑四百余里，经法库门至郑家屯，以冀挽回南满洲铁路所失之利权。现在规划路线，计与南满洲干线距离最近之处，为法库门站南约三十二英里，实与欧美各国并线距离之通例无背。日使当亦无词以相难。现在奉、吉两省出口土货，均由辽河输运，转附南满铁路，以至大连湾。非特向在京奉铁路输运之货被其垄断，大受影响，即营口、秦皇岛、天津三处商业，亦渐次变为零落。工商业之大势，遂如东流犇注，毕灌输于大连湾一隅。此实今日北方大局最危险之现象也。本部统筹全局，计非将京奉路线接展往北，无以为抵制南满铁路地步。故必须筑造新民屯至郑家屯一路，以要截辽河上流，使奉吉土货均向辽西出海。此路筑成，其关系于北方大局者，殊非浅鲜。倘日使尚有违言，务望台端据理力争，俾该路得竟全功，实为公益。除备文咨送贵部，以凭转日使外，特将情形密陈。"①

10月17日，外务部又将邮传部的解释转告日本代理公使阿部。

阿部对清廷外务部的答复不满意，分别于是年10月12日、11月6日两次复照外务部，坚持新法铁路与南满铁路并行的说法。②

在日本的压力下，外务部认为：中国方面虽然主张此线与日本没有关系，然而，日本坚持说此线与南满路并行，有害南满路利益。加以借外债修路，可能引起民间保护路权风潮。1907年12月12日（光绪三十三年十一月初八日），外务部致徐世昌、唐绍仪函："得悉展筑新法铁路，已饬保龄公司履勘，并抄附节略三件，均已披阅。查此段路线，虽与日人毫无关涉，而该日使坚称，显与南满洲铁路并行，有害该路利益。日本政府

① 邮传部再复外务部咨文（1907年9月16日），外交部档案铁路档，王芸生编著：《六十年来中国与日本》（第五卷），三联书店1980年版，第77—78页。

② 宓汝成编：《中国近代铁路史资料（1863—1911）》（第二册），中华书局1963年版，第607页注1。

断不承认云云。其辞气甚为决绝。本部前准该使照复，当即分咨邮传部查核，现尚未准该部声复。日前英国朱（尔典）使亦来部提议此事，甚盼保龄公司承办此路有成。惟适江浙两省绅商力拒沪杭甬铁路借用英款之时，纷扰殊甚，尚无办法。铁路借款，似可暂从缓商，以免增生扰攘，不暇应付。”[①]外务部显然对修筑新法路有所顾忌。

同年12月16日（光绪三十三年十一月十二日），邮传部致外务部函，批驳日方所称铁路延展至法库门与南满路并行之说法，阐明中方未来敷路，与南满路的距离，“按照公例办理”。且中日协约第三款第二条载明，除吉（林）长（春）路接展支路外，中国建造他路，与南满线无涉，也与北京会议录无所违背。[②]

三、日本施压逼使中方放弃新法线修筑计划

在日本内部，阻拦中国修筑新法路之势不断加增，“满铁”总裁后藤新平更是极力反对。他致函日本政界元老伊藤博文，告知中英间新法路借款合同业已订定，说：“新法路有碍南满铁路全线利益，并为日本荣辱所系。”他又向首相桂太郎和陆相寺内正毅投意见书：“清国政府不以获得新（民）奉（天）线为满足，更拟北延以达法库门，实明与北京会议的议定相违背，而损伤帝国的行为。”他主张，或由日本施加压力把东省督抚赶下台，或对东省督抚施以怀柔手段，让他们“依赖帝国”[③]。

日本外务部门积极执行对中国施加压力的使命。1908年1月22日，日本公使林权助致清廷外务部照会：“关外铁路（指京奉路）接展至法库门以北一节，显与南满洲铁路并行，且有害该路利益。按照日清交涉会议

① 外务部致徐世昌、唐绍仪函（1907年12月12日），外交部档案铁路档，王芸生编著：《六十年来中国与日本》（第五卷），三联书店1980年版，第85页。

② 邮传部致外务部函（1907年12月16日），外交部档案铁路档，王芸生编著：《六十年来中国与日本》（第五卷），三联书店1980年版，第85—86页。

③ 后藤新平致伊藤博文函（1908年2月1日），鹤见佑辅：《后藤新平传》（满洲经营篇下），转引自宓汝成编：《中国近代铁路史资料（1863—1911）》（第二册），中华书局1963年版，第606—607页。

录所载，日本政府断不承认。业自昨年八月以来，再三声明在案。故关于本件，日本政府之意见，贵国政府当已详查一切。乃贵国之邮传部不顾两国之成约，并不顾日本之声明，仍欲将关外铁路接展至法库门方面。且闻确实消息，谓贵国官宪已于昨年十一月八日，将该路工程事务与某英人订结契约。似此举动，实出日本政府之意外。纵谓该英人不知日、清两国间已有成约，不容接展该路，然贵国政府既于北京会议与日本政府订结明约，承认保护南满洲铁路之利益，不在该路附近敷设并行干线，并不敷设有害该路之支线，则贵国官宪无论何人皆有遵守此约，且监视使勿违此约之责务。故日本政府甚望贵国政府按照两国成约，及日本政府之屡次声明，勉尽应守之责务。万一贵国政府置成约于不理，有侵害于南满洲铁路利益之举动，则日本政府必当应机随时执行自认适当之手段，以谋拥护该路之利益也。"[①] 林权助这次照会，一面责以中国应遵守1905年北京会议时不修与南满路并行的干线及有害南满路支线的承诺，一面威胁，如中国不守承诺，日本会对中国采取"自认适当之手段"。一派威胁口吻！

1908年5月6日（光绪三十四年四月初七日），清廷外务部答复林权助，释以中国为便利地方交通，延展京奉铁路，与南满铁路无关；且北京会议时，日本也曾承诺，中国发达满洲地方经济之举，日本决不拦阻。照会说：

"中国拟于关外铁路由新民屯敷设新线，延长往法库门，系为交通便利，发达地方，及增益本路营业进款起见，与南满洲路线毫不相涉，既非敷设并行之干线，亦非侵害利益之支线。其距离该路，总不减于欧美各国现有铁路两线间距离之数之通行惯例。业经本部于上年八九月间准该省督抚及邮传部来文先后照会在案。

"乃贵大臣迄援中日会议录为据，谓中国政府置成约于不理，有侵害南满洲铁路利益之举动。不知当日中、日两国全权大臣商订此条时，中国全权大臣即以'并行'二字太广，必须定以里数，言明在若干里以内，不能筑造并线。日本全权大臣以为若定里数，自他国视之，若有限制中国造路之意。继又请按照欧美通例，定出并行线相距里数。又以通例亦不一律，

① 林权助致外务部照会（1908年1月22日），外交部档案铁路档，王芸生编著：《六十年来中国与日本》（第五卷），三联书店1980年版，第86—87页。

不必载明。并由日本全权大臣声明，中国将来凡有发达满洲地方之举，日本决不拦阻等语。前言属在出于至诚，及友邦最笃之谊，自应彼此共遵。

“夫发达地方，孰若添筑铁路利便交通为最要。该路与南满洲铁路相距甚远，实不能作为附近并行，谓有害干路之利益。不特无害也，而且与（之）有利。缘支路愈多，则干路之生意愈旺。吉（林）长（春）铁路之与南满铁路，其一例也。

“且查新法铁路，直接关外路线，所经营口、天津，俱属封河之口。南满洲铁道直达大连，为不冻之口。满洲所有出口之出产，必多取南满洲之铁路，直达大连，以期利便。矧法库以西俱属蒙境，若通铁路，则往来便利，货物充牣，南满洲铁路生意，必因之愈旺。凡此皆确凿可据。

“所以，中国欲实行发达地方之要政，必自延长铁路始。讵南满洲铁路公司，漫不加察，竟执定为有害该路之利益，致令贵国有拦阻中国发达地方之行动，殊非中国政府所能料及也。所有中国拟修新法铁路，意在发达地方及交通利便，并无侵损南满洲铁路利益之处，仍烦贵大臣查照，转达贵政府为荷。”①

6月4日（光绪三十四年五月初六日），清廷外务部又致阿部照会，重申新法铁路线无侵害南满路利益问题，并要求解释“并行说”的理由：“案查中国拟修新法铁路，意在发达地方暨交通利便，并无侵损南满洲铁路利益等情，业于本年四月初七日照会林大臣在案，迄未准照复。查中国展修此段铁路，与南满洲铁路确非附近并行。前照申论极为明晰，贵国谅无异言。如仍执持前说，即希贵大臣将附近并行之义，详明解释，连同本部前照一并见复为要。”②

6月28日，阿部答复清廷外务部照会，全面反驳新法线与南满路毫不相涉的解释：

“新法铁路之敷设，终非帝国所能容忍者。自上年八月以来，已屡次

① 外务部复林权助照会（1908年5月6日），外交部档案铁路档，王芸生编著：《六十年来中国与日本》（第五卷），三联书店1980年版，第87—88页。

② 外务部复林权助照会（1908年6月4日），外交部档案铁路档，王芸生编著：《六十年来中国与日本》（第五卷），三联书店1980年版，第89页。

声明，其事理至为明晰。而清国政府仍无改从前之态度，更须照会辩解，不得已不能由帝国政府辩驳，实帝国政府所最遗憾者也。

“清国政府谓新法铁路之敷设，与南满线毫不相涉，既非附近并行干线，亦非侵害利益之枝线，其距离该路总不减于欧美各国现有铁路两线间距离之数之通行惯例等语。证诸事实，法库门地方所谓辽西之货物，现经昌图、铁岭等处由南满铁路运输者，若一朝新法铁路设成，此等辽西货物之全部分及辽东货物之少部分，必被该路所夺。且照驻清英使馆商务官谢立山今春之报告书内，载有关外线与南满铁道将有竞争成功之势一语。是现在之关外线且然，况更往北方延长达于法库门，则南满铁道所蒙之不利，将更增大不待论矣。加之南满铁道系外国公司在清国内所设之路，所有货物难保不随清国地方官之意向，偏向于附近之清国铁路，以抵抗我南满铁路。

“又据该员之调查，新法线与南满线之距离，其平均大约不及三十五里以上。新民屯奉天间三十二里零十分之三，法库门铁岭间二十七里零十分之二，由南满线新台子起到新法线最近地点，不过仅二十四里十分之八。即使如清国政府所云，二线间之距离不减于欧美各国铁路两线间之通行惯例，是直以欧美之事例，律生产事业未经发达之满洲，殊为不当。且考诸清国政府特许外国人以铁道敷设权之际，关于竞争线之论据，亦有旧例。如 1898 年关于正太铁道露（俄罗斯）清银行与清国官吏订定之约，并是年北京福公司与山西官吏订立之约，清国不许于正太铁路两侧百清里以内敷设竞争线。详译其意，实以百清里为竞争区域，不许敷设他线。即此，则清国政府不得喋喋于欧美之标准以为立论之根据也。

“又，清国政府因‘并行’二字，指陈北京会议之际，两国全权问答各语，均属无根据之论。现查两国互换之会议录，及我谈判笔记，均毫无所载。且所记者有日本全权云：日本既可在南满洲经营铁路，则不能不有相当之利益，如有害其利益情事，铁道终难成立。愿将此事预为商妥。于是两国全权各述意见后，中国全权云：总之，清国不造设与贵国管理铁路对抗之路，及为有害满洲铁路之利益等事。如有此等事，贵国可陈述异议。盖保护此路之利益，是当然之事，云云。随由小村全权述明，愿将此事记明，即不载于约内，亦可望存记之会议录内。是现在之成案如此。至‘并行’二字，惟当两国全权问答之际，清国全权提出之起草文中，始见此二字。在当时，并无何等之议论也。

“清国政府又称：新法线为南满铁路之枝线，援吉长铁路之例，谓枝线愈多，干线之利益愈增。且法库门以西属于蒙境，若铁路开通，货物必见加增，南满铁路因之愈有利益等语。其实，新法线并非南满线之支线，所论全系架空之说，毫无根据。加之，新法线之为并行竞争线，对于南满线影响所及，其不利甚大，前已详述之矣。清国政府又就铁道与海口之关系，证明南满线之优胜。（可）知苟延长关外线得占与南满线竞争之地位，无论营口、天津之冻结期限不长，且并通到不冻之秦皇岛，则不得断言新法线不害于南满线之利益也。

“总之，帝国政府于清国开发满洲所执之正当手段，毫无阻害之意，是可反复声明不待踌躇者也。苟漠视成约，不顾帝国政府屡次之警告，另订契约，敷设与南满铁道竞争之路线，此等放纵之行动，帝国政府断难容忍。若清国政府罢新法之议，另议由法库门设达于南满线一地段之支线，是等于吉长铁路，均非利益竞争之线，一面且利于辽西并蒙古地方之发达，帝国政府当以好意应之也。

“帝国政府所见如此，望贵国政府虚心审度，容纳帝国政府好意之警告，解决本问题，维持增进日清两国之交谊，是代理公使所最希望者也。”①

日本为了阻止中国修筑新法线，后来还提出，中方的新法线延至铁岭接通南满路，或允日本修筑从南满路到郑家屯的支线两个方案。

经过与日方反复辩驳后，1909年1月28日（宣统元年正月初七日），外务部致徐世昌电，告知日方提出，如中国允日方修南满路支线至郑家屯，可交换让中国方面从新民屯向彰武方向修路，征求看法：“昨又与日使晤商新法铁路事。伊称，奉政府电称：如中国欲筑造此路，则须允日本由铁岭至法库门达郑家屯造一支路方可。诘以平行究以距离若干里，方能允行？伊云：现在中国拟筑之路线，离南满洲路仅华里54里，即稍离法库门，仍属平行。若由新民起往西，不经法库门，出彰武台门，不往北行，或可

① 阿部复外务部照会（1908年6月28日），外交部档案铁路档，王芸生编著：《六十年来中国与日本》（第五卷），三联书店1980年版，第89—91页。

请示政府办理云云。日使所称要筑至郑家屯支路，万无商办之理。惟出彰武台门往西筑造，有无可谋利益之处，希饬详查情形，迅即电复。”①

1909年1月30日（宣统元年正月初九日），徐世昌答复外务部电称：

“庚接阳电，所示日使晤商新法路事，并以出彰武台门往西筑造有无利益可图，希饬查电复等情。日使要求，如允其由铁岭至法库门达郑家屯造一枝路，方可允我接修新法铁路，此事万难允准。我所拟由新（民屯）至法（库门）之路，非至法而止，仍拟向北衔接，达洮南府，再至齐齐哈尔等处。倘允日人接修至郑家屯，中途即被其隔断。郑家屯即辽源州，伸出法库门二百四十里，将来藉词阻挠我地方行政，或随意占据蒙荒为铁路附属地，各种后患，不堪设想。兹事重大，恐于东省之西北一隅，大受影响。

“至日使云，若由新民往西，不经法库门，出彰武台门，不往北行，或可请示政府一层。查彰武台门往西一带地方，沙漠蒙荒居多，人烟寥落，出产无几，若于该处修建铁路，绝少利益可图。日人明知之，想系词穷敷衍。

“总之，日使所商由铁岭至郑家屯之路，无论伊如何措词，断难答应，以防日后枝节横生。钧见已鉴及此，无任佩仰。按现时南满干路交涉，尚多未结，如允再添枝路，势必一波未息，一波又起，殊与大局有所未便。

“此次提议新法路事，彼如坚词拒之，不能理论，只可暂作纡缓推宕之词，以试看其意旨如何，再行设法。或由锦州，或由新民以西别站接修，达洮南而至齐齐哈尔。仍俟通盘密为第三者计，酌量妥协，再行定局。是否有当，伏乞大部钧裁密核施行。彼利先议新法，我应先议延吉（中韩边界问题）。操纵缓急，悉赖钧部酌核为荷。”②

徐世昌坚决反对允许日本从南满路铁岭站修筑通往郑家屯的支路，他分析这是把他计划中的新（民屯）齐（齐哈尔）路拦腰斩断。日本提出让中国从新民屯出彰武台门向西筑路，这一线中国毫无利益，而日本向蒙疆伸展侵略势力，祸害无穷，故绝不能答应日方主张。积极谋划修筑新法

①《清宣统朝外交史料》（卷一），第5页，宓汝成编：《中国近代铁路史资料（1863—1911）》（第二册），中华书局1963年版，第614页。

②《清宣统朝外交史料》（卷一），第5页，宓汝成编：《中国近代铁路史资料（1863—1911）》（第二册），中华书局1963年版，第614—615页。

线的徐世昌，在日本强力阻止下，只好认输，考虑暂缓和放弃原来计划，两年精心筹谋，落得一场空。

1909年2月6日（宣统元年正月十六日），日本公使伊集院彦吉向外务部面递关于东三省六案节略。其中第一案为法库门铁路，要点是：中国所拟造新民屯至法库门铁路一节，违背北京会议东三省事宜成约，有损南满洲铁路利益，帝国政府实难允认。因启发蒙古地方利益，中国政府业经与英国订立新法铁路合办合同。帝国提议：

甲，中国不修新法线，须修法库至铁岭铁路，连接南满铁路。如中国不允，帝国让步，因新法路使南满铁路受损失，补偿办法：允南满路修补亏养利支路，帝国可允修新法铁路。

乙，允南满公司修法库门至郑家屯支路。①

1909年2月10日（宣统元年正月二十日），外务部尚书梁敦彦与伊集院晤谈。

梁：新法铁路与南满路利益不相妨害。法库门一带物产向不过辽河，单至新民屯。

伊：专门工程多人调查，有害南满路。贵国照原议办理，万难商议。②

2月17日（宣统正月二十七日），梁敦彦与伊集院会谈。

梁：我们前次请贵大臣示一距离（与南满路相距）里数，尚未见复。究竟日本于距离若干里外允中国筑造？

伊：距离一层，甚是难说。以现在并未发达之满洲而论，即与南满线再距远若干里，仍属不能允行。请贵国熟考情形，不必坚持为要。③

3月18日，外务部参议曹汝霖面交伊集院关于东省中日交涉六案节略，首项即新法铁路之事："中国拟自新民屯展造铁路至法库门者，本光绪三十一年中日会议全权声明之宗旨，欲启发蒙古，以助东三省之发达，

①《清宣统朝外交史料》（卷一），第13—17页，宓汝成编：《中国近代铁路史资料（1863—1911）》（第二册），中华书局1963年版，第583—584页。

②《清宣统朝外交史料》（卷一），第29—31页，宓汝成编：《中国近代铁路史资料（1863—1911）》（第二册），中华书局1963年版，第584页。

③《清宣统朝外交史料》（卷一），第29—31页，宓汝成编：《中国近代铁路史资料（1863—1911）》（第二册），中华书局1963年版，第585页。

与南满铁路有相助之益而无相害。新法线与南满线中隔辽河，必不至竞争。且法库门所屯粮货，向运新民屯出售，不以铁岭为销场，粮货俱归新民厅，焉有损南满路之利益？贵国强持与南满路平行之说，以与中国反对，不啻阻遏中国自行发达东省地方之方针，限制中国京奉铁路之展造，并垄断各国均等利益之宗旨。日本政府所举理由，多与事实不符。中国政府推诚相告，甚非为贵国所取也。至节略来文，谓中国可自法库造至铁岭铁路，以连接南满铁路，或许日本由南满线支线以达郑家屯等语，与中国政府主张全然相反，断难允认。”①

这一期间，东北地区中日关于延吉问题交涉也在进行。为了首先解决中韩边界问题，清廷决定在其他问题上退让。1909 年 8 月 7 日（宣统元年六月二十二日），外务部致伊集院节略：“如贵国政府允将延吉一案（中韩边界），满足中国之意，其他各案竭力酌量退让，答贵国和商延吉之美意。”“新法铁路，中国允暂行缓议。”②

虽然中方已经表示新法铁路暂行缓议，但日方却不依不饶。8 月 13 日，伊集院复外务部节略称：“新法铁路，系平行竞争线路，与日清交涉会议约款扞格。贵国承办工事与英国订约。本使曾提甲、乙案。贵节略已表明不设该路。‘暂行缓议’一语含糊。请改为：‘中国政府确然罢敷设该路之议，并按照日清协定之旨趣，南满铁道期满以前，不与日本政府预先商议，不得敷设与该路并行或竞争之干线枝线。’”③

1909 年 9 月 4 日（宣统元年七月二十日），中日《东三省交涉五案条款》在北京签订。其中，“第一款：中国政府如筑造新民屯至法库门铁路时，允与日本国政府先行商议。”至此，新法铁路交涉结束。结果是，新民屯至法库门之间能否修筑铁路，中国政府不能自行做主，必须与日本商议，征得日本的同意。而日本是根本反对建造这条铁路的。也就是说，这一条

①《清宣统朝外交史料》（卷二），第 34—37 页，宓汝成编：《中国近代铁路史资料（1863—1911）》（第二册），中华书局 1963 年版，第 585—586 页。

②《清宣统朝外交史料》（卷六），第 32—34 页，宓汝成编：《中国近代铁路史资料（1863—1911）》（第二册），中华书局 1963 年版，第 588 页。

③《清宣统朝外交史料》（卷七），第 10—16 页，宓汝成编：《中国近代铁路史资料（1863—1911）》（第二册），中华书局 1963 年版，第 589 页。

款宣布了新法铁路的死刑。

四、所谓不修筑南满路并行线的“议定书”

在中日关于修筑新法铁路的交涉中，涉及1905年12月北京中日会议时，中国代表承诺不修筑南满路并行线的问题。中日双方曾就此发生反复争辩。

日本强调，中国修筑新法线，侵害南满铁路利益，违反了中国代表不修筑与南满铁路并行线的承诺。1907年8月12日阿部守太郎的照会中说：“查前年日清议约之际，贵国全权曾声明，清国政府持保护南满洲铁路利益之目的，于该路未收回以前，不能于该路附近另设平行之干线，及侵害该路利益之枝线。该声明载于会议录第十一号以内，可据以为凭。”①9月10日，清廷外务部复照否认新法线是南满路平行线和侵害该路利益。照会说：“惟延长关外路线（指修筑新法线），为我国内交通便利起见，与南满洲铁路毫不相涉。既非于该路附近另设并行之干线，亦非侵害该路利益之枝线。”②

1908年1月22日，日本公使林权助致清廷外务部照会中，更指斥说：“日、清两国间已有成约，不容接展该路。”他竟编造，中方于北京会议时与日本政府“订结明约”，承认：为“保护南满洲铁路之利益，不在该路附近敷设并行干线，并不敷设有害该路之枝线”。他一口咬定，中日双方对此已有“成约”，“订结明约”，要求遵守，还蛮横要求中方遵守“日本政府之屡次声明”。③林权助一口咬定，不修筑南满铁路的平行线，中日间已“订结明约”，已是“成约”。

5月6日，清外务部致林权助照会中，即阐明中日会议时双方交谈过程，

① 阿部守太郎致外务部照会（1907年8月12日），外交部档案铁路档，王芸生编著：《六十年来中国与日本》（第五卷），三联书店1980年版，第75页。

② 外务部复阿部照会（1907年9月10日），外交部档案铁路档，王芸生编著：《六十年来中国与日本》（第五卷），三联书店1980年版，第94页。

③ 林权助致外务部照会（1908年1月22日），外交部档案铁路档，王芸生编著：《六十年来中国与日本》（第五卷），三联书店1980年版，第86—87页。

予以驳斥：当年有关所谓“不修筑南满洲铁路并行线”问题，中方曾要求明定若干里以内不能筑造并线，日方不愿；中方又要求按照欧美通例，定出并行线相距里数，日方又以通例不一，不必载明。当时日本全权大臣还声明，中国将来凡有发达满洲地方之举，日本决不拦阻。这表明，双方承认，当中方发展东北交通事业时，如修筑南满洲铁路的平行线路，只要两路间按照通例确定相隔距离，日方不应拦阻。这是中日双方之间相互的承诺。[①]这表明，双方承认，如修平行铁路，两路间按照通例确定相隔距离，而当中方发展东北交通事业时，日方绝不拦阻。这是中日双方之间相互的承诺。

6月4日，清廷外务部照会日本代理公使阿部，要他解释所谓平行线。6月28日，阿部答复清廷外务部照会否认清外务部的解释，说清国代表曾承诺：“不造设与贵国管理铁路对抗之路，及为有害满洲铁路之利益等事”。照会说：“清国政府因‘并行’二字，指陈北京会议之际，两国全权问答各语，均属无根据之论。现查两国互换之会议录，及我谈判笔记，均毫无所载。且所记者有日本全权云：日本既可在南满洲经营铁路，则不能不有相当之利益，如有害其利益情事，铁道终难成立，愿将此事预为商妥。于是两国全权各述意见后，中国全权云：‘总之，清国不造设与贵国管理铁路对抗之路，及为有害满洲铁路之利益等事。如有此等事，贵国可陈述异议。盖保护此路之利益，是当然之事。’云云。随由小村全权述明，愿将此事记明，即不载于约内，亦可望存记之会议录内。是现在之成案如此。至‘并行’二字，惟当两国全权问答之际，清国全权提出之起草文中，始见此二字。在当时，并无何等之议论也。”[②]

纵然按照6月28日阿部照会的说法，亦可得知：1. 当年清、日代表会议时，双方并没有在“并行（平行）”二字上议论。2. 清廷全权承诺，不造设与南满铁路对抗之路，及为有害满洲铁路之利益等事。3. 清国全权之言“不载于约内”，而“存记之会议录内”。由此可见：1908年1月

① 外务部致林权助照会（1908年5月6日），外交部档案铁路档，王芸生编著：《六十年来中国与日本》（第五卷），三联书店1980年版，第87—88页。

② 阿部复外务部照会（1908年6月28日），外交部档案铁路档，王芸生编著：《六十年来中国与日本》（第五卷），三联书店1980年版，第90—91、611—612页。

22日林权助照会中所言，所谓不修“平行线”，已“订结明约”，已是“成约”，是毫无根据的。清国全权承诺，不造设与南满铁路对抗之路，及为有害满洲铁路之利益等事，只是对日方的善意承诺。有分析说：“当北京会议时（1905年中日会议东三省事宜），日本代表曾谓，日本决不阻止中国开发满洲所取之任何步骤，此该文且已载于议事录中。由此观之，中国政府虽承认议事录之存在，而对于日本解释议事录条文之意义，以反对新法路为合法，则已加以声辨（辩）矣。”[①] 况且，日俄《朴次茅斯条约》第四条：“日俄两国彼此约定，凡清国在满洲为发达商务、工业起见，所有一切办法，列国视为当然者，不得阻碍。”[②] 这也应视为日本对中国的承诺。它是有力批驳日方阻止中国修筑新法路的理据。可见，当年中日代表双方所取得的是相互谅解，即中国不造设与南满路对抗之路，而日本也不阻止中国开发满洲之任何步骤。

有关1905年中日北京会议东三省事宜情况及“平行线”问题，王芸生有专门的记述和分析：

1905年11月至12月间中日北京会谈东北事宜，共开会22次。缔结《中日中日会议东三省事宜条约》（正约三款，附约十二款），另有会议记录（日人称“秘密议定书”）。12月4日第十一次会议中，日方提出增添条款第二条，存记会议节录内：“中国政府为维持东省铁路利益起见，于未收回该铁路之前，允于该路附近不筑并行干路及有损于该路利益之枝路。”这“后来成为日本不许中国在某些地方修造铁路的借口”[③]。

对于1905年中日会议中形成的会议录《中日全权大臣会议东三省事宜节录》（日方称为“秘密议定书”者）之性质，王芸生专门撰写《辟所谓〈秘密议定书〉》一文做了分析。他列举，会议节录中记有十七条。中日会议后，除第十五条（中国对日本留在南满铁路界内护路兵队条款“视

① ［美］杨格窝尔德（C.Walter Young）：《日本在满洲特殊地位之研究》，叶天倪译，商务印书馆1933年版，第62页。

②《俄日朴资（茨）茅斯条约》（1905年），尹寿松编：《中日条约汇纂》，外交月报社1934年版，第217页。

③ 王芸生编著：《六十年来中国与日本》（第四卷），三联书店1980年版，第214页，第218—219页；尹寿松编：《中日条约汇纂》，外交月报社1934年版，第222页。

为尚未完备”）外，日本于1906年（2月），将其余十六条照会英、美等国，谓中日会议除正、附条约外，尚有此“秘密议定书”。而十六条中的第八条，即为上引12月4日第十一次会议中会议记录。[①]

曾任美国驻华公使的马慕瑞（MacMurray）编纂《中国相关关系条约集》（*Treaties and Agreements With and Concerning China*）第一卷第554页中，将中日会议录文件辑入Secret Protocol内。王芸生认为：“Protocol虽可解作会议录，但在外交上，则为一种不需批准互换之条约。Secret Protocol译为‘议定书’，会议录则为Minutes也。”会议节录与Protocol“迥不相侔”。会议录“绝不能作为条约”。[②]宓汝成也认为，马慕瑞把会议记录标为“秘密议定书”是错误的，它在法律上是没有约束力的。[③]王芸生认为：“关于所谓并行线问题之第八条，……此种留在会议录中之初步谅解，根本不能视为具有法律的拘束力。”[④]

查《中日条约汇纂》一书将日本所谓“满洲条约秘密议定书”收入，其第三条为：“中国政府为维持东省铁路利益起见，于未收回该铁路之前，允于该路附近不筑并行干路及有损于该路利益之枝路。”编者按语说，此为日本外交时报社所编《支那关系条约集》所译，转载马慕瑞编中日“条约集”。而马氏条约集，系根据1906年2月日本外务省通知英、美政府之条文。1932年1月14日，日本外务省公布为“中日密约”十六条。按语说明：“查会议记录是记载当时会议进行情形，有一方提案未得对方同意，辩论多时仍不能决。允将不同意之条件改用‘声明之语’，存记会议录内，此系一种保留的声明，决不能作为条约的正当权利之主张也。”[⑤]

---

① 王芸生编著：《六十年来中国与日本》（第四卷），三联书店1980年版，第214页，第228页，226页。

② 王芸生编著：《六十年来中国与日本》（第四卷），三联书店1980年版，第214页，第228—229页。

③ 宓汝成编：《中国近代铁路史资料（1863—1911）》（第二册），中华书局1963年版，第550页注1。

④ 王芸生编著：《六十年来中国与日本》（第四卷），三联书店1980年版，第214页，第232页。

⑤ 尹寿松编：《中日条约汇纂》，外交月报社1934年版，第221—222页。

由此看来，把会议记录说成“议定书”，不是马慕瑞的错判，根源是日本故意制造的混乱谎言。马氏上了日本人的当。据载，当1905年12月，小村（寿太郎）与袁世凯在北京会议时，请中国规定，日本有拒绝南满路平行线建筑之问题，曾加讨论，则凿然有据。日政府复于1906年通知驻东京之英、美二使，谓12月22日之《北京条约》，除正约及附件外，并签有“议定书”。1906年1月12日，美代办威尔逊报告国务院，谓1月11日，据加藤（高明）外相称，12月22日签订之文书，因未经正式换文，概未公布，然其内容已经泄露，故决定非正式发表。是时，威尔逊并未得有任何议定书之副本。然据其所报告华盛顿者而言，日外相确曾告以下列之语：“某种议定书，具有重要条件者，与正、附二约同时拟定。”然闻诸外务省，此种“议定书”，与中国约定，目前须保守秘密。……加藤言及《太阳报》北京通讯员所发之电讯，关于“议定书”概要者。①

杨格窝尔德的书中认为，现在流传“议定书”“约文”等说法“非完全恰当”：“袁世凯与小村在1905年12月北京会议时，实已签订一种约文，此约文之形式属于会议之情形，而非附于正、附约之正式议定书。实际，中政府未否认此等约言，亦未承认外间所传之各种条文。”②1908年1月28日唐绍仪之谈话，据美国驻奉天总领事史脱列德报告，曾确实否认（中日）《北京条约》中有任何条文，规定中国不得建筑与南满路平行之线。又谓：是时，中日间并无秘密协定言及此点。日代表虽提出此种要求，实未经华方同意。时仅签一会议录，所载者为讨论情形，并无类于所谓华方允许日方有权拒绝南满路平行诸路之约束。（原注：剑桥大学普雷教授，著《日本外交政策》，第35页云：由华盛顿国务院秘得者为证，明明无秘密条约之存在云云，特未言其根据耳。又谓日人凭藉此约，重在对抗大不列颠，此可由华盛顿国务院之记录估量而得。）③

---

①［美］杨格窝尔德（C.Walter Young）：《日本在满洲特殊地位之研究》，叶天倪译，商务印书馆1933年版，第55—56页。

②［美］杨格窝尔德（C.Walter Young）：《日本在满洲特殊地位之研究》，叶天倪译，商务印书馆1933年版，第58页。

③［美］杨格窝尔德（C.Walter Young）：《日本在满洲特殊地位之研究》，叶天倪译，商务印书馆1933年版，第57—58页。

上述资料充分表明，日方外交藏祸心，行诈谋：1905 年中日会议时，双方代表交谈中对日有利的语句，日方断章取义，记入会议记事录，预设陷阱。那个所谓不设平行线之语句，恰恰是 12 月 4 日第十一次会议中，日方提出的增添条款第二条，存记会议节录内。既然双方约定保守秘密，1906 年日本外务省却又转告美、英两国。转告时，明明是会议记录，日方却说成中日“秘密议定书”。接着，日本外相加藤高明和外务省又“非正式公布”，对外放风。马慕瑞编条约集也误信，列为 Secret Protocol，当成了“议定书”。日本自始至终，故意制造混乱，迷惑视听。

五、英国在中日修筑新法线交涉中的态度

在中日关于修建新法路交涉中，如何看待英国政府的态度，是一个值得研究的问题。

由于中国修筑新法铁路，是与英国一家工程公司签订合同，并向中英公司借款，英国不可避免地介入这一工程。当中日就此工程进行交涉时，英国政府持何态度？有无对日本偏袒？

外务部 1907 年 11 月 12 日致徐世昌信中说道：英国驻华公使朱尔典与清廷外务部交往时，赞成新法铁路修筑，甚盼英国的保龄公司承办此路有成。[①]

据日本驻英公使小村说，1908 年 1 月 21 日他访晤英国外相时，英外相谈道：据承包法库门铁路修建工程的保龄商会呈称，该铁路绝不能说成是与南满铁路竞争线。因此，格雷氏（Edward Grey，英国外相）已电问驻清英公使，实际上是否为一条竞争线。小村当即对英国外交大臣解释说：先前商定《北京条约》时，让清国许下诺言，就是出于担心法库门线计划。该铁路一旦修成，无疑，南满铁路将受莫大损害。日本政府几个月来一直向清政府提出抗议，但仍然签署了合同。日本政府断不能容许这一计划。2 月 3 日，小村又访晤英国外交大臣时，该大臣谈称：关于法库门铁路问题，

① 外务部致徐世昌、唐绍仪函（1907 年 12 月 12 日），王芸生编著：《六十年来中国与日本》（第五卷），三联书店 1980 年版，第 85 页。

已认识到做此主张未免欠妥。业经本人电令（告）驻清英国公使。小村当即表示，日本政府必定感到满意。[①]

中日关于修筑新法铁路，英国公司承接此项工程，而日本加以干涉，竭力反对，这些情况也传到了英国。英国议会议员还对外交大臣询问有关情况。“满铁”总裁后藤新平 1908 年 2 月 1 日写给伊藤博文信中说：英国外交大臣虽在议会中绝口否认，而中英间新法路借款合同之业已订定。日本岂可徒事依赖英国的好意，坐待中国的退让。[②]

另据载，关于新法铁路修建计划，1908 年 3 月 3 日，英国下院一位议员提出质询：政府是否知道，日本对中国拟将辽河以西的该国铁路向北延长的这样一种权利进行干涉？日本的这一主张，意味着辽西地方中国主权实际上的消灭。政府究竟是支持哪一方，是否符合日英同盟的条款？外交大臣答辩如下：就政府所知，日本对中国延长辽河以西铁路这一权利，原则上并不反对。日本只是根据 1905 年日中协约，即中国约定不修建接近南满铁路或与之平行的铁路干线，以及有损南满洲铁路支线的精神，对行使权利提出了不同的看法。中国政府对这一协约也从来未加否认。假如新法铁路合同当事者有可能自己做出证明，该铁路绝不危害南满洲铁路利益，因而并不违背两国协约，那就自当别论了。完全可以听任他们这样做。[③]

据日本外交大臣林董记述，1908 年 4 月 23 日，英国驻日大使来访。林董就新法铁路问题指出：清政府如能放弃此项计划，改由南满铁路一地点，修建一条联络法库门的线路，作为南满铁路支线，并使英国商会承包

① 日驻英公使小村致林董函（1908 年 1 月 22 日），满铁资料科档案，宓汝成编：《中国近代铁路史资料（1863—1911）》（第二册），中华书局 1963 年版，第 612—613 页。

② 宓汝成编：《中国近代铁路史资料（1863—1911）》（第二册），中华书局 1963 年版，第 606 页注 1。

③ 日本驻英国伦敦总领事坂田致林董函（1908 年 3 月 4 日），满铁资料科档案，宓汝成编：《中国近代铁路史资料（1863—1911）》（第二册），中华书局 1963 年版，第 613 页。据另一记载说，1908 年 3 月 3 日，英外交大臣答复下院质问：“鉴于‘北京议定书’，英政府以为签约者当有以餍此之望。毋令拟筑之路损及南满线并违背该协定，不惟不赞助英公司合法要求，并将素称娴熟满洲问题及外交之荷西爵士（Sir Alexander Hosie）英国专门派往调查之报告不予发表。”据杨格窝尔德：《日本在满洲特殊地位之研究》，商务印书馆 1933 年版，第 66 页。

修建工程。那么对中国来说，可以达到开发法库门地方富源之目的。就英国而言，可以享受承包工程的好处。同时，亦必增进南满铁路之利益。因此，任何方面都不会反对此举的。英大使认为，这确是解决问题的一桩好办法。答称：将致电驻清英公使说明此意。①

从上述各记载可以看出，英国政府对于中国修筑新法铁路，并且由英国公司承揽此项工程是支持的，对于日本对此项工程的干涉大致持中立态度，似不存在对日本的偏袒。英国政府支持本国企业在外承揽工程，获取利益，不愿介入中日交涉中的是非论争。后来听信日本宣扬新法路违背中日两国协定，危害南满路利益，又相信日方从南满路修一支线的说法。这一过程中，似乎没有偏袒日本之处，最多误信日本狡计而已。

至于英国舆论和民间，那是向着中国的。1909 年 1 月 26 日伦敦《泰晤士报》发表其驻京记者莫理逊一篇通讯：

法库门铁路，直接为英人之利害问题。不仅此也，中国于自己领土内之满蒙建设自己的铁路，而日本拒之，此诚重大事件。满蒙之广袤，较挪威尤大，其地位与加拿大最良之处匹敌，较巨于凯贝克（魁北克）之都市，到处有之。英国一商家，以 1907 年 11 月 8 日，缔结法库门铁路工程契约，而日本以为有害“满铁”利益，遂持异议。

英国政府起初误信日本之主张，后乃派商务官荷西（Sir Alexander Hosie）氏至该地，调查日本主张之当否。然日本于该氏之报告不同意于公开。世人乃信氏之报告，不复声援日本。并据满洲税吏英人之报告，谓法库门铁路害及南满铁道利益之主张，完全谬误。则日人要求之不当，甚为明了。报告之一节中，谓日本在朴次茅斯会议时，声称中国在满洲发展商工业之故，任取何种方法，日本保证决无异议。今日本于法库门铁路发为异议，盖直违反此神圣之保证也。②

① 林董致小村函（1908 年 4 月 25 日），鹤见祐辅：《后藤新平传》（满洲经营篇下），转引自宓汝成编：《中国近代铁路史资料（1863—1911）》（第二册），中华书局 1963 年版，第 613—614 页。

② 莫礼逊通讯，据《满铁外交论》第 39 页，转引自王芸生编著：《六十年来中国与日本》（第五卷），三联书店 1980 年版，第 92 页。

英人莫礼逊之文所言，与前文论断，1905 年北京会议，中方承诺（近距离内）不修与南满铁路之平行线，和日方承诺日本不阻止中国开发满洲之任何步骤，系双方相互的承诺，是一致的。

为反对日本阻止中国修筑新法铁路，牛庄英国总商会发表关于法库门铁路的建议和决议：

新民屯至法库门铁路距现有的南满铁路线三十五里，并且被那条重要的水道辽河间隔起来。这条河本身就构成了现有的和计划的铁路系统之间的一道自然贸易界限。

新民屯是一个日益重要的交易中心，从那里可以经由北方铁路的沟帮子—新民屯线，到达牛庄和秦皇岛等地的海岸。这地方的贸易，从没有朝东发展到南满路所影响的城镇和地区。因此，日本人没有理由争辩说，这条只照顾到这些地区的计划中的铁路，必然与那条日本铁路竞争，而且会损害它的利益。

这条铁路唯一的目的，是发展辽河以西那片富饶的，在商业上有无限前途的广大地区。多少年以来，清政府曾经千方百计地帮助这里开垦和移民，而且已经取得了显著的成就。在这个极其有利的发展计划中，建议中的铁路是绝对不可少的关键性因素。如果改定，会对牛庄港的前途和贸易造成无法计算的损害，因为这会把它的正当贸易导向大连，而牛庄却是这片地方的自然吞吐口和集散地。

不能认为这条铁路所影响的地区是“毗邻”南满铁路。它不但不会，而且不可能与南满铁路竞争，或在任何方面损害它的利益。日本在《朴次茅斯条约》的第四条中已经自己保证：“不阻挠中国为满洲之工商业发展所采取的为各国共同采取的任何一般措施等。”

根据这种种原因，本商会的委员会认为，日本对这条建议中的铁路的态度，是无法辩护的，因为它直接抵触了“机会均等”的原则，甚至威胁了“中国的主权完整”。委员会因此决议：牛庄总商会深信，将北方铁路从新民屯延长到法库门和更远的地方，对满洲的发展和繁荣是非常重要的。而且日本在《朴次茅斯条约》中曾经明确地保证：不阻挠中国为满洲之工商业发展所采取的、为各国共同采取的任何一般措施。所以，对日本政府现在

所采取的这种强迫中国放弃这一延长线的种种行动，提出强硬的抗议。[①]（决议摘要）

日本政府对英人牛庄声明发表长篇反驳文，说辽河并非南满路与西部路之天然运输分域（界限）。[②]

王芸生认为，英人对日本横加阻挠中国修筑新法铁路，极为愤慨。但英国政府为顾全英日同盟之交情，对日本不采取反抗手段，保龄公司遂默然放弃其筑路权。[③]美国学者杨格窝尔德也说：“（对日本阻止新法路修筑）英国外部卒未抗议，实则其真正理由，盖不欲伤日人之友谊耳。”[④]

其实，英日同盟第一次协约于1902年1月30日签订。它规定：英国政府及日本国政府希望在远东维持现状及全局之和平，尤以关于维持中国与朝鲜之独立及领土完整，并保证与该两国中各国商工业之机会均等。[⑤]1905年，英日第二次协约规定：一、联合维持东亚及印度全局之和平。二、保全中国之独立与领土完整及各国在华商工业机会均等主义。三、维持两缔约国在东亚及印度之领土权利，共防卫其在上述地域之特殊利益。[⑥]英日同盟，是英、日双方为保护各自在东亚、印度的侵略权益，主要针对俄国，后来加上德国，并非专门对付中国的。英国是否会因英日同盟的交情，而在中日纠纷中偏袒日本，还是误信日本谎言（中国承诺不修南满路平行线）？值得研究。

---

① 牛庄英国总商会关于法库门铁路的建议和决议，载《北华捷报》，1908年4月3日，转引自宓汝成编：《中国近代铁路史资料（1863—1911）》（第二册），中华书局1963年版，第615—617页。

② [美]杨格窝尔德（C.Walter Young）：《日本在满洲特殊地位之研究》，叶天倪译，商务印书馆1933年版，第63页。

③ 王芸生编著：《六十年来中国与日本》（第五卷），三联书店1980年版，第92页。

④ [美]杨格窝尔德（C.Walter Young）：《日本在满洲特殊地位之研究》，叶天倪译，商务印书馆1933年版，第66页。

⑤ 尹寿松编：《中日条约汇纂》附录，外交月报社1934年版，第853页。

⑥ 尹寿松编：《中日条约汇纂》附录，外交月报社1934年版，第854—855页。

六、对中日关于修筑新法线交涉之透析

透过中日关于修筑新法线的交涉，可以看到中、日两国的国际地位、官员之谋国立场本领和外交策略影响等方面的问题。这里试作几点分析。

（一）中国处于被侵略地位，东北主权遭到严重侵害

经过甲午战争和庚子之变，中国在日本等列强的侵凌下，国势日形衰弱。1905年，中日北京会议东三省事宜，是落实日俄《朴次茅斯条约》规定的俄国将侵占中国东北地区南部的利益转让给日本。中国东北所处被侵害的地位没有变化，只是被侵掠的南满主权利益，从俄国转到日本手中而已。其后，日本通过掌控南满铁路，垄断并扩大侵夺南满地区的路权。1909年2月17日（宣统元年正月二十七日），梁敦彦与伊集院会谈时，伊集院说："以现在并未发达之满洲而论，即与南满线再距远若干里，仍属不能允行。请贵国熟考情形，不必坚持为要。"[①] 日本压根就不允许中国修筑与南满路的平行线，霸道之至。连中国在自己的国土上延展京奉线修筑新法铁路，日本也不允许。中国只能放弃筑路计划。这充分暴露了日本在我国东北的侵略地位，中国在东北的独立主权遭到严重损失。

（二）清朝政府虽然腐朽颟顸，但是中央和地方许多官员还是维护国家主权利益，谋国忠诚的

黑龙江将军兼巡抚程德全，1907年夏，建议修造从辽西通往黑龙江省的铁路，改勘路线，先由新民屯取道洮南，经札赉特旗，直接瑷珲。为筹谋资金，"酌提荒价，及官兵津贴发商生息银二百万两"。他警惕"俄人虎视眈眈"，主张筹募路款，"抵制外人"，"不附洋股"，"杜隐患而保路权"。[②]

东三省总督徐世昌、奉天巡抚唐绍仪，也具有远见，谋划修建从辽西

---

①《清宣统朝外交史料》（卷一），第29—31页，宓汝成编：《中国近代铁路史资料（1863—1911）》（第二册），中华书局1963年版，第585页。

②程德全致外务部、邮传部函（1907年夏），经济研究所藏日文档案，宓汝成编：《中国近代铁路史资料（1863—1911）》（第二册），中华书局1963年版，第602页。

到黑龙江的新（民）齐（齐哈尔）线铁路，明知中方曾承诺不修建与南满路平行的铁路，于是计划分三段进行，作为京奉路延展，先在辽西修筑新法线，并着手与英国公司草订筑路工程合同，向中英公司借款。为保路权，决心不以该路作抵，而由东三省筹还。他们还提醒要保密进行。[①]

邮传部与徐世昌、唐绍仪意见相同，也是鉴于奉、吉两省出口货物输运，转附南满铁路，“非特向在京奉铁路输运之货被其垄断，大受影响，即营口、秦王岛、天津三处商业，亦渐次变为零落。”为工商业之大势，“挽回因南满洲铁路所失之利权”，决计修筑由新民屯往北展筑四百余里，经法库门至郑家屯铁路。希望外务部与日方交涉，据理力争。[②]

（三）日本在阻止新法路修筑的交涉中，作为强夺中国路权的一方，强悍霸道，自不待言。而其外交强势，除了强势外，也施展出精明干练的手腕

日本外交官情报信息灵通快捷，刺探东北地方官员修筑新法线的计划和向外国借款，与外国公司签订工程合同等情况，了解得一清二楚。并且，驻北京、奉天和伦敦的日本使领馆与东京外务省密切联系，互相配合，多地互通。日方了解到营口、天津冬天冻结期限不长，秦皇岛港不冻等情况。为了反驳中方的说法，其调查新法线距南满路站点的里数，细致到小数点之后，还调查到1898年关于正太铁道露（俄罗斯）清银行与中国官吏订立之约，及同年北京福公司与山西官吏订立之约，中国不许于正太铁路两侧百里以内敷设竞争线。他们甚至掌握英国驻华使馆商务官谢立山之报告书内，载有“关外线与南满铁道将有竞争成功之势”一语，用于对中方的辩驳。为了阻止中国修建新法线，日方还要求中方允许南满路从铁岭站向郑家屯修铁路支线的方案，反守为攻。其手段之灵活狡诈于此可见一斑。

（四）清廷外交软弱无力

本来，中国在自己的国土上修筑任何一条铁路，自己可以做主，这是

---

① 徐世昌、唐绍仪致外务部函（1907年11月20日），《清季外交史料》（卷二〇七），第9—13页，宓汝成编：《中国近代铁路史资料（1863—1911）》（第二册），中华书局1963年版，第602—603页。

② 邮传部致外务部文（1907年9月16日），外务部档案铁路档，王芸生编著：《六十年来中国与日本》（第五卷），三联书店1980年版，第77—78页。

天经地义，任何国家不能干预和阻止的。尽管在1905年北京中日会议时中方代表做出（近距离内）不修与南满路平行线的承诺，但同时日方也承诺了不阻挠中国开发满洲的举措。日方诡称，新法路侵害到南满路的利益，那么，日本阻挠新法路修筑，也侵犯了中国开发辽西，发展渤海海岸营口、秦皇岛、天津等港口的经济利益。况且，日本垄断南满地区利益，也触犯到美英的门户开放机会均等原则。在新法路交涉中，如果积极求得英美的协助，未必不能打击日本的侵略凶焰。况且中方已经与英国保龄公司签订了工程合同，如果中国做积极的外交努力，英国不是完全没有可能出面保护其商业利益的。日本为阻止新法路修筑，在伦敦对英国施加影响，而未见到清廷谋求英国支持做过外交努力。

清廷外务部为新法路修筑与日方反复交涉，最终没有成功的根本原因，当然是日本以南满路为根基，强夺垄断了南满地区的路权，加之以往中方代表出于不慎，做出不修与南满路平行线的承诺，被日方抓住了把柄。但在与日方交涉中，外务部官员维护国家主权的勇气略嫌不足。有时答复日方询问时，仅转达东三省督抚或邮传部意见，缺乏对日方干涉中国内政进行义正词严的有力批驳。与日方反对中国修筑新法路，“辞气甚为决绝”的强硬态度相比，外务部早在1907年年底就主张“铁路借款似可暂从缓商”，想打退堂鼓。王芸生评论，这是外务部态度“畏难软化”。[①]

据日本公使伊集院记载，1909年2月11日（据考为10日），清政府外务部尚书梁敦彦与他晤谈时，对日方提出吉（林）会（宁）路中日合办问题，“梁尚书答以容研究后再当商议。嗣于2月18日（据考为17日）会议，梁尚书谓，本铁路由中日合办一节，东三省总督颇有异见。当经本使请求再思，梁尚书允再为悉心考察”。[②]似此，泄露了中方内部意见不一，这可能无意中提供日方决策坚持强硬立场的依凭。

① 王芸生编著：《六十年来中国与日本》（第五卷），三联书店1980年版，第85页。

② 伊集院1909年8月13日复外务部节略稿“备考”，《清季宣统朝外交史料》（卷七），第10—16页，宓汝成编：《中国近代铁路史资料（1863—1911）》（第二册），中华书局1963年版，第589页。

（五）新法线交涉失败之历史影响

新法路交涉失败，其结果和影响不止于这一条铁路线的流产，更重要的是，让日本取得南满铁路对辽吉地区路权的垄断地位，侵犯中国东北主权，排斥美英势力，开了先例。

有学者分析："新法路固属经济线，日人正式反对者，盖恐其与南满路竞争也。然自别方面观之，日本报纸谓，所以反对者，不但因其经济上之威胁者。日政府遂要求中国不得在自己境内筑路，且进而要求南满及西满之铁道专利权矣。'平行'字样，既无一定之界说可之循，则未来歧异之途已辟，其解释只求有利于某国。于此，问题之争议益趋激烈。奉天美领事史脱列德，则赞成用英资为外力之媒介，防止满洲，以使中国经济、政治之独立愿望得以实现。"[①]"波稜公司计划之失败，盖由英外部不欲令私家商业为1905年英日联盟平流而进之障碍。此例既开，其后日政府遂据以反对英美合资建筑之锦瑷线。"[②]

不许修筑南满路平行线，成为日本扼杀东北铁路建设的杀手锏。这一直影响到民国时期。1930年12月7日日本拓务省决议：要在满蒙地区使"（日本）帝国保持其特殊地位及特权"，"对奉派铁路网之建设，取干涉的态度，以阻其实现"。"满铁"理事木村（锐市）说："按满洲善后会议之时，清国委员声明谓，清国如欲保护南满洲铁道利益，在该铁道未收回以前，承诺不在该铁道附近建设平行线，或害该铁道利益之支线。南满路之于满洲，确似有其神圣不可侵犯之独占铁道权，彼奉派之欲接轨前记各铁路（指打通线、吉海线之建设，吉海、吉长之接轨）及建设东、西二大干线者，无不与此声明相抵触。我国如以此为原因而干涉之，彼所计划之铁道网，无不应受我之制裁。此乃帝国对满蒙交涉最有效之原动力也。"[③]

作者单位：中国社会科学院近代史研究所

① [美] 杨格窝尔德（C.Walter Young）：《日本在满洲特殊地位之研究》，叶天倪译，商务印书馆1933年版，第67页。

② [美] 杨格窝尔德（C.Walter Young）：《日本在满洲特殊地位之研究》，叶天倪译，商务印书馆1933年版，第60页。

③《日本灭亡满蒙秘密计划》（日本拓务省），载《革命文献》第32辑，转引自李云汉编：《九一八事变史料》，（台湾）正中书局1977年版，第99、111页。

谈张作霖与吉敦铁路建筑借款合同

陈朝军　张士伟

吉敦铁路自吉林经桦甸越老爷岭而至敦化，长约200公里，为吉会铁路的一部分，也是吉长铁路向东南扩展的路线。该路位于东北三省要冲，北可连接中东铁路，直通苏俄，南面连接南满路和京奉路。当时社会各界对该路建筑借款合同的诟病颇多，甚至出现大规模流血事件。此事件距今已经近百年，但是研究者寥寥，目前仅有曲晓范撰写的《民国吉敦铁路工程腐败案形成和被查过程研究》一文。到底吉敦铁路的修建有无必要？与日本谈判的内幕如何？张作霖及该借款合同有无丧权辱国行为？为何反对者如潮？这些问题非常值得探讨。

一、修筑吉敦铁路的必要性

从我国东北方面来说，修筑吉敦铁路非常必要。

首先，是交通和国防的需要。1924年9月至10月，直系吴佩孚部与奉系张作霖部在直隶（今河北）奉天（今辽宁）地区为争夺北京政权而进行了直奉战争，张作霖深感军队输运不便，所以便筹划修筑奉天至吉林铁路。战争后，张作霖揭橥“自治”，宣布与中央脱离关系，所有在东三省的交通机关，除邮务一项因特殊情形，仍归中央管辖外，其余均由奉省次第派员接管，成立了交通委员会，管理三省交通机关及规划三省交通事业全权。张作霖训示各交通机关："查交通事业，经纬万端，而关系于内政国防尤为重要，东省地位特别，物产丰富，更应以整理交通为先务，而后诸般事业，方有发展之希望。"[①] 遂令奉天省省长王永江开会讨论修筑吉敦铁路。[②]

其次，是经济发展的迫切要求。吉林的农产、矿产、林产、兽产等物产丰饶。敦化县在吉林省城东南，离省约190余公里，为吉林延吉两县间交通要道，农产丰富、森林广茂，省城至敦化间林区延亘，矿产蕴藏丰富，豆麦黍等杂粮尤为大宗特产。可惜交通不便，致使天然物产大半废弃田野，不能输出获利。早日开发，就可富国利民，而建筑铁路确为开发利源的锁钥，"沿线木材，约两万八千万石（每石合十立方尺），每年若采一千万石，可采至二十余年之久"[③]。吉长铁路太短，难以满足运输需要。吉敦铁路"直入吉省腹地，沿线森林物产异常丰富，为南满吉长二铁路惟一补助线，如欲发展吉林全省实业及维持吉长路之将来营业计，该路确有建筑之必要"[④]。

再次，从日本方面来说，修筑吉敦铁路也是当务之急。迨欧战停止，巴黎和会后，苏俄政府本其对外贸易之方针，对东清铁路的运输费，自当较南满为低廉，其结果是南满运输率遂暂退减为必然之趋势。日方更担心的是，将来连山湾铁道一旦实现，则大连商业也将被其吸收，南满货物大部分受制于连山湾，北满货物大部分受制于海参崴，而南满铁道因此会萎靡不振。日本政府对此不得不筹补救之策。故"迅将吉敦路筑成，因其距离北满甚近，即可利用此铁道以运输北满一带之货物，而与连山湾海参崴相对抗。此所谓根本救济之策也"[⑤]。所以特派拓殖事务局长前来东北见张作霖，视察从事修路活动，并与奉方协商新设铁道事宜，进行颇为顺利，所以建筑吉敦路之说甚嚣尘上。

---

①《东三省统一交通计划》，《申报》，1924年5月13日第6版。

②《东北汽车路之建议》，《申报》，1922年12月30日第22版。

③ 王传华：《吉敦铁路之概略》，《铁路月刊·平汉线》1932年第28期，第19页。

④《东三省回复自治后之交通界》，《申报》，1926年1月16日，第9版。

⑤《满铁之新计划》，《申报》，1925年4月12日，第5版。

二、吉敦铁路借款合同的签订及其影响

最初张作霖在筹划修筑铁路的经费时，准备由铁路经过各县按亩捐款，认为东三省既标榜民治，则修路与东三省民众有切肤关系。况且建筑铁道，确为民众谋利，为地方造幸福，故建筑铁路款项，当然由民众负担。为此他首先提出按亩认股法："亩捐一元，给以铁路公债票。俟路成后提出收入款项，作为偿债基金。数年以后，斯路可化为省有。"①"商家按资本之大小为纳银标准，不足再由奉吉两省财厅筹垫，路为民办。"②其次，他采纳了吉长路局局长魏武英的建议，实行逐段建设法，"前日奉张特招吉长路局局长魏武英氏，赴奉洽商路务，而于吉敦路尤多咨询，魏氏颇有建议，拟分全线为四段，第一段工程完竣，即行通车，将第一段之收入再筑第二段，俟第二段工竣通车，再筑第三第四等段，如此则既省经费，又便工程，此种建议，深为奉当局所赞许。"③按照交通部国有铁路平均每公里建筑设备费估计，加上购地费、勘测费、车站费等，吉敦铁路共需要国币四千万元。由于连年战争，天灾人祸，导致国困民穷，民力单薄，按亩认股法实际上行不通，所以不得不借外债，而借外债又不得不向日本商借，因为吉敦铁路为吉会铁路的一部分，吉会铁路早在宣统元年（1909）的《日韩界务条款》内就规定与吉长路一路办理，借款必须向日方筹借。

1925年5月18日，由日本南满洲铁道株式会社社长安广伴一郎委任松冈与张作霖接洽。10月21日由张电叶恭绰办理，电文说："北京交通部叶总长鉴：守密！吉敦合同，松冈理事已签字，交由魏局长武英携带回京，请即签字可也。张作霖。"24日由叶恭绰摺呈段执政，段批一"阅"字，同日叶恭绰与日本签订合同。④由于是秘密签订，全国各界并不知情。

1925年12月28日，北京交通部航政司司长凌昭在《申报》上曝出惊人

---

①《东北汽车路之建议》，《申报》，1922年12月30日第22版。

②《东三省经营铁路谈》，《申报》，1925年2月21日第6版。

③《吉省建筑吉敦铁路》，《申报》，1925年2月27日第6版。

④《北京交通部航政司长凌昭电》，《申报》，1925年12月28日第5版。

内幕，揭露了张作霖与日本秘密签订了丧权辱国的吉敦铁路条约。他指出："吉敦铁路为吾国东三省重要干线，动关国家存亡。曩者日本为贯彻侵略南满政起见，觊觎此路垂二十年，卒因我国人表示反对，是以稽延多年，在我政府固不敢公然行此卖国政策，即日本朝野，亦自认定我订立'二十一条'以后，两国外交动生龃龉，彼此不利，中止进行。不意张作霖等甘心卖国，竟于十月二十四日秘密违法订定吉敦铁路垫款条约，其总额为日金一千八百万元。"[①] 凌昭认为此路将给我国国防造成严重威胁，"查敦化密迩朝鲜，此路接轨南满，联络日本海运，开东省与该国交通之捷径，此后日本对我国军事行动，尽可朝发夕至，兴言及此，不寒而栗"[②]。在文章的最后，凌昭向全国呼吁："我全国国民应如何奋起力争，以挽国权，而救危亡之处，统祈一致主张，以期达到废约目的，而除国家百年之大患。"[③]

一石激起千层浪，全国众多新闻媒体纷纷进行了转载。众多名人政要和团体群起而攻击张作霖。时任交通总长的龚心湛呈请政府取消张作霖与南满社所订的吉敦铁路合同。[④] 上海商帮公会召开临时大会，各帮代表一致反对日本敷设吉敦铁路。[⑤] 国民第二军驻京代表李仲三发表通电，指出："吉敦铁路为东省军事上最重要之路线，乃以一千八百万元之垫款忍将此路拱手而授之外人，丧权辱国视为当然，是与割让东省之土地何异？"[⑥]1926年1月15日，在各界的强烈要求下，许阁第一次会议发表声明："吉敦铁路合同手续尚未完备"，所以"由部通知声明合同不能成立"[⑦]。随后颁布《取消合同之执政指令》，将此项合同取消，驻京日使芳泽于15日即向外部提出严重抗议。

张作霖得知后发表通电，承认该合同继续有效："自国民军倡导赤化

①②③《北京交通部航政司长凌昭电》，《申报》，1925年12月28日第5版。

④《龚心湛呈请取消张作霖与南满社所订之吉敦铁路合同》，《申报》，1925年12月29日第4版。

⑤《昨日各界纪念国耻》，《申报》，1926年5月10日第13版。

⑥《李仲三去段拥许之通电，并主由许阁召集国民会议》，《申报》，1926年1月14日第6版。

⑦《许阁第一次会议》，《申报》，1926年1月15日第6版。

包围政府，本上将军早经通电声明所有中央乱命概不承认。”[①] 他的做法更加激怒了全国各界人士。延边民众代表赴京请愿，“张作霖私允日人延长吉敦铁路，东省民众反对呼吁，但东省当局均充耳不闻，毫无表示。吉林延边民众以事关乡土，反抗尤烈。特组织延边农工商学联合会，坚持奋斗，并派代表刘彭龄、关俊彦二君赴宁，向中央请愿，请由中央直接与日本交涉，以保国权。兹悉刘彭龄君已于昨日到沪，并分向各团体各机关陈述一切，即行赴都请愿。”[②]1928 年 11 月 9 日，哈尔滨市民抗路联合会和学生维持路权联合会召集市民、商人和学生约五千人，举行大游行，围观者达万人，街道堵塞，游行者高呼口号：“打倒卖国贼！打死日本走狗！”警察遂对游行群众开枪射击，实行武力镇压，酿成流血惨案，“据约略调查，受轻伤者有数十人，受重伤者数人”[③]。警察还将部分游行者逮捕下狱。该事件震惊全国。

三、对吉敦铁路合同的分析

吉敦铁路合同被全国各界所诟病，它是不是一个丧权辱国的协议呢？笔者认为不然，相反，它是中国在铁路借款合同中的一个重大胜利，理由如下：

（一）我方获得了监督工程权、管理权、经营权、人事管理权和路警权

该合同第一条规定：“总长承诺使公司包修由吉林至敦化铁路。本铁路之各分段工程，于交通部任命之本铁路局长监督之下施行之。”第三条：“局长常驻局所，管理本铁路一切事务。本铁路建筑各工事，不论何人，皆需经局长承认后，方能施行。”第五条：“局长为保护本铁路之建筑工程，维持安宁秩序，得设置铁路巡警队。其人员由局长定之。”第六条：“局长于各分段之检收终了后，从速开始运输，依照国有铁路通则，以全权经营之。其运输收入归铁路局。本铁路全线运输开始时，局长应于公司内聘

①《吉敦铁路正式开办》，《申报》，1926 年 2 月 18 日第 7 版。

②《延边民众代表将赴京请愿》，《申报》，1928 年 12 月 9 日第 16 版。

③《哈尔滨民众流血惨剧》，《申报》，1928 年 11 月 15 日第 9 版。

请精通会计事务之日本人一名为会计主任，其任期至借款全部偿还为止。会计主任受局长之命，专管会计事务。一切收支书类，与局长连署。”所雇用的日员“但不适当时，局长得随时解雇”①。所以根据以上各条规定，我国取得了吉敦铁路的监督工程权、管理权、经营权、人事管理权和路警权。相比吉长铁路任用数十个日本代表，中方局长仅留虚名，处处仰人鼻息，营业权和管理权均落入日方之手，吉敦铁路合同是一个巨大进步，一洗旧有铁路借款合同之弊端，何有卖国丧权之说？

（二）该借款合同没有丝毫回扣，不折不扣，十足交款，年利息也不高，且不准挪作军费

该合同的第二条规定：“本契约之工程及设备包办金额为日金一千八百万元。（实数交付，并无折扣）”②历来我国所借外债，难免有回扣。铁路外债的折扣，自卢汉铁路借外债之后，竟然成为惯例，其折扣一般都在九七扣至八八扣之间。由于铁路建设投资巨大，仅此一项，外国金融资本便可以从中国攫取巨额收益，再加上应付利息先行扣除等不平等条款，我国铁路建设举步维艰。唯独吉敦铁路借款合同没有丝毫回扣，这是我国对外借款的一大胜利，为中国铁路借款史上破天荒之例。

民国年间，很多铁路在建成后都有多年债务还款期，期内铁路的经营利润要按债权数分成，有的甚至要分给债权国的利润高达1/5。铁路外债的利息也偏高，其中1916年至1929年一般在8%—9%，最高的达到12.3%（1924年）。当时交通部也积欠了大量债务，“交通部历年零欠中外小债，七百余万元，利息极重，月至一分五六厘者”③。但吉敦铁路合同中的利息并不算高，第二条规定：“前项交付款项，由各分段工程完全检收之日起，迄偿还之日止，年利九分（印刷错误，应为九厘，笔者），即对于金百元，应以金九元之成分付与利息。”④在该合同附函里进一步明确：“自各段工竣清算之日起，至还清之日止，每年九厘行息。即日金每一百元，

①《吉敦铁路建筑借款合同事件》，《银行周报》1926年第10卷第5期，第21—23页。
②《吉敦铁路建筑借款合同事件》，《银行周报》1926年第10卷第5期，第21页。
③《叶氏之声办电》，《银行周报》1926年第10卷第5期，第23页。
④《吉敦铁路建筑借款合同事件》，《银行周报》1926年第10卷第5期，第21页。

行息九元。”[①]

日本鉴于西原借款和吉长铁路借款多被挪用为军费，虚糜巨金，为防重蹈覆辙，吉敦铁路合同特加以限制，以防范被挪用：“1. 敝社所应垫之款项，系专资铁路建设之用，请勿挪作军政费及其他用途。”[②]关于款项支出，合同做了局长与技师长联署的规定：“关于开始工程，收买土地，即购买材料物品，应为准备。所要金额，局长与技师长联署向公司请求，公司应时支出。”[③]

（三）我方可随时备款赎回

历史上的铁路外债，绝大多数为长期借款，规定不能提前还款赎回。吉长铁路限定三十年，不能提前还清。但是吉敦铁路合同的附函规定我国可以随时还清借款：“本路全线工程告竣，由局长检验清楚，呈报交通部后，即由总长将会社建造垫款还清。设全线验收后已逾一年，未还清其全数或一部分时，得由总长商明会社展期，但无论何时，皆有备款赎回之权等语。设将来改为分年摊还办法，则以三十年为分年摊还之期，但在该期内仍得随时备款赎回。”[④]在该合同第七条中更明确写道：“不论何时，得准备资金收回。”[⑤]故前交通部部长叶恭绰说：“本年夏开始与南满会社接洽，部中特加审慎，磋磨数月，始订立承筑办法，以避借款窠臼。我国事权极重，用款并无分文折扣，随时可以还清，且另有附函声明，绝对不能移作军政等费，所以报载借款以充军费，全是子虚乌有。”[⑥]

（四）修路设备和材料的购买以我方为先，工程承包要选用多数中国人

民国年间的铁路外债合同大都要求修路所用设备和材料必须向债权国购买，而吉敦铁路合同第四条规定：“本铁路购买所要之材料及物品等类时，由技师长向局长提出计算书，得其承认后，以投票或以指定方法，就一般市场中，购买价格低廉、品质最良之物品。若中国所产材料及制品之

①《合同以外之附函六件》，《银行周报》1926 年第 10 卷第 5 期，第 23 页。

②《合同以外之附函六件》，《银行周报》1926 年第 10 卷第 5 期，第 22 页。

③《吉敦铁路建筑借款合同事件》，《银行周报》1926 年第 10 卷第 5 期，第 21 页。

④《合同以外之附函六件》，《银行周报》1926 年第 10 卷第 5 期，第 23 页。

⑤《吉敦铁路建筑借款合同事件》，《银行周报》1926 年第 10 卷第 5 期，第 21—23 页。

⑥《叶氏之声办电》，《银行周报》1926 年第 10 卷第 5 期，第 24 页。

品质与价格，与日本品及其他外国品同样时，为奖励中国产业起见，应最先购买中国品。”“本铁路之建筑包办工程之施行，所托包办者，务必选用多数之中国人。”[①]这就极大地维护了我国的利益。

综上所述，民国的铁路借款合同大多规定运营管理权、财务管理权以及人力资源管理权全归债权国，甚至债权国还可在沿铁路线享有驻兵权和行政权。列强除了攫取高额利润外，还在一定程度上侵害了中国的主权，破坏了中国的领土完整权。但是吉敦铁路合同则不然，它对借款目的、用途、竣工期限、利率、双方的责任和义务等做了详细规定，并无一语丧失我国主权。我方对日方只有还本付息的义务。那为何吉敦铁路合同使张作霖留下骂名呢？因为近代经手铁路外债者，常常为中饱私囊而丧权辱国，加上日本逼迫中国政府签订“二十一条”，臭名远扬，给国民对其声讨以口实，故很多人对吉敦铁路误解甚多，以致以讹传讹，积毁销骨，对吉敦铁路合同及张作霖谗毁谤诬，不遗余力，这实在是历史上的一个冤案。

作者单位：陇南师范高等专科学校
贵州省铜仁学院

①《合同以外之附函六件》，《银行周报》1926年第10卷第5期，第21页。

张氏父子主政东北期间东北西部铁路建设研究

王铁军

一、问题的提起

东北西部地区系指现在的辽宁、吉林两省的西部和内蒙古东南部的大片地区。这片原本为清朝时期蒙古王公传统封地的草场走入大众视野的时期始于清末民初，京奉铁路开通后的关内移民进行农业移民前后。这样，以东北地政学视野而命名的东北西部地区，从一个原本的茫茫草场逐渐演变成了一个满族、蒙古族、汉族等多个族群，多种文化生活形态的集聚地。

近代以来东北西部地区发生的这些变化，被学者从近代铁路建设、关内农业移民等多种视野进行了研究分析。在这些研究中，一方面，学者从近代东北移民史的研究视野出发，把以铁路为核心的近代东北交通的整备只是作为关内移民的一个载体和先决条件进行了分析和论述。另一方面，学者从近代以来东北铁路的修建史的研究视野作为研究线索，往往过多地强调铁路对东北，尤其是东北西部地区所带来的诸如对环境等的社会影响。当然，无论是前者的“农业移民中心论”还是后者的“铁路中心论”，只是探讨和研究近代以来东北西部地区社会变迁的一个研究方式和方法而已。尽管如此，在近代以来东北社会中的关内移民、铁路修建的决定性选项中，以铁路为核心的近代东北交通的整备对近代东北所起到的巨大社会影响是不容忽视的。

有鉴于此，本文将以张氏父子主政东北时期东北西部地区的铁路建设作为一个研究和分析的线索，以期通过东北西部铁路的修建，探讨和研究近代东北西部铁路修建本身尤其是给该地区所带来的社会影响。

二、清末民初东北西部铁路雏形

（一）京奉铁路展延东北

京奉铁路始于1881年开通的唐山至胥各庄的唐胥运煤铁路。其后该段铁路先后展延至胥各庄以西的芦台、天津后又先后因铁路的展延改称“唐芦铁路”和“唐津铁路”。在原唐山至胥各庄铁路向西南展延后，清政府又于1889年将唐津铁路的北段从唐山向北展延至当时的榆关（山海关）。

相对于天津至榆关铁路向北京正阳门的展延，天津至榆关的铁路向东北展延过程中则充满了曲折。起初，1897年清政府开通了榆关至中后所（今辽宁省绥中县境内）段铁路后，该段铁路受到了英国和当时的沙皇俄国的觊觎，为此清政府不得不于1898年10月同英国政府签署了《关内外铁路借款合同》，从而使得英国实际上获得了从绥中展延至新民屯之间的铁路的控制权。该段铁路在英国控制下，于1899年先后开通了绥中至锦县段和锦县至大虎山段后，正值义和团运动爆发，沙皇俄国趁机占领了山海关至锦县段和关内山海关至天津之间的关内段铁路。

1902年沙皇俄国将天津至山海关和山海关至锦县之间的铁路线交还清政府后，清政府又将该段铁路从大虎山展延至新民屯，并于1903年开通了该段铁路。

1904年日俄战争爆发后，日军以兵员运输为由擅自在新民屯至奉天城外之间修筑了一条轻便铁路。1905年日俄战争结束后，日本通过日俄媾和条约攫取了长春至大连、奉天至安东之间的铁路线的经营权，并成立了经营上述这些铁路线的“南满洲铁道株式会社”。在此前后，清政府在1905年12月与日本达成的《中日中日会议东三省事宜条约》中，通过赎买和向日本借用该段铁路修筑款等形式收回了新民屯至奉天城外之间的新奉铁路经营权。1907 年 6 月该段铁路线通过宽轨改建工程后，并入当时展延到新民屯的关内外铁路线，合称京奉铁路。

京奉铁路开通后，虽然被合称为京奉铁路线，但该条铁路线只是展延到了奉天城外西郊的皇姑屯车站。该段铁路线要展延到奉天城则需要横越日本“南满”铁路公司所经营的长春至大连之间的铁路。为此，在中日之间通过 1911 年 9 月的交涉达成了《关于京奉铁路延长协约》之后，京奉铁路局通过向“满铁”公司借款修筑了皇姑屯车站至奉天城北，横越南满铁路线之间的铁路线。至此，京奉铁路形成了自北京正阳门出发，途经天津、唐山、滦县、山海关、锦县、新民屯、皇姑屯抵达奉天城的京奉线铁路。

清末京奉铁路线的开通，其意义自不待言。更为重要的是，京奉铁路线的开通不仅使得北京与奉天之间有了一条近代化铁路交通线，而且对于加速东北开发、经济发展、关内移民的进入和东北和华北地区的物资流通以及对于近代东北边防等都有着重要的意义。

（二）日俄在东北经营的铁路线

就在京奉铁路通过向东北的展延修筑到当时的奉天城附近的同时，沙皇俄国以西伯利亚铁路线作为基础开始染指我国东北地区。

1891 年动工的西伯利亚铁路线从莫斯科出发横穿沙皇俄国的欧洲部分后一路东行，穿越乌拉尔山脉，通过西伯利亚抵达沙皇俄国的远东地区符拉迪沃斯托克（海参崴）港。就在西伯利亚铁路修筑期间，沙皇俄国借中日甲午战后的“三国干涉”还辽之“功”，从清政府手中获得了西伯利亚铁路中东铁路的修筑权和经营权以及在旅顺等地设立租借地，建立旅顺军港的权利。西伯利亚铁路中东段从满洲里进入中国后，途经富拉尔基、扎兰屯、哈尔滨等地后，从绥芬河出境抵达符拉迪沃斯托克（海参崴）港。与此同时，沙皇俄国还从哈尔滨一路向南修筑了一条横穿东北中央腹地的中东铁路支线，以联络辽东半岛租借地和旅顺军港。

1905 年日俄战争结束后，日本从沙皇俄国手中攫取了长春至大连及辽东半岛租借地后，先后开设了“南满洲铁道株式会社”和“关东都督府”，攫取了东北中南部长春至大连、奉天至安东之间的铁路线及抚顺煤矿等铁路运输权益。

至此，由沙皇俄国在东北修筑的“丁”字形铁路线，不仅通过日俄两国的势力分割将东北地区分为了“南满”和“北满”，而且日俄两国所经营的铁路线占据了东北最为核心的经济地理发展区域。

（三）清末民初的东北西部铁路线

在京奉铁路通过展延，经由辽西走廊连接当时的东北重镇奉天后，本应有机遇通过京奉铁路的进一步展延或扩张，按照东北的政治、经济和城镇的发展布局东北铁路线，但由于日俄两国通过不平等条约已经获得在当时东北经济发展最具优势的东北大平原的核心地带的铁路交通网线的经营权，这样，无论是清末还是民国初年的中央政府和东北地方当局，在沙皇俄国所把持的中东铁路北段、日本经营的“南满铁路”和有着英国资金背景的京奉铁路作为东北交通发展依靠的政策选择中，自然率先选择了途经辽西走廊进入奉天城的京奉铁路作为东北铁路发展的基础。由此，出于辽西走廊北部地区这样的地缘优势，以及关内移民及东北西部地区的蒙地“丈放”等移民、土地垦殖以及矿场开采等原因，东北地区西部铁路的修筑首先成了清末民初东北地方当局和地方商民的首选目标。其中如1900年开通的沟帮子途经大洼、田庄台至营口的沟营铁路，1910年动工修建的连山湾至葫芦岛港的连葫铁路，1916年修建的女儿河（今辽宁锦州市太和区境内）至大窑沟的通裕铁路等，都属于这一时期依靠京奉铁路，试图连接当时的营口港、葫芦岛港的铁路线。

具有讽刺意味的是，在最初的东北西部铁路修筑构想非借外人之财，不足以经营东省，尤非借外人之力，不足以抵制日、俄的思想下，企图借英美的资金背景修筑新民至法库门之间的铁路线以抗衡日俄两国在东北的铁路经营。为此，当时的东三省总督徐世昌于1907年10月与英国保龄公司代表签署了《新民府至法库门铁路工程草合同》。按照该项合同规定，清政府同意由英国保龄公司展延京奉铁路，“由新民府筑至法库门”[①]。从清政府围绕新民至法库之间的铁路交涉看，清政府此举旨在以京奉铁路为核心，通过先期的新民至法库门的铁路修建后，以求该段铁路进一步北

① 步平、郭蕴深、张宗海、黄定天：《东北国际约章汇释》，黑龙江人民出版社1987年版，第350页。

延至当时的黑龙江省省城齐齐哈尔。也就是说，清政府同英国保龄公司进行交涉的目标虽然在字面上仅限于新法铁路，但其着眼点是通过京奉铁路新民站作为新法铁路的起点，进一步北延至齐齐哈尔后可以形成新民至齐齐哈尔铁路与京奉铁路的有效连接，进而抗衡日俄两国在东北南部和北部所形成的铁路交通网。该线铁路计划曝光后，日本便以“南满”铁路线平行，有违中日之间北京善后条约为由，百般阻挠。为此，1909 年 9 月，日本驻华公使馆以“满蒙五案”为由向清政府进行交涉，迫使清政府同意“中国政府如筑造新民至法库门铁路，允与日本政府先行商议”[①]。至此，清政府由京奉铁路新民作为起点、途经东北西部抵达齐齐哈尔的铁路计划被迫搁浅。清政府又于同年 10 月，与英国保龄公司等进行交涉，签署了一个旨在通过京奉铁路的锦州北延展至瑷珲的铁路借款合同。根据同月 2 日清政府东三省总督锡良与英国保龄公司代表和美国公司代表签署的《锦瑷铁路借款草合同》规定，东三省“督抚向银行认借所有之款，以便建筑由锦州至瑷珲铁路”[②]。该项合同草签后被送到了清中央政府的外务、度支和邮传三部会审，被认定“铁路修筑是为挽扶东省危局之大计，但合同中规定的由中、美、英三国合组公司经理路事，及提余利 10% 等条款不满”，“且有损中国利权”而未能获得批准。

在中英美等试图借由京奉铁路构筑穿行东北西部的铁路线的同时，日本也企图以长春至大连之间的南满铁路线作为基础向东北西部扩张。在日本的捆绑式交涉下，1913 年 10 月 5 日，时任北洋政府外交总长的孙宝琦以同日本驻华公使换文的形式，签署了《铁路借款预约办法大纲》。该办法大纲被后人统称为“满蒙五路秘密换文”。按照该办法大纲规定，北洋政府允诺“四平街起经郑家屯至洮南府”“由开原起至海龙城”“由长春之吉长铁路车站起，贯越南满铁路至洮南府”的铁路“借用日本国资本家之款”修筑。同时，“将来如修造由洮南府城至承德府城，及由海龙府起

① 步平、郭蕴深、张宗海、黄定天：《东北国际约章汇释》，黑龙江人民出版社 1987 年版，第 403 页。

② 步平、郭蕴深、张宗海、黄定天：《东北国际约章汇释》，黑龙江人民出版社 1987 年版，第 413 页。

至吉林省城之两铁路时，倘须借用外债，尽先向日本资本家商议”[①]。

从日本迫使中国北洋政府进行的外交换文内容看，日本此举旨在修筑一条北起南满铁路长春站至洮南府，南起南满铁路四平站、郑家屯至洮南府的长春、洮南、四平的进出东北西部的铁路网，继而再通过优先借款权控制洮南南延承德的铁路线。

日本在通过中日两国政府的外交换文获得了四平至洮南府铁路修筑的借款权后，于1915年12月迫使北洋政府与其签署了《四郑铁路借款合同》。按照该铁路借款合同规定，日本给四平至郑家屯铁路工程借款500万日元。作为交换条件，北洋政府除支付高昂的利息外，该段铁路公司的总会计师、总工程师等均需要由日本派遣。四郑铁路竣工于1918年1月。四洮铁路郑家屯至洮南间的铁路修筑资金是通过1919年9月中日代表在北京签署的《四洮铁路借款合同》而修建的。1918年10月，在四郑铁路工程局基础上改组的四洮铁路工程局开始着手对郑家屯至洮南沿线进行勘察和测绘。1919年9月中日有关铁路借款合同签订后，因东北政局动荡，四洮铁路之间的郑家屯至洮南之间的铁路动工一直被拖延，直到1923年4月才勉强动工。四洮铁路郑家屯至洮南间铁路竣工于同年11月。至此，日本又通过向中国政府提供铁路贷款，修建了由日本人控制的北起四平，途经八面城、曲家河、三江口、郑家屯、玻璃山、茂林、三林、金山等地抵达东北西部重镇洮南的四洮铁路。

此外，齐齐哈尔至昂昂溪之间的齐昂铁路也是在这一时期修建的。齐昂铁路为1907年黑龙江省通过与德商泰来洋行订立合同，由洋行贷款修建并于1909年建成通车。

三、张氏父子主政东北后的东北西部铁路建设

（一）张作霖主政东北时期的东北西部铁路修筑

1918年9月，张作霖被北洋政府任命为东三省巡阅使，成为主宰东

① 步平、郭蕴深、张宗海、黄定天：《东北国际约章汇释》，黑龙江人民出版社1987年版，第514页。

北军政大权的实力人物，由此登上了主政东北的政治舞台。

张作霖主政东北后首先需要面对的就是北部地区苏俄势力控制下的中东铁路和南部地区日本控制下的南满铁路对东北中心部的铁路交通的包围。为突破日俄两国在东北地区的铁路交通包围网，从1922年起，张作霖就将着眼点放在以京奉铁路的展延为核心的东北西部和东部铁路修建问题上，提出和制订了东北东西两线铁路修筑计划，即在东北西部修建一条南起奉天北至黑龙江省城齐齐哈尔的东北西部铁路线，和经由当时的奉天城、海龙，再由海龙展延至当时的吉林省省城吉林的东北东部铁路计划[①]。为此，1924年4月，在张作霖的极力支持下，东北地区设立了由当时东北三省各军政机构首脑组成的东三省交通委员会，作为东北交通的最高决策机构。先期设立的东三省交通委员会委员长由王永江担任，委员则由时任东三省保安总司令部总参谋长杨宇霆、吉林省代理省长王树翰、黑龙江省代理省长于驷兴、第二十七师师长张学良、陆军整理处副监姜登选等当时东北政要担任。从初期的东三省交通委员会的人员构成来看，虽然按照其后制定的《东三省交通委员会章程》上的规定，东三省交通委员会是统辖管理路、电、邮、航的最高决策机构，但作为东三省保安总司令部直接下辖的一个机构，其整合东北全地区的交通机构以服务军事运输的色彩明显。东三省交通委员会的这种服务于军事运输的色彩直到1928年7月，经过张学良改组，其委员会的委员大多由辽吉黑三省的省长，各省的总务、路政、邮传部门要员，中东铁路督办、邮局局长、航空公司经理出任后，才显示了东三省交通委员会的统辖东北陆路、海路、航空和铁路运输的综合决策职能。虽然1924年4月设立的东三省交通委员会着眼于“军阀混战”意义上的军事运输上的统合，但也促进了东北西部地区铁路运输线的修筑和形成。

20世纪20年代初期，出现在东北西部地区的铁路线有锦州至朝阳的锦朝铁路、打虎山至通辽的打通铁路、呼兰至海伦的呼海铁路、洮南至昂昂溪的洮昂铁路、昂昂溪至齐齐哈尔的齐昂铁路以及齐齐哈尔至克山的齐

① 孟晓光：《民国初年东北官民自办铁路及对满铁铁路的抵制》，2009年东北师范大学硕士论文，第20页。

克铁路等。

锦朝铁路作为以京奉铁路为基础的京奉铁路支线资金源于京奉铁路拨款，于1921年4月动工，沿途经由锦州、许家屯、七里河子、义县、周家屯、朝阳寺，终至北票煤矿，全长112公里。1924年12月，该段铁路竣工。该段铁路线虽然作为京奉铁路的运输北票煤矿的运煤专线，但从东北西部铁路修建史上看，该段铁路是近代东北地区自民国成立以来的第一条国有资金铁路。

打通铁路系在1922年12月竣工的打虎山至辽宁黑山县八道壕煤矿的运煤专线虎壕铁路线的基础上改建而成。打通铁路自1923年4月动工由八道壕向新立屯展延，于1925年7月竣工。打通铁路经历了“郭松龄反奉”、日本以“满铁”“平行线”修筑提出外交交涉等事件后，终于于1927年10月完成了全线铺轨通车的工程。经过历时4年的展延工程，全线贯通的打通铁路自京奉铁路大虎山站出发，途经八道壕、新立屯、彰武等地抵达通辽县。

呼海铁路原型为1924年黑龙江省政府与俄商合作，采取官督商办的形式修建的一条呼兰至嫩江的铁路线。其后，黑龙江省政府终止与俄国商人合作后，将该条铁路线修正为呼兰至海伦，于1925年10月开始动工修建。呼海铁路修筑工程分为三期工程。其中，呼兰至松浦之间的江岸支线铁路于1926年7月竣工通车后，呼海铁路干线段的呼兰至绥化间铁路线于1927年9月竣工通车，而绥化至海伦之间的铁路线则于1928年12月完成铁路铺轨工程。①

1925年动工修建的洮南至昂昂溪附近的三间房之间的洮昂铁路，全长220公里，系由东北地方政府通过与日本签订借款合同而修建的铁路。该段铁路于1926年7月竣工通车。该段铁路的北部终点站虽然名称为昂昂溪，实际上只是抵达了昂昂溪附近的三间房，并没与俄国的中东铁路昂昂溪站形成连接。

从上面的叙述中我们可以看到，张作霖主政东北期间，东北西部的铁路线基本成形。其中，以京奉铁路作为起点的打通铁路展延到了通辽地区，

① 孟晓光：《民国初年东北官民自办铁路及对满铁的抵抗》，2009年东北师范大学硕士论文，第29页。

以四平作为起点的四洮铁路展延到了洮南地区，进而依托四洮铁路形成了洮南至齐齐哈尔南部的昂昂溪地区的铁路线。

（二）张学良主政时期的东北西部铁路线

1928 年 6 月子承父业的张学良被推选为东三省保安总司令并力排众议实行“东北易帜”，出任东北边防军司令长官。张学良主政东北后在东北西部的铁路修建，主要体现在齐昂铁路、洮南至索伦铁路的修筑及葫芦岛筑港上。

四平至洮南铁路线建成后，通过洮南至昂昂溪铁路的修筑，实现了经由四平至东北西部铁路的修建，但由于洮昂铁路的北延需要跨越原俄国经营的中东铁路线，故此，昂昂溪至齐齐哈尔需要获得中东铁路经营方的同意或许可。为此，1928 年刚刚出任黑龙江省省长的常荫槐奉命与俄方交涉。在取得俄方同意后，黑龙江省政府将清末时期修建的齐昂铁路进行改轨改建后，自洮昂铁路北部终点的三间房起，经由中东铁路线将铁路北延至齐齐哈尔城内。与此同时，经由齐齐哈尔北至克山的铁路线也开始动工修建。至 1931 年九一八事变爆发，该段铁路修到了依安地区。

在齐昂铁路和齐克铁路动工修建的同时，洮南至内蒙古索伦地区的洮索铁路也开始动工修建。该段铁路动工于 1929 年，全长 200 公里，预计 1934 年竣工。

在张学良主政东北不到 4 年的时间里，除了东北西部地区的上述铁路线的展延和修筑外，最为瞩目的当属 1930 年 7 月动工的葫芦岛港筑港工程。1930 年 7 月初，张学良亲临葫芦岛出席了葫芦岛港筑港开工仪式。葫芦岛港虽然没有在九一八事变爆发前完成，但其在近代东北西部的铁路交通史上的意义重大。不难看出，葫芦岛港除了东北海军停泊训练的意义外，对于连接东北西部铁路，并通过东北西部铁路连接海上运输所提供的交通和物流上的便利有着重大的意义和价值。

四、近代东北社会视野下的东北西部铁路

实际上，近代以来东北西部铁路网的修建，不仅对于近代以来东北西

部地区的社会的移民、垦殖、民族融合具有重要的意义，而且蕴含了近代以来东北地区的众多政治、经济和国防意义。

诚如所知，东北西部铁路本身是在日俄两国在东北主要城镇和中心修建了铁路线后，在日俄两国占据了东北经济中心区后所提出的东北东西两部所计划修建的铁路网线之一。在这些铁路线的修筑过程中，无论是奉天至海龙的奉海线、吉林到海伦的吉海线的东北东部铁路线，还是打虎山至通辽的打通线都受到了日俄两国的掣肘。由此，东北西部铁路线的修筑本身也充满了艰辛和曲折。换言之，即便是打通铁路和四平至洮南铁路北延至齐齐哈尔都是在同日俄两国进行外交交涉下修筑的铁路线。

九一八事变爆发前，以东北西部铁路为核心的近代东北西部地区的铁路交通线虽然也没有最终形成近代交通意义上的由公路、铁路、仓储、港口等组成的近代铁路交通网，但已经形成其雏形。其中，以南满铁路四平站作为起点的四洮铁路北延后，经由昂昂溪进入当时的黑龙江省省城齐齐哈尔，进而经由齐齐哈尔计划修建至克山。由此，在东北西北地区形成了连接吉林、黑龙江两省进而很有可能进一步北延至黑河的东北北部人铁路交通网。与此同时，以京奉铁路打虎山作为起点的打通铁路的修建，不仅将京奉铁路北延到了通辽地区，而且很有可能通过通辽与洮昂铁路洮南站的连接，初步形成以打虎山、通辽、洮南、齐齐哈尔等东北西部城市群的连接形成一条东北西部大铁路交通网。进而通过葫芦岛港的连接，可以形成一条海陆联运抗衡日本南满铁路和中东铁路的东北自己的大铁路交通线。

东北西部铁路线的形成也是一条近代以来以近代铁路、航运为核心的铁路国防线。尤其是在1930年动工的葫芦岛港的修建，可以加速东北的军事运输和军事调动，从而对于巩固东北边防起到重要作用。

作者单位：辽宁大学日本研究所

京奉（北宁）铁路北陵支线横遭强拆之始末

张志强

一、北陵支线修筑缘起及变迁

北陵支线是20世纪东北唯一的城市旅游铁路。铁路缘起东北大学建设的需要，缘起东大工厂生产的需要，缘起北陵公园发展的创新理念，缘起规划新的城市片区的设想。

北陵支线建立之初是以皇姑屯站为起点，该站又曾是京奉铁路的关外终点，所以，北陵支线即京奉铁路的支线。虽然，北陵支线不像京奉路其他八条支线那样与煤矿生产、地域交通关系直接，但其旅游功能又独树一帜。

京奉铁路，缘起1881年的唐胥铁路（唐山至胥各庄）[①]，发展于津榆铁路。1890年3月31日，光绪皇帝下谕，要在东三省兴办铁路，将津唐铁路展筑至山海关外，过锦州、新民、至盛京（沈阳）达吉林，再经宁古塔、珲春至图们江中俄交界修筑关东铁路，并从盛京（沈阳）建一条支线到营口。

① 沈阳市人民政府地方志编纂办公室编：《沈阳市志》（七）交通邮电卷，沈阳出版社1989年版，第15页。

1898年10月，清政府将京榆铁路向东北展延，改称关内外铁路[①]，并与英国、俄国签订关内外铁路借款合同。1899年到1907年，关内外铁路自北京永定门车站至沈阳皇姑屯车站，全长839.2公里，全线通车，改称京奉铁路。这条中国最早的铁路干线断断续续修了30多年。此时的终点站沈阳站即在皇姑屯，位于奉天城外，离后来的奉天城根站还有3.9公里。

1912年中华民国成立后，京奉铁路改称北宁铁路，由北洋政府交通部管辖。1928年6月15日，南京国民政府将北京改名北平，北宁铁路也改称平奉铁路。1929年4月15日，南京国民政府铁道部将平奉铁路改称北宁铁路。[②]北陵支线开通即在此间，所以又可称北宁铁路北陵支线。

北陵支线的建造是客观历史实在，可见于地图、史载和城市考察。

在中国人编绘的辽宁省城市街全图和日本人编绘的“大奉天地图”中都有关于北陵支线的描绘。前者，注明北陵支线由皇姑屯车站出发直线东南，出站后在兴隆街（今珠江街）向东北拐了一个近乎120度的弯，一条直线指向东北。在经过保和堡之后越过今黄河大街、北陵大街，在近白龙江街又拐了一个近120度的弯，再一路北上，越过太平世河（今北运河）进入东北大学，到达北陵车站。后者成图晚于前者近十年，但对北陵支线的描绘还是清楚的。支线从皇姑屯站出来，先东南再东北，沿曾经的闽江街、昆山西路26号巷一路东北行，经过保和堡村北之后，在御花园属地之南即后来的满洲灵庙东南角，越过今嘉陵江街，经过万国球场西北角转弯经过今沈阳天地在今白龙江街一路北行，穿过今辽宁中医药大学、北运河，进入东大校园，最后到达支线终点北陵车站。

在《东北年鉴》和历史档案中都有对北陵支线的记载，有相关的公文描述。即或是日本人办的《盛京时报》对北陵支线也有报道。《东北年鉴》在《北宁铁路干线及关外各支线主要各站里数积算表》[③]载明：第5条支线即北陵支线。紧接着是括弧，内有文字：冬季不通行。言简意赅，清楚

① 宓汝成：《中国近代铁路史资料（1863—1911）》第一册，中华书局1963年版，第52页。

② 辽宁省档案馆藏：《奉山铁路档案》第1041卷。

③ 东北文化社编：《东北年鉴》，东北文化社1930年版，第389—390页。

明白。又明文支线的起点是：沈阳城车站，西经 1.12 公里过辽宁总站，再西到皇姑屯车站，然后再东南转东北抵达北陵车站，全程 11.81 公里。

1927 年 3 月 8 日，时任市长李德新在给张作霖的呈文[①]中陈述了自己关于街路改造和扩张市区的想法，这些想法在今天看来仍具有借鉴意义。李德新说："文明国家之各大都会，其街市之整齐、建筑之宏壮，可谓尽美尽善，而其市政计划，每年列有市区改正一项。""现在市郊之外建筑日多，若不亟图改正，早为计划，任人民自由修盖，将来参差错落，将与城内之旧街市同，不易整理。"因此，他提出对于城市建设应该从整体考虑，早做规划。他还很有预见性地指出"迟早之间，奉天市之范围必将扩张南至南市区南端，西至商埠地东界边，东至大东新市区东界，北以北陵北边为界"，并建议将以上各地皆划归市区范围，以便总体规划建设。李德新还呈请在完善东北大学建筑板块（今辽宁省政府所在地）的同时，开通北陵大街，经惠工工业区与城内连成一气；北陵大街以东，在京奉铁路北陵支线北陵火车站东、南两侧筹建新街路；北陵大街以西建设新的居民区、商业区等。

民国十八年（1929）3 月 28 日，李德新禀司令长官及辽宁省主席翟文选，论述了开辟北陵公园的原因及前景："中外人士来游东北者必以先观为快，且莫不以名胜许之，近闻京奉铁路局有直达北陵添修支线之议，是则该处之发展定有一日千里之势"，"关于伟大公园之建设以时代论以地位论实为当务之急……如能提交会议付诸公决，尤为至感"。

司令长官张学良于 4 月 6 日，以信回复："法权（李德新）市长史鉴：来呈及附图均悉，筹建北陵伟大公园既辟游观之地，且开实业之源，用意深远，其益实多，惟兹事体大，筹费兴工恐非一蹴所能企及，究须如何计划，有无窒碍应即呈请省政府核议以期妥善，此复并问刻安。"[②]

李德新的报告讲明了城市发展新理念，讲明了建设为大北陵公园的设想，讲明了规划新城区的必要性和建设城市旅游铁路——北陵支线可能性。张学良对此报告的批复是肯定和支持。

---

① 辽宁省档案馆：《奉天省公署档》，第 3748 卷。

② 辽宁省档案馆：《奉天省公署档》，第 3758 卷。

城市考察是围绕北陵支线进行专访和实地考察。

经过对原皇姑屯、保和堡、御花园等地老人的访问（不止一次），回忆出北陵支线的建造及变迁。原来，1905年以后日本人进入沈阳，大搞“满铁附属地”建设，需要大量沙石，确定以当年（1903年前后）沙俄修筑铁路路基垫土、建筑用沙取用地即今皇姑屯站北亚明地区为中心，建起小铁道专门运沙土。

此时的小铁道建筑垫路基，上铺木枕、米轨，以人力推动轱辘马子为运沙工具。日本人控制的运沙铁道依然如此。不过，日、俄铁路用地时期的运沙铁道基本是南北向，都是由沙子沟取沙向南经皇姑屯再向南到达茅枯甸（盛京车站）、到达奉天驿。北陵支线运沙，是给东北大学及东大工厂土建运沙，取沙地点未变，但运营管理已是中国人，铁道线也在经过皇姑屯之后改变为先东南后东北，是运沙目的地改变的需要。1925年以后，土建工程基本结束，北陵支线的功能也发生重大改变。米轨改为标准轨，运沙改为客货运输。当然，轱辘马子必然被京奉铁路的机车、客车、货车等取代。出于军需、民需，北陵支线又分建了几条专线，支线在东大校园内又向北延长，在水塔附近起建北陵站房、警察派出所、站台，形成客运、货运条件，北陵支线在1929年实现全线运营。

二、北陵支线的重大意义

北陵支线建成通车运营实现了市政公所以铁路方便市民旅游的创新性构想，实现了东北大学以铁路与市内交通的便利，实现了东大工厂生产用料及成品的铁路进出，仅3年间即支持了吉海铁路机车8台、货车316台，沈海路机车4台，平绥路机车10台，北宁路机车8台[①]，还有四洮路等机车、车辆的修理往来，承接外来的机车维修生意，承办修理中国各铁路机车、客车及机件零活[②]。同时，实现了奉军粮秣厂、军草场等专线经过北陵支

① 翟文慧：《东北大学工厂及铁路专用线》，张黎光主编：《皇姑文史资料（上）》，中国文史出版社2005年版，第518页。

② 丁晓春、魏向前：《张学良与东北大学》，东北大学出版社2003年版，第24页。

线与京奉干线的连接，推动了城市板块北陵片区的形成，成为现今皇姑区东部市区的基础。

几乎与支线建筑的同时，1927年（民国十六年）8月，在北陵大道（今北陵大街）东侧建成了一座规模庞大的球类运动场，占地20公顷，特别是其间辟建的8洞高尔夫球场既开了此类运动在沈阳的先河，也是当时东北地区唯一标准的高尔夫球运动场。

北陵高尔夫球场是张学良支持六国会馆兴办的一项体育产业。与北陵新市街规划一起坐落于东北大学工厂（原空字023部队）和省立第三高中以南，北陵大道以东。球场又近邻京奉铁路北陵支线，去东北大学的师生及家属，去北陵的游客都从这里经过。球场内南边的那幢小楼即张学良经常使用的又一处北陵别墅。

北陵支线经过球场西北，即球场的备用交通线，也是毗邻的新景观。

北陵支线支持了东大的建设发展。1925年暑假后，东北大学理工科迁入北陵新校舍。虽然有校车开往小西门，但变校园内运沙铁道为正式客运铁道的期待越发强烈。综合学校和市民的愿望，落实市政公所的规划，北陵支线的修筑提上日程。线路走向未变，南起教授俱乐部西，北上经校长楼西，后来的文法楼西，西新村东，直到终点北陵车站。线路走向基本与汉卿路平行。需要的是将米轨换成标准轨，只有这样才能和母线京奉路相同轨距顺利连通。

1928年，张学良兼任东北大学第三任校长。他先后捐出其父留下的遗产约180万银圆，用于扩建校舍、高薪礼聘著名学者、购置国外先进实验设备、资送优秀学生出国。北陵支线成为校内一大景观，成为学校的基础设施之一。

1929年9月，东大南校全部迁入北校。北陵支线为迁校提供了教学设备、物资运输和人员往来的便利。

在东大北陵旧址，仍能依稀还原当时学生在校园内生活的场景。

从东大旧址北门而入，最先看到的是校长住宅和东北航空总局的遗址。据说张学良就曾在二楼居住过。校长住宅东边，可通往男生宿舍，即圈楼。这里已经被改造成招待所，楼上楼下数十间十几平方米的宿屋依次排开，整齐划一，富有秩序感。男生宿舍向西，是当年的女生宿舍，只有两层楼高，建筑面积照比男生宿舍小很多，内部装修也不及同时期的其他建筑气派，但方便整洁，优雅宜居。

女生宿舍附近，分散着很多独幢二层小楼，这些就是当年的东北大学教职员住宅（西新村）。张学良校长重金礼聘，广招良师，漫步其间，不知道哪些房间内，曾留下过这些大师的身影。

北陵支线的修筑也带动了沿线的城市板块形成，小红楼（嘉陵江街与闽江街交会口）街区、安民站街区等即20世纪30年代的历史风貌。

三、北陵支线遭遇破坏及强拆

北陵支线的规划受到广大市民欢迎，却受到日本势力干扰、阻挠、破坏乃至强拆。支线修筑之前，日本人榊榡正雄即利用清末民初社会过渡期，利用奉省土地清丈的机会，骗购了太平世河（今北运河）南、今北塔到辽宁大厦区间、今崇山路北的大约1600余亩（约合日本100町）土地。这种非理非法的行为却一直被日本人隐瞒。榊榡正雄有日本京都同志社大学毕业的经历，当过教员、牧师[①]。日俄战争期间随军进入中国东北。战后编遣，但仍滞留沈阳，又有在乡军人的身份，持有长枪一支、短枪一支、军刀一把。长期强住长宁寺，混迹于喇嘛中间，有意接触周围那家窝棚等村的满族陵户，调查昭陵（北陵）外围的官庄、旗地、陵地、庙产及土地制度、土地关系。1913年4月，急于和溥丰模范农场的崔洵勾结，以“土地商租权”为幌子，以保护旗地皇产为诱饵，以确保崔洵发财为骗术，获得一份购地合同。出于对中国农户反对的担忧迟迟未敢有进一步动作。

直至1916年谷雨那天，土地上的中国农民正在种大田，忽然被榊榡正雄率领的日本警察、浪人等包围，他们抢夺中国农民的农具、骡马、种子，驱离中国农民。随即，日本人竖起木牌，赫然写着“榊榡农场所有”。其后，旱田逐渐被改成水田，太平世河被掘开数处建立水闸与开挖的水渠相通（不许中国人使用），原来葱茏一片的中国传统旱地变成一条条日本式水田埂，

①[日]森岛守人：《隐谋暗杀军刀》，赵连泰译，黑龙江人民出版社1980年版，第40页。

纵横交错。这种强盗行径必然遭到中国人民的反对，引起沈阳地方政府派员张焕柏与榊榞正雄及代表原田闻一等多次交涉。最终，以 23.6 万日元的代价收回了这片土地。

1920 年 2 月 1 日，中国外交奉天交涉员关海清代表省公署与榊榞的弟弟浦本政三郎交涉完成收回水田 100 町、旱田 30 亩、房屋 7 间。[①] 并郑重表示：我为维持主权起见，只能收回土地，别无他法。[②]

交涉结束，榊榞正雄并不甘心。北陵支线的修筑提上日程之后，东北大学、省立三高、东大铁工厂及部分员工住宅、万国球场、南新村住宅区等建筑崛起加快着新片区的城市化进程，却令日本殖民势力和榊榞之流气急败坏。在支线开工期间，日本驻奉总领数度致函奉省公署恫吓威胁，要求将支线立即拆除，榊榞也曾指使浪人破坏路基等，中方不为所动。

1929 年 6 月 27 日晨 4 时，突然有汽车 10 辆、马 30 匹及均手持武器的日本武装警察 30 余人，又有所谓日本农工（实者是被诱骗来的朝鲜人）80 余人，在榊榞正雄等日本浪人无耻的鼓噪下，将北陵支线河（今北运河）南段包围，置闻讯赶来的中国人的抗议于不顾，将铁路拆毁为两段，枕木和铁轨也被扒开、抢光。直至 20 世纪 70 年代，被拆支线处的路基还在，南起今崇山东路，向北到河边，明显高于两旁的稻田地，好像是一条状高台。拆路之后，日本人竖立起“不准通过榊榞农场”的木牌，显然对于中国依法收回的土地仍视为日本人所有，把近 10 年前的中日交涉成果蓄意推翻。非但如此，拆路之后，气焰嚣张的日本军警又在东宫铁男大尉的指挥下，冲进北陵支线的站房、警察派出所，将中国工人、警察分别拘押，不许中国当局派员探视。车站的水塔、铁路设施等均遭破坏。

东宫铁男当时是日本关东军现役军官，和当年皇姑屯事件中阴谋炸死张作霖担任现场指挥一样，这次拆北陵支线又担任现场指挥。[③] 这并不是个人行为，而是受命于日本军方的行动。他率领日本关东军“满铁”独立守备队士兵参与拆路带有明显的军事占领性质。日本警察（属于日本驻奉

① 东北文化社编：《东北年鉴》，东北文化社 1930 年版，第 348 页。

② 辽宁省档案馆：《民国全宗》卷 10，奉天省长公署案卷第 2225 卷。

③［日］森岛守人：《阴谋暗杀军刀》，赵连泰译，黑龙江人民出版社 1980 年版，第 41 页。

天总领事馆警察署）也带着武器配合军队强行拆路。当时，外国驻奉天领事馆有十余家，但设有警察的只有日本（系非法设警）。即或按照日本的说法“日本警察为保护侨民，只在日本侨民聚集区行使警察权”，在强拆北陵支线时却跑到中国地面上撒野，这也绝不是擅自行动。准确地说，强拆北陵支线是日本军警联合策划，纠集日本浪人和所谓农工共同制造的突发暴力事件。

奉省公署派员与榊根代表谈判结束，成功收回地权之后，社会公论以为所谓榊棂农场占地问题已经解决，这片土地“悉归张焕柏，永不与榊棂相涉”①。但此次强拆北陵支线说明谈判不过是对奉省公署的愚弄，收取中方的所谓赎金更是无异于诈骗。日方参与谈判的原田闻一、细梅三郎、斋藤传寿等无一不表现出骄横狂妄。榊棂还扬言：“对整个奉天的土地都应享有商租权。”在中方与日本总领事交涉时，其总领事森岛守人表示：派出军队、警察是出于维持治安以防不测；支持榊棂的土地要求，出动军警、动用强力手段并无不当；等等。

实际上，日方经过长期策划、阴谋准备，突然制造事端，不仅是给东大师生出行制造麻烦，给沈阳市民游览北陵添乱，而且是对中方奉天省公署的外交挑战，是给张学良施加压力。有观点认为：1928 年 6 月 4 日，日本炸死了张作霖，张学良不能忍也忍了。现在，强拆北陵支线，奉天省公署也只能是无所作为。张学良希望南京国民政府出面交涉，也只能是幻想。当时，中日之间的铁路交涉不止一案，北陵支线被强拆却是日本手段最强横的一案。京奉铁路有多条支线，北陵支线又是最短的一条。但拆此一线却直据省枢，直击奉省政治经济军事中心，日本预期收到多重效果。森岛守人表示：榊棂农场事件，不仅在中日两国引起震动，就是美国的文件也曾提到这个事件，当时曾引起国内、国外各国的注意。这正是日本官方以榊棂个人名义发动的大事件。②

北陵支线横遭日本强拆，旅游运营全然停止，东大师生也失去了校

① 辽宁省档案馆：日文专档第 3030 卷。

② 中央档案馆、中国第二历史档案馆、吉林社会科学院合编：《九一八事变·日本帝国主义侵华档案资料选编》，中华书局 1988 年版，第 58 页。

园通火车的便利。对此，东大学生有过游行抗议，但支线铁路未得恢复。“九一八”，日本军队占领东大，也只保留了支线的新开河南部分，保留东大工厂（已被日本占领）的专线。1935 年，工厂遭遇大火后被合并到满洲车辆（京奉铁路皇姑屯工厂）。不久，北陵支线被全线拆除。

1930 年 7 月 11 日，被激怒的爱国人士阎宝航、金哲忱等人发起成立了辽宁国民外交协会。日本势力的狂妄行径，遭到辽宁爱国人士的强烈抗议。参与抗议的有杜重远、高崇民、阎宝航等社会名流。这个协会的主旨是：调查日本帝国主义的阴谋活动，监督并支持政府对外交涉，研究对日本侵略的对策，对广大人民进行爱国主义教育。这些群众团体培养和团结了一批抵日寇、爱国家、求富强的各界人士，成为开发东北、振兴经济、发展文化的强大力量。

但是，北陵支线遭强拆案交涉经年尚无要领，[①] 与日人贩卖枪械案、日人贩卖鸦片吗啡案、日人伪造纸币案、日人制造赌具案、十三标桩案、新民七公台村案、安奉路敷设双轨案等一起成为中日关系悬案，亦成为九一八事变的前演。

北陵支线遭遇强拆，致使京奉铁路运营受到重大损失，致使沈阳城市化进程受到阻滞。北陵支线遭遇强拆，是中国铁路史上惨痛的一页，是沈阳城市历史上不可忘却的屈辱记忆。

作者单位：辽宁社会科学院

① 东北文化社编：《东北年鉴》，东北文化社 1930 年版，第 348 页。

奉海铁路对近代沈阳城市发展的作用研究

罗　健

沈阳地处东西、南北铁路的十字交点上，铁路奠定了沈阳在东北亚的重要战略地位。在近代我国东北地区，铁路除了作为一种进步因素带动发展之外，更是各方势力利益争夺的重要工具。在近代沈阳，日本殖民势力与奉系政权的城区规划均是围绕铁路展开的。可以说铁路是沈阳在二十世纪上半叶的动荡中成为远东最大工业城市的关键因素。奉海铁路是东北第一条官商合办铁路，开辟了东北自办国有铁路的新纪元，不仅真正使国人完全摆脱了日控铁路的制约，还对近代沈阳城市建设产生巨大影响。对此，我们可以从以下几个方面解读奉海铁路对城市发展的作用：

一、奉海铁路建设前的沈阳铁路发展概况

1. 京奉铁路

京奉铁路，又称关内外铁路、奉山铁路（奉天—山海关）铁路，新中国成立后称为沈山铁路，是京沈铁路的关外部分[①]。这条铁路线始建于1893年，由清政府借外债进行修建，初名“关东铁路”，1903年更名“关内外铁路”，先后因受甲午战争和庚子事件的影响而停工。该铁路在山海

① 铁道部基建总局编：《铁路修建史料（1876—1949）》，中国铁道出版社1991年版，第204页。

关外的终点原计划为吉林城，但因中东铁路的存在而将奉天城设为终点。日俄战争期间，日军擅自接筑了奉天与新民之间的铁路，该铁路为窄轨，被称为“新奉铁路”。后来清政府以166万日元购回该铁路改为标准轨道，至此北京至奉天铁路线全线贯通，称为京奉铁路。两个端点车站分别为北京正阳门车站及奉天皇姑屯车站。京奉铁路自开始修建到1907年全线贯通，全长842公里，前后耗时十余年，尽管开工比中东铁路早，竣工却晚了4年。此后，以皇姑屯车站为中心的新型城区开始形成。

中国政府于1911年与日本签订《关于京奉铁路延长协约》，日方同意在南满铁路下架设立交桥使京奉铁路从桥下穿过。京奉铁路车站遂延至位于奉天城小西边门外的奉天城根站（今沈阳市府恒隆广场附近）。此举突破了日本借铁路特权对中国自主铁路建设的封锁，为日后东北铁路网计划的实施奠定了基础，可谓意义重大。不过，京奉铁路虽然以这种方式解决了穿越问题，但日本方面却不时以此对张作霖的奉系政权进行要挟，产生了两者间一系列的复杂交涉。

2. 南满洲铁道

1895年4月17日，清政府被迫签订的《马关条约》将辽东半岛割让给日本。妄图侵占我国东北的沙俄于《马关条约》签字当天伙同德国和法国共同对日干涉，上演了“三国干涉还辽”的闹剧。该闹剧的结果是日本被迫“抛弃辽东半岛之永久领有”。沙俄遂以“还辽有功”为由迫使清政府接受《中俄密约》，索取了修筑中东铁路的特权。1898年，沙俄根据《旅大租地条约》获得了从沈阳古城“盛京城”（奉天城）西侧经过的中东铁路南满支线的筑路权。1903年7月14日，中东铁路南满支线竣工，全长930公里（哈尔滨至大连）。该线路起到了连接西伯利亚与辽东半岛的战略功能。作为沈阳开通的首条铁路，它未按照盛京官衙的要求远离两座皇陵，而是从两座皇陵之间穿越后从盛京西侧通过，这种情况被清政府视为对“龙兴之地”龙脉的破坏。

另一边，日本在“三国干涉还辽”后加紧对俄战争准备，并与英国勾结签订英日同盟，矛头直指俄国。1904年2月6日，日本宣布与俄国断绝外交关系。两天后，日俄战争爆发。这场强盗间的战争以日本获胜告终，双方签订了《朴次茅斯条约》，规定沙俄将辽东半岛租借权和中东铁路长春（宽城子）以南路段及与此相关的一切权益转让给日本。日本取得该权益后，将该段铁路改名为“南满洲铁道”，为经营铁路及其附带特权的南满洲铁道株式会社（简称“满铁”）应运而生，“满铁”奉天附属地开始建设。日本从此开始把持东北南部的交通命脉，并以“满铁”为媒介，将其势力渗透到东北士农工商各个领域。为对中国东北更深入地掠夺开发，日本开始大规模向沈阳地区移民。1920 年之前，全部 6 平方公里的附属地建设已经完成。

3. 安奉铁路

安奉铁路是连接安东（今丹东）与奉天之间的铁路。日俄战争时期，为运输军用物资，日本派临时铁道大队修筑了安东至奉天的窄轨轻便军用铁路。1905 年 12 月 15 日，安奉轻便铁路通车，全长 303.7 公里。1907 年 4 月，“满铁”正式接管此路。1909 年，日本不顾清政府反对强行将其改筑为标准轨（1435 毫米），同时在“不知会我国”的情况下在鸭绿江上架设铁桥。迫于要挟，无奈的清政府通过《安奉铁路节略》和《鸭绿江架设铁桥协定》追认了日本此举的合法性。1911 年 11 月 1 日，改筑后的安奉路全线开通（里程 296.3 公里）并经鸭绿江铁桥与日占朝鲜铁路接轨。[①]

由于安奉铁路的存在，沈阳成为了连接日本—朝鲜半岛—中国东北的枢纽。贯穿朝鲜半岛的京釜铁路、京义铁路跨鸭绿江后与安奉铁路联结，使从日本下关通过对马海峡、朝鲜半岛到奉天的铁路运行时间减少至 50 小时以内。作为日本与中国东北联结的桥头堡，奉天对日本推行“大陆政策”具有重要的战略意义。

二、东北铁路自主化的开端——奉海铁路

1. 奉海铁路的规划与建设概况

1923 年 8 月，奉天市政公所在大西门内街正式设立，市长为曾有翼，

① 江沛、程斯宇：《安奉铁路与近代安东城市兴起（1904—1931）》，《社会科学辑刊》2014 年第 5 期，第 147—154 页。

这标志着奉天进入了近代城市的行列。在此之前，奉天已经成为东北铁路交通的南部枢纽，但是“东北铁路，殆全非我有，交通之权，为外人操纵”[①]。东北铁路几乎全由沙俄、日本把持，中国人在铁路交通上却没有多少话语权。为了改变这种屈辱的境况，东北民众不断抵制列强在东北的筑路行为。

1920 年，张作霖利用俄国国内战争的时机，陆续收回中东路的军警权、司法权及邮政权，派驻护路军，打破了俄国独霸中东路的状态。此外，为了增强自身竞争力，摆脱日本殖民铁路控制，奉系政权在东北掀起了一个自建铁路的高潮，以沈阳为中心，利用本国资金和技术修筑了奉海、吉海、打通等 10 条铁路，营业里程总计 1521.7 公里，占当时全国铁路总长 10% 以上。[②] 沈阳初步建设成东北铁路网的枢纽。其中，最著名的便是奉海铁路。

1924 年秋，在与日本多次交涉无果后，奉系政权决定自行建造一条由奉天到海龙（今吉林省梅河口市海龙镇）的铁路，即奉海铁路。奉海铁路是东北第一条官商合办铁路，是由奉天省长公署与商民合资、奉海铁路股份有限公司承建和管理的省有铁路。为了建设该铁路，官商合办的奉海铁路股份有限公司于 1925 年 5 月 14 日成立。奉海铁路投资 2000 万元奉大洋，共发 20 万股，每股 100 元，只允许中国人认股。作为官股，东三省官银号、中国银行、交通银行、东北银行、东边实业银行、商业银行、黑龙江官银号、公济平市银号共认 1000 万元。作为商股，张作霖等奉系上层及辽宁工商界及各地各种储蓄会亦认 1000 万元。[③]

奉海铁路于 1925 年开工，1927 年干支线基本完工，干线全长 251 公里。铁路工程规划和修建完全由中国工程力量完成，“不用外人、不借外债，全路山岭重叠、河流萦绕、工程艰巨，而时间与所费金银极省，为吾国自筑铁道中之最称道者”。[④] 由于奉海铁路的出现，海龙、柳河、辉南一带的物产再也不必周转至开原，然后依靠“满铁”运输，几小时之内便可直达沈阳。

---

① 东北文化社编印处：《东北年鉴》，东北文化社 1931 年版，第 373 页。

② 王贵忠：《张学良与东北铁路建设》，香港同泽出版社 1996 年版，第 225 页。

③ 张伟、胡玉海：《沈阳三百年史》，辽宁大学出版社 2004 年版，第 337 页。

④ 王晓华、李占才：《艰难延伸的民国铁路》，河南人民出版社 1993 年版，第 147 页。

1929 年，奉海铁路改名为沈海铁路，其经济效益十分显著，平均每营业公里收入可达 319 元，当年总计进款达 52063.47 万元。奉海铁路的出现是保卫国产路权的体现，对沈阳城市发展起到了积极作用。

2. 奉海铁路与铁路竞争

张作霖深知“不收回满铁，东北就不得安宁”，为此在 1924 年成立了东三省交通委员会，开始着手东北铁路网的自主规划和建设。该计划主要由东、西两大干线组成，以平行走向包围南满铁路，打破其运输垄断。

奉海铁路建成通车后，北接吉海线可连通沈阳与吉林，西接北宁线可直达通辽，真正接通了东北腹地经沈阳与关内的铁路运输系统，成为东北地方政府首个独立控制的铁路交通动脉。由于奉海铁路的存在，东北腹地经沈阳通行关内“不必经由外资修建建筑之路”，对日控南满铁路（南满洲铁道）垄断造成了极大威胁。奉系政府可以通过奉海、京奉铁路的联运彻底摆脱南满铁路制约，在军事调动和货物运输上均具有极大主动性。

由于对南满铁路极强的竞争力，奉海铁路建成通车后客货运量持续增加，取得了巨大的经济效益，其 1931 年利润最多达 457.6 万元，为筑路投资的 1/5。而“满铁”营业额则出现下降，经营面临亏损。1931 年，“满铁”出现了创建以来的第一次赤字，无奈解雇 2000 名职工，日方自称“满铁真正被置于生死关头”。

由于“东北铁路网”计划的实施，截至 1931 年，中日在东三省和今内蒙古控制的铁路里程及覆盖范围已相差无几。当时“满铁”控制的铁路总里程为 2341.1 公里，奉系政府则控有 2071.3 公里。这种铁路竞争使东北地区的铁路里程在 1921 年至 1931 年间增长了 1.7 倍，路网覆盖密度居全国之首。

三、奉海铁路建设对近代沈阳城市格局发展的影响

1. 古城空间秩序的解体

皇太极时期的盛京城为方形平面、井字街道，与四面的四塔四寺共同构成方圆平面正符合藏传佛教中曼荼罗（意为“坛城”）的图形，这种布

局方式使盛京被寓意为集会诸方神圣的众神之殿，表明皇太极希望借助宗教力量庇佑城市的信念。清朝入关后，盛京成为陪都。1680 年，盛京接近圆形的外郭完成建设，盛京至此拥有双重城墙及内外 16 座城门。内城井字道路延伸至外城城门，外城由此被分为八个关厢地区。此城市格局一直延续到 20 世纪初期。

盛京城的图形意义在铁路建设的冲击下开始支离破碎。首先，铁路开始取代具有封闭作用的城墙，成为近代城市的新物理分界。按相关条约，南满铁路及其附属地具有沿线驻兵权，实际上将近代沈阳分为两部分，分别是分界以东由奉系政府控制的区域及分界以西由日本殖民势力控制的区域。九一八事变前，无论奉系势力何等繁盛，其自主建设始终没能越过这条界限。可以说，沈阳城原本曼荼罗城的内聚向心空间被南满铁路完全打破了。原本作为物理分界的盛京内城城墙及外城城墙仅在精神上还保留较强的分界功能，物质功能已经极弱。而与之相反，南满铁路及两侧附属地虽然在精神上的分界功能很弱，但在物质功能上则非常强。

2. 铁路中心与东北部城区的发展

在近代沈阳，城市中心随铁路的出现向火车站发生了转移。奉天的七座铁路车站中，奉天驿、京奉铁路奉天总站和奉海铁路奉天站（今沈阳东站）均为近代沈阳城市空间的聚集点，新的城市功能出现在车站周围，导致沈阳向多中心城市发生演变。总的来说，三个铁路中心带动了三个城区的发展，分别是奉天西北部城区、东北部城区及日本“满铁”附属地三部分。

奉海铁路位于奉天城的东北方向，奉系政府在此处规划了依托奉海铁路线的东北部城区，称奉海市场或奉海工业区。该城区由奉海铁路公司负责规划建设，面积约四平方公里。该区域体现了以铁路为中心规划城市的方式，按计划将以奉海铁路奉天站为中心发展本土商圈。奉海市场的规划与“满铁”奉天附属地相似，也是以巴洛克形式主义和功能主义为规划的基本范型。如果拿它与“满铁”奉天附属地做一个对比，会发现二者无论是区域形状，还是路网设置，都是惊人的相似。奉海铁路奉天站前也规划有放射路网，对应“满铁”奉天附属地浪速广场的位置也有一个椭圆形广场，该广场名为大元帅广场，广场正中曾竖有张作霖铜像。

作为奉天城东北部自主建设城区的起点，奉海铁路奉天站在奉海铁路通车初期使用的是临时站房。当时站房由木板房和青砖平房构成，设施极为简陋。然而奉系庞大的东部军事工业基地和东北部的工业区都是依托该车站展开的。临时站房设在几条放射状道路交汇点偏东处，交汇点则空出位置留待兴建新站房。1930年，由著名建筑设计师杨廷宝设计的新站房破土动工。

奉海市场以火车站、大元帅广场为中心，由“平行、垂直、斜线”道路组成了“放射形格网式”城市布局，方格路网沿着铁路走向布局，方格网道路系统内，又广泛地采用了80米×200米小长方街坊，以增加街区临街面，便于商业运作。以火车站向北辐射的三条道路，以及大元帅广场向四周辐射的七条道路，将整个新城区的视觉焦点集中在火车站和张作霖铜像，创造出一个从火车站到大元帅广场至整个新城区秩序井然、充满宏伟之感而又错综复杂的空间体系。同时，街路布局也为新区未来的发展预设了骨架，提供了方向。该区域内的西南大马路、东南大马路、东北大马路三条斜街均与主干道呈20°角，保证了奉海市场中每个地块与火车站的便捷连通，这种布局能够最大限度保证城市街区和铁路间的物流交换，强调地块与铁路的结合。

1927年，奉海市场主要道路铺设完成，当时已有相当数量的民族资本在区域内租购土地。至1931年，奉海市场已初具规模，聚集了相当数量的地方工商业，形成了城市东部本土化的工商新城区，初步奠定了沈阳东北部城区的功能与结构，带动了城市向东北方向延伸。然而，该区域却因九一八事变爆发而中断建设。在奉系力量退出东北后，“满铁”将南满铁路与奉海铁路及京奉铁路进行联运，为了凸显奉天驿的作用，刻意使该车站的重要性下降，该区域的城市建设自然也陷入停滞。

3. 城市发展进入共时性轨道

语言学家索绪尔将语言学研究分为历时性语言学和共时性语言学。历时性语言学强调语言发展的历史演变，共时性语言学则以同时分析方法研究语言在一个阶段的状况。把这样的概念放在城市发展中也可以得出历时性和共时性两种形式。古代城市的发展相对缓慢，城市空间的变化始终围绕同一个中心展开，在漫长的发展历程中，始终处于这种状态。这种城市发展模式可以视为历时性的，沈阳自秦开建候城、耶律阿保机建沈州至清天眷盛京的城市变化均属于这一过程。而近代奉天的发展却有着截然不同模式，多个中心的空间对抗使城市在规模和空间形态上均发生了巨变。这种在多元势力的相互较量过程中完成的城市发展可以被认为是共时性的。

近代，“华界”与“日界”并存是沈阳城市形态的主要特征，形成了两套独立发展的城市系统。[①]20世纪初，南满、京奉、奉海、安奉等多条铁路在奉天的汇聚加剧了多个由铁路分隔空间的形成，这些分隔空间均以不同的铁路车站为中心迅速形成了多种城市功能。伴随奉系政府与日本势力铁路竞赛的展开，奉天由古代城市开始向近代铁路城市转型，呈现多中心、多空间共同增长。近代沈阳城市空间发生了由历时性向共时性加速的转变。

四、结语

奉海铁路开辟了东北自办国有铁路的新纪元，书写了中国铁路建设史上光辉的篇章。奉海铁路的建成不仅打破了外国对东北铁路的垄断，使沈阳的铁路网更加合理，终结了东北方向无铁路的历史，更是以其为依托建设了新的奉海市场城市板块。在京奉铁路与奉海铁路联运后，当奉海铁路奉天站崛起于大北边门外时，以车站为中心的自主城区建设如火如荼，日臻繁荣。

铁路枢纽是工业城市形态生成的关键因素，以奉海铁路为干线的铁路支线把东三省兵工厂、大亨铁工厂、造币厂、奉天迫击炮厂及奉天粮秣厂连成一线，从而推动了沈阳工业的近代化。而因奉海铁路而产生的奉天东北部城区的发展是近代沈阳城市共时性发展的重要组成部分，确立了沈阳今日多中心组团式的空间格局及大东工业区的根基，为今天沈阳东部工业区打下了坚实的基础。

作者单位：辽宁省土木建筑学会历史建筑专业委员会

① 王鹤、吕海平：《近代沈阳城市形态研究》，中国建筑工业出版社2015年版，第254页。

洮索铁路与张氏父子

包德强

洮索铁路是奉天省洮安县城（今吉林省白城市）至黑龙江省索伦山设治局治所哈海镇（今内蒙古科尔沁右翼前旗索伦镇）的铁路，今白阿铁路（白城—阿尔山）之一段。目前，关于洮索铁路的研究成果不多，有黄耀慧《白阿铁路历史追述》和萨其楞贵、谢咏梅《白阿铁路的建成及其影响》等二文。本文对张氏父子有关洮索铁路的筹划、借款交涉、修筑过程及其相关史实进行了论述。

一、洮索铁路的提出

近代东北地区沦为俄国势力范围。日俄战争后，日本夺得了东北及内蒙古东部的长春、洮儿河以南地区，原俄国控制的中东铁路长春以南的干线及其支线（统称“南满铁路”）亦落入日本手中。次年，日本组建“南满铁道株式会社”（简称“满铁”），接管南满铁路及其附属地产业。之后，日本在东北的铁路投资及承建大多通过“满铁”来进行。

1913年10月，日本与刚刚镇压“二次革命”的袁世凯政府签订了《满蒙五路秘密换文》，但因中国方面的抵制和政局动荡，至1915年为止，只有四郑铁路（四平—郑家屯，是四洮铁路的一部分）签署合同，并于1917年开始修筑。1918年，日本又以“西原借款”之机提出“满蒙四路借款”

的要求，并于同年9月双方签订了《满蒙四铁路借款预备合同》。上述铁路均属以南满铁路为中心的铁路网计划路线。日本极力伸张“满铁”势力，企图通过“满铁”吞并东北全部铁路，并以此实现对东北地区的占领。[①]“满铁”在1925年2月进行实地调查拟订了以南满铁路为主体的15线总长5000公里的开发铁路网计划。同年9月，确定了自1925年起20年内修建35条总长8800余公里的“满蒙开发铁路网计划”。在这庞大计划的第二期计划中，即有索满线（索伦—满洲里）和洮索线（索伦—洮南）。后来稍作改动，将索满线调整到第三期计划。根据实地调查得出洮索线的全长为136英里，工期2年，建造预算（包括车辆费）1070万日元。[②]

针对日俄的铁路经营，尤其是日本势力急剧扩大，东北地区掀起了路权收回运动。与此同时，东北官民谋求自主，以本国资本和技术修筑铁路，抵制日本的铁路扩张。1924年，东北当局成立东三省交通委员会，作为铁路交通建设的咨询机关。张学良主政后，1928年9月将其改组，更名为东北交通委员会，有了“东北交通机关之指挥监督的实权”。东三省交通委员会成立后，陆续铺设了沈海、吉海、呼海、齐克等省有铁路。[③]同时也酝酿着借款铺设洮索铁路。

二、张作霖筹划借款修建洮索铁路

1926年4月初，张作霖致信“满铁”安广社长欲借2000万日元作为开发索伦山、建设铁路所需资金。4月22日，张派其秘书谈国桓向日本驻奉天总领事吉田茂提出借款2000万乃至4000万日元，以修筑洮索铁路。吉田表示：“应当以充分善意地加以考虑。”29日，张作霖直接与吉田会谈，得到同样的答复。“满铁”没有明确地回应，一方面是因为要看外务省的态度，另一方面认为借款数额较先前预算的1070万日元出入很大。“满

① 胡玉海：《近代东北铁路修筑权与铁路借款的交涉》，《辽宁大学学报》（哲学社会科学版）2014年第3期，第42—45页。

② 解学诗：《日本独占中国东北铁路交通》，《满铁档案资料汇编》（第四卷），社会科学文献出版社2011年版，第372—376页。

③ 袁文彰：《东北铁路问题》，中华书局1932年版，第16—22、84—85页。

铁”也知晓其余资金被用于东三省金融整顿。[①] 当时奉票暴跌，给奉天财政、经济带来巨大冲击。

接下来的交涉中张作霖直接提出将一部分资金用于金融整顿。5 月 25 日，张作霖派其日本顾问町野到“满铁”探询对洮索铁路修筑的态度，但未得到直接答复。[②]6 月 21 日，町野到访驻奉天总领事吉田茂，希望吉田从中斡旋，促成张作霖与满铁的借款交涉，但未提及财政整顿费问题。[③] 吉田表示关键要看外务省的态度。第二天，吉田致书“满铁”大藏理事提到将财政整顿费作为另一笔账处理，并除了借款抵押品以外另附条件：“满铁”与新铁路联运；主要车站周围划定自开商埠地，以此劝诱外务省。[④]

洮索铁路对日本来说有着重要的战略意义，尤其在军事方面。日本军方认为：对俄作战时如有洮索铁路，就能与中东铁路同时进军，彼此呼应，对只利用中东铁路的俄军形成有利态势。将来如能延长至海拉尔，将会消除俄国对北满的领土野心，成为日俄间“维持和平”的有力保障。军方认为，目前为铺设此线路的好机会：（一）张作霖的势力在北满越来越显著，对俄态度强硬，在处理对俄关系上依赖日本，这是日本方面推行北满铁路政策的好时机。（二）苏俄对此不会有实质性阻碍，这一点从洮齐（洮南至齐齐哈尔）铁路的实例中得到印证。（三）正值张作霖为铺设该铁路向“满铁”寻求援助，“满铁”亦认为该铁路有相当的经济价值。沿线官民为地方的开发和由各自的利益出发，也急切希望该铁路铺设。[⑤]

但是，日本外务省的考虑与军部不尽相同。关于满蒙铁路问题外务省

①《洮索鉄道干系一件》，《索倫鉄道ニ関スル件（大正五年五月五日）》，外務省外交史料館，戦前期外務省記録：F-1-9-2-41。

②《洮索鉄道干系一件》，《大正十五年五月二十五日午後三時満鉄本社ニ於ケル奉天町野顧問談話ノ要領》，外務省外交史料館，戦前期外務省記録：F-1-9-2-41。

③《洮索鉄道干系一件》，《索倫鉄道ニ関シ町野来談ノ件（大正十五年七月六日在奉天総領事吉田茂より外務大臣男爵幣原喜重郎に報告）》，外務省外交史料館，戦前期外務省記録：F-1-9-2-41。

④《洮索鉄道干系一件》，《大正十五年六月二十二日吉田総領事より満鉄大蔵理事に送る件》，外務省外交史料館，戦前期外務省記録：F-1-9-2-41。

⑤《洮索鉄道干系一件》，《対露作戦ノ必要上洮南一索倫鉄道敷設促進ヲ要ス（大正十五年七月八日）》，外務省外交史料館，戦前期外務省記録：F-1-9-2-41。

亚洲局长木村与“满铁”理事大藏分别于1926年7月17日、22日、29日，举行三次会谈，最终拟出《关于满蒙铁路计划的方针》。该方针认为：“目前的日、俄、华三国关系并非处于必须急速修筑此种军事铁路的紧急状态。因此，现在无需急速修筑该铁路。”另一方面，“无益地刺激俄国的感情，从而给日俄交涉其他问题时，特别是在北满修筑铁路的进展上造成障碍”。因此，“修筑该铁路的顺序和方法要特别慎重考虑”，“暂且可留至他日，当前可着手进行经济上有利而且引起问题较少的铁路”。[①]“满铁”方面一开始就对张作霖拟在铁路借款中包含财政整顿费的做法非常不满意，[②]强调：“绝对避免借铁路问题以预付等名义进行赠贿。”[③]军部与外务省的意见分歧导致张作霖与“满铁”的洮索铁路借款交涉没有任何进展。

三、路线的选择及铺设之困难

洮南西北约50公里处有黑顶山，藏有相当质量的煤矿。[④]当初洮辽镇守使张海鹏考虑先铺设至黑顶山，再延长至索伦，不过地形上难以实现。此外还有过先铺设至洮安的方案。如此一来，成为洮昂铁路的平行线，有争夺货物之嫌，也没有实现的希望。因此，沿着洮儿河铺设成为最终选择。但其中也有若干选择，即沿着洮儿河东岸抑或西岸，葛根庙以北沿着洮儿河还是归流河，等等。[⑤]

路线的选择除了上述地势及路线长短因素外，还取决于黑龙江督军吴

① 吉林省社会科学院《满铁史资料》编辑组编：《满铁史资料》第二卷《路权篇》第三分册，中华书局1979年版，第854—856页，第872页。

②《洮索鉄道干系一件》，《索倫鉄道ニ関スル件（大正五年五月五日）》，外務省外交史料館，戦前期外務省記録：F-1-9-2-41。

③ 吉林省社会科学院《满铁史资料》编辑组编：《满铁史资料》第二卷《路权篇》第三分册，第872页。

④《洮索鉄道干系一件》，《洮南黒鉄山間鉄道敷設ニ関スル情報（大正十五年十月二十九日在鄭家屯領事中野高一報）》，外務省外交史料館，戦前期外務省記録：F-1-9-2-41。

⑤《洮索鉄道干系一件》，《洮索線敷設ニ関スル情報送附ノ件（一九二七、一、一五，洮南報）》，外務省外交史料館，戦前期外務省記録：F-1-9-2-41。

俊升和洮辽镇守使张海鹏的利益关系。吴俊升在民国初年镇压“东蒙独立”事件及其后担任洮辽镇守使期间，通过没收及受贿，占据了不少地产。在洮儿河西岸的瓦房镇及四家子，吴、张两人都有相当多的土地。因此，铺设路线的选择要参酌吴俊升和张海鹏的意见来决定。[①]

洮索铁路对东北有着非常重要的意义。东北当局希望将该铁路借款的一部分暂时挪作奉天省财政整顿资金；杨宇霆等奉天军方人士从对俄战略上考虑，极欲实现该铁路；奉天日本顾问也从日本陆军立场出发，认为对俄作战时欲利用中国，则促其实现；如果该铁路能够完成，张作霖历来所希望的东北地方开发将得以实现一部分。[②]因此，虽然与“满铁”的借款交涉没有显著进展，但东北当局对该铁路的人员安排与测量工程已经着手进行。

对洮索线的承建，四洮、洮昂两铁路局竞争激烈。因此，张作霖将洮索铁路一切铺设计划秘密委托给洮辽镇守使张海鹏。[③]据当时的洮南县知事张勘透露，洮索一带将来要建省。[④]这样一来，张海鹏很有可能成为一省督军。[⑤]因此，他对洮索铁路事业非常热心。但是张海鹏缺乏铁路铺设相关技术人员，需要依赖与之私交甚厚的京奉铁路局局长常荫槐。1926年8月21日，京奉铁路局测量班约20人到达洮南。[⑥]9月5日至11月初完成了路线测量。[⑦]最终测量结果：该线以洮南西门外为起点到索伦，全长约140

①《洮索鉄道干系一件》，《洮索線敷設ニ関スル情報送附ノ件（一九二七、一、一五，洮南報）》，外務省外交史料館，戦前期外務省記録：F–1–9–2–41。

② 吉林省社会科学院《满铁史资料》编辑组编：《满铁史资料》第二卷《路权篇》第三分册，第872页。

③《洮索鉄道干系一件》，《洮索線測量ノ為京奉鉄路局員来洮（八月二十三日洮南公所長報）》，外務省外交史料館，戦前期外務省記録：F–1–9–2–41。

④《洮索鉄道干系一件》，《洮索線敷設予定選択ニ関シ洮遼鎮守使ノ意向並洮南県知事ノ談片（大正十五年五月十日洮南公所長報）》，外務省外交史料館，戦前期外務省記録：F–1–9–2–41。

⑤ 中央档案馆、中国第二历史档案馆、吉林省社会科学院编：《民国史档案资料丛书：九一八事变》，中华书局1988年版，第182—183页。

⑥《洮索鉄道干系一件》，《洮索線測量ノ為京奉鉄路局員来洮（八月二十三日洮南公所長報）》，外務省外交史料館，戦前期外務省記録：F–1–9–2–41。

⑦《洮索鉄道干系一件》，《洮索線測量作業班ノ動静（大正十五年十月四日洮南公所長報）》，外務省外交史料館，戦前期外務省記録：F–1–9–2–41。

英里，设车站十五六处，工程费约需 1200 万日元。[1] 然而，已经有消息称：洮索线测量报告被提交到交通委员会后经审查，多数认为应暂缓该计划。其理由有二：（一）洮索间除洮南附近小部分土地以外，其他几乎均为荒芜之地，人烟稀少，产物无多，经济上不划算。（二）索伦山的木材运输在夏季几乎都赖于嫩江水流，这对铁路输送构成一大打击，维持营运更加困难。[2] 上述理由虽说风传，但在当时看来亦属实情。然而，主要原因还是在于经费问题没有解决，与“满铁”的借款交涉迟迟没有进展。

四、日方加紧行动

1927 年 6 月 22 日，日本“东方会议”准备会议上，陆军与外务省对洮索铁路问题仍有意见分歧。[3]“东方会议”（田中义一内阁于 6 月 27 日至 7 月 7 日，在东京露头外相官厅召开的会议，商讨吞并满蒙的策略）7 月 1 日的讨论中认为洮索线对东三省来说，在国防上、经济上都有利。除对俄有军事上的重要性以外，作为“满铁”的营养线也有经济价值。但是，同时可能危及日俄外交大局。因此，建议政府注视时局变迁，如情况允许，尽可能促其迅速实现。[4] 其实，无论军部还是外务省，对洮索铁路的修筑并没有意见相左，只是缓急上有分歧而已。

“田中奏折”之“新大陆的开发和满蒙的铁路”中分析称：

在中国自己建设的铁路方面，以吉林省政府的财力而言，不久将来即可建设运输能力强大的铁路，如果再利用奉天和黑龙江的财力进行铁路建

① 《洮索鉄道干系一件》，《洮索線敷設ニ関スル情報送附ノ件（一九二七、一、一五，洮南報）》，外務省外交史料館，戦前期外務省記録：F-1-9-2-41。

② 《洮索鉄道干系一件》，《洮索線敷設ニ関スル風説（一九二七、一、一六，洮南報）》，外務省外交史料館，戦前期外務省記録：F-1-9-2-41。

③ 宓汝成编：《中华民国铁路史资料（1912—1949）》，社会科学文献出版社 2002 年版，第 648—649 页。

④ 宓汝成编：《中华民国铁路史资料（1912—1949）》，社会科学文献出版社 2002 年版，第 652 页。

设，中国方面铁路的力量，不久将凌驾满铁之上，必然会产生激烈的竞争。然而，奉天省目前经济紊乱，除非我国出力救济，否则无力恢复。

我国利用这一时机，勇往直前以完成我国的修建铁路的目的，同时，如果再极力进行煽动，那时，他们也就没有能力开发满蒙了。[①]

从这一段表述可以看出，日本已经无意援助张作霖了，无论是洮索铁路借款，还是财政整顿借款。

田中认为，为获得北满的富源和中东铁路，不久的将来日俄必定发生冲突。此时，洮索铁路一旦建成，驻南满的日本军队就可以通过这条铁路插进俄国的背后，同时还能阻止俄军向北满增援。[②]

“东方会议”后日方提出了吉会（吉林—会宁）、长大（长春—大赉）、洮索（洮南—索伦）、吉五（吉林—五常）、延海（延吉—海林）、齐黑（齐齐哈尔—黑河）、新丘运煤铁路等七条铁路问题与奉天当局交涉，遭到抵制，没有结果。日本后来决定，由驻北京公使芳泽与张作霖直接交涉。[③]这一年6月，张作霖在北京就任中华民国陆海军大元帅，成为国家最高统治者。日本直接与张作霖交涉，意味着与中央政府交涉。10月中旬，日本与张作霖达成铁路承建意向，只是铁路线减少为五条，齐黑线与新丘运煤铁路，张作霖没有答应。

1928年5月13日，“南满洲铁道株式会社”与“中华民国政府大元帅张作霖”签订了《洮索铁路承造合同》。[④]从合同的规定来看，“满铁”通过人员安排控制了该铁路的承建、营运中的工程、财务等关键环节。东北当局也无力及时偿还借款及各项垫款，该铁路势必成为“满铁”既借款

① 宓汝成编：《中华民国铁路史资料（1912—1949）》，社会科学文献出版社2002年版，第655页。

② 宓汝成编：《中华民国铁路史资料（1912—1949）》，社会科学文献出版社2002年版，第655页。

③ 胡玉海：《近代东北铁路修筑权与铁路借款的交涉》，《辽宁大学学报》（哲学社会科学版）2014年第3期，第42—45页。

④《洮索铁路承造合同及其附属文件（日汉合璧）》，日本防卫省防卫研究所：中央–全般铁道—33。

又承建的铁路，通过联运合同也成为“满铁”的营养线。

然而，张作霖在该合同中并未盖大元帅之印，也未盖交通部印章，只盖其私人印章和批示：“阅。准行。”[①]同日以他个人名义签署的还有延海线承造合同。显然，以张作霖私人名义签署的两份合同没有法律效力。后来，日方要求交通部签署，但遭到拒绝。[②]1928年6月，张作霖被炸身亡。张学良主政东北后，致力于发展自建铁路，于9月将东三省交通委员会改组为东北交通委员会。该委员会编制了《东北铁路网计划缘起》，并指出收回“满铁”。但无法立即收回，故采取包围“满铁”的计划，将其“置于死地”。在实行自建铁路计划过程中，对张作霖与日本签订的合同则采取敷衍的办法推诿。[③]这时在东北各地也掀起了反帝护路的民众运动。日本的铁路悬案交涉没有任何进展。到了1930年年末，日本外务省只好承认洮索铁路等尚未签订正式承包合同的铁路“可全由中国自行修筑”，并表示：“对方如果希望，满铁可通过供应材料或其它方法予以援助。”[④]

五、张学良决定自建洮索铁路及其结局

在铁路自建的热潮中，洮索铁路经济方面的重要性突显出来。当时，铁路所需材料均取自“满铁”沿线，价格昂贵。如果洮索线铺设完成，可取材于索伦山，供应其他各铁路铺设需求。[⑤]1928年，内战停止，东三省当局施行裁兵，向边区屯垦，遂有兴安区屯垦之举。贯穿兴安区的洮索铁路将会极大便利移民开垦；国防上可阻止俄国势力南下、日本势力西进，

① 吉林省社会科学院《满铁史资料》编辑组编：《满铁史资料》第二卷《路权篇》第三分册，第1043页，第1046页。

② 胡玉海：《近代东北铁路修筑权与铁路借款的交涉》，《辽宁大学学报》（哲学社会科学版）2014年第3期，第42—45页。

③ 胡玉海：《近代东北铁路修筑权与铁路借款的交涉》，《辽宁大学学报》（哲学社会科学版）2014年第3期，第42—45页。

④ 吉林省社会科学院《满铁史资料》编辑组编：《满铁史资料》第二卷《路权篇》第三分册，第977—981页。

⑤ 《洮索鉄道干系一件》，《黒頂山炭及洮索線ニ関スル件（大正十五年十一月二十三日）》，外務省外交史料館，戦前期外務省記録：F-1-9-2-41。

也可牢牢控制东蒙，还能直通今蒙古国地区。正所谓此线“以北端延长至森林区内即为森林路，延长至国防线上即为国防路，延长至盐区即为盐运路”[①]。

1928年10月19日，张学良任命原奉军炮兵司令邹作华为兴安区屯垦督办，在洮安、索伦一带从事移民开发。邹作华根据建设洮索铁路计划，设立督办公署建设处，任命日本京都大学工科出身、原齐克铁路总工程师张魁恩为建设处处长。[②]11月19日，建设处派出路线视察团，由洮安乘汽车出发，经缸窑、葛根庙、佘公府、阿古营、二十家子、索伦、上木局子、金银库、牛凤台，于12月9日返回洮安。[③]此次测量非以洮南，而以洮安为起点，与张海鹏的测量有所不同。在邹作华看来，如同洮南为起修，地势有洼地亦有高地，需开凿隧道，而且路线长度多出35公里，多需款70万元左右。[④]

张作霖时期主要由洮辽镇守使张海鹏主导洮索铁路的铺设计划。但到了张学良主政时，该铁路计划的主导权转入兴安区屯垦督办邹作华手里。这一人事上的安排显示出张学良与张海鹏之间的某种嫌隙。张海鹏就任洮辽镇守使以后势力渐渐膨胀，也与邻近各旗的蒙古王公关系密切。黑龙江督军吴俊升与张作霖一同被炸身亡后，张学良任命万福麟为黑龙江军务督办。对此，一心想做一省督军的张海鹏非常不满。张学良对其不放心，安排邹作华带领三个团的炮兵在兴安区施行屯垦，“防范蒙古王公与张海鹏勾结起来作乱”[⑤]，张学良将军队裁而不撤，派往边区开荒屯垦，防范张海鹏，又震慑蒙古王公，一举三得。因此，洮索铁路建设理所当然地由邹作华负责。

关于兴安区屯垦公署所在地和洮索线的起点问题，张海鹏与邹作华有

---

① 兴安区屯垦公署秘书处编：《兴安区屯垦第一年工作概况》，兴安区屯垦公署1930年版，第160页，第274页。

② 兴安区屯垦公署秘书处编：《兴安区屯垦第一年工作概况》，兴安区屯垦公署1930年版，第30页；王贵忠：《张学良与东北铁路建设：二十世纪初叶东北铁路建设实录》，香港同泽出版社1996年版，第165页。

③ 兴安区屯垦公署秘书处编：《兴安区屯垦第一年工作概况》，兴安区屯垦公署1930年版，第274页。

④ 兴安区屯垦公署秘书处编：《兴安区屯垦第一年工作概况》，兴安区屯垦公署1930年版，第161页。

⑤ 陈志新、邵桂花、王玉玲：《中东路风云》，吉林人民出版社2000年版，第253页。

过一番争论。洮辽镇守使驻扎地洮南的官民也力争以洮南为起点，以免失去日后的繁荣。但是，东北政务委员会批准的《兴安区屯垦公署组织大纲》规定，公署“暂设洮安”，铁路也以洮安为起点。[①]然而，洮南官民并未放弃争取洮索铁路起点的努力。洮南商会筹11万元，农会筹10万元，其他绅商筹9万元，共筹30万元为该铁路铺设筹备费，再加上开工时提供150间房子的工人宿舍为条件，争取铁路起点。邹作华以洮南商民必须于7月31日前筹得款项为条件，同意洮南方面的要求。但是，届时款项未能筹齐，期限延至8月10日，仍无着落，邹最后决定由洮安开工。[②]

8月15日10时，在洮安东北约0.5公里处，即将来该铁路洮安站地点，举行了盛大的动工仪式。[③]9月9日，成立洮索铁路工程局，任命兴安区屯垦公署建设处处长张魁恩为局长。[④]路线测量工作6月初就已开始，进行到葛根庙时因洮南商民起争执，于30日停止测量。7月10日，改为由洮南测量，经王爷庙至佘公府，复以洮安为起点，测量队调回，继续之前由洮安测至葛根庙处接测，至王爷庙连接前线。[⑤]可见起点争执对测量工作产生了很大影响。

经费初步预算总额为560万元。由于所用的机车与车皮均由北宁铁路拨给，所以预算减少为400万元。[⑥]资金来源主要有二：1929年10月起，

① 兴安区屯垦公署秘书处编：《兴安区屯垦第一年工作概况》，兴安区屯垦公署1930年版，第19页；《洮索鉄道干系一件》，《洮南地方状況ニ関スル件（昭和四年三月二十二日）》，外務省外交史料館，戦前期外務省記録：F-1-9-2-41。

②《洮索鉄道干系一件》，《洮索鉄道起点問題ニ就テ（昭和四年六月二十二日）》，外務省外交史料館，戦前期外務省記録：F-1-9-2-41；兴安区屯垦公署秘书处编：《兴安区屯垦第一年工作概况》，兴安区屯垦公署1930年版，第162—163页。

③ 兴安区屯垦公署秘书处编：《兴安区屯垦第一年工作概况》，兴安区屯垦公署1930年版，第163页；“兴安区洮索线铁路开工典礼志盛”，《屯垦》1929年第1卷第2期，第57页；《洮索鉄道干系一件》，《洮索線ノ起工ニ関シ報告ノ件（昭和四年八月二十一日）》，外務省外交史料館，戦前期外務省記録：F-1-9-2-41。

④ 兴安区屯垦公署秘书处编：《兴安区屯垦第一年工作概况》，兴安区屯垦公署1930年版，第165页。

⑤ 兴安区屯垦公署秘书处编：《兴安区屯垦第一年工作概况》，兴安区屯垦公署1930年版，第284页。

⑥ 兴安区屯垦公署秘书处编：《兴安区屯垦第一年工作概况》，兴安区屯垦公署1930年版，第169—171页。

北宁铁路每月拨给10万元；兴安区放荒收入。[①] 其中也应包括沿线各站市场租赁收入。为此制定了《洮索铁路工程局沿线各站市场租领地亩章程》，规定："各站市场地亩，以地势之冲要偏简"，分甲、乙、丙、丁、戊、己六等，其租价每亩分别为现洋140、120、100、80、60、40元，租期三十年。[②]

所需材料与设备方面，于1930年1月5日，与"满铁"签订《洮索铁路轨条及附属品让渡契约》，向"满铁"购买每米64磅、110公里长的旧轨条，分期付款，如逾期无力付款，则改为三年期借款。枕木第一批由吉敦路线上订购了20万根。[③] 由于史料所限，钢轨与枕木后续订购情况尚不清楚。1929年1月，屯垦公署呈请张学良，由北宁铁路局拨给机车15台、客车24辆、货车340辆，均得到批准。但最后实际领到的车辆有机车3台、客车12辆、货车246辆。[④]

路基与轨道铺设工程均由中国企业承包。至1931年2月20日，总共完成了洮安至王爷庙的84公里。[⑤]

1930年6月，已完成的洮安至平安镇间建筑列车实行客运营业。1931年3月，洮安至王爷庙间实现客货运输，但是亏损，对工程款项并无帮助。[⑥] 北宁铁路从1929年10月至1931年2月，共拨款170万元。然而，1931年3月起拨款已经中断。据北宁铁路管理局与铁道部间的公文所记，张学良从中挪用了6月至10月及12月份的应拨款项共60万元用作东北军军费。

① 兴安区屯垦公署秘书处编：《兴安区屯垦第一年工作概况》，兴安区屯垦公署1930年版，第162页。

② 兴安区屯垦公署秘书处编：《兴安区屯垦第一年工作概况》，兴安区屯垦公署1930年版，第171—172页。

③ 兴安区屯垦公署秘书处编：《兴安区屯垦第一年工作概况》，兴安区屯垦公署1930年版，第168—169页；《洮索鉄道干系一件》，《洮索鉄道軌条及附属品讓渡契約（昭和五年二月五日）》，外務省外交史料館，戦前期外務省記録：F-1-9-2-41。

④ 兴安区屯垦公署秘书处编：《兴安区屯垦第一年工作概况》，兴安区屯垦公署1930年版，第278页；哈尔滨满铁事务所编，汤尔和译：《北满概观》，商务印书馆1937年版，第105页。

⑤ 哈尔滨满铁事务所编：《北满概观》，第103—104页。

⑥ 王贵忠：《张学良与东北铁路建设：二十世纪初叶东北铁路建设实录》，香港同泽出版社1996年版，第167页；哈尔滨满铁事务所编：《北满概观》，第107页。

其余3月、4月、5月、11月款项亦未能如期支给。[1]可见，由于款项被挪用，九一八事变爆发之前半年，洮索铁路工程已不能维持正常的施工进度了。

九一八事变爆发后，“满铁”受托经营东北铁路。“满铁”从1933年年初开始测量王爷庙至索伦线，于1934年年初开始铺设轨道。1935年11月1日，洮索铁路全线通车[2]。1937年7月17日，铺至温泉（阿尔山）。1941年5月铺至杜拉尔。1945年，日军撤退时拆毁了伊尔施至杜拉尔间的铁路。[3]

六、结语

20世纪20年代，日俄势力尚未深入洮索地区，但“满铁”已经计划在该地区修筑铁路。张作霖为防止日本势力深入，欲先一步修洮索铁路。但当时奉天金融混乱，以致洮索铁路建设不得不依靠外债。当借款交涉不成，该铁路建设只得被搁置。张学良主政后以本国资本修筑洮索铁路，但经费短缺，加之九一八事变爆发，以致修筑中断。

张氏父子的政策与用人的不同对洮索铁路的起点与路线走向产生很大影响。张学良主政后改变了洮索地区的权力格局，派邹作华主持兴安区屯垦与洮索铁路建设，压制其父亲所用的张海鹏。

铁路起点亦由洮辽镇守使张海鹏的驻地洮南变成兴安区屯垦督办邹作华的驻地洮安（今白城），使得相对偏远的洮安逐渐繁荣，并超过洮南，成为交通枢纽。

作者单位：山东大学历史文化学院

①《代电北宁铁路管理局等》，《铁道公报》1932年总248期，第29页。

②③编纂委员会：《科尔沁右翼前旗志》，内蒙古人民出版社1991年版，第434页。

论沙俄“借地筑路”是列强瓜分中国的产物

陈志新

在中国近代史上，有一个国家，几乎每次都在我们身上赚得钵满盆溢，让中国人民血流成河，它就是我们的恶邻——新老沙皇，民间戏称北极熊。正是这个贪婪狡诈的怪兽，曾不择手段地吞食中国一百五十多万平方公里的领土，又最先伸出侵略魔爪充当瓜分中国的急先锋。俄国佬摇唇鼓舌，在瓜分狂潮中，以相互援助和“共同防日”为借口，对清廷采取威逼利诱，迫使与之签订了一系列不平等条约和合同，攫取在中国“借地筑路”的特权，严重地侵犯了中国领土主权。

一、东铁是沙俄与列强瓜分中国的产物

中东铁路即中国东省铁路的简称，初称大清东省铁路或中国东省铁路，简称东清铁路。辛亥革命后改称中东铁路、东省铁路，简称东铁。东铁呈“丁”字形，由支干两线组成，全长2498公里。干线以今哈尔滨为中心，西起满洲里，东到绥芬河，是联结欧亚的西伯利亚大铁路的重要组成部分。支线北起哈尔滨，中经长春、奉天，直达旅顺，纵横贯穿奉、吉、黑地区。它是一条特殊铁路，其名称也有别于以铁路两端地名而名的铁路，是俄侵略中国妄图吞并东北、与列强瓜分中国、称霸远东的产物。它像一条毒蛇

盘踞在东北大地上，吮吸中国人民的血膏。

《中俄密约》与东铁。经过甲午中日战争的惨败，清廷的头目慈禧太后、李鸿章等已被日本帝国主义者的船坚炮利吓破了胆，患了严重的恐日症，一听到“鬼子”二字就紧张。而他们就是亲俄派。因此在沙俄诱逼下，李鸿章于1896年与沙俄签订《御敌互相援助条约》，即《中俄密约》，以下简称《密约》，计6款，可概括为两大部分。前3款规定了有关中俄两国对日军事同盟问题。后3款则涉及建筑东铁问题，并且是《密约》中的真正核心和要害。其中第6款规定：如果中国当局拒绝批准铁路合同，那么整个《密约》就不能生效。可见，东铁问题才是中俄军事同盟的基础和条件，而中俄对日军事同盟是一个地道的骗局。沙俄通过《密约》取得了在东北筑路和经理铁路的特权。《密约》是一个丧权辱国的不平等条约。

《密约》签订后，沙俄又乘隙于是年同清廷签订了《华俄道胜银行合同》和《中俄合办东省铁路公司合同章程》，以下简称《合同》，由前言和正文12条组成。前言规定，中国“以库平银500万两入股，与华俄道胜银行合伙开设生意，盈亏均照股摊认。中国现定建造铁路，与俄之赤塔城及南乌苏里河之铁路两面相接，所有建造经理一切事宜，派委华俄道胜银行承办”。[①]

东铁按约规定为中俄合办，系有限合资公司，属商业性质，中方为大股东。但同时规定，路成开车之日，由公司呈缴中国库平银500万两，有意把中国的投资一笔勾销。所以《合同》所有条款充分体现了俄对东铁的独占地位，切实保证其对该路的实际控制权。《合同》规定，东铁的建造和经理，由华俄道胜银行下属的东铁公司承办。该行实际是俄财政部分支机构。由此观之，东铁的建造和经理的实权是握在俄手里，以致后来在履行《合同》过程中，俄方单方面改变了东铁的法律地位。俄方任意曲解《合同》条款，已超越了《合同》规定的范围。中国丧失的主权远比《合同》规定的多得多，东北已变成俄国的殖民地。

《中东铁路公司章程》。《合同》签订不久，俄又单方面公布了他们

① 黄月波、于能模、鲍厘人：《中外条约汇编》，商务印书馆1935年版，第351页。

自己制定的《中东铁路公司章程》，事前并未同中方磋商，也未征得中国的同意，此《章程》是非法的。《章程》计30款。其中的各条款在《合同》的基础上，进一步加强了俄国对东铁的控制权。《章程》的30款中值得注意的有3点：

1. 中国准许东铁公司开采煤矿，无论合办或单独办理（第1款附注）；

2. 凡东铁租界内一切刑事民事诉讼各案件，由中俄两国当地官署按照约章会同审判（第7款）；

3. 由公司委派警员担负铁路界内秩序维护之责，并由公司特别制定警察章程。通过全路遵照办理（第8款）。

以上3点又一次表明俄国根本无视中国主权，随心所欲违反《合同》中的有关规定，使铁路公司不仅在铁路沿线，而且在整个中国境内享有经营一切工商企业和开采各种矿藏的特权。然而，俄国并未以此为满足，又把侵略魔爪伸向东北的南端。

《中东铁路支线合同》。继《旅大租地条约》和《旅大租地续约》签订后，1898年7月，帝俄又迫使清廷与之签订了《中俄续订东省铁路支线合同》，以下简称《支线合同》，凡7款。通过这款不平等条约，完全侵占了旅大及其所在地辽东半岛，使旅顺变成了俄的海军基地，于太平洋沿岸获得了不冻港。沙俄侵略势力由北部迅速扩展到南部。东铁干、支线纵横东北，联结欧亚两洲直至太平洋沿岸，整个东北变成了俄的势力范围。中国又丧失了部分主权。

二、东铁路局肆意践踏中国主权

东铁路局是殖民统治机构。依据《合同》规定，东铁董事会，即东铁总公司，应由全体股东大会选举产生。但因中国没有股份，所以俄国是东铁唯一的大股东，所谓全体股东大会选举纯属骗人。董事会是东铁公司的全权代表，举凡公司对东铁修建、经理营业的事务，以及编定公司营业簿、报告书等件，都归董事会管理。东铁总公司（董事会）设在俄京彼得堡，北京只是东铁分公司。

为直接管理铁路经理营业，以及在经理期间的各等工程，东铁总公司在哈尔滨设立了东铁路管理局，俄霍尔瓦特为局长。另设副局长 1 人。成立初期，设有办公厅、法律处、商业部、会计处、医务处、材料处、工务处、机务处、经理处、民事管理处和军事处 11 个部门。随着俄国在东北侵略势力的不断扩张，管理局又相继增设了矿务、船舶、地亩等10个部门。这21个部门直到1918年，大致没有变化，局长负责全面，另设副局长3人，协助局长工作。总之，管理局绝不是企业管理机构，而是一个货真价实的权力机关，是俄对中国东北地区进行殖民掠夺和统治的常设机构，与其他列强的总督衙门别无两样，是独立于中国主权之外的“国中国”。

铁路附属地行政权的丧失。东铁管理局秉承俄政府的意旨，无视中国的主权，以筑路、经理和防护为借口，篡改东铁《合同》中的各项条款，将铁路沿线的大片官、民土地划归已有。其中仅有很少部分土地用作路基、车站、仓库、附属工厂以及员工住宅等，而大部分土地被俄国划归为东铁的附属地，然后由铁路管理局划分地段，设肆招商，高价出租或出售，获取暴利。

按约，这些附属地仍是在中国有效管辖的范围内，是中国领土不可分割的一部分，并没有租给俄国。其行政主权理应归中国所有，这是无可争辩的事实。然而侵略成性的俄国佬，竟然歪曲《合同》中关于“凡该公司之地段”，“由该公司一手经理”的规定事实[①]，进一步行使铁路附属地的市政统辖权，后来竟将其行政统治权扩大到哈尔滨和东铁沿线其他市镇。

东铁沿线附属地司法权的丧失。俄国依据不平等条约在中国享有领事裁判权。在《合同》章程规定“所有铁路地段命、盗诉讼等事”，“由中俄两国当地官署按照约章会同审判”。[②]就是说，俄人可以在中国领土上为所欲为，不受惩处，而中国人之间的民刑诉讼也要由俄人参加审判和处理。可见，中国在东铁沿线的司法主权已丧失殆尽。

侵犯中国驻军权。据《密约》《合同》，俄国不但无权于铁路沿线驻扎军队，而且明确规定俄利用该路运送军队时不得中途借故逗留。建路初

① 黄月波、于能模、鲍厘人：《中外条约汇编》，商务印书馆 1935 年版，第 315 页。
② 黄月波、于能模、鲍厘人：《中外条约汇编》，商务印书馆 1935 年版，第 351 页。

期，俄对所派“护路军”尚有顾忌，乃雇用士兵组成护路队以掩人耳目。随着时间推移，俄肆无忌惮开始大批派遣正规军执行“护路”。[①]至1900年春，护路兵力计有步、骑兵27个连，4500人。到1911年，步骑已达3个旅，分驻在横道河子、哈尔滨等处。反而对进入附属地的中国军队做出种种限制。竟至发展到中国军队进入“铁路界内或搜捕及驻扎”，须经铁路公司允准。1913年，驻哈总领事照会黑省都督，声言今后中国军队不得擅进铁路地带或借道入蒙古，倘有军队经过，应由省都督申明理由，俄方同意方可准入。后来，连吉、黑的驻军数目和招募新兵，也须经俄方允准，真是荒唐绝顶。更有甚者，俄国军人经常到处抢掠财物、奸淫烧杀，无所不为，令沿线的中国居民苦不堪言。俄国正规军的进入是违反上述条约与合同的，是对中国主权的严重侵犯和践踏。[②]

中国设警权被侵犯。依据《合同》规定，“凡该铁路及铁路所用之人，皆由中国当局设法保护。”就是说，保护铁路维护沿线治安应是中国警察的权利和义务。而在俄人单方炮制的章程中，已剥夺中国在东铁区内的设警权，东铁自1903年告竣通车营业，俄警察机构便正式建立。俄方违反了《合同》的初旨。

三、东铁路局疯狂掠夺中国各种资源

铁路沿线大片土地被侵占。根据黑、吉两省《铁路购地合同》，俄在黑、吉境内，占去土地分别为206000垧、55000余垧。而在哈尔滨及铁路沿线共侵占官、民土地达200894垧，以上土地完全由路局土地科经营。被占的29%用于建筑、经理和防护铁路所用，其余的71%均高价出售或出租，获利达400多倍。路局或巧取豪夺，或低价强买侵占，民不堪命。1901年到1902年，俄借口在公主岭和辽阳西北关强占农户房园田墓，“减价强买”，给价不及市价的1/3，甚至不及市价1/100，致使大批农民无家可归，流离失所。俄地亩处也不得不承认，以此为俄人“开辟俄屯，专为俄人居住之

①《申报》，1903年12月18日第6版。
②《申报》，1913年10月15日第6版。

所”，[1] 东铁的附属地变成沙俄的殖民地。

借修筑铁路掠夺森林资源。吉、黑两省原始森林遮天盖日，木材质地优良。铁路动工后，大面积森林资源遭到野蛮掠夺和破坏。沙俄依据新的《伐木合同》规定伐木地段：吉林境内有石头河子、高岑子、一面坡；黑省境内有火燎沟、皮洛以、权林河。值得一提的是俄还获取了“木材之外卖权”，使沿线俄商开的林场比比皆是。与之相关的如松脂油厂、火柴厂、木材蒸馏厂等亦相继出现。[2] 据统计，俄国每年从吉、黑两省掠夺木材的价值约 1 亿银圆以上。

借修筑铁路大肆开采煤矿。早在俄勘测路线时，俄技术人员就对沿线及松花江两岸进行过煤炭普查。铁路动工后以需要煤炭为借口，开始开采铁路沿线的煤矿，遭到清廷拒绝。不久，俄国利用出兵东北之机，与中国签订了中俄吉、黑《煤矿条约》，取得了在吉、黑铁路沿线开采煤矿的特权，使开采优质煤合法化。此外，还以“租借”“合办”“收买”等方式霸占了奉天铁路沿线的煤矿多处。

攫取在东北经营工商企业的特权。沙俄在中国修建铁路，其目的正如毛泽东所说：列强还在中国经营了许多轻工业和重工业的企业，“以便直接利用中国的原料和廉价的劳动力，并以此对中国的民族工业进行直接的经济压迫，直接地阻碍中国生产力的发展”。[3] 东铁建成后，俄国资本家和东铁路局在铁路沿线的城镇建工厂、设洋行，利用中国资源和廉价劳动力，获取高额利润。而后，哈尔滨也出现了许多俄国的洋行和商店。俄国运往中国的商品价值：1895 年为 5047000 卢布，到 1906 年已达 57530000 卢布，即增加 10 倍。而从中国掠走的产品价值，则由 41567000 卢布增加到 97427000 卢布。仅 1911 年，沙俄利用东铁运往海参崴的大豆竟达 558377820 公斤。俄在哈尔滨开设的许多工厂，与日本竞争。尤以一面坡啤酒公司和哈尔滨浓满酒厂最著名。依据《合同》，俄国在中国的进出口

① 郑长椿：《中东铁路历史编年》，黑龙江人民出版社 1987 年版，第 279 页。

② 陈志新、邵桂花、王玉玲：《中东路风云》，吉林人民出版社 2000 年版，第 19 页。

③ 毛泽东：《毛泽东选集》（一卷本），人民出版社 1967 年版，第 592 页。

货物，按进出口税正税减 1/3 缴纳。[①]

控制东北航运事业。沙俄利用铁路控制东北陆路交通，通过航运操纵水上交通。根据不平等条约规定，中国的内河黑龙江和乌苏里江只准中俄两国船只航行。1871 年，俄国成立黑龙江汽船公司，在黑龙江、乌苏里江航行的船只，每年获利达几十万卢布之多。

援引《合同》第 4 款，俄国铁路公司以运送铁路器材为名，对松花江进行浚泄，另辟航路。后来建立船舶队从中获利。进而又令其船队开进中国内河嫩江及其县城，设转运公司，成立松嫩水上警察。这些都严重侵犯了中国的航权。加上俄在东北所获得的驻军等特权，东北已完全变成俄的势力范围。

四、苏联继承沙皇对东铁的控制权

苏俄政权建立后仍继承老沙皇的衣钵，在此既定方针的指导下，利用中国政局动荡，南北政权对立及北京政府腐败无能，于 1924 年 5 月签订了《中俄解决悬案大纲协定》和《暂行管理中东铁路协定》，后来还签订了《奉俄协定》，苏联真正获得了中苏共管东铁的实际控制权，继续侵犯中国主权。

日本觊觎东铁有年。东铁是沙俄在列强瓜分中国狂潮中攫取的，日本对此早已耿耿于怀，垂涎三尺急欲取而代之。日俄战争后，两个强盗不顾中国的反对，签订了无视中国领土主权的《朴次茅斯条约》。俄国将包括旅顺口、大连在内的辽东半岛租借权和东铁南线，及与此有关的一切权益转让给日本，加快了日本侵略东北的步伐。

1931 年，日寇发动九一八事变。中苏因中东路事件，中国边防军自卫反击苏军入侵而断交，苏政府非但不同情中国，反而乘人之危落井下石，向日本售卖中俄合办共管共有的东铁，助长了日寇扩大侵略的气焰。

1932 年 8 月 29 日，日驻苏大使向苏外交副人民委员加拉罕提议苏让

① 陈志新、邵桂花、王玉玲：《中东路风云》，吉林人民出版社 2000 年版，第 20 页。

出东铁。9月6日，加拉罕表示同意出让。[①]是年12月12日，南京政府与苏联恢复外交关系，但苏并未放缓售卖东铁的脚步。

翌年5月2日，苏外交代表李维诺夫，向日驻苏大使大田正式提出出卖东铁问题。5月9日，中国发表声明："根据条约的规定，关于东铁权利，系中国及苏联共有，非经中国同意，单方处理无效。"反对将东铁出售给中国政府以外的任何人，并向苏方提出抗议。[②]5月11日，李维诺夫通过塔斯社声称："北京协定和奉天协定，并未限制将东铁出售给在满洲行使……的现政权，况且南京政府事实上已经放弃了共有东铁的立场。在18个月的时间里……丧失了行使其权利的能力。……在法律上、道义上，国民政府没有权利援引这些协定。"[③]

6月26日，在东京，苏代表卡兹洛夫斯基与日举行售买东铁的首次会谈。苏首席代表称："为了彻底有效地解决对确保互相的友好关系和今后的发展具有重大意义的这一问题，将极其郑重地进行有关出让东铁交涉。"7月4日，苏、日、"满"三方在东京继续会谈。9月28日，仍继续商讨。

1934年4月26日，苏、日、"满"三方举行第6次东铁售买问题会议，并未达成协议。5月18日，日外相向苏驻日大使表示，希望苏在价格上再做出新的让步。6月28日，尤列涅夫奉命，向日外相声明，为使谈判迅速顺利结束，苏准备再作让步，将东铁的售价定为1.7亿日元。

7月30日，苏代表声明拒绝日方提出的关于东铁售买交涉的最后协定案。东铁售买交涉陷入停顿。8月18日、21日，苏、日先后发表东铁售买交涉经过的声明，相互指责。9月21日，苏、日、伪满恢复关于东铁售买交涉的会谈。苏方做出让步和妥协，将初定出售价2.4亿日元降至1.7亿日元。23日，日广田与苏大使商定东铁出卖价款为1.7亿日元，并制订协定和付款办法。26日，中国政府发表关于苏非法出卖东铁的声明。

1935年3月11日，中国政府就东铁出卖问题，通过驻苏大使向苏提

① 郑长椿：《中东铁路历史编年》，黑龙江人民出版社1987年版，第273页。
② 郑长椿：《中东铁路历史编年》，黑龙江人民出版社1987年版，第279页。
③ 郑长椿：《中东铁路历史编年》，黑龙江人民出版社1987年版，第280页。

出正式抗议。3月12日，苏塔斯社发表《关于草签出售东铁文件的通告》。苏、日两国狼狈为奸，不顾中国政府多次反对，耗时将近4年，终于达成肮脏交易，出卖东铁卑劣行径才告结束。

苏政府继续侵犯中国主权。1943年2月11日，苏美英3国首脑在雅尔塔会议上秘密签订一项协定，全称《苏美英三国与日本的协定》，简称《雅尔塔协定》。其主要内容是：在欧洲战争结束后2个月或3个月，苏对日作战，其条件包括：维持“外蒙古”（今蒙古国）的现状；大连商港须国际化，苏租用旅顺口为海军基地；中苏共同经营中长铁路；千岛群岛须交与苏联；等等。[①]

此协定是苏美英3国首脑背着中国签订、涉及中国领土主权的不平等协定，是美苏抛弃战胜国中国的利益重新瓜分世界的协定，对东方主战场付出巨大牺牲的中国极为不公和蔑视。斯大林以极端利己主义和大国沙文主义，不顾东铁早被其卖掉，旅顺口、大连租借权更是早已转让给日寇的事实，现又重新攫取过来。列宁在十月革命胜利后，曾发表声明谴责沙俄的强盗行径，表示要放弃归还属于中国的权益。斯大林背弃前任的承诺，而蒋政府为使苏放弃援助中共，对这样丧权辱国的协定竟以默认，并急切与苏联于1945年8月14日，签订了《中苏友好同盟条约》《中苏关于中国长春铁路协定》。“东铁和南满铁路合并为中国长春铁路，由中苏‘共同所有，并共同经营’；铁路所有权为中苏共同所有，平均属双方，任何一方不得以全部或一部转让……”早已被苏方卖掉的铁路“重签协定”，无耻，其贪得无厌可见一斑。[②]

苏军出兵对日作战，对中国是有帮助的。然而苏军把中国当成了战败国，奸淫烧杀时有发生，还把“北安—黑河、宁年—霍龙门、密山—虎头、绥阳—东宁、新兴—城子沟等线，以及沈安线的苏家屯至金山湾间复线等1500公里的钢轨、道岔、桥梁及机器设备，一律拆运回苏联。又把松花江上航行的150艘轮船开到苏联，全部扣留”[③]。

① 郑长椿：《中东铁路历史编年》，黑龙江人民出版社1987年版，第305页。
② 郑长椿：《中东铁路历史编年》，黑龙江人民出版社1987年版，第307页。
③ 郑长椿：《中东铁路历史编年》，黑龙江人民出版社1987年版，第309页。

1950年2月14日，中国与苏联签订《中苏友好同盟互助条约》，同时发布公告：声明1945年8月14日，中苏间所缔结之相关条约与协定均失去其效力。对于中国与苏联签订《中苏关于中国长春铁路、旅顺及大连的协定》，1952年9月13日，中苏两国政府发表中苏关于中国长春铁路移交中国政府的公告：应于1952年12月31日前，移交完毕。12月31日，中苏两国再次发表公告：苏联无偿移交给中国的财产包括“从满洲里站至绥芬河站及哈尔滨到大连及旅顺口的铁路基本干线，连同服务于该路的土地、铁路建筑物与设备，机车，及车辆修理厂、发电站、电话电报所、通信器材、线路，附属企业及相关企业机关，及中苏共管期间的财产”[①]。移交典礼在哈尔滨举行。从此，中国长春铁路（原东铁）回到中国人民手中。

作者单位：中共沈阳市委党校

① 郑长椿：《中东铁路历史编年》，黑龙江人民出版社1987年版，第317页。

试论张氏政权下的城市开发与京奉铁路的作用

上田贵子

曾被称为“奉天”的沈阳是张作霖张学良政权的政治中心，早在张作霖上台以前的光绪新政时期就开始了城市近代化进程。沈阳在从光绪新政时期至九一八事变的大约 25 年里经历了快速发展，人口从 177385 人[①]增加到了 612473 人[②]，政治经济方面的影响力逐渐增强，并对北京政权产生了一定压力。以东北地区的政治影响力为后盾，张作霖在稳定袁世凯过世后的混乱中发挥了重要作用，并因而担任了北京政府要职。在张作霖过世后，张学良又决定将东北政权合并入南京国民政府，这一举动使中国国内局势更加紧张。很多研究者都关注这一变革中轰轰烈烈的政治形势，但没有过多涉及这一过程中的社会状况变化。笔者一直以来关注这一历史时期沈阳社会变化[③]，将在本文着重分析铁路对社会变化的影响，并通过本文的分析，说明关注京奉铁路的必要性。

---

① [日] 外务省：《南满洲ニ於ケル商业》，东京金港堂 1907 年版，第 242—243 页。
② 宋则行：《中国人口——辽宁分册》，中国财政经济出版社 1987 年版，第 50 页。
③ [日] 上田贵子：《奉天の近代》，京都大学学术出版社 2018 年版，第 229 页。

一、铁路的影响之一：移民

（一）人口动态

在此讨论人口动态与铁路的关系。人口增加是铁路带给东北的影响之一。铁路的发展建设所引起的人口增长，给东北，尤其是沈阳这种大城市带来了不少的社会变化。前面所说的沈阳人口增加的时间段，就是自日本南满洲铁路公司成立及以后的25年。日方非常关注“满铁”带来的人口流动，并出版了《民国十六年满洲劳动移民》[①]《民国十七年满洲劳动移民》[②]《民国十八年满洲劳动移民移动状况》[③]《满洲劳动移民数量考察》[④]等报告。研究者以“满铁”的统计为主要资料，来研究人口动态变迁。研究指出1912年到1924年移民人数保持相对稳定，在20世纪20年代后半期这数字开始迅速上升，尤其在1927年、1928年和1929年达到顶峰。1931—1932年移民人口的数量大幅下降，导致这一变化的原因是九一八事变引起的政治混乱与社会动荡。总之，虽然其间受到战时影响，但可以得出的结论是在20年代以后移民至东北的人口大幅增加，每年大约有三十万的移民，高峰时甚至超过一百万人。

到东北的移民之中大多数是劳动者，并在农村以及矿山、工厂、港口、铁路等各种各样的产业部门获得了劳动机会。排除职业差异，这些劳动者大多来自沈阳周边尚未开始城市化的地区，还有一部分来自关内省份，以山东、河北为主。大多数劳动者的最终目的地并非是交通枢纽城市，但在抵达最终目的地之前，他们会选择暂时留在城市里。他们工作的繁忙程度是根据工作单位或者农时来决定的。到了年末，大多数人会返乡过年，但其中一部分人为了节省旅费或有时因拿不出回乡的路费，便会留在城市。那些不回家的人会选择到受冬天气候影响不大，例如矿井、工厂、铁路、

---

①《民国十六年の满洲出稼者》，满铁庶务部调查课，1927年版。

②《民国十七年の满洲出稼者》，满铁庶务部调查课，1929年版。

③《民国拾八年满洲出稼移民移动状况》，满铁调查课，1930年版。

④《满洲出稼移住汉民の数的考察》，满铁调查课，1931年版。

港口等劳动部门工作。还有一些人选择在交通中心的大城市里停留避寒，对于他们而言，沈阳就是一个非常好的选择。沈阳位于南满铁路干线（从大连始发）、京奉铁路（北京至沈阳）、安奉线（安东至沈阳）的交点，并且有铁路连通抚顺、海龙，对于劳动移民而言是非常重点的交通枢纽。随着东北政府的发展，沈阳在扩大市政规模、增建工厂、创造商机等过程中，为外来人口创造了大量就业机会，吸引来移民长期停留。

（二）移民问题与对策

在中国移民的研究中可以发现，移民在背井离乡找工作之际，多依靠同乡的关系。除了个人以外，会馆、同乡会等机构也会对移民提供帮助。这种同乡关系网可以作为移民在迁移过程的保障。奉天曾经有非常多的会馆、同乡会等机构，会馆例如山东会馆、山西会馆、江浙会馆、闽江会馆、安徽会馆、直隶会馆、江西会馆，同乡会有山东同乡会、山东黄县同乡会、山东招远县同乡会、河北临榆县同乡会、河北昌黎县同乡会、河北抚宁县同乡会、河北深县同乡会。[①]

然而，20世纪20年代奉天城市化的快速发展，同乡会等安全机构渐渐无法充分发挥其作用，导致了没有同乡人接济的移民的出现。这种移民的存在可以说是近代城市化产生的问题。到了近代，火车提供了比以前更加方便的长途移动方式。报纸杂志等各种媒体传达信息的速度比以前更快、更广泛，使得东北经济繁荣的消息被传播到了全国各地，吸引了许多曾安于故土的中国人离开家乡前往东北寻求新的生活。

向这些移民伸出了援手的机构就是奉天同善堂。奉天同善堂是左宝贵于光绪七年（1881）开设的慈善机构，其目的之一是接济移民，曾下设贫民收容所、施粥厂、济良所等部门。贫民收容所接受难民，施粥厂向难民提供食物，而济良所则负责照顾从外地而来的无依无靠的女性等。这里的移民分为五类：1. 在同善堂过冬，到了春天出去找工作的贫民；2. 没有劳动意愿的游民；3. 不能劳动的老人；4. 从妓院或家庭逃出的妓女、婢女妻妾；5. 被遗弃的婴儿孤儿。其中，同善堂给女性开设了女红、烹调等课程，

①［日］枝村荣：《奉天に於ける会馆に就いて》，《满铁调查月报》第13卷第10号，1933年。

并提供择配的机会。另外，增加了婴儿和孤儿在一般的家庭里被收养的机会。可以说，同善堂在女性和孩子的生活安定方面做出了很大贡献。此外，同善堂让游民贫民在自己掌管的工厂里学习，让他们掌握在近代社会生存所需技能。同善堂利用这种方法，让流动人口变成劳动力，并在城市里安定下来。

二、铁路的影响之二：城市化

（一）城市扩张

在这部分，笔者将从城市扩张的角度来分析铁路与城市化的关系。1909 年的《南满洲铁道案内》所刊登的地图，展示了大概 1907 年“满铁”奉天站修建初期沈阳街道的概要。1935 年出版的《实测最新奉天市街附近图》中可以看出有些企业及机构的名称里出现了“辽宁”的称谓，以及当时的城市规划尚未把铁西工业区等列入计划之中。根据这些信息，可以推测出九一八事变前的沈阳街道，并且可以了解在大约 25 年里沈阳城市的扩张过程。

虽然日本有不少对日方开发的“满铁”附属地的研究[1]，但是对中方开发的部分的研究甚少。因此本文着重关注的中方开发的部分，对研究沈阳城市的开发具有重要价值。[2]1907 年京奉铁路的沈阳站大致位于现在的皇姑屯站，“满铁”附属地还没有纳入城市计划，外城内有大量空地。而到了 1935 年，外城的土墙大部分被拆除，原来的外城之内的街区已经变得密集，外城之外的新区建设也不断扩大。例如，当时京奉铁路的沈阳站及车库位于外城的小西边门外，这里东接惠工工业区，西邻北市场为中心的商业地。另外，沈阳东站附近也有大片的街区，这里曾是张氏政权开发的新地区奉海市场。但是九一八事变时日方空军摄影的照片里没有发现建筑物，这说明九一八事变之前，沈阳东北部的开发尚未完成。另外有东北兵工厂周围的东大新区，是军事部门有关的街区，本文不予讨论。总之，

① [日] 西泽泰彦：《日本殖民地建筑论》，名古屋大学出版社 2008 年版。
② 孙鸿金：《近代沈阳城市发展研究（1898—1945）》，吉林大学出版社 2015 年版。

张氏政权下的重要开发街区之中，惠工工业区和北市场及周边区域，在1931年已经成为发展程度相当高的地区。而且京奉铁路沈阳站附近区域也受到铁道的影响而快速发展。

1. 以北市场为中心的杂巴地

北市场是位于1920年开发的商埠地北部的商业区。原来的街区占地面积只有0.47平方千米。但是这东侧有皇寺的杂巴地，开发建设后迅速发展成了繁华的商业区。此外，北市场附近建起了不少近代工厂，例如奉天纺纱厂、惠霖火柴公司、英美烟公司、冯庸大学工厂等。随着张氏政权下工业和交通近代化的发展，以京奉铁路的总站为中心这片地区成了沈阳生产力的中心。不过，杂巴地原本的街道特色，如小胡同交错的景象，依旧保存完好。

2. 惠工工业区

惠工工业区是以现存的惠工广场为中心，以及呈放射状的6条街道的区域，总面积达1400多亩。这片工业区是以电灯分厂、华北铁工厂、迫击炮厂等张氏政权支柱产业的工厂建设为契机发展起来的。这些重要企业都位于从京奉铁路总站到奉海铁路及兵工厂的铁路的附近。因此这铁路线是张氏政权的一个重要动脉。除了工业设施以外，菜市、市场、妓楼等生活功能也依旧存在。

市政公所在1924年把工业区的土地分为特等、上等、中等、下等四个等级，租赁各个等级土地所需的价格不一，例如按年租赁，特等每亩奉大洋50元、上等每亩奉大洋45元、中等每亩奉大洋40元、下等每亩奉大洋35元①。但是实际上，小资本者无法承担租赁这些土地的高额费用。1926年3月以前，小店铺月租只需要小洋4元②。而且1924年第二次直奉战争结束，沈阳经济开始呈上升趋势。不少的小资本工商业者在惠工工业区开始创业。

① 孙鸿金:《近代沈阳城市发展研究（1898—1945）》，吉林大学出版社2015年版，第176页。

② 沈阳市档案馆藏：《牌示工业企业区官房出租卷》，《奉天市政公所档案》JC35-730号。

（二）城市化的负面

1. 土地管理的混乱

自 1920 年开发的北市场和自 1924 年开发的惠工工业区都在快速发展之中，逐渐暴露了土地管理的问题。在进行同善堂的研究中，发现了一个具体案例。前文所述同善堂进行社会活动所用的资金中，房产租金占据了很大的比列。图 1 同善堂收入比例（以小洋为单位），可以看出 1917 年（民国六年）到 1922 年（民国十一年）的收入之中房租的比率越来越高。增加的原因有两个：一是房产的增加，二是房租的自然上升。增加的房产的大部分是位于北市场和惠工工业区的楼房。城市化的进程给同善堂提供了稳定的经济来源。[①]

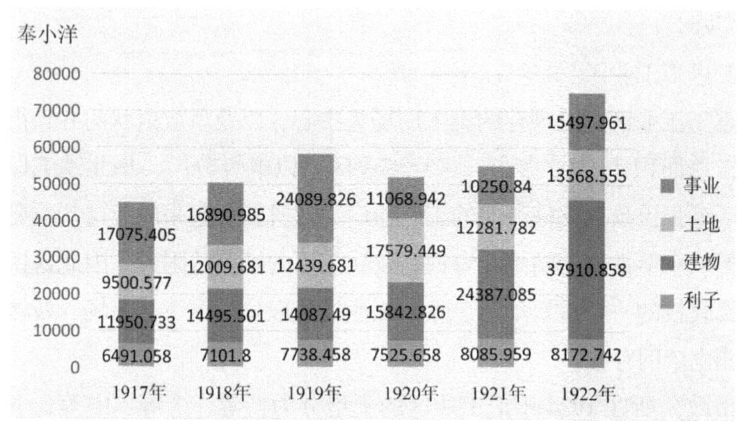

图 1 同善堂收入比例

但是，1929 年出现了房产登记和实际不符的矛盾。1917 年到 1928 年，同善堂在堂长王有台的管理下进行各种活动。他辞职后，辽宁省政府开始着手将同善堂改组为救济院，开始对财产进行调查。调查发现有的财产与登记的财产有出入，还发现尚未登记在册的财产。[②] 同善堂的不动产大部分是惠工工业区和北市场附近的房产及地皮。这份揭发了同善堂伪造房产

① [日] 上田贵子 :《奉天の近代》，京都大学学术出版社 2018 年版，第 282—290 页。

② 辽宁省档案馆藏：《查前任同善堂堂长王有台所有财产》，《奉天省公署档案》JC10-12413 号。

登记的调查公开后，王有台发表了声明，声称这些与登记不符的房产，有一部分是已经借出的楼房被焚毁租赁人私下搭建的房子，还有一部分地主没有给同善堂卖记录上的土地等[①]。这些与房产登记有关的问题，可以推测出北市场附近的未经批准乱建房子，以及土地所有者不想转卖土地的状况。这说明了，北市场对于不少人来说都是非常有吸引力的地区。

2. 小资本家的衰落

城市开发引起了不少的投机性经济活动。新开发地区可能有巨大的发展潜力，同时也可能遇到意料之外的萧条。资本实力不足的企业在新开发区投资创业可以说是投机行为。1926—1927 年，1929—1930 年期间沈阳经济陷入低谷。第一个时期是因为 1922—1924 年的“保境安民”政策停止后引起的社会动荡，奉天票的价格暴跌。第二个时期是世界金融危机导致了银价下跌。沈阳经济受到影响，部分企业宣告破产[②]。“满铁”奉天事务所分析过 1927 年 1—3 月破产的企业。分析这个调查，可以发现破产企业与新开发区之间的问题。

在 404 件破产案例当中，317 件是资本规模 500 元以下的小资本，另外 87 件是资本 500 元以上的，再分类 404 件，按开发地区的编号来归类的话，是第一区 47 件、第二区 51 件、第三区 51 件、第四区 71 件、第五区 125 件、第六区 51 件、地区不明 8 件。1927 年的地区分类上，惠工工业区位于跨越第四区和第五区的区域。当时这些企业在惠工工业区难以经营下去，其原因之一是惠工工业区的房租上涨——1926 年 3 月惠工工业区的房租从奉小洋 4 元涨为 8 元，12 月又将小洋改为大洋，即实际上将房租提高一倍。

1924 年开发初期的惠工工业区潜力巨大，吸引着人们前来投机。但是经济衰减导致高额的房租成了小资本家的沉重负担，难以维持经营。开发新区是一个城市发展的过程，也必然是一个难以预测的过程。

---

① 辽宁省档案馆藏：《王有台函》，《奉天省公署档案》JC10-12424 号。

②［日］上田贵子：《从私营企业倒闭看 20 世纪 20 年代后期的奉天经济》，《奉系·军阀与张作霖国际学术研讨会论文集》，香港同泽出版社 2006 年版，第 166 页。

三、小结

一直以来关注“满铁”的研究很多，但很少有人关注京奉铁路。CNKI 上用关键词“满铁”来检索有 1358 条文献，但是用“京奉铁路”“北宁铁路”来检索分别只有 63 条、25 条。其实本文所阐述的内容大部分是跟京奉铁路有关的。通过“满铁”调查东北人口流动可以发现，1923 年 38.8%、1924 年 50.0%、1925 年 45.3%、1926 年 35.7% 的流动人口是由京奉铁路到东北①。他们不管是暂时停留还是在沈阳找工作，都先在京奉铁路总站或者皇姑屯站下车。在总站下车的移民人口中，大部分会流入北市场的杂巴地。因此，对移动性劳动人口与周围的工业劳动需求之间研究也是很有意义的。

除此之外，从京奉铁路总站到沈海铁路及兵工厂的铁路的存在也值得分析。这条线沿沈阳的外城墙壁修建，穿过惠工工业区，连接总站与兵工厂、迫击炮厂、电灯分厂、华北铁工厂、沈海铁路。可以说，这片地区的产业直接与关内的北京相连。今后，笔者将对京奉铁路总站为中心的中方城市近代化及工业化的计划和实际情况进行进一步解析。

作者单位：日本近畿大学文艺学部

①《民国十六年の满洲出稼者》，满铁庶务部调查课 1927 年版，第 6 页。

张学良与东北铁路建设

蒋文祥

张学良将军不仅是伟大的爱国者，而且是东北新建设的倡导者和践行者。张学良主政东北前后，为东北铁路建设做出了卓越贡献。本文想就此做些研究与探讨，以求教于同道学者。

一、张学良主政东北前，代表军界担任东三省交通委员会委员期间，积极提倡和支持自建自营东北铁路，并下令督促修建了打虎山至通辽的打通铁路等各线铁路

张学良积极提倡和支持商民集资自建自营东北铁路。1924 年 3 月，在张学良支持下，郭松龄创办了奉天省第一家商办的开丰铁路公司，修筑了从开原至西丰的铁路。开丰铁路于 1925 年 3 月开工，到 1926 年 5 月竣工，历时一年零两个月。这条铁路是由张学良与郭松龄带头投资，联合奉天部分军政官员以及当地商绅共同投资修建的，也是东北第一条独立运营的商办铁路。

1924 年 5 月，张学良代表军界担任东三省交通委员会委员，负责并支持东北自建自营铁路。1925 年 3 月，东三省交通委员会颁布《东三省商办铁路条例》，积极鼓励商民集资筑路。《条例》规定：商办铁路公司不得借用外资，股票不得抵押给外国人，以免损失铁路权益。《条例》同时

规定：地方政府在治安方面对商办铁路公司给予帮助。

鉴于日本“满铁”在东北大肆掠夺各种资源，张学良下令，决定修建一条贯通南北，与南满铁路对抗的打通铁路。当日本“满铁”通过《交通公报》得知张学良决心修建打通铁路的消息后，立即电令当时在北京的“满铁”理事松冈洋右，要他设法阻止打通铁路的修建。

1926年8月，日本外务省训令日驻奉天总领事吉田茂表示，如果中国方面仍然不改变态度，即以书面提出严重抗议。对于日本方面粗暴无理的干涉，张学良则采取了一面应付搪塞、一面坚持修路的策略。

同年9月，吉田茂到访，张对吉田茂讲，现在并无计划敷设之事。如将来为开发奉省起见，经官府和民众提议兴修，事关内政，届时当斟酌情形为之。日本见干涉无效，于是采取强硬态度，向张提出强烈抗议。并在抗议书中声称，对于东北当局修建打通铁路，日本断难默视，让张饬令停止已着手的工程和今后的计划。但东北地方当局仍以一切听任京奉铁路当局或北京交通部决定为由搪塞，坚持继续修建打通铁路。后来，日本政府不得不以将来打通铁路不得延长到通辽为条件，自己找了个台阶下。事实上，就连这一点也没有让日本的阴谋得逞，打通铁路最终还是修到了通辽，使日本政府颜面尽失。

打通铁路，南起京奉铁路打虎山，北至通辽，途经黑山、秦家屯、八道壕、方山镇、新立屯、十家子、泡子、郭家店、彰武、章古台、阿尔乡、甘旗卡、伊胡塔、巴胡塔、衙门营子、木里图16个车站，全长254公里。

整个打通铁路沿途地势较为平坦，只有在黑山县方山镇的蛇盘山一段，线路坡度较大。全线跨度较大的河流有八道河子、饶阳河、柳河，其中柳河大桥全长达500米。章古台至巴胡塔一段50多公里，均为科尔沁沙地。相对来说，施工具有一定难度。

打通铁路全线区间各站，站舍均为欧式建筑，高大宏伟。至今还有不少车站，仍然保留原来的站舍。如秦家屯、八道壕、方山镇、新立屯等站。为提高打通铁路的运输能力，张学良还在彰武建立了工务段和机务段。1927年11月，打通铁路正式通车，平均每天约有15对客货列车通过。

打通铁路正式通车后，张学良又下令修建了从昂昂溪到齐齐哈尔、从齐齐哈尔到克山、从洮南到索伦的昂溪、齐克、洮索等铁路干线。至1931年九一八事变爆发，东三省交通委员会总计自建铁路1560.7公里。

打通铁路建成后，东北出现了两条与南满铁路竞争的干线。一条是以奉海、吉海铁路为主的京奉铁路东干线；另一条是以打通铁路为主，连接郑家屯、洮南、昂昂溪、齐齐哈尔的铁路西干线。

随着打通铁路的修建和正式通车，黑山、彰武、通辽、索伦等附近几百里地的矿藏、木材、农副畜牧产品，源源不断地运往奉天、吉林、齐齐哈尔等重要城镇，使日本南满铁路的客货运输呈不断下降之势。

二、张学良主政东北后，为与日本“满铁”展开竞争，采取本国铁路联运、商民货运减价、货运捐税减免、移民票价减免等一系列措施，并制订了铁路发展的三大干线计划

1928年6月，张作霖在日本人一手制造的皇姑屯事件中被炸身亡，年轻的张学良“未全而立，即负方面”，成为主政东北的最高统治者。

张学良主政东北后，大力倡导东北新建设。1928年7月，张学良在建设东北的各项方针政策中，再次确立了自建自营东北铁路的方针。同年，张学良改组重建东北交通委员会。10月，东北交通委员会路政会议确定了重点发展官商合办省有铁路的具体办法。

东北铁路系统分为三大主线：一是中国经营的国有京奉铁路，二是俄国经营的中东铁路，三是日本经营的南满铁路。在这三大铁路运输系统中，京奉铁路虽然是向英国借款修建，但仍为中国国有铁路；中东铁路虽然是俄国经营，但名义上仍为中俄合办；只有南满铁路，是日本独资经营，且一家独大。

张学良主政东北伊始，立即实行了本国铁路联运政策，组成铁路干线运输系统，打破了“东三省南受制于日本之南满铁路，北受制于俄国之中东铁路”[①]的艰难困局。

① 冷观：《东北之游》（续），《大公报》，1922年9月28日第2版。

1928年12月29日，在日蒋争夺东北的关键时刻，刚刚接替其父主政东北的张学良，毅然宣布“遵守三民主义，服从国民政府，改易旗帜。”[①]东北易帜，粉碎了日本妄图使东北从中国分裂出去的狂妄野心和不良图谋。

1929年，东北交通委员会即与南京国民政府铁道部协商，准备从沈阳直通客车到南京浦口，旋因中原大战爆发而未达成结果。1930年9月，张学良发出通电“吁请各方，即日罢兵，以纾民困”[②]，出兵助蒋平息了中原大战。11月24日，北宁线与津浦线实行联运，沈阳至浦口直通客运列车。这是当时中国最长的客运联运线路，也是中国最早的关内外两大铁路运输系统，使东北与华北、华东地区的经济文化联系进一步加强。

1930年10月10日，北平至吉林直通客运特别快车。北宁、沈海、吉海共出客车36辆，编成四列快车，每日由北平和吉林双向对开。特快列车挂有卧车、餐车、行李车和邮政车，设施配套，服务周到，设备齐全，堪称一流。

东四路联运，是由北宁、沈海、吉海、吉敦四条铁路干线组成的客货联合运输的大干线系统。北平至吉林、浦口至沈阳直通客运列车。东四路与关内津浦铁路联成运输网，沟通了关内外的经济文化联系，促进了东北地区的经济文化发展。

1928年12月，沈海路与北宁路正式实行客货联运，直通货车。1929年5月，沈海路又与吉海路签订联运协议，并于同年11月直通货运列车。

1930年4月，东北交通委员会在天津召开东四路联运会议，将国有吉敦路纳入本国联运干线。5月7日，东北交通委员会制定《东四路联运规章》[③]，规定北平至敦化直通货运列车，并对关内移民实行票价减免政策。

西四路联运，是由北宁、四洮、洮昂、齐克四条铁路干线组成的客货联合运输的大干线系统。通过北宁线的打通路支线连接国有的四洮路和洮昂路，组成东三省铁路网西大干线。

① 张学良：《东北易帜通电》，1928年12月29日，参见毕万闻主编：《张学良文集》（一），新华出版社1992年版，第150页。

② 张学良：《和平通电》，1930年9月18日，参见毕万闻主编：《张学良文集》（一），新华出版社1992年版，第316页。

③ 辽宁省档案馆藏：日文资料交通邮电类，第9号卷。

1928年11月，东北交通委员会在沈阳召开西四路联运会议，自12月3日开始实行沈阳至昂昂溪直通客货混合列车。12月中旬，北平至齐齐哈尔直通客运列车，实现了西干线客货联运。

日本南满铁路北自吉林长春，南至辽宁大连，纵贯东北腹地。加之车辆充足，管理完善，拥有强大的运输能力。且有大连港控制进出口货流方向，长期垄断进出口货物运输，在东北铁路货运中占有绝对优势。

为了与日本南满铁路抗衡，1929年12月，东北交通委员会发布训令："为挽回权利，增进营业起见，亟应办理联运。"[①] 宣布本国铁路干线实行全面联运，与日本南满铁路展开竞争。东四路与西四路通过联运改善管理，补充车辆，增强运力，在竞争中本国的铁路运输事业有了长足发展。

1930年11月，南京国民政府铁道部指示东北地方当局，由于货运价格已实行10余年，物价逐年腾贵，因此国有铁路货运价格可以大幅度增长25%。

1931年1月，张学良指示东北交通委员会致电南京国民政府铁道部，"运价一项，非但不能增加，正须设法核减"，因为只有实行减价政策，才能在与日本南满铁路的竞争中赢得优势和主动。

电报指出，"关内各路无外路之竞争，在相当范围以内运价可以自由增减。关外各路则均以出口之木材大豆等运输大宗，因有南满铁路纵贯其间，设备完全，运输便捷，加以大连港口独占优势"，"本国各路虽将运价竭力核减，犹难与之竞争"，"此时期如本国各路运价再行增加，则是为渊驱鱼，本国铁路营业势将益趋衰颓"。"东北各路营业互有盛衰，其兴盛者如呼海、沈海皆因沿线出产丰富，货运繁多，故年有余利，非因其运价较高"。"欲求铁路业务之兴盛，应以振兴沿线实业，增加出产为首途"[②]。因为只有振兴沿线实业，才能增加铁路运输收入。

与南京国民政府铁道部指示关内铁路货运大幅涨价25%的政策背道而驰，张学良指示东北交通委员会实行了减价竞争政策，货运价格比日本南满铁路还要低15%。

① 辽宁省档案馆藏：日文资料交通邮电类，第2670号卷。

② 辽宁省档案馆藏：日文资料交通邮电类，第7121号卷。

后来，南满铁路发现大事不妙，也将运价降到东北联运铁路货运的同等价格。这样一来，东北自建自营铁路的减价优势便不复存在。东北交通委员会认为，“为今之计，惟有将类似厘金之税捐一律减免，然后各路与外路竞争，营业可日渐发达”，“凡由外路（满铁南满路）运输之货物，皆无从抽收，而经过本国各路运输之货物，则非征不可”[①]。为了本国铁路运输的发展，必须扫除厘金和杂税障碍。

以张学良为首的东北政务委员会，批准了北宁线、沈海线、齐克线等铁路局减免铁路沿线厘金、过境税的请求，提高了东北自建自营铁路与日本南满铁路的竞争力。后来，张学良和东北政务委员会又批准了东北交通委员会关于减免入关货物商税的请示报告，对东北运往关内的货物减免原税金的60%。实行减免铁路运输货物捐税的政策，是张学良为首的东北政务委员会对发展地方经济和铁路运输事业所做的重大贡献，开了全国裁撤厘金的先河，推动了全国的裁撤厘金运动。1931 年 6 月，南京国民政府全面取消厘金制度。

由于东北自建自营铁路实现干线联运和降价吸货两大竞争政策，在与日本南满铁路的竞争中，取得了明显成效。南满铁路收益日渐下滑，从 1929 年的 7489 万日元，降到 1930 年的 5856 万日元，又降到 1931 年的 4818 万日元[②]。与其形成鲜明对比的是，沈海铁路的纯利润收益从 1929 年的 194 万元现大洋，上升到 1930 年的 314 万元，又上升到 1931 年的 457 万元。北宁铁路总收入更是从 1929 年的 3751 万元飙升到 1930 年的 38819 万元，货运收入占到总收入的 52.8%，纯利润占到总收入的一半以上[③]。无可辩驳的事实证明，张学良及其东北地方当局实行的干线联运和降价吸货政策，在与日本南满铁路的竞争中取得了巨大成功。

1931 年 4 月 16 日，东北交通委员会召集东北各自建自营铁路代表，参加盐运会议讨论运盐价格，规定运价不得高于南满铁路，4 月 20 日实施专价运行。各路代表认识到这是与外路竞争的需要，纷纷表示坚决拥护。

① 辽宁省档案馆藏：日文资料交通邮电类，第 7121 号卷。

② 满铁调查部：《满洲交通统计集成》，1935 年版，第 8 页。

③ 满铁调查部：《中国交通统计集成》，1939 年版，第 56 页。

张学良主政东北后，还对大量关内移民实行了票价减免政策。1929年6月，专门制定并公布了《东北开垦难民输送规定》：对于只身前来东北垦荒的农民，单身男子收三等客票价格的30%，单身女子收三等客票价格的15%；对于随行老人和12岁以下儿童一律免费；对于举家从关内移居东北的农民，亦一律免费乘车；对于移民携带的农具、行李和生活用品一律免费运送。票价减免的期限为每年农历正月到四月，即在春耕农忙时节移民人数最多时给予充分优待。[①]

1930年3月28日，张学良颁布《东北政务委员会为审查辽宁省移民垦荒大纲的训令》[②]，公布了《辽宁移民垦荒大纲》十三条。其中第四条规定："来东灾民搭乘国有铁路时，按照东北交通委员会制定之运送垦荒难民暂行章程分别减免，以示优待。"[③]

关内移民实际上就是大批难民。北宁铁路免费运送大批难民，就使运粮入关返回东北的空车派上了用场。"在铁路行车调运上，春季东北粮源拥运关内，出关列车多系放空。在此季回空，利用车辆运送难民，等于一举数得，铁路毫无亏损也。总之，此案于国家及地方之利益甚大，对于人民直接受益最多，而于铁路无损"[④]。

1930年4月25日，张学良指示东北交通委员会召开路政会议，制订东北铁路网发展计划，并规定自本周起每周召开一次专门会议。9月中旬，路政会议确定东北铁路网三大干线计划。

东大干线全长1623公里，从葫芦岛至吉林已成铁路760公里，从吉林经过五常、方正、依兰、富锦、同江至绥远，需要新建863公里。

西大干线全长1549公里，从葫芦岛港口起，经过通辽、齐齐哈尔至

---

① 辽宁省档案馆藏：《沈海铁路档案》，第7197号卷。

② 张学良：《东北政务委员会为审查辽宁省移民垦荒大纲的训令》（1930年3月28日），参见董慧云、张秀春主编：《张学良与东北新建设资料选》，香港同泽出版社1998年版，第360页。

③ 辽宁省政府：《辽宁移民垦荒大纲》，参见董慧云、张秀春主编：《张学良与东北新建设资料选》，香港同泽出版社1998年版，第361页。

④ 王奉瑞：《东北之交通》，参见沈云龙主编：《近代中国史料丛刊·续编》（第93辑）第929册，台北文海出版社有限公司1973年版，第44—49页。

拉哈 1549 公里，从齐克铁路向北经嫩江终点到黑河，需要新建拉哈至黑河 415 公里。

南大干线全长 1135 公里，从葫芦岛港口起，以北宁铁路的锦朝支线为基础，已建成铁路 159 公里，经过朝阳、赤峰、围场，终点到多伦诺尔。另一干线从朝阳经过承德至北平，需要新建 976 公里。

三大干线总长 4307 公里，支线总长 4070 公里，干支线总长 8377 公里，计划用 15 年建成。这是一个“包围南满，纵断中东”，自建自营发展东北铁路网的宏伟计划[①]。这个计划若能如期实施，将使日本帝国主义全面控制东北的“满蒙铁路网计划”彻底破产，后因九一八事变爆发未能如愿，成为张学良的一个遗憾。

作者单位：中共江苏省如皋市委党校

① [日] 安腾彦太郎主编：《满铁：日本帝国主义与中国》，御茶水书房 1965 年版，第 153 页。

东北铁路问题与奉系对外交涉

达温阳　赵菊梅

铁路既是现代化交通运输业中最重要的运输工具，也是国家经济发展的大动脉。近代，由于中国积贫积弱，铁路的建筑权、经营权和营运权被列强利用铁路投资特权制度加以控制，铁路衍化为了列强对中国进行经济侵略的工具。这一情形在东北地区尤为严重："北宁本借英款，中东有俄股，南满则为日所独占，当是时也，东北铁路殆非我有，交通之权为外人操纵"。面对日、俄、英等国把持路权并利用铁路扩张渗透的强烈刺激，东北人民热切盼望政府组织民众自建铁路，以抗衡列强侵略。张作霖主政东北之后，苦心经营，积极筹划自建铁路，取得了显著成就，也因此与日、俄（苏）展开了激烈的争夺和交涉。可以说，铁路问题是奉系和日、俄等帝国主义国家进行外交博弈的焦点所在，它贯穿奉系对外交涉始终，也是日本策划皇姑屯事件，炸死张作霖的重要原因。

一、张作霖主政之前东北的铁路现状

张作霖主政之前，东北的铁路运输基本由日、俄、英三大系统垄断。中东铁路原是沙皇俄国与清政府1896年签订的《中俄密约》之产物，始建于1897年，1903年正式竣工通车，全长2489公里。它的主干线西起满洲里，中经哈尔滨，东至绥芬河，支线自哈尔滨经长春、沈阳直达旅顺口，呈“丁”字形覆盖东北全境。1905 年日俄战争之后，日本攫取了长春至旅顺口段铁路及其支线及附属之一切权利，并将其改称为南满铁路。而长春以北的铁路则由俄国控制，仍称中东铁路。京奉铁路（又称北宁铁路）最初是由清政府借贷英国资金而修建的，它于 1912 年全线通车，并与由日本管辖的南满铁路接轨，由北洋政府交通部管辖。

日本方面，除了独占“南满铁路”以外，一直妄图以增加铁路权益为名不断扩大对东北的侵略。早在 1912 年，日本就向袁世凯政府提出了“满蒙五路”权益的要求，希望修筑四平街—郑家屯、郑家屯—洮南、开原—海龙、海龙—吉林、抚顺—山城（或兴京）五条铁路。但由于中国民众强烈反对和北京政府始终处于不稳定的状态中，日本的铁路计划最终落空了。

二、奉系与苏联关于中东路的交涉

张作霖主政东北期间，与苏俄展开了复杂的政治、军事、经济等外交博弈。简单来说，双方斗争的焦点主要集中在三个方面：一是关于中东铁路的问题；二是关于外蒙古地位的确立问题；三是表现在意识形态领域，张作霖作为中国旧军阀制度的代表人物和坚决捍卫者，对于苏联向中国输出革命，支持中国境内的民族革命运动及对冯玉祥国民军提供军事援助充满了敌意，并与新生的苏维埃政权展开了你死我活的对抗。

张作霖接手并直接面对中东铁路问题是在升任东三省巡阅使之后。1917 年俄国爆发了十月革命，沙俄旧势力将中东铁路及其附属区域当成了反布尔什维克和苏维埃的根据地。在这种情况下，当时的北洋政府则责成东三省巡阅使张作霖以确保协约国的军事运输为名，全面接管并控制中东铁路管理局及所属地区。张作霖接到命令后，立即调动军队，陆续收回了中东铁路之市政、司法、护路、警察、土地管理、教育、海关等利权，并强迫由俄国人控股的道胜银行签订《管理东省铁路续订合同》，规定由张作霖所部代表中方代行俄国政府东北地区的职权，直到中方承认的俄国新政府产生为止。

出于国家利益考虑，十月革命后的苏联政府，在不同时期，面对不同的形势，对中国及中东铁路也采取了不同的政策。1917年12月，苏俄政府宣布废除沙俄和一切国家订立的不平等条约，放弃在外国的一切特权，并说中东路可以中俄合办或由中国“赎回”。1919年7月25日，苏俄外交部长加拉罕发表了《对中国人民和中国北、南政府宣言》，希望与中国恢复邦交，也声明将无偿放弃俄帝国时代在中国东北及其他各处以侵略手段取得之一切权利。但到了1920年9月27日，加拉罕发表《俄罗斯苏维埃联邦社会主义共和国对中华民国政府的宣言》时，却对“不受任何报酬”地“返还中东铁路等财产”之内容只字未提。接下来，随着苏俄红军在远东地区的胜利，1922年赴华谈判的苏俄代表越飞与1923年使华的加拉罕本人，都开始否认第一次对华宣言中有“无偿归还中东铁路及其附属财产给中国”的内容。1923年9月，加拉罕与北京政府谈判时，在中东铁路问题上更明确宣布：“本代表鉴于贵国目前的形势，不能将中东铁路让与贵国，且不愿敝国在中国势力比他国薄弱”，并宣布“作为商业企业，中东铁路所有权属于苏联”。不仅如此，苏联还想通过中东路向外输出革命，它不仅在军事上给予张作霖的对手冯玉祥以军事援助，还在东北地区进行“赤化”宣传，这对张作霖而言是绝对不能容忍的。面对苏联的做法，张作霖实行了我行我素的政策：中东路管理局仍旧任用沙俄人员，盘踞在中东路沿线的反共白卫军残余也得到张作霖政权的袒护。

俄国十月革命后，新生的苏联政权无力东顾，中东铁路成了帝国主义竞相角逐的焦点，一度形成了由中、俄、日、美、英、法、意等“国际共管”的局面。但随着苏维埃政权的强大，在苏联红军的打击下，英、美、法、日等协约国军队相继撤兵。到1922年11月，持续了5年之久的中东铁路“国际共管”局面结束。苏俄开始与北京政府就中东路、外蒙古、庚子赔款等问题谈判，最终于1924年5月达成中东铁路由“中苏共管”的协议。由于中东铁路位于当时东北地方当局张作霖的管辖之内，为了能使该项协定顺利执行，1924年9月20日苏联政府又派代表与“东三省自治政府”的全权代表吕荣寰、郑谦签订了《奉俄协定》，重申了《中俄关于暂行管理中东铁路协定》。

中东路虽然为“中苏共管”，实权却仍然控制在苏联人手中。根据协定，中东路的理事会由 10 人组成，双方各 5 人，一切决议必须由 7 人参加，6 人同意方能生效。但苏联方面常常采取 5 个苏联理事全体缺席的方法，使得法定人数不足，中方提案不能通过，从而形成苏籍局长专权的局面。中东铁路所有重要职务、工作都由苏联人占据，路局局长则不经稽局批准，就可擅自用款。再加之中东铁路的文书多用俄文，货币使用卢布，所有这些，都使得中东铁路理事会形同虚设。尽管东北当局张作霖方面曾多次与苏方就中东铁路的管理问题进行交涉，但始终没有取得实质性的结果。以至于后来张学良主政东北后于 1929 年发动了旨在收回中东铁路管理权的“中东路事件”，但最终也以失败而告终。

三、英美对东北铁路的插手与奉系的态度

英国方面，1898 年英国获得关内外铁路借款权，修筑山海关以东干线，这是清政府第一次借用外国资本修建国有铁路。[①] 中国第一条清政府主持修建的铁路——关内外铁路，后称京奉铁路。京奉铁路最早修筑的是唐山至胥各庄段，全长 9 公里，是开平矿务局的专线，1882 年开始使用机车，此时只是作为开平矿务局的专属运输铁路。三年后，李鸿章主持设立开平铁路公司，以募集商股、发行公债等形式筹集资金继续由清政府出资修筑。相继向西至天津，向东至山海关。关外段修筑至中后所（今绥中）全长 65 公里，这是东北地区的第一条铁路。

1894 年，中日甲午战争爆发，修筑铁路工程被搁置，1897 年通车至绥中，关内延长至北京永定门。清政府定名关内外铁路。[②]1898 年，清政府借用英国由汇丰银行和怡和洋行组成的中英公司 230 万英镑继续修筑关外铁路。1899 年，沟营支线（沟帮子—营口）修筑完工。而此刻，沙俄极力反对中国的铁路向东延伸，因铁路有英国注资，英方出面与沙俄谈判，双方签订协约，关内外铁路只能修筑到新民屯，不允许继续延伸。1903 年，预计修筑的（山海关—奉天—吉林珲春）干线，只修筑到新民便宣告结束。

① 王贵忠：《张学良与东北铁路建设》，香港同泽出版社 1996 年版，第 1 页。

② 辽宁省档案馆藏：日文档案交通邮电类，第 3729 号。

张作霖主政东北时期，随着其势力范围的不断扩展，急需武装军备的增加，更亟待经济发展，以解决地方军用供给。而铁路交通不但可以盈利，且可以促进东北的粮食、矿产等物产运输和收益增长，还可以大量促进关内移民到东北，垦荒增税，扩充兵源。特别是在日俄垄断东北铁路交通运输的情况下，不仅没有收益，还处处受到制约如奉军搭乘“满铁”不得携带武器，武器必须单独统一运送，且运输费用居高等。为了摆脱日俄掣肘，抵御日俄瓜分蚕食东北的野心，张作霖从 1922 年发动第一次直奉战争开始，便积极与英国联系，5 月 11 日，张作霖以总司令兼奉天省省长的名义任命唐文高为奉榆铁路总局局长兼总务处长，任命英国人詹慕思·伊尔德（原沟帮子车务段长）为车务总管，柯拉克为副总长兼总会计。[①] 早在修筑铁路之前，张作霖和张学良就与英国在东北的人员关系密切。例如以政府名义拨款拨地，资助英国人司督阁在小河沿创办盛京医院和盛京医科大学。每年以政府名义给盛京医科大学助学拨款 2000 元，购买医疗设备，聘用医学院毕业生为军医。因此，张作霖在第一次直奉大战失利后，宣布东三省“自治”，东三省境内的海关税、盐税、国有铁路收入等一切财政收入归地方政府。英国对东北联省“自治”和财政自主并无异议，只是重申英国外借款抵押项目的所有权。可以略见，一方面体现了张作霖与英国之间的交好，另一方面张作霖也在试图依靠英国来实施拓展自建铁路的修筑。同时，英国也旨在通过张作霖实现扩大延伸他们在东北的路权与经济掠夺的目的。甚至张作霖为实现东北自建铁路网的构想，在建设施工时不仅聘用英、美等国的专家参与规划修筑，同时还向美国采购相关设备，让英、美在东北自建铁路里获得收益，并以此合作，破除日俄对东北修筑自建铁路的障碍。

四、奉系与日本的“满蒙铁路”交涉

日本方面，除了独占“南满铁路”以外，一直妄图以增加铁路权益为

---

① 奉天省公署档案第 3873 号卷。

名不断扩大对东北的侵略。张作霖主政东北之后，日本政府决定以张作霖为交涉对手，实现其夺取路权的阴谋。

张作霖为实现自己的政治野心，在统一东北和最初逐鹿中原的过程中迫切需要日本的支持，因此对日采取了积极合作的态度，使日本对东北铁路权益的要求得到了一定程度的满足。比如利用日资和技术力量修筑的四平街—郑家屯铁路于 1917 年通车；郑家屯—通辽、郑家屯—洮南两延长线的承建，也顺利达成了交易，分别于 1921 年、1923 年建成通车。1924 年 4 月，日本政府指派“满铁”理事松冈洋右赴奉天与张作霖会谈，开始交涉修筑开原—朝阳镇、吉林—敦化、长春—大赉、洮南—齐齐哈尔四条铁路。这时奉系正在积极准备第二次直奉战争，为获得日本援助，张作霖当即答应了日本的要求，责成王永江与日本进行谈判，并声明“当协商之际奉天省方面一定尽力斡旋”。

在东北的铁路计划得到张作霖默许后，日本变得更加野心勃勃。1925 年 9 月，日本政府指使“满铁”重新确定了从 1925 年起 20 年内修建 35 条线，总长 8828 公里的“满蒙铁路网计划”，肆无忌惮地干涉和破坏东北铁路建设。日本无视中国主权的强盗行径，激起了东北民众的强烈反抗。力量日益强大的张作霖也开始转换思路，决定在铁路建设方面采取“自立自强”的策略，以便从日本的控制中挣脱出来，获得较多的独立自主权。为此，以张作霖为首的东北地方当局制订了修筑东、西两大铁路干线的计划。其中东部干线由奉天至吉林，计划由奉天、吉林两省分别组织铁路建设机构，以海龙为中心，南段成立奉海路公司，由奉天省官民共同出资，北段在吉林成立吉海铁路局，由吉林省官民共同出资，皆任用本国技术人才，完全自主地分别建设由奉天至海龙、吉林至海龙的铁路，以完成奉吉交通干线。西部干线是从奉天至齐齐哈尔，此路中间距离甚长，以连通现有各条国有铁路为原则。奉天到打虎山利用京奉铁路干线，通辽至郑家屯利用四洮铁路支线，洮南以北则利用洮昂铁路干线，因此在奉天境内只需从打虎山站修筑一条支线到通辽即可，这就是后来有名的打通铁路。另外，以衔接四洮铁路及洮昂铁路最北之终点昂昂溪起，接修跨越通过中东铁路的昂昂溪站，以达齐齐哈尔，并达其更北之克山（最大产粮区）。此两大铁路干线都通过京奉铁路与关内相连，一旦修成，对东北经济、国防的前途有无限好处，势必会成为与南满铁路和中东铁路相抗衡的东北第三大铁路系统。

为加强对如此大规模铁路建设的领导，1924年张作霖组织成立了自建自营铁路的领导机构和执行机构——东三省交通委员会，并做出分段修筑、避免总体规划过早暴露、一概不用外资的决定。东北自建铁路的热潮开启后，很快先后建成打通铁路、奉海铁路、锦朝铁路、吉海铁路、鹤岗铁路、呼海铁路、昂齐铁路等。1928年年底，实现了东、西两大干线客、货联运，东北自建铁路网基本成形。与此同时，张作霖还计划开始修筑葫芦岛港，用以抵制日本控制的大连港口。

通过张作霖及东北官民的努力，在中国大部分城市没有火车站、大部分地区没有铁路的20世纪20年代，奉天城内居然出现了两座火车站，东北自建铁路长度也居于全国首位。尤其是打通铁路和奉海铁路开了东北自建自营铁路的先声，也打破了日、俄对东北铁路建设和运输的垄断。奉天境内的东、西两大铁路干线分别位于南满铁路两侧，可以减少与日本的摩擦，同时又与南满铁路争利。以奉海铁路为例，它沿途经过沈阳、抚顺、清原、海龙、东丰、辽源六县和山城镇、朝阳镇两个商业中心市场。这些地区的烟麻、粮产、森林、矿产等资源丰富，从前必须通过南满铁路运输，现在可转入奉海铁路运往外地。当时，奉海铁路每年运出农产品90余万吨，以大豆、粮食为大宗货物，占货运量70%。该路公司在建路的同时还投资自办了辽源煤矿和抚顺阿金沟煤矿，把土法开采的小煤窑群组成近代化开采的大煤矿。这些煤矿出产的煤通过铁路源源不断地运往沈阳、山城镇、朝阳镇等市场。奉海铁路运输的煤炭及工业品杂货，货源充足，保证了营业运输获利。另外，奉海铁路的建成通车也方便了沿途商贾、旅客出行，客运量逐年增加。1929年至1931年，铁路收入每年增长200万元现大洋。1931年，利润最多达457.6万元，相当于筑路投资的1/5，平均每公里收入1.5万元，是自建铁路中收入和利润最多的铁路。此外，奉海铁路还带动了沿线其他业务发展。如在车站等地开办印刷所、贩卖所、粮食交易所，兴办大市场、电报业务等，促进了官商合办矿业的发展，铁路沿线的农产品、药品、蔬菜、水果、禽畜、土特产及木炭、皮毛制品等的交易随着通车日益繁荣兴盛，给沿线人民生活带来很多方便。

东北自建铁路是抵制日本企图扩大在东北利权的具体行动，具有保护本国利权和收回利权的性质，日本对此深为不满。它认为东北修筑的铁路是“南满铁路平行线”，严重影响了“满蒙的权益”，扎漏了日本“满蒙生命线”的主动脉。因此日本多次向张作霖提出警告和抗议，但张作霖未予理睬，双方矛盾日益尖锐。

1927年6月，日本召开了“东方会议”，决定采取“满蒙积极政策”，以加强对张作霖的控制。为贯彻“东方会议”内容，日本决定扩大铁路权限，向东北提出建筑敦化—图们、长春—大赉、吉林—五常、洮南—索伦、延吉—海林五条铁路。其旨在把朝鲜同中国吉林、黑龙江两省铁路连成一体，以便日本直接侵入“北满”腹地。这一铁路修筑计划如果实现，日本向北运兵可以与苏联开战，向南战略物资运输源源不断，向东可与朝鲜铁路相接，日军可以在一日之内到达中国东北。显然，日本是想以推行“满蒙铁路计划”为突破口，实现其“满蒙分离政策”。“东方会议”同时决定，对张作霖要不惜采取高压政策甚至可用武力驱逐其下台，“代之以听命于日本的人物”。

“东方会议”之后，田中内阁先后派遣日本驻奉总领事吉田茂、驻华公使芳泽谦吉、南满洲铁道株式会社总裁山本条太郎，采取软硬兼施的手腕，与张作霖开始了“满蒙新五路”的交涉，要求东北地方当局借贷日资修筑敦图等五条铁路，企图重新控制东北铁路。

1927年8月4日，吉田茂与奉天省代理省长莫德惠交涉，要求东北当局立即停止自筑铁路，并威胁说如不接受此要求，日本将考虑禁止京奉线专用列车通过“满铁”附属地，南满铁路也会拒绝载运奉军。张作霖对吉田茂的强硬态度非常反感，表示“日方这样做的结果，只会使我排除万难，更多地自主修建铁路”。随后，日本又派遣“满铁”总裁山本条太郎作为首相特使与张作霖秘密会谈。山本选派与张作霖素有深交的江藤丰二和町野武马与张进行初步交涉。张作霖表示事关重大，断难接受。由于当时国内局势正处于以张作霖为首的北京政府和以蒋介石为首的南京政府之南北对峙阶段，江藤丰二于是威胁说：“如果你不合作，日本军队将要帮助你的敌人蒋介石。”张作霖听了踌躇再三，最终在江藤准备好的协议文件上画了几个圈，并一再叮嘱这只是预备性商谈，千万不要向外界透露。之后，张作霖找人对该协议文本进行了仔细研究，得知协议第十条规定：“本协议签字后，尚须派两国代表正式签字，方能生效。”也就是说，即使在这个文件上签了字，但协议仍属于没有履行完法律程序的文件，张作霖这才稍为释怀。

尽管如此，当山本条太郎亲自出马，强迫张作霖在《满蒙新五路协约》上签字时，53 岁的张作霖还是“蹒跚踉跄”，“一夜之间，憔悴万分”。张作霖坚决反对日本将密约变成公开正式的协定，并推托说如果那么做，势必会出现“国论鼎沸”，奉系将“不能保持其现在的地位”。后来迫于内外压力，张作霖在日方草拟的《满蒙新五路协约》上只签了一个“阅”字，最终也没有给予日本实质性答复。

由于张作霖没有答应日本及其“满铁”的“满蒙新五路”借款条约，日本军国主义分子觉得张作霖已然成了他们在“满洲”建立新国家的障碍，已很难再通过他推行“满蒙分离政策”。于是经过精心策划，1928 年 6 月 4 日关东军在“满铁”的密切配合下，制造皇姑屯事件，炸死了张作霖。可以说，皇姑屯事件的发生，主要根源就是日本在“满蒙铁路”的侵略权益上未得到张作霖之满足。

张氏父子主政东北时期，是中国自建铁路发展最快最繁荣的时期。同时，东北铁路也是外国势力瓜分中国的缩影。在东北这个极具战略意义、蕴含丰富资源的地区，以日俄为首的明目张胆的侵吞与垄断，英美为辅的择机而动无处不在的获利，加之清政府的没落与孱弱，连年内战，军阀割据，使得张氏父子在主政东北时期，能够斡旋其间，与俄、日、英、美等国博弈，实现东北自建铁路网的形成与良好运营，实属艰辛。因此，铁路修筑并不是单纯的路权问题，是大背景下，各方政治、军事的较量，关乎经济的获利，更关乎中国的主权与领土。

作者单位：张氏帅府博物馆

张氏父子关于东北路权展开的对外交涉——以“满蒙新五路”交涉为例

张伏露

列强对华外交政策中经济侵略是其主要手段，铁路作为经济侵略的重要载体，围绕其主权和利益产生的路权问题成为对外交涉的重要组成部分。中国东北地区由于其独特的地理位置和丰富的资源，多年来一直是列强争夺的焦点。因而关于东北路权展开的对外交涉自 1896 年到 1931 年就从未间断过，在这些对外交涉中以张氏父子主政期间展开的对外交涉尤为突出。“满蒙新五路”交涉作为张氏父子主政期间关于东北路权展开对外交涉的重要一页，加强对这一问题的研究，对于正确评价其采取的策略，了解张氏父子与日关系具有重要意义。

一、“满蒙新五路”的由来

“满蒙新五路”交涉又称“满蒙铁路悬案”交涉，是指日本在 20 世纪二三十年代为扩大其在满蒙的铁路权益，进而获得军事、经济、政治等权益，实现对华侵略政策，与张氏父子展开的交涉。

“满蒙新五路”交涉并不是日本关于东北铁路路权与我国展开的第一次交涉，日本早在 1913 年就曾与袁世凯展开“满蒙五路”交涉，在 1918 年与段祺瑞展开“满蒙四路”交涉。由于多种原因，“满蒙五路”与“满蒙四路”中的大部分铁路计划都宣告落空。日本并没有因此放弃，决定与东北地方军阀张作霖展开交涉，企图借张作霖之手实现其夺取铁路权益的阴谋。

为实现其阴谋，日本当局于1927年6月27日到7月7日在东京召开“东方会议”，提出“关于满蒙铁路计划的方针”。在这一方针中，提到了七条铁路线：长春—大赉；呼兰—绥化；奉天、铁岭间某一地点—新丘；通辽（白音太拉）—开鲁及其延长线；吉林—会宁（实际是敦化—会宁）；齐齐哈尔—昂昂溪；洮南—索伦。同时，对每条铁路线的现状、未来的开放状况进行了阐述。随即，日本政府于1927年10月15日提出了“七线协约”，并与张作霖交涉。张作霖在这七条线路中选择了五条，即敦化—老头沟—图们江，长春—大赉，吉林—五常，洮南—索伦，延吉—海林，这五条线路即为“满蒙新五路”。

二、张氏父子关于“满蒙新五路”的与日交涉

（一）张作霖与“满蒙新五路”承造合同的签订

日本先后派驻奉总领事吉田茂、驻华公使芳泽谦吉、“满铁”总裁山本条太郎与张作霖就“满蒙新五路”交涉，交涉过程中日方软硬兼施，张作霖、张作相等人表面上答应，实则采取拖延策略，以便争取有利时机。但迫于当时客观形势，张作霖等人还是签署了《满蒙新五路协约》及洮索等四条铁路的承造合同，出卖了部分铁路路权。

1.《满蒙新五路协约》的签订

1927年7月，田中义一委派“满铁”及驻奉总领事吉田茂就东北自建铁路、“满蒙铁路悬案”的问题与东北当局交涉。田中义一向吉田茂发出命令，要求迫使张作霖解决各项悬案，同意日本提出的“满蒙铁路计划”，如不接受，可采取一些措施：（1）拒绝东三省方面通过南满铁路进行军事运输；（2）停止对东三省兵工厂供应煤炭及其他各种材料；（3）禁止京奉线专用列车通过“满铁”附属地；（4）外务、陆军、关东厅、“满铁”共同体会政府之意图，拒绝东三省方面的要求；并严正声明，今后将对东

三省方面从各方面采取对其不利的措施。[①]“促使东三省方面深思反省”。吉田茂依照田中义一的命令，以强硬态度交涉，引起东北当局的反感，激化了中日矛盾，致使铁路交涉一度陷入僵局。

吉田茂与东北当局交涉无果后，日又委派驻华公使芳泽谦吉与张作霖交涉。此次交涉日方准备采取缓和的手段，如：（1）根据开发满蒙的根本原则，东三省方面热望修筑的铁路，只要不显著妨害日本的利益，应尽量容许；（2）公使于必要时可以声明，将尽量对中国方面放宽军事运输条件；并且当新建有日本参与的中国铁路时，将尽量设法不给中国方面造成不当的损失。[②]试图以怀柔的方法挽回局面。没料到交涉过程中爆发了大规模的反日、排日运动，日方十分恼火，要求芳泽展开严重交涉。同时，为督促张作霖“反省”，田中义一还通过让本庄繁以口头方式传达自己的意见，以逼其就范。迫于日方的压力，张作霖下令制止反日运动，并罢免莫德惠代理省长一职。但对于满蒙问题，则以军情紧急为由推托。

迫于当时南方新军阀等的威胁，张作霖感到自己仍需要日本帮助，于是向日方承诺，关于铁路交涉问题，将同“山本社长直接交涉。借款利息一事，可委诸杨宇霆与公使或山本社长交涉”[③]。随即山本条太郎开始与张作霖、杨宇霆在北京交涉。山本条太郎在正式同张作霖交涉前做了许多准备。他委托町野武马和江藤丰二协助其工作，这二人与张作霖较为熟悉，有着特殊的私人关系。江藤通过对张作霖游说，使张作霖做出了答应建造日本提出的七条线路中的五条的承诺。在得到此项承诺后，山本还送其夫人等到北京游览，其真实目的是探听张作霖的态度。山本的夫人到达北京后，张作霖及其夫人热情接待。山本得知此情况后，认为同

①《外务大臣田中给驻奉总领事吉田的训令》（1927年7月20日，第90号），吉林省社会科学院《满铁史资料》编辑组：《满铁史资料》（第二卷），《路权篇》（第三分册），中华书局1979年版，第919页。

②《外务大臣田中义一致驻华公使芳泽谦吉函》（1927年9月28日），宓汝成：《中华民国铁路史资料（1912—1949）》，社会科学文献出版社2002年版，第659页。

③《驻北京公使馆武官本庄致陆军省次官电》（1927年10月13日，第612号），吉林省社会科学院《满铁史资料》编辑组：《满铁史资料》（第二卷），《路权篇》（第三分册），中华书局1979年版，第947页。

张作霖谈判签约的条件已经成熟。于是在1927年10月8日从大连出发，于10日抵达北京，11日、12日与张作霖进行会谈，13日又与张作霖、杨宇霆会谈。会谈内容包括满蒙铁路问题、满洲治安维持方面的换文问题及日中经济协定问题。山本提出日本要修筑吉会、长大、洮索、吉五、延海、齐黑、新丘运煤线七条铁路，张作霖对后两条线表示反对，称：“齐齐哈尔—黑河线因情况不明，容调查后再议；新丘运煤线因我方已设有轻便线，故难予同意。”① 对其余五条表示可以接受。同时，张作霖还提出自行修建海龙—吉林线、吉会线及打通线铁路，山本表示同意。

基于以上会谈，1927年10月15日山本条太郎与张作霖在北京密商《满蒙新五路协约》草案，后经町野武马和江藤丰二略加修改后，张作霖签下“阅”字。但该契约不是正式契约，不具备法律效应。直到12月9日，日本总理大臣兼外交大臣田中义一与张作霖才正式签订大纲协约。

2. 洮索等四条铁路承造合同的签订

由于张作霖先前多次在答应日本要求后以各种理由推托，日本政府恐张作霖变卦，在协约签订之后，自1928年1月，双方开始就各条铁路的承造合同进行交涉。

在这一交涉过程中，张作霖屡次采取推诿、拖延的策略。他先是委派张作相签订承包合同。但张作相声称事关重大，须待南北战事结束后，回吉林与当地政府协商才能签字。张作相的态度引起日方的不满，在获悉张作相即为张作霖的代理人后，要求其指定合适的代表进行交涉。因而张作相又指定钟毓与日交涉，钟毓称自己没有正式签字的资格，对日方提出的在铁路承造合同上签字的要求予以反对。

鉴于时局的发展，张作霖后又命令潘复在合同上签字。1928年5月9日，江藤丰二与潘复会谈。潘复称交通部和交通总长的印章在常荫槐手中，常荫槐目前反对在合同上签字，同时为了保密，建议使用潘复的印章。江藤表示反对，于10日就此问题与张作霖商谈，希望张作霖命令常荫槐在

①《驻北京公使馆武官本庄致陆军省次官电》（1927年10月13日，第612号），吉林省社会科学院《满铁史资料》编辑组：《满铁史资料》（第二卷），《路权篇》（第三分册），中华书局1979年版，第947—948页。

合同上加盖交通部和交通总长印章。11日，江藤再次与潘复会谈时，潘复表示常荫槐态度已有所转变。12日，穗积来到张作霖官邸，会见常荫槐，双方就洮昂线、吉敦线的承造合同进行商谈。

随着张作霖权势的日益下降，日本更急于签订正式合同，于是向张作霖施加压力："倘使不将有关五路权利给予日本，则奉军如退回东北，将不许通过南满铁路。"[①]张作霖被迫于5月13日，在延海、洮索合同上加盖印章，并写下"阅""准行"的字样，称对于吉五铁路的合同，要等到罢免张作相后再盖章。同一天，交通部代理次长赵镇在吉敦延长线和吉大线合同上签字盖章。至此洮索等四条铁路的承造合同签署完毕。后由于赵镇代理次长的任命要在14日才能颁布，又将签字日期改为5月15日。

由于张作霖在交涉过程中采取拖延策略，使日本没有获得满意的利益，张作霖逐渐由日本的"好伙伴"变为其眼中的障碍。1928年6月4日，日方策划了皇姑屯事件，张作霖被炸身亡，所签合同也被炸毁，其与日本关于"满蒙新五路"的交涉也宣告结束。

（二）张学良与"满蒙新五路"的破产

张作霖被炸身亡后，日本企图引起混乱，制造事端，以武力占领东北的阴谋未能得逞，于是决定就"满蒙新五路"问题与张学良继续交涉。在交涉过程中，张学良采取了一系列抵抗和推诿的措施，抵制日本的无理要求，使得日方对其产生不满，悍然发动了九一八事变，至此"满蒙新五路"交涉宣告最终破产。

1."满蒙新五路"交涉的基本结束

面对张学良就任东北三省保安司令，开始主持东北大政的局势，日本田中内阁于1928年7月10日召开会议商讨对策。随后，日方多次要求张学良承认日本在东北的权益，履行其父生前与日签订的协议。日本先是于7月18日日本驻奉天总领事林久治郎会见张学良之时，提出商讨铁路问题，要求实行"满蒙新五路"协定。但张学良以文件已被皇姑屯的炸弹炸毁，没有根据，实行较为困难为由，巧妙地予以拒绝；随后在当年8月中旬，

① 宓汝成：《中华民国铁路史资料（1912—1949）》，社会科学文献出版社2002年版，第664页。

新任“满铁”理事斋藤良卫又要求张学良履行“山本·张作霖密约”，被张学良以“需要国民政府同意”为由拒绝；10月日本提出借款修筑长大、吉会路的要求。对此问题，张学良在10月3日通过与张作相等人商讨后，做出拒绝日本要求的提议。10月7日，保安会正式表态：保安会不承认新合同，即不承认日本与张作霖签订的合同。10月27日，日本驻吉林总领事川越茂致日本外务大臣田中义一函中也写道“关于此事张司令及奉天当局是以保持路权为前提的”，代理省长也曾说“日本方面将来再向我方提议时，我方进一步采取适当方法，不许损害吉林路权”①；10月31日，江藤丰二在致张学良的函中，再次催促张学良履行合同；11月5日，山本又就履行合同问题专程到沈阳与张学良会谈，但张学良都以民众反对、交通委员会反对等为由，一再拖延。

为摆脱日本的控制，张学良决定与以蒋介石为首的南京政府联合。在1928年12月29日，不顾日本的阻挠，毅然实行东北易帜。东北易帜后，日本派町野武马会见张学良，企图做最后的努力。12月31日傍晚，驻奉天总领事林久治郎秉承田中义一的指示，与张学良会谈两小时。林久治郎捶着桌子对张学良说：“突然易帜，等于宣告断交；日本方面现在看你的态度，必要时有采取断然措施的可能。”随后提出日本在满蒙的铁路权益，逼迫张学良让步。张学良则推托“外交问题是中央政府的权限”②，拒绝直接与日交涉。町野武马与张学良交涉失败后，转而与杨宇霆秘密商谈。张学良以“破坏统一，阻挠新政”为由将杨宇霆和常荫槐处决，给日本当头一棒。

1929年3月29日，斋藤良卫又与张学良会谈，就以下问题对张学良提出质问：（1）张学良关于履行合同的责任；（2）林总领事关于坚持进行测量和张学良的会谈；（3）合同所规定的期限；（4）张学良对松冈副

①《日本驻吉林总领事川越茂致日本外务大臣田中义一函》（1928年10月27日，第666号），宓汝成：《中华民国铁路史资料（1912—1949）》，社会科学文献出版社2002年版，第666—667页。

②《可注意之东三省铁路问题》，宓汝成：《中华民国铁路史资料（1912—1949）》，社会科学文献出版社2002年版，第676页。

社长的誓约。[①]张学良就这些问题回应道："就东三省来说，不仅张作相就是我也不能负责履行此项合同，所以尽管如何同我反复交涉，也不可能解决问题。原来此项合同是当时的中央政府——北京政府签订的，所以现在请向目前的中央政府——南京政府交涉。但即使向南京政府交涉，恐怕亦无成功的可能。"[②]对林总领事提出的强行测量表示不赞同；在5月15日合同规定的期限以前，问题绝无解决的希望；对松冈副社长并未约定命令张作相履行合同。并郑重声明东北政府坚决不签任何正式借款和承造合同，希望日方对中国采取友善态度。森岛则称："……张的谈话不过是拖延日本方面的借口。张学良对履行本合同之缺乏诚意。"至此，日本与张学良关于"满蒙新五路"的交涉基本结束。

2. "满蒙新五路"交涉的最终破产

张学良在与日交涉的过程中屡次持拖延、拒绝的态度，拒绝履行其父与日签订的承造合同，同时支持东北民众的保路运动，坚持自主修路，这一系列行为，使张学良日渐成为日本眼中实施侵华政策的障碍，于是日本决定放弃交涉，以武力占领东三省。

日本在实施武装占领东北之前，曾重新与张学良关于铁路问题进行过交涉。1930年2月7日，日方召开"拓务会议"，制定如下决议：对于张学良欲将满蒙外交权交于南京政府，日方将采取"外宽内严方法以反对之"，"强其仍以张学良为负责长官"[③]，以保持其在满蒙的特殊权利。对其自主修建铁路，采取干涉态度，以迫战求和策略，诱使与其协调满蒙铁道运价和货物吸收区域的限制，以保南满铁路和大连港的繁荣。

在田中内阁总辞职后，滨口组阁，币原再次就任外相。随后，山本条太郎也辞去职务，转由仙石贡继任，承担铁路交涉。1930年5月23日，仙石贡首次在张学良官邸与其会见，此次会见针对铁路问题并没有取得成

---

①《日本驻奉天代理总领事森岛致外务省电》（1929年3月30日），宓汝成：《中华民国铁路史资料（1912—1949）》，社会科学文献出版社2002年版，第676—677页。

②《日本驻奉天代理总领事森岛致外务省电》（1929年3月30日），宓汝成：《中华民国铁路史资料（1912—1949）》，社会科学文献出版社2002年版，第676—677页。

③《拓务会议及木村锐市说明摘要》，宓汝成：《中华民国铁路史资料（1912—1949）》，社会科学文献出版社2002年版，第682页。

效。后币原又主张由木村锐市同张学良交涉，木村在10月下旬到任后，于1931年1月22日，同张学良就铁路问题进行会谈。木村提出四个问题：①新线问题；②并行线问题；③铁路联运问题；④借款整理问题。张学良答复道：“要同南京政府协商，铁道问题不是地方的问题。”[①]2月27日，张学良告知木村由高纪毅与其交涉。3月6日，木村同高纪毅会谈，木村就上诉问题询问其意见，高纪毅以委托只限于铁路联络协定、整理借款两个问题，“就铁路事务的交涉，新线铺设、竞争线等政治外交不属于本职范围之内”为由拒绝。双方意见不一致，交涉再次暂停。实际上日方在交涉过程中对一些问题一拖再拖，其实际意图显而易见，就是以谈判来掩盖其发动军事侵略的真实目的。

随着奉系与日矛盾的不断加深，日本在1931年悍然发动九一八事变，至此“满蒙新五路”交涉宣告最终破产。

三、对张氏父子关于“满蒙新五路”与日交涉的评价

张作霖在与日本关于“满蒙新五路”交涉的过程中，既有妥协、屈辱的一面，也有反抗、维护国家权益的一面。张作霖在交涉过程中，受当时不利形势的影响，为维护自身的既得利益，对日方有一定的妥协。比如《满蒙新五路协约》和洮索等四条铁路承造合同的签订，使日本事实上获得了部分铁路的修筑权、工程师和会计的派遣权及铁路的监督营业权，带有出卖路权的屈辱性。同时，张作霖也深知将路权出卖给日本的严重后果，在交涉过程中也曾积极为维护国家利益而努力。比如在与吉田茂的交涉中，吉田茂态度强横，要求东北当局答应日本在临江设领事、立即停止自筑铁路等条件，并称如不接受上述要求，日本将考虑：“南满铁路拒运奉军；停止供应东三省兵工厂所需材料；禁止京奉线专用列车通过满铁附属地。”在这种威胁下，张作霖没有屈服，反而明确拒绝日方提出的无理要求，回应道：如日方这样做，“只会使我排除万难，自主地修筑铁路”；在签订

① 东北沦陷十四年史总编室：《东北沦陷十四年史研究》（第一辑），吉林人民出版社1988年版，第276页。

承造合同的过程中，张作霖、张作相等人采取的拖延策略，也是为了争取有利时机；张作霖还利用日本驻东北官员内部的意见分歧，成功地孤立了吉田茂；等等。这一系列行为都体现出张作霖为维护国家权益做出了努力。

张学良在与日本的交涉过程中采取推诿、拒绝的策略，较好地维护了国家利益。比如认为其父生前签订的协约是不平等的，拒绝承认、履行承造合同；支持和声援东三省人民的保路运动，在保路运动高潮中毅然决定实行东北易帜，通过人民与政府的有力配合，拒绝了日本提出的关于“满蒙新五路”的要求；坚持自主修筑铁路，尤其是主持修建了洮索铁路，洮索铁路是日本提出的“满蒙新五路”的重要线路，具有极高的军事价值，张学良也认识到了这一点，在拒绝日本要求的同时，在索伦一带“屯兵垦田”，给予日本以有力的回击。这一系列举措，有效地抵制了日本的无理要求，维护了国家利益。但其在交涉过程中的一些措施仍有不妥之处，如一味听命于中央政府的命令。

总之，经过张氏父子与各方的努力，“满蒙新五路”交涉以破产告终，挫败了日本侵略中国的阴谋，有效地维护了国家的主权和利益。我们应当正确认识和评价张氏父子在与日交涉过程中采取的措施，对其为此做出的努力和牺牲表示肯定和赞扬。

作者单位：辽宁大学

第二次直奉战争前张作霖关于东北路权等问题的对外交涉

苏 亮

奉系军阀张作霖在1922年的第一次直奉战争失败后，积极整军经武，以图再战，为此他便急需日本帝国主义者提供的大量财力、物力、武器装备等援助以及外交支持，同时使社会主义苏联不致威胁其东北统治老巢，使奉军可以全力入关作战，出于对奉系军阀集团根本利益的考虑，在东北铁路路权等方面对日、苏两国开展了一系列外交交涉，做出妥协，以确保其“入主中原”战略顺利开展。

张作霖统治时期，东北铁路密度居全国前列，但多掌握在日、苏两国手中。日本凭借南满铁路，不仅在经济上获取巨大利益，而且在军事上可以随时制约奉军的行动。奉军使用该铁路时，除当场交纳运费外，还须经日本驻奉天总领事和关东军司令部的批准；乘车时临时解除一切武装，枪支弹药另行托运；关东军对乘车之奉军有监督权；奉军的军需物资，需经关东军司令部批准后才准予运转；日方可随时中止其运输；等等。对于张作霖来说，这些苛刻的条件是难以忍受的。

日本政府内部在支持张作霖的问题上一直存在两种态度：一种主张把张作霖作为东北的统治者来扶持，所以反对他进军关内；另一种主张则是把张作霖作为全中国的统治者来扶持，因此极力鼓励他南进、扩张。第一次直奉战争时，这两种主张曾发生激烈争论，不过，由于支持张作霖向全国扩张的一派都是日本驻中国，特别是驻东北的官员，与张作霖有着直接接触的便利，所以这种主张一直占着上风。第二次直奉战争爆发前，这种主张占上风的情况仍然没有什么改变，张作霖通过他的日本顾问，多次向日本政府提出援助资金、供应军火的要求。他信誓旦旦地表示，对直系作战胜利后，日本在中国的利益将大大增加。

1919 年五四运动以来，中国国内各阶层反对日本侵略、要求收回利权的运动正日益高涨，特别是 1922 年以来，中国要求收回大连和旅顺的呼声越来越强烈。大连和旅顺是日本在辽东半岛租借地的门户，对日本进一步侵略中国，扩充在中国的权益具有举足轻重的地位，中国人民要求收复大连和旅顺，日本显然不会同意。也正是在这一关系到国家民族利益的重大问题上，张作霖为了讨得日本帝国主义者的欢心，露出了一副卖国奴才的嘴脸。1923 年 1 月，张作霖当面向日本南满洲铁道株式会社社长保证：他将不惜一切代价，用武力镇压任何要求收回旅大租借地的示威游行。他还表示，他将出面和北京政府磋商，希望北京政府出面来制止这样的示威游行。1923 年 2 月，张作霖在同自己的部下谈话时曾经指示：当今的形势下，无论做什么事情都要谨慎小心，以免惹起日本的怨恨。

在关于日本修筑洮齐（洮南至齐齐哈尔）铁路的问题上，张作霖同样表现了他的卖国态度。攫取东北铁路路权是日本在东北地区进行扩张的重要内容，1922 年，郑家屯至通辽的铁路修通后，日本通过和张作霖交涉，又开始修筑郑家屯至洮南的铁路，并定于 1923 年 11 月竣工。但日本并不以此为满足，大约在 1923 年 10 月，即郑洮公路即将开通之际，南满铁道株式会社又制订了一个更为庞大的发展东北铁路网的计划，即在 5 年内，修筑总长为 1163 公里的五条铁路。这五条铁路是：洮南至齐齐哈尔的洮齐路、开原至朝阳的开朝路、通辽至开鲁的通开路、长春至扶余的长扶路、吉林至会宁的吉会路。如果这五条铁路开通，日本的侵略势力将由辽东半岛辐射到整个东北地区。南满铁道株式会社将这一计划呈请日本政府，很快便得到批准。随后，南满铁道株式会社便向张作霖试探，张作霖表示：全部要求不敢贸然应允，但洮齐路的问题可以协商解决。

张作霖之所以不敢全部答应日本的要求，是因为全国特别是东北人民强烈反对日本发展铁路网的计划，他不敢冒天下之大不韪；而他之所以答应洮齐路的问题可以协商，则是因为他怕全部拒绝会得罪日本人，影响到自己对直系的复仇计划。洮齐路是日本计划修筑的五条铁路当中最为关键的，它的开通不仅对日本具有重要的经济价值，而且具有重要的军事价值——它是日本将自己的势力伸向东北北部的通道。当张作霖做出洮齐路可以协商的表态后，日本虽不完全满意，但也感到高兴，并立即加紧了活动，希望能和张作霖尽快签订关于修路的书面协定。1924 年 9 月 3 日，即第二次直奉战争爆发前几天，张作霖与奉天省省长王永江正式同日本南满铁道株式会社社长松冈洋右签署了洮齐铁路《建造合同》，后来为了避免引起苏联干涉，日本只将这条铁路修至距离齐齐哈尔 30 公里的昂昂溪。日本最急需在东北修建的一条军事通道就这样顺利提上议事日程。

张作霖不惜牺牲国家一系列权益的举措，换来了日本丰厚的回报。1922 年 10 月，日本关东军将储存于海参崴的包括大炮、炸弹、飞机等价值百余万的军火卖给了张作霖；1923 年 2 月，日本又将从意大利购买的存于天津的一批军火转卖给张作霖；1923 年 8 月，日本更是将价值近 400 万元的大批军火运至奉天；1924 年 5 月，为了引诱张作霖尽快签订洮齐路修筑合同，日本以贷款为名，一次性付给张作霖军费 200 万元；1924 年 9 月，日本预付洮齐路建筑费近 1300 万日元，其中大部分被张作霖挪作军费。

张作霖与苏联的关系则远不如与日本亲近，相反，由于苏联人在东北地区常常触犯张作霖的利益，他们的关系还变得很僵，以至张作霖不得不花去很多精力，部署重兵严阵以待，时刻准备迎接来自苏联人的武力挑战。所以，当张作霖决意找直系复仇，决意将奉系所有主力部队调往关内之时，不能不顾忌苏联人在后方的威胁，这种状况决定了张作霖此次从外交上接触苏联的目的，就在于怎样解除苏联人对自己后方的威胁。

苏联与张作霖矛盾的焦点在于中东铁路。1917 年以前，中东铁路的拥有权和经营权都属俄国人，但十月革命爆发之后，苏俄内部事务复杂，无暇顾及中东铁路，中东铁路的管理权、经营权被中国吉林地方当局控制，1919 年，张作霖驱逐吉林督军孟恩远，鲍贵卿在接任吉林督军一职的同时，也被任命为中东铁路督办，这标志着中东铁路的管理权、经营权落入了奉系军阀张作霖的手中。不过，由于苏俄国内事务的迅速解决，当苏俄再次把注意力集中到中东铁路上来后，奉系军阀对中东铁路的控制权再次受到了挑战。1920年10月2日，中、苏双方达成协议：中东铁路由中、苏两国共同管理。1923年9月，苏联政府代表列夫·加拉罕率代表团到达北京，与北洋政府谈判，在中东铁路问题上明确宣布："本代表鉴于贵国目前的形势，不能将中东铁路让与贵国，且不愿敝国在中国势力比他国薄弱"，"作为商业企业，中东铁路的所有权属于苏联"。1924年5月，中国政府代表顾维钧与当时的苏联政府代表列夫·加拉罕进一步在北京签订《中俄解决悬案大纲协定》，强化了中东铁路由中、苏两国共同管理的规定。该协定指出："中东铁路纯属于商业性质，除该路本身营业事务直辖于该路外，所有关系中国国家地方主权之各项事务，如司法、民政、军事、警务、市政、税务、地亩等，概由中国政府办理。苏联政府允许中国政府以中国资本赎回中东铁路及该路所属的一切财产。对于中东铁路之前途，只能由中俄两国政府取决，不允许第三者干涉。"按照这次协定，中东铁路理事会由中国人任理事长，但理事会成员人数两国均等；铁路日常事务由一名局长、两名副局长处理，但局长必须是苏联人，副局长中可以有一名是中国人；中东铁路的所有职员人数应按均等的原则从中、苏两国录用。这个协定虽由北京政府与苏联政府签订，但实际上，由于张作霖在1922年夏季实行了东北"自治"，所以，其中的中国权利实际是东北地方当局的权利，也就是说，中、苏对中东铁路的共管实际上是奉系军阀集团与苏联对中东铁路的共管。

张作霖如想解除苏联对自己的后方威胁，方法只有一个，即尽量放弃东北地方当局在中东铁路上的权利，以满足苏联独占中东铁路的愿望。事实证明，在第二次直奉战争爆发的前夕，张作霖的确是这样做的。中东铁路理事会理事长鲍贵卿很少过问该路事务，副理事长袁金铠更是在1924年提出辞职。这样，中东铁路的所有事务全部由苏方局长伊万诺夫掌管。伊万诺夫在独揽大权期间，根本没按照协议规定的有关条款来办事，如聘用职员方面，他尽可能多地聘用苏联人而排挤中国职员。1924年5月至9月仅仅4个多月里，俄方职员即由原来的10833人增加到11251人；相反，中国职员则从原来的5912人减少到5560人。财权、人事权完全由苏方掌握；铁路经营收入完全存入苏联的远东银行。对于伊万诺夫的越轨行为，奉天方面自始至终没有过问一句。

很明显，奉天方面对中东铁路管理权的忽视是张作霖指使的结果。无论是鲍贵卿或袁金铠，他们都不可能有玩忽职守的胆量。他们的渎职，很可能是张作霖授意的。而张作霖之所以这样做，原因再明显不过，那就是，他希望用放弃中东路管理权的“慷慨”，暂时消除苏联人对自己后方的威胁，以便自己全力投入再战直系、问鼎中原的战争。事实证明，第二次直奉战争一结束，张作霖便开始重新关注中东铁路，他向苏方提出收回中东路经营权、管理权的要求，要求将铁路收入平均存入中、苏两国银行，1926年甚至一度逮捕过拒绝运送中国护路部队的苏方局长伊万诺夫等。东北地方当局和中东铁路管理局的关系进入了一个新的紧张时期。

综上所述，张作霖在第二次直奉战争前对日、苏两国在中东铁路和南满铁路问题上做出一系列妥协，根本目的是争取日本帝国主义支持，稳住苏联，以全力对直系开战，争夺全国统治权，但这只是张作霖的权宜之计，在这场战争刚结束不久，他便开始积极酝酿自建东北铁路干线，于1924年成立自营自建铁路的领导机构和执行机构，即东三省交通委员会，开始筹建东北铁路网，王永江经与日本方面力争，于1925年5月，成立了官商合办的奉（天）海（龙）铁路公司，筹集资本奉大洋2000万元，官、商各半，修建奉海铁路。该路中经的辽源、西丰、东丰等地，是奉天大豆主产地。这条铁路的修建，为奉天主要经济作物大豆的出口提供了条件。张作霖以“自行筹款”陆续建筑了奉海（奉天—海龙）、吉海（吉林—海龙）、打通（打虎山—通辽）等铁路。一旦修成，足以成为与中东铁路、南满铁路抗衡的东北第三大铁路系统，打破日本长期垄断东北铁路运输和控制铁路干线的局面，对巩固东北边防和发展东北地区民族经济均具有重大意义。1925年12月，日本乘郭松龄反奉之机，向张作霖提出以承认1915年“二十一条”中有关东北的条款“五条”（“满蒙悬案”）作为出兵援张条件，张作霖当时表示同意，但事定之后，张作霖表示拒绝履行前约，显示了张作霖此时极力摆脱日本帝国主义控制和干涉的倾向。

张作霖在第二次直奉战争结束后开始在中东铁路和南满铁路问题上对苏联和日本政府渐趋强硬，为1929年“中东路事件”进而中、苏两国爆发战争打下伏笔，更因未满足日本相关侵略要求导致杀身之祸，说明了他是在中、日、苏三国在东北地区矛盾日趋激化的大背景中造就的一个极为复杂的人物，不能简单地以出卖国家主权的卖国贼或爱国主义者而论之，而应看到这是张作霖以奉系军阀利益为核心采取策略的结果，也是当时中、日、苏三国在东北地区利益博弈的必然体现。

作者单位：牡丹江市博物馆和烈士纪念馆管理处

张学良主政东北时的铁路问题及对策研究

邓普迎

东北地区处在东北亚地区的中心位置，土地肥沃，资源丰富，开发较晚，成为外国势力入侵中国的重点地区之一。晚清以来，邻国俄国、日本一直觊觎东北大地。在列强的争夺中，铁路一直是其争夺的焦点。近代东北地区的铁路修筑，早期基本被俄国和日本控制，俄日两国通过在东北地区修建铁路，对东北地区进行殖民扩张，将其势力范围不断扩大，其结果是东北地区名义上是中国的领土，“实则几无我国容足之地”。[①]1903年，沙俄趁清政府风雨飘摇之际，迫使清政府同意其在东北修筑中东铁路，以中东铁路为抓手，俄国在东北境内派遣了大量的所谓护路军，将中东铁路附近的区域划为自己的势力范围。日本对俄国在东北的特权早已垂涎三尺，1905年3月，日俄在奉天开战，昏庸的清政府竟宣布中立，俄国战败后，日本趁机占领奉天，取得俄国在中东路南部长春至旅顺段以及大连港的所有权益。不久，日本又改建安奉铁路。1906年，日本在东北设立南满洲铁道株式会社，简称“满铁”。日方对外宣称成立“满铁”是为了管理南满铁路，而实际上，“满铁”是日本在东北地区进行政治、经济、军事等侵略活动的指挥中心。

1918年9月，张作霖被任命为东三省巡阅使，他利用日本的势力控

①《日俄战争后东三省考察史料》(上)，《历史档案》2008年第4期。

制了奉、吉、黑三省，成为奉系首领。奉系执掌东北大权后，受路权回收思想的影响，希望建设属于中国人自己的铁路。张作霖采取“以路实边”的政策，希望通过修筑铁路发展东北地区的经济，打破东北铁路建设由俄国和日本独霸的局面。

1924 年 5 月，张作霖主持成立东三省交通委员会，张学良以军代表身份参加委员会，并担任东北交委会委员。交委会制订了发展东北铁路系统的东北铁路网计划，拟以奉天为中心区域，以东、西两大干线为两翼，辅以其支线，形成东北地区的铁路网系统，希望借此发展以本国资本、本国技术为支撑的自主铁路，收回路权。日本方面从一开始就对东北自建铁路持强烈的反对态度，经过艰难交涉方做出让步。1925 年 7 月，东北方面主持修建奉海铁路，1926 年 8 月干线竣工并正式通车。1928 年春，各支线基本完工。在张作霖带领下，东北地区出现了自建自营铁路的热潮，六年间共修建铁路 1334.3 公里。

1928 年 6 月 4 日，张作霖在乘坐火车返回奉天途中，于皇姑屯被日本关东军炸致重伤，被送回府邸后当日即死去。为了稳定局势，防止日本有所动作，东北方面秘不发丧。6 月 18 日，张学良秘密返回沈阳，到 6 月 21 日，张学良顺利继承其父职位后，东北方面才对外界公开张作霖的死讯。

张学良主政东北后，为了提升东北地区的政治、经济和文化水平，消弭邻邦野心，大力推行东北新建设。张学良深知：“经济是一国命脉，经济上不能复兴，政治上就永远没有独立自主的一天。”[①] 在东北新建设中，张学良尤其重视经济建设。发展经济，交通先行，铁路建设本身就是一种经济行为。因此，张学良主政东北后，继续实行张作霖的铁路政策，完成并扩大之前的铁路计划，东北地区铁路建设继续稳步向前推进。1928 年 7 月 30 日，张学良改组东三省交通委员会，扩大了交委会的权限，提高了交委会的级别。改组后，交委会由东北保安司令部直接领导，成为与东三省平行的机构。此外，进一步确立了自建自营和独立发展东北铁路的方针，接管了东北境内除日本独资如南满、安奉两条铁路外的所有路线，并参与

① 唐德刚、王书君：《口述实录张学良世纪传奇》（上卷），山东友谊出版社 2002 年版，第 271 页。

中苏共管的中东铁路的监督管理。在张学良的主持之下，东北交通委员会继续经营自建铁路事业。据统计，在1928—1931年张学良统治时期，共修建国营、省营、省商合办铁路910.8公里[①]，沉重地打击了“满铁”势力，使其收入大幅度降低。

一、抵制日本“路权交涉”阴谋

日俄战争后，日本基本控制了东北地区的铁路权益，通过债权控制路权，间接地将东北地区纳入自己的殖民体系内。1922年以前，东北地区基本没有独立自主的铁路。奉系执掌东北后，开始力争独立自主修筑铁路，用以抗衡日本统治下的南满铁路体系，东北铁路的投资和管理结构发生重大变化。当时，东北地区的铁路有三种类型，分别为国有的京奉铁路、中俄共管的中东铁路和“满铁”经营的南满铁路。1925年后，张作霖决定不再借用外资，尤其是日资修建铁路，而是全力以赴自建自营铁路，日本对此十分恼火，采取各种“路权交涉”加以阻挠。1926年10月，日本逼迫张作霖签署“满蒙新五路”协约，张作霖采取他的一贯作风，各种搪塞、拖延。1928年5月17日，当日本威逼张作霖退回关外，并再次拿出“满蒙新五路”交涉案时，张作霖声色俱厉地说道：“我这个臭皮囊不要了，也不能做这种叫子子孙孙抬不起头来的事情。”[②]

皇姑屯事件后，张学良临危受命，接替其父的职位，主政东北。当时，东三省的保路运动正在如火如荼地进行。10月11日，哈尔滨人民团体和东省特别区各机关通电张学良，说明日本借款筑路有军事侵略阴谋，希望他拒绝日本的无理要求。14日，张学良回电：“诸君之爱国热忱实堪钦佩……今后必将根据东三省公约，付诸公决。”[③]张学良认为人民保路请愿是“民意所归”，所以对东北地区的保路运动采取支持的态度，坚持外

① 金士宣、徐文述：《中国铁路发展史（1876—1949）》，中国铁道出版社1986年版，第417页。

② 周大文：《张作霖皇姑屯被炸事件亲历记》，《全国文史资料选辑》（第5辑）。

③ 满铁：《调查时报》第8卷第11号，第47—49页。

交“以不损利权”的原则，尊重民意，独立自主地发展东北铁路网。日本方面对此十分不满，以张学良为对手发动第二次外交讹诈，拿出与张作霖签署的《满蒙新五路协约》要求张学良履行。该协约是张作霖碍于战事紧迫，故意搪塞而为之的。张作霖仅以私人名义签“阅”、“准行”等字样糊弄日方，有意在制造法律程序上的疏漏，以备日后如真有抵制不果，尚有与日方周旋甚至毁约的余地。所以张学良并不承认此协约，与日方一直都在僵持交涉之中。

1928 年 7 月，“满蒙新五路”交涉在沈阳和吉林继续进行，日方曾派人多次向张学良提出兑现秘密协议，并威胁说要“武力测筑”①，路权问题已经处于白热化状态。张学良同日本方面代表进行了数十次艰难交涉，申明东三省人民反对借款筑路的意愿，“要我答应日本的提议，是根本不可能的”。②10 月 3 日，张学良、张作相、常荫槐召开会议讨论这一问题，会议最后决定拒绝日本的要求。10 月 7 日，常荫槐向江藤丰二说明：“保安会并未承认新合同”，交通委员会必须坚持自建铁路的方针，因此，不能向日本借款按日本指定的线路修筑铁路。12 月 5 日，张学良以对日交涉不利为由，逮捕了陶尚铭，亲日派赵欣伯等意识到形势不利，迅速逃至大连。东北地区浓厚的反日气氛，为张学良的对日交涉提供了一定的政治资本，在此背景下，张学良对日方提出的要求履行“满蒙新五路”的纠缠，坚决予以拒绝。1929年3月29日，张学良与“满铁”理事斋藤良卫会谈时声明：“就东三省来说，不仅张作相就是我也不能负责履行此项合同，所以尽管如何同我反复交涉也不可能解决问题，即使向南京政府交涉，恐怕亦无成功的可能。”③随后，张学良又明确表示东北当局决不签正式借款和承包合同，并希望日方采取中日亲善的态度。到此，“满蒙新五路”的路权交涉问题基本结束。

---

① 宓汝成：《帝国主义与中国铁路（1847—1949）》，上海人民出版社 1980 年版，第 628 页。

② 原安三郎：《山本条太郎传记》，第 623—645 页。

③ 日本外务省编：《日本外交年表及主要文书》（下册），第 128—129 页。

二、试图收回中东路路权

甲午战争后，沙俄威逼清政府签署了《中俄密约》，随后，又与清政府签署了中俄《合办东省铁路公司合同章程》。1897年沙俄开始修中东铁路（时称东清路）。中东铁路呈“丁”字形分布。1903年全线通车，西线从满洲里到哈尔滨，接西伯利亚铁路；东线从哈尔滨至绥芬河，可至海参崴；南线自哈尔滨至长春，三线共长2800余公里。中东铁路表面上是“中俄共管”，但实际管理及收益均由沙俄独霸。俄国十月革命后，为了维护对华关系，在第一次对华宣言中承诺放弃沙俄在中国的特权。到了1920年，国内政局稳定后，苏俄又宣称“俄国对于中东铁道其所有财政上及经济上之利益，预须设法维持”[①]。于是，中东铁路就成为中苏关系中的“顽疾”。张作霖时期，奉方加强了对中东铁路的控制，1920年10月，张作霖采取强硬手段，收回了中东铁路部分权利，俄方因国内问题严重而无暇顾及，故对此采取默认态度。1924年9月20日，东三省自治政府与苏联签订了《奉俄协定》，根据协定规定，中东铁路成为中苏共同经营的商业性企业。同时，依据协定，俄国对中东铁路的权利期限由80年减少到60年，并规定自签约之日起，中国有权赎回。这在法律层面上肯定了中国政府的赎路权利，为国家争回不少权益[②]。但直到张作霖被炸身亡也没有全部收回铁路的控制权。

张学良主政东北后，中苏交涉会议已经中止。苏联政府对中国方面的态度越来越蛮横，苏联籍中东路官员独揽大权，不但不同意修改之前的俄不平等条约，还想扩大苏联方权利。1927年下半年，苏联政府和日本秘密签订了《中东路草约》，消息暴露后，日方辩解：“苏联所让者为属于俄方之权利。其属于中国方面之权利，依然存在，绝对不受日俄让渡之影响。”为了避免中东路被苏联转让给日本，同时为了收回路权，提高东北的地位，

① 中国第二历史档案馆：《中华民国档案资料汇编：第3辑》，江苏古籍出版社1997年版，第732页。

② 林军：《1924年奉俄协议及其评价》，《北方论丛》1990年第6期，第43页。

在南京国民政府推行“革命外交”路线形势以及全国掀起的废除不平等条约和收回主权运动的影响下，张学良雄心勃勃，欲通过收回路权显示自己的能力，在中东路路权争夺问题上，对苏方采取了强硬措施。

1929年年初，东北方面强行收回了中东铁路的路权。4月，东北当局就中东铁路的权益问题向苏方提出严正交涉，遭到苏方拒绝。5月27日，张学良以第三国际在苏驻哈尔滨总领事馆内秘密集会，宣传共产主义为由，派人袭击了苏联驻哈尔滨总领事馆，此会议违反了《奉俄协定》[①]。事件发生后，苏联外交人民委员会远东司司长29日约见了中国驻苏联大使馆代办夏维崧，口头提出严重抗议。南京政府外交部部长王正廷对此态度强硬，复电夏维崧要求后者拒绝接受苏方抗议。[②]7月5日，蒋介石致电张学良，指示其坚决收回中东铁路主权，不惜以断交为代价。实际上，南京国民政府在1927年年底即与苏联公开断交。7月10日，东北方面又派军警查封了苏联在哈尔滨市的国营贸易机关和中东铁路沿线工会，逮捕了上百名苏方职员。同时，张学良命令哈尔滨特区行政长官张景惠以及中东铁路督办吕荣寰，要他们强行收回中东路权。7月13日，苏联外交部向南京国民政府发出最后通牒，抗议中方违背中苏现行条约，声明三日之内倘不得满意答复，“苏联政府迫不得已，将取用他种方略，以防卫苏联原则上之权利”[③]，同时，苏方在军事上也积极采取行动。

7月17日和7月24日，苏中两国政府先后宣布绝交。苏联宣布与南京政府断交后，寻衅开战。8月6日，苏联组成特别远东军，轰击中苏交界地区的中国村镇、县城及车站口岸等。张学良紧急抽调8个旅的兵力分往各重要口岸驰援。10月12日，同江战役爆发，苏军凌晨出动飞机25架、军舰10艘、机关炮车40余辆，后又增派骑兵约800余名、步兵3000余名，向同江东北军守军发动大规模进攻。东北军海军江防舰队顽强抵抗后几近

① 转见张友坤、钱进主编：《张学良年谱》（上），社会科学文献出版社2000年版，第366页。

②《外交部复夏维崧代办电》（1929年5月31日）、《王正廷致张汉卿兄电》（1929年5月31日），台北“国史馆”外交部档，0624.20/5050.01—01，1074、1076。

③ 称道：《中华民国外交史资料选编（1919—1931）》，北京大学出版社1985年版，第540页。

全军覆没，东北军方面惨败，无奈之下与苏联签订城下之盟——《中苏伯力会议议定书》。议定书签订后，中东路战争结束，中东路恢复原状。张学良发动“中东路事件”的本意是为了收回中东路的路权，提高东北的地位，但是由于对国际形势判断的失误，在使用的方法和选择的时机上不合时宜，过早地暴露了东北军的弱点，以致酿成一大错误，反而让日本坐收渔翁之利。

三、加快修筑自建自控铁路

在抵制日本路权交涉阴谋的同时，东北方面制定各项政策，加紧修筑自己的铁路。在筹措资金上，国营的由京奉路投资，省营的由省政府投资，官商合办的由省政府与民众共同投资。1930 年 4 月，张学良领导东北交通委员会。在他的主持下，委员会制订了《建设东北铁路网计划》，计划在十年内修建铁路八千公里，降低日本控制的南满和安奉两路的经济收益。从铁路网计划的出台可以看出东北地方政府“总览交通行政，期以最近期内完成东北铁路网，树立交通自由之基”①的雄心壮志。与此同时，张学良还计划在五年内建好葫芦岛港，作为三大干线的中转站和出海口，并逐步建立独立的铁路联运网。

1. 加快修筑自建铁路

为了抵制南满铁路，张学良加紧修筑自己掌控的铁路。自建铁路就是铁路修建所使用的资金不与列强发生关系，完全通过中国中央和地方政府以及民间力量筹措。1928 年，打（虎山）通（辽）、奉（天）海（龙）和吉（林）海（龙）铁路相继通车。此后，1928 年 7 月开始修建齐克铁路，由干线齐齐哈尔至泰安和讷河支线、昂齐支线和榆树线组成，1930 年开始营业，全长 129 公里，其他支线路线长度较短，分别在 1928 年至 1929 年两年之间完成。1929 年，策划修建洮索铁路，以洮安为起点，怀远镇为终点，全长 84 公里，后由于九一八事变爆发不得不中断修建。同年 5 月，吉奉铁路北段吉海路开通，并与奉海路实现了客货车联运。其间，延长了沈海路

① 东北文化社年鉴编印处：《东北年鉴》，东北文化社 1931 年版，第 374 页。

的支线，完成了吉海铁路后期工程，自建铁路网不断完善，有力地冲击了南满铁路和中东铁路对东北铁路的垄断局面。据统计，1929 年 4 月 1 日至 1930 年 1 月底，南满路的收入较上年度同期减少 2667 万元。[①]

2. 改善各路运输业务，降低价格，增加铁路收入

铁路的客货运输能力，关系铁路的收益，而运输能力又与车辆的质量息息相关。当时，东北自有各路车辆均较为缺乏，且老化现象也十分严重，尤其到了冬季，各路线货运十分紧张，以致各站货物堆积如山。为了满足日益增加的客货运输量，各路线注意机车车辆的添设和完善。在提高运力的同时，东北自建自营铁路还实行减价政策，让利于民。资料显示，东北自建铁路的货运价格比南满铁路大约低 10%，增强自有铁路与南满铁路运输竞争能力。东北当局还采取减免铁路运输货物捐税的政策，1930 年 6 月，张学良和东北政务委员会批准了东北交通委员会关于减免入关货物商税的请示，开免除铁路货运厘金之先河。除了降低货运价格，对闯关东的移民实行减免票价政策。1930 年 2 月，东北政务委员会公布《辽宁省移民垦荒大纲》，定："来东（北）灾民，搭乘国有铁路时，按定（照）东北交通委员会制定之运送垦荒难民暂行章程，分别减免，以示优待。"同时，鼓励各铁路自建工厂以增加营业收入，一批与铁路相关的工厂、公司逐渐设立。

3. 实行东北国有铁路境内联运

铁路运输联运是发展交通事业和服务社会的重要举措。东北自建铁路一开始是各局分立，一条铁路设一个铁路局。这样就造成了管理分散，直通列车很少，运输成本高，运输效率低。旅客如长途乘车，需要多次购票、换车，运货也得倒车，大大降低了铁路运输效率。铁路联运则可以改变这种不利局面。

1929 年，东北地区的自有铁路实行东四路联运和西四路联运。东四路联运是北宁、沈海、吉海、吉敦四条铁路干线组成客货联合运输车辆直通的铁路运输大干线系统。北宁、沈海、吉海共出客车 36 辆，组成四列特别快车，每列快车挂有卧车、餐车、邮政和行李车，设备齐全，每日由

① 《日本新满蒙政策》，《新东方杂志》1930 年第 1 期，第 15—18 页。

北平和吉林对开客运列车，运行时长34小时。1930年10月30日，津浦路全线恢复通车。11月24日，浦口至沈阳直通客车开行。西四路联运是北宁、四洮、洮昂、齐克四条铁路干支线组成的客货联合运输的干线系统。1928年11月，东三省交通委员会在沈阳召开西四路联运会议。1929年12月25日，西四路联运轨道和设备修复，立即直通联运货车。

综上所述，张学良主政东北时期，面对日俄强邻的虎视眈眈，在铁路政策方面，进一步抵制日本的路权交涉阴谋，继续推行张作霖时代的自建铁路方针，防止外国势力独占区域铁路。自办铁路的成功，有力地打击了外国势力强夺东北路权的嚣张气焰，冲破了近代以来东北铁路建设和铁路运输由日俄独霸的局面，带动了东北地区民族工业的发展和商业化、城市化进程，有效地促进了东北的经济发展。铁路联运的实行，实现了张作霖时代的东西干线联网计划，将南满铁路置于中国铁路的包围之中，一定程度上遏制了日本对东北的政治经济侵略。也正是因为这样，日本关东军才不惜制造事端，发动九一八事变，妄图将东北的发展扼杀在摇篮之中。

作者单位：西安事变纪念馆

图们江流域人民打击日伪铁路运输的斗争

高晨轩

九一八事变后，张学良率领的东北军撤到关内，中国东北地区很快沦陷为日本的殖民地。为了保家卫国，东北人民自发组织起抗日武装力量。中共满洲省委组织创建反日游击队，并收编抗日武装力量，进行武装抗日。民间爱国人士创建“铁道游击队”，打击日伪的铁路运输。

图们江流域武装抗日的斗争尤为激烈，这可以从日本修筑图们江流域铁路所需警备费的增长看出来。以天图线、敦图线、图宁线、宁林线和林佳线进行比较，警备费是逐年增加的。天图线修筑于 1922 年 8 月至 1924 年 10 月，总工程费为每公里 8.7 万日元，其中警备费为每公里 2000 日元，占总工程费用 2.3%，这一时期中国人民的抗日斗争尚没有发展成为有规模的武装斗争，因此日本侵略者需要投入的警备费只占总工程费的很小一部分。敦图线修建于 1932 年 5 月至 1933 年 8 月末，总工程费为每公里 8.2 万日元，其中警备费为每公里 1.3 万日元，占总工程费用 15.9%，比十年前的警备费占比上涨了十多个百分点，这是九一八事变后的事情，这时反抗侵略的非暴力斗争已经宣告无效，只有武装斗争才可能打击侵略者。在这种形势下，日本侵略者不得不加大修路过程中的警备投入。虽然敦图铁路的总工程费比天图铁路每公里要少 5000 日元，但敦图铁路的警备费却比天图铁路每公里多出 1.1 万日元。警备费用的大幅度增加与中国人民武装护路斗争的开展有着直接的关系。“（中国）游击队的攻击，（日本侵略者）不仅需要有警备费，从而提高建设成本，也是建设计划拖延的一大原因”[①]。九一八事变后，日本侵略者所修筑的各条铁路的工程费用中，警备费都占了很大一部分。修筑于1933年6月到1934年12月的图宁线总工程费为每公里111110日元，其中警备费为每公里1.6万日元，占总工程费14.4%。修筑于1934年3月到1935年6月的宁林线总工程费为每公里6.8万日元，其中警备费为每公里7000日元，占总工程费10.3%。修筑于1935年春到1936年年末的林佳线总工程费为每公里6.4万日元，其中警备费为每公里5000日元，占总工程费7.8%。[②]九一八事变后的各条铁路建设，除了林佳线外，其他各线的警备费所占总工程费比例均超过了10%。林佳线的警备费稍低一些，在日本侵略者看来，林佳线的建设已经是相当顺利了。

一、东北抗日义勇军和东北反日游击队的抗日武装斗争

中国东北地区很快沦陷后，为了抗击日本侵略者，东北人民自发组织抗日武装力量，东北抗日义勇军即这一时期产生的重要的人民抗日武装力量，也是东北地区最早开展抗日斗争的武装力量。从九一八事变至1933年3月，以东北抗日义勇军为主的东北抗日武装力量就以铁路为目标，制造了各类事件共计1357次[③]，对日本侵略者所控制的铁路线、车站、列车、通信设备和线路等造成极大破坏，给日本侵略者造成重大的损失。特别是以马占山为首的义勇军，与日军师团和伪军进行了多次战斗，打击了日寇，鼓舞了中国人民的抗战决心和斗志。但是，东北抗日义勇军的组成比较复杂，队伍中的领导者有很多是旧军队军官，整个队伍缺乏统一领导，队伍内部时常有比较严重的内讧，在遭到敌军进攻的时候往往很难有坚决的抵抗，而且有时会轻易地土崩瓦解，一些领导者在面对敌人的利诱时甚至会立场动摇，种种因素致使东北抗日义勇军于1933年春几近溃散。东北抗

①《日本帝国主义的满洲支配》，第700页，转引自苏崇民：《满铁史》，中华书局1990年版，第509页。

②以上警备费用的相关数据引用（日）满史会著，东北沦陷十四年史辽宁编写组译：《满洲开发四十年史》（上），新华出版社1988年版，第233—234页表5的内容。

③苏崇民：《满铁史》，中华书局1990年版，第506页。

日义勇军揭开了中国东北人民自发抗日的序幕，牵制了日本的军事力量，延缓了日本的侵略进程。

东北反日游击队是中国共产党在积极配合东北抗日义勇军进行抗日的同时组织创建的，其领导人包括杨靖宇、赵尚志等人。东北反日游击队在各地共成立了十几支队伍，在延吉、珲春、汪清、安图、和龙等地都有分布。抗联的成立，使得东北地区的抗日武装斗争达到了一个新的高潮。1931 年 12 月至 1933 年 8 月间，日本侵略者在敦图线勘测、施工中不断受到抗联等军队的武装打击，日本侵略者共有 125 人被打死，21 人受重伤。抗联等军队的袭击使敦图线多次被迫停止施工，给日本侵略者造成了巨大损失。而在图宁线设计、施工的 1933 年 4 月至 1937 年 3 月，各武装部队共“袭击铁路线 339 次，打死打伤日伪军警百余人，（中国武装部队）放走和逃出筑路工人 480 人，并使该线修建多次停工”[①]。在 1938 年 5 月至 1939 年 12 月龙青线修筑期间，抗日武装先后袭击筑路工地 34 次，击毙日军 10 人，击伤 7 人。

二、中国国民救国军的武装抗日斗争

东北沦陷初期，王德林领导的中国国民救国军[②]是在图们江流域活动最为频繁的抗日武装力量。

九一八事变之后，日本开始着手进行敦图铁路的勘测、修筑工程，中国人民武装反抗日本侵略者修筑敦图铁路的斗争也由此展开。在日本侵略者的测量队开始对敦化至图们间线路进行勘测之时，王德林率队对日本侵略者的勘测队进行了袭击。1931 年 12 月 7 日早晨，日本的第二、第三测量队在敦化的伪军保护下在明月沟进行车站选址时，由于不顾中国士兵的警告，强行测量瓮声砬子炮台，结果遭到王德林部下的开枪射击。“12 月 7 日，满铁调查队不顾中国政府军队的严正警告，强行上明月沟炮台哨所进行测量，中国守军当即开枪打死两名满铁社员”[③]，“满铁”技术员

① 图们铁路分局档案室藏：《沈阳铁路局资料》，第 239 页。

② 又称“东北国民救国军”，属于东北抗日义勇军之一。

③ 图们铁路分局志编纂委员会：《图们铁路分局志（1922—1988）》，中国铁道出版社 1994 年版，第 15 页。

伊东万次被当场打死，另外一名技术员中村岩藏在被送到医院后不久毙命，这就是著名的“瓮声砬子事件”。日本侵略者不得不中断勘测计划。但是，王德林的正义之举没有得到上级应给予的保护，因此，王德林带领500余人起义抗日，并将部队转移到额穆。王德林部队的袭击使得日本侵略者的勘测计划被迫拖延了40余天。1932年2月中旬，王德林的部队再次袭击日本侵略者的测量队，日本侵略者的测量不得不再次延期进行。在王德林部队的打击下，日本侵略者直至1932年3月末才完成勘测。

1932年2月13日，王德林率部在汪清县小城子[①]成立了中国国民救国军，其后在吉林东部继续展开抗日斗争。随着很多爱国军人的加入和伪兵的起义投奔，救国军的力量迅速壮大。该军在吉林东部地区活跃了一年多，其间进行了多次重大的战斗。1932年6月15日，救国军第二次攻打敦化县城，通过英勇的战斗消灭了敌军的北山炮兵，给敌人造成严重伤亡，并使“日本人储存在敦化的修筑吉会路与牡丹江铁桥的材料全部被焚毁”[②]，延缓了吉会铁路施工。1932年年底，日本侵略者调集大量兵力进行反扑，救国军进行了英勇的斗争。1933年1月16日，王德林率领5000余人撤入苏联境内，余部由吴义成带领继续进行抗日游击战。此时苏联给予了中国人民一定的军事物资援助。

三、东北人民革命军的武装抗日斗争

东北人民革命军是在东北反日游击队的基础上建立的。在中国共产党的领导下，1934年4月，中共东满特委将四地的抗日游击队改编，建立了东北人民革命军第二军独立师，下设四个团。东北人民革命军第二军成立后开辟了新的游击区，发展了武装力量，展开了多样的斗争，特别是沿铁路线进行了多次破坏行动和战斗，对日本侵略者进行了卓有成效的打击。比较有影响的战斗有1934年春吉青岭战斗，1934年6月罗子沟战斗，

---

① 今汪清县春阳。

② 延边博物馆《延边文物简编》编写组：《延边文物简编》，延边人民出版社1988年版，第175页。

1934年7月大甸子战斗，1934年4月至8月两次围攻车厂子战斗，1935年5月哈尔巴岭战斗，1935年6月针对汉奸走狗的老黑山战斗，1935年8月19日在京图线南沟至亮兵台间袭击日伪191次货物列车战斗，1935年9月23日在京图线二道河至黄松甸间颠覆日伪火车战斗。

哈尔巴岭战斗是东北人民革命军第二军在铁路沿线进行的一次重要的战斗。1935年5月2日2时40分，第二军在向敦化、额穆进军的途中，在哈尔巴岭村西北铁路伏击了日伪的202次国际列车（从朝鲜清津港开往中国长春）。“打死敌军30余人，俘获17人”[①]，缴获了大批军用物资和20多万伪满洲国钱币，沉重地打击了日本侵略者。哈尔巴岭战斗产生了轰动中外的影响，“敌刊物《协和》言：‘自京图线开车以来发生的最大惨事’”[②]。

1935年8月19日，东北人民革命军第二军第一团130余名战士在京图线南沟站至亮兵台站间的黑瞎子沟口、京图线390公里处的铁路上袭击了日本侵略者开往朝鲜的291次货物列车。缴获了布匹、粮食和白糖等大量物资。次日，革命军颠覆了由明月沟增援的一列敌军装甲车。9月下旬，革命军第二军又在京图线二道河至黄松甸间连日颠覆日军火车3列，并缴获了大量物资。

四、其他形式的抗日斗争

在抗联等抗日武装展开抗日斗争的同时，图们江流域其他非武装团体也以各种形式展开了抗日斗争。其中，铁路工人的抗日斗争活动尤为激烈。铁路工人手中并没有武装，他们智取侵略者，打击了敌人，维护了自身利益。

日本帝国主义发动太平洋战争以后，“满铁”加紧实施军事运输，并对中国东北地区进行疯狂掠夺。在这种情况下，中国铁路工人所遭受的迫害愈加严重，为了维护自身利益，铁路工人采取了罢工、怠工、杀死日伪官员的方式，不断进行斗争。图宁线的火车在穿过山洞时煤烟无法正常

① 延边博物馆《延边文物简编》编写组:《延边文物简编》，延边人民出版社1988年版，第173页。

②《延边日报》，2009年11月17日第2版。

排出，造成机车内烟气过大，因此，在1940年夏天，鹿道机务段的乘务员们向日本军官提出了发放山洞补助费的要求，但没有得到及时答复。在此情况下，机车的乘务员们开始以生病为理由请假，进行消极怠工，随着工人请假的情况越来越多，列车机车开始无法按时派出，此时日本侵略者又从附近几个地方调派乘务员到此工作。不久以后，调派来的乘务员也开始消极怠工，陆续以生病为由回到了原来的工作地点。随后，日伪牡丹江铁路局开始暗中派日本人员在鹿道机务段助役高久方的陪同下进行跟车调查，这给列车的乘务员们以极好的打击机会。乘务员们经集体商议，决定在列车过山洞的时候放慢火车速度、多添煤，使得车厢内煤烟更重一些，借此手段对日本侵略者还以颜色。其后，列车员们在老松岭长大坡道山洞内采取了行动，将两名在车上的日本人熏倒，其中一人被熏死。这是铁路工人智斗日本侵略者的一个典型事件，列车的乘务员们借此不仅拿到了山洞补助，还消灭了一个日本侵略者，取得了斗争的胜利。

1940年2月，龙青线八家子附近的养路工人因不堪忍受日本侵略者的压迫，起身反抗，举行罢工。八家子养路工人的行动得到全线工人响应，其后，龙青线全线的工人都举行了罢工运动。

1944年秋，牡图线庙岭路段发生了50多名养路工人和民工围殴30多人的日本武装部队的事件。牡图线79公里处因洪水造成路基损毁，在工人维修路基时，日本的一个武装小分队硬要通过此处，逼迫正在修路的工人们让路。工人们没有满足这个武装小分队的无理要求，这使得敌人十分恼火，并要对挺身而出的工人领队动手。工人们把这个武装小分队团团围住，将整个小分队30多人全部打倒。事后，工人们与调查人员据理力争，最终赢得了这次斗争的胜利。

1932年，九台市铁道南浴池工人罗明星组织起一支群众自发抗日武装，对内称“抗日义勇救国军”，对外报号“三江好”。1935年7月29日黄昏，罗明星率400多人于京图铁路营城子至土们岭间的马鞍山一带拆毁3节铁轨右侧的道钉和铁板，颠覆了201号国际列车，击毙日军军曹等11人。[①]

工人的抗争给日本侵略者造成了人员的伤亡和财产的损失，使得侵略者

① 相关资料见于九台市档案馆。

的武装运输和后勤供应被迫延误,因此减轻了抗日武装部队的正面战斗压力。

五、东北人民护路斗争产生的影响

日本建立伪政权，赤裸裸地霸占了中国东北地区，中国东北人民更加清楚地认识到了侵略者的丑恶面目。相对于从前的和平抗争而言，武装抗日斗争对侵略者的打击更加沉重。沦陷时期打击日伪铁路运输的影响主要体现在以下几个方面：

（一）打击了日本的资源掠夺，阻碍了日本的军事运输。日本列岛资源匮乏，不得不“以战养战”，侵略者通过铁路网源源不断地将掠夺来的农林、矿产资源运回国内，以便维持战争机器运行。同时，日本依赖铁路运送军人和军需。抗日武装常常颠覆列车、消灭日本兵员，沉重地打击了侵略者。可以说，阻断了铁路运输等同于切断了侵略者赖以生存的命脉。

（二）打击了日军的嚣张气焰，振奋了中国人民的抗战决心。抗日武装的颠覆活动，使侵略者整日提心吊胆地防备袭击，始终处于极度不安的状态之中。东北沦陷，民族危亡。此时，东北人民的武装抗日斗争取得的重大成果使广大人民进一步认识到了自身的力量，从而使越来越多的群众加入到武装抗击侵略者的斗争中去。一些旧军官所带领的部队和部分不愿做汉奸的土匪也加入到了抗日队伍中来，壮大了抗日武装的力量。抗日武装缴获了一些武器装备，促进了自身的发展壮大。中国人民的抗日决心越来越坚定。

（三）分担了全民抗日的军事压力。抗日武装对铁路的打击使侵略者不得不在铁路沿线加强警备，而驻守在铁路沿线的护路军也是抗日武装部队的打击对象，这就牵制了一部分日本军队。初期苏联的暗中支持使中国东北人民抗日活动高涨，直至1941年日苏两国签订《日苏中立条约》，两强国再次分赃，苏联远东军对东北抗联的支持在内容和方式上都受到了限制，东北人民抗日活动陷入低谷。

作者单位：吉林省延吉市第七中学

九一八事变之前奉日间东北铁路之战

李正鸿　李明飞

铁路是工业革命的重要成果，是快速积累国家资本、推动国家近代化进程的重要因素。马克思在描述工业革命时期资产阶级进行的资本垄断与掠夺之时，就提到了较先开始大规模修建铁路的英国：不列颠对印度的统治，展现了殖民主义对不发达国家的双重使命，无论是对传统制度的破坏还是对现时关系的建设，作为近代工业文明产物的铁路都是其中最强大的利器。[①] 当时的日本帝国主义为加紧掠夺步伐，将魔爪伸向了中国的富源地区——东北。"中国东北是铁路交通发达地区。九一八事变前铁路里程即达6000多公里，但优势属于外资铁路，中国自资铁路里程相对较少。伪满时期，日本出于军事备战和经济掠夺需要，在独霸全东北铁路交通设施的基础上，集中力量，分期分批地以年均超过500公里的速度兴修铁路，1939年铁路总里程突破一万公里"[②]。日本以铁路为基点，扩张其侵略领域，将触角从铁路附近地域延伸至东北地区的各个角落，从运输业扩张至工业、林业、水产业等各行业，"探测"着我东北之富源，掠夺之势日涨。

一、日本对东北铁路觊觎已久

20世纪初的日俄战争，是日俄两国为争夺中国东北而进行的帝国主

① 陈明明：《近代中国的铁路与集权化国家成长（1876—1937）》序言，南京大学出版社2016年版，第1页。

② 解学诗：《满铁交通史稿》第1册序言，社会科学文献出版社2012年版，第1页。

义之间的厮杀。这场战争，日方获得胜利后，双方签订《朴次茅斯条约》，南满铁路划为日方势力范围。[①]以此为基础，日本加速了在东北侵略的步伐。1906年成立的“特殊会社”——南满洲铁道株式会社（简称“满铁”）是代表国家意志和代行政府职能的“国策会社”。它的法人资格是根据日本特别立法而设立与经营的，“满铁”在其存在的近40年间，正是以英国东印度公司的侵印灭印殖民经验为借鉴，以“修建”、扩建中国铁路为幌子，推行全面侵华战略，包括垄断经济命脉，参与攻城略地，实行政治控制，从事思想文化渗透，等等。因此，对“满铁”研究具有全局性战略意义，它可为中日历史研究提供几乎一切重要线索和诸多内幕。加强对“满铁”的研究，对驳斥战后日本右翼势力否认侵略、美化战争，大肆鼓吹“满铁”在殖民地“开发有功论”，具有重要的现实意义。

（一）“满铁”率先执行对东北的侵略掠夺计划

“满铁”是在我东北地区的吸血机器，日本以南满铁路为依托，利用强占、以中日签订的条约为基础进行狡辩等手段获取其他铁路的权益，拓展各铁路附属地之面积，并大肆对各附属地的土地、农业、矿业、林业等资源巧取豪夺，并大肆干扰张氏父子执政时期的铁路修建工程，为“满铁”积累了大量侵略资金。

1927年，日本召开“东方会议”，就“满铁”的逐项侵略计划进行制订。在《外务大臣田中义一致驻奉天总领事吉田茂训令第91号》中，关于满蒙问题，对各条铁路线做出了要求：吉会线：“（甲）敦化—老头沟段，应作为吉敦延长线，令满铁迅速承办工程修筑之；（乙）老头沟至江岸段，将现有之天图铁路改为宽距。”长春至大赉线：“该线不论其为官营、私营或其他形式，应令满铁协助促其实现。”新丘运煤线：“自奉天、铁岭间之某一地点至新丘煤矿的运煤专用线，应以适当形式迅速实现之。”通辽至开鲁线及其延长线：“关于该线，令满铁迅速订立协定，设法促其实现。”齐昂线：“鉴于该线与俄国有微妙关系，应令满铁对中国方面于幕后加以指引，以适当方式促其实现。”洮南至索伦线：“关于该线，应注

① 解学诗：《满铁交通史稿》第2册序言，社会科学文献出版社2012年版，第9—10页。

意时局的发展，在条件允许时尽可能努力促其实现。”此外，对吉海线和打通线也有所规定，极力维护自己的权益。日方以强硬的态度对我东北地区各条铁路线路的建筑横加干涉，妄图在每条中国铁路上获得权益，以强行控制，完成其满蒙铁路网的计划，将“满蒙”彻底变成日本国土。

（二）日本政府侵略中国野心巨大

日本首相田中义一在《田中奏折》中说：“所谓‘满蒙’就是指奉天（省）、吉林（省）、黑龙江（省）及内蒙古而言。这里，不仅地广人稀令人歆羡，而农矿森林的丰富也是世界无比。因此，我国为了开发其富源，以培养帝国永久繁荣，特设‘南满洲铁道株式会社’，在假借中日共存共荣的美名下，对该地的铁路、海运、森林、铁矿、农业、畜产等各方面，投资达四亿四千万日元。这个企业实在是我国企业中规模最庞大的一个。”可见，当时的日本方面对于“满蒙”开发、掠夺、占领的欲望之强烈，以图在此基础上征服中国、征服世界。“鉴于我国扩张的现况和将来，必须独占南北满铁路；特别是拥有巨大富源的‘北满’及东蒙古方面，对我国来说，发展余地很大而且有利。因为在‘南满’，中国人口益增多，无论政治上或经济上我国都处于日趋不利的状态，所以必须迅速进入‘北满’的地盘，以谋国家的百年兴隆之计。”①并提出“‘满蒙’并非中国领土”之观点，而且积极在东北建筑铁路，日本方面亟欲完成通辽—热河铁路、洮南—索伦铁路、长春—洮南铁路、吉林—会宁铁路，以图南满、北满以及“外蒙古”的富源，将其与朝鲜形成一个循环线，以供军队和粮食的运输，还能依靠中国东北地区，方便进攻苏联。日本将其在中国东北的侵略步骤设计得“完美无瑕”，以图东北当局、东北铁路的建设能够按其预期进行。

（三）“满铁”是侵略东北的急先锋

南满铁路全长1125公里，年均收入为1.1万元，平均每公里年收入十多万元。②《民国日报》指出，自东北铁路网计划发表以来，日本国

① 宓汝成：《中华民国铁路史资料（1912—1949）》第3册，社会科学文献出版社2002年版，第736页。

② 李长玲：《南京国民政府时期的铁路政策研究（1927—1937）》，山东师范大学硕士毕业论文，第19页。

内高呼强硬外交甚至公言武力干涉。日本抛出的“新满蒙政策”，要点如下：1. 满铁与外务省外交权之分离，放任军部对东北采取军事行动；2. 大规模经济计划之进行，满铁在中国东北开采煤矿，制造钢铁，开发油田，推广农业与移殖农民，大有化东北为日本殖民地的意图。①

表 1　1907—1938 年间南满铁路的财政情况②（单位：百万美元）

财政年度	投资的账面成本	运营净收入	投资回报率（%）
1907—1908	9.69	3.67	37.9
1910—1911	55.83	9.13	16.4
1915—1916	76.26	15.36	20.1
1920—1921	141.38	48.56	34.3
1925–1926	195.94	58.59	29.9
1930–1931	270.23	58.56	21.7
1935–1936	305.20	84.03	27.5
1938–1938	317.47	89.71	28.3

二、奉系与东北铁路的建设

国家的发达，必有赖于城市的发展，而城市的发展，必先在城市建设之实施。古人云，上帝造宇宙，人类造都市。③张作霖主政时期亦相当重视铁路建设，修建了吉海、奉海、天图、洮昂、吉敦、锦朝、开丰、沈海、呼海等铁路。第一次直奉战争于 1922 年 5 月落下帷幕，以张作霖为代表的奉系军阀战败，后于当年 5 月 12 日宣布东北实行“自治”，该地区的一切政治皆由“东省人民自为主张”，6 月 3 日，宣布实行“联合自治”，直接脱离了北京政府之系统。而欲达到“自治”之效果，必先将东北地方

① 宓汝成：《中华民国铁路史资料（1912—1949）》第 3 册，社会科学文献出版社 2002 年版，第 680 页。

②Huenemann，Ralph William：*The Dragon and The Iron Horse*：*the Economics of Railroads in China*，1876—1937，Harvard University，1982，p.284.

③ 辽宁省图书馆编：《辽宁省图书馆藏民国时期东北大学毕业论文全集》第 53 册，中华书局 2015 年版，第 9 页。

的经济基础打牢打实。而铁路作为带动经济发展、巩固防线、运输物资和人员的大动脉，则是张作霖等人密切关注的。

（一）奉系自主修建铁路，阻扰日本全面扩张

日本早在北洋政府时期即一直谋求的吉会铁路（吉林—朝鲜会宁），一直由于东北地方当局与东北民间反对而未能如愿以偿。奉系自1925年开始，在东北开展铁路自建运动，触及日本“满铁”的利益，并与日本形成竞争关系，并且张作霖再次拒绝日本的“满蒙五路”要求[①]，而后才会有1928年6月4日的皇姑屯事件。在日本步步紧逼下，张学良于1928年年底宣布改旗易帜，服从南京政府领导。1929年10月初，日本再次向吉林地方当局提出：“由‘满铁’垫款修筑敦化—图们江铁路，并将该路与朝鲜境内的铁路相接”，再次遭到拒绝。而到了1930年，经济危机对日本的影响开始明显，日本为尽快摆脱危机和经济长期不振的局面，加紧实施对中国东北的扩张。

在日本利用铁路对东北大规模实施经济掠夺的同时，从中央政府的抗议，争取收回路权，到地方代表、官民各界纷纷要求筑路废约、自建铁路以发展地方经济的呼声此起彼伏。

为发展经济，保境安民，张作霖在东北开展铁路自建运动，主要修筑有奉海铁路、呼海铁路、吉海铁路、打通铁路。“滨黑铁路原议由中俄合办。因俄国发生内乱、卢布贬值此议遂行停止。近闻日本人拟乘机投资。本埠商会群起反对，誓不愿把利权委弃于外国人”。“兹闻当局以国权所关，非急起直追，难以杜绝外人之觊觎。屡次提议，仿中东铁路，废除中俄条约办法，由官绅克期集款赎回，由部筹款建筑……以便挽回利权”[②]。当“滨黑铁路加入日款案”，“吉林人民反对滨黑路借款”，“现在我国对于日人之种种暴行，人皆愤激，如胶济、济顺、高徐诸路，国人方拟协力争回，以弭后患”[③]。

① 宓汝成：《中华民国铁路史资料（1912—1949）》第3册，社会科学文献出版社2002年版，第648—658页。

②《滨黑路添日股之质问》，《民国日报》（上海），1920年5月12日。

③《吉人反对滨黑路借款》，《民国日报》（上海），1920年6月29日。

“第一次直奉战争后，奉省当局锐意振兴内政，即发起兴修此路，向南满铁道会社交涉，要求其放弃开海铁路权，收归本省自行建修。奉海铁路交涉至一年之久，始经日本政府允许正式承认，放弃开海路权。”①“奉天当局修建奉海和筹划奉热郑热等线”、奉海铁路“决定由奉省自办。所有技术、资本，完全取诸国内，丝毫不借外力。先是，奉省未有铁路以前，海龙一带数百里之沃野，每年剩余之农产品，均由乡民用大车装运至铁岭出售。因铁岭城西有马蜂沟，为辽河民船码头，水路可以直达营口，故奉天东北部之贸易，大都集中于铁岭。其地商务异常发达”。② 奉天当局因锦县距离热河虽不甚远，然交通不便，商贾往北颇觉困难，故前拟建筑锦热铁路。“张氏对于建筑锦热铁路一节，曾与各要人一再磋商进行办法。应用之款，由中央及奉省各担一半；而奉省应担之一半，则由官署拨发二分之一。其余则由各界集股。拟定后，当派省署办事员刘桐入京，向北京陈明请示以上各项可否照办，以凭遵行云……张氏拟定保荐葫芦岛开埠督办周肇祥兼任该路督办……③“张作霖来电，主张由郑家屯至热河应赶造铁路，便利军事，发展商业，已交交通部核议从速兴办。”④ 此外，赤峰承德线的修筑，使“东三省之丰饶食品，可由铁路尽量运出；北京及其附近居民将首受物价低廉之惠”。⑤

在奉张等的争取下，《日本驻奉天总领事船津辰一郎致东三省总司令张作霖、奉天省长王永江函（1924 年 9 月 2 日）》说：“日本政府以正式公文表示，若奉天省方面自行建筑由奉天省城至海龙城之铁路，日本方面承认不建筑自开原至海龙之铁路……”⑥

张作霖与外合办的铁路有天图铁路、洮昂铁路、吉敦铁路，以及之后

① 宓汝成：《中华民国铁路史资料（1912—1949）》第 3 册，社会科学文献出版社 2002 年版，第 596 页。

② 宓汝成：《中华民国铁路史资料（1912—1949）》第 2 册，社会科学文献出版社 2002 年版，第 96 页。

③《锦热铁路进行记》，《民国日报》（上海），1920 年 4 月 8 日。

④《郑热铁路之提议》，《民国日报》（上海），1925 年 2 月 14 日。

⑤《东省发展交通事业—赶造京热铁路》，《民国日报》（上海），1925 年 9 月 5 日。

⑥ 宓汝成：《中华民国铁路史资料（1912—1949）》第 3 册，社会科学文献出版社 2002 年版，第 596 页。

部分铁路延长线。奉系部队在退出关外时，接收了奉榆铁路（京奉铁路之山海关至奉天一段），这是奉系“自治”之后管辖的第一条铁路。在当局的经营下，奉榆铁路当时每年收入达500万元以上，可见铁路之强大力量。

奉海铁路（奉天至海龙），主体属今辽宁境内，官商合资修建，于1925年2月开始前期准备，1928年9月，奉海铁路全部干线正式通车运营，全长263.5公里，是东北交通委员会成立之后自主修筑的第一条干路，不仅是沟通关内外、奉天与吉林的重要枢纽，亦促进了东北开发。奉海铁路所经之地，有海龙境内的两大粮食集散地（朝阳镇、山城镇），有南满之谷仓——东山，有千金寨、阿金沟等矿产等。“到1929年，奉海铁路成为沿线各类物资的主要运输通道，大豆、粮食等占全路货运总量的70%。1927年，奉海路总收入为现洋372万元，1929年增加到现洋534.3万元，1930年全年收入激增到现洋762.3万余元，盈利现洋330多万元。”[①]

吉海铁路（吉海至海龙），主体属吉林境内，在以张作相为核心的吉林当局支持下修建。1927年6月25日举行开工典礼，1930年正式营业。为加快修建进程，采取分段修建（分为10段），由于当时奉海铁路延长至朝阳镇，所以吉海铁路实则由朝阳镇开始修建。此路既是吉林省的第一条自修线路，又是依靠中国人民自己的技术施工的一条铁路，亦是在吉林铁路网修建计划中的。1930年运营之后，盈利11万元，次年，盈利为44万元。[②]

呼海铁路（呼兰至海伦），主体属黑龙江境内，在以吴俊升为代表的黑龙江当局的努力下，以官商合办、自筹资金的方式自主修建。1926年2月，开始筑路征程。1928年12月25日，全线正式通车运营，全长221.2公里。其中，1927年年底，部分路段运营的过程中，盈利达51.2万元，“1929年，路局共有机车28台，客车39辆，货车443辆，营业收入达现大洋474万元，盈余133万元”[③]。

---

① 易丙兰：《奉系与东北铁路》，社会科学文献出版社2018年版，第98页。

② 易丙兰：《奉系与东北铁路》，社会科学文献出版社2018年版，第99—100页。

③ 东北文化社年鉴编印处：《东北年鉴（民国二十年）》，东北文化社1931年版，第437页。

打通铁路（打虎山至通辽），1925年9月，新立屯至彰武段开始修筑，1926年11月15日，为消除日方的干扰和压力，即使尚未完成修建，京奉路局提前宣布通车。全长251.7公里，投入资金达710余万元。而“张作霖取得华北政权后，拟借美款修由热河至沈阳的铁路，借以脱离日方羁绊，可以自由运兵。此议初成，被日方阻止，并要求如借美债，必须通过日方，而奉张不从日意，从而日奉交恶”①。

奉系自主修建的铁路，促进了东北地区东、西铁路干线的形成，为东北铁路网的形成奠定了基础，将东北三省有机地结合起来，加强了省与省之间的交流。同时，主要目的则是在有自主路权的基础上，摆脱北京政府牵制，赢得自主权，尽量避免之前出现的军力运输不到位、延误战情的问题，提高军事调动、军事运输的能力。另外，铁路的建设亦能促进实业、文化等的交流和提升。

（二）与外合办包工之铁路，推动地方经济发展

奉系在修筑铁路的事业上，也有与日合办、包工的数条铁路，其中最具代表性的应是天图、洮昂、吉敦铁路，主要原因是当时直奉战争的消磨，奉天当局经费较为短缺，而日方又数次干扰奉系铁路建设，妄图争取筑路权，形成自己的铁路网，以将东北纳为自己的囊中之物。

天图铁路（天宝山至图们江边），全长110公里，1918年3月16日，太兴会社代表大内畅三与华商文禄正式签订了《中日合办天图轻便铁道会社合同》，约定成立天图铁路公司，资本为200万元，营业年限为30年。经过双方的斗争，国家民众的斗争，日方谋划6年的天图铁路于1922年8月正式动工筑路，1924年全线完成。但是，这条道路却是日本把持下的吉会路的延长线，使日本拓展了侵略范围，危害了国防安全。可见，边疆边境的领土权、筑路权等对一个国家和地区意义重大。

洮昂铁路（洮南至昂昂溪），“满铁”包工修筑。此路段是洮齐路的重要一段，之后又在此基础上延长，修建了昂齐路，主要目的是将黑龙江北部的丰富物产挖掘利用，形成经济效益。所以，整体看来，洮齐路从

① 南桂馨：《1927—1928接收京津之经过》，《山西文史资料》第4辑，山西人民出版社1979年版，第107页。

1925 年 5 月 28 日正式开工，1928 年 12 月昂齐路的修筑之路艰难完成，标志着洮齐路的全线修筑完成。

吉敦铁路（吉林至敦化），“满铁”包工修筑，1926 年 6 月 1 日正式举行开工典礼，1928 年 10 月，吉敦路工程基本完工，1929 年 2 月全路通车营业。吉敦路当时一度成为东北地区与外合办或通过借款修建的铁路中负债最高的铁路。

由于在第一次直奉战争中失败，为提升军事作战能力，同时摆脱北京政府权力的束缚，张作霖建立东三省交通委员会，自主修建东北铁路网铁路。但日本为控制其在东北的权益，巩固在东北的地位，对奉系自修铁路大加干涉，对于中日合办的铁路则加大路权、利润的攫取。与日方合办、由日方包工的铁路也在修建的过程中变为了日本政府全程指导和协作的铁路，变成了借款建设的铁路。而日方的强势进驻，对东北当局造成了极大压力，两者的交涉和冲突不断。而且，中日合作之上述铁路，在后期运营时较为吃力，1929 年年底，只吉长、吉敦、四洮、洮昂四条铁路，共欠债现洋约 1.5 亿元，已到了资不抵债的地步。当时的数条铁路，在运营资金和其他资源的开发与利用上都与日有利，而利益的失衡，则是双方矛盾日益加深的主要缘由。

三、奉日双方关于东北铁路建设发展的激烈交锋

面对日本方面对我东北铁路的强势占领，以张作霖为代表的奉天当局并未畏惧强权，以各种方式谋求双方利益的平衡，尽力维护中国的路权自主，但日方作为侵略者并不允许奉天当局出现任何推托的现象，由此，双方就东北四省的路权进行数次交涉。“自 1907 年 4 月至 1931 年九一八事变前，中国政府同日本帝国主义不断发生的所谓铁路交涉案件达 54 起之多，涉及 21 条铁路”[①]。关于东北境内的铁路，“如东北地方当局任意敷设吉海线。违背满蒙四铁道借款预备契约，吉敦铁路不聘用日籍会计主任，

① 张德良、周毅：《关于东北新建设的几个问题》，《张学良研究》第 1 辑，吉林文史出版社 2002 年版，第 54 页。

铁路材料投标采取排日方针等。日本指责东北地方当局的铁路网计划是要包围南满铁路，并不允许中国对东北地区东四路（京奉东与四洮、洮昂、齐黑三路）和西四路（京奉西与沈海、吉海、吉敦三路）实行联运，认为威胁了南满铁路”[①]。“而东北地方当局的铁路网规划确实也意在替代、打击南满铁路及日本对中国东北的经济控制与掠夺”[②]。

（一）关于奉日合办铁路之战

与日本合作修建铁路的过程并不是一帆风顺，对铁路的觊觎迫使日本加快修建进程，高额的利息使铁路的运营入不敷出，最终日人不仅坐收渔翁之利，还强制“得到”了运输权。如双方关于天图铁路的纠纷：“天图铁路公司名为中日合办，实际全由太兴会社操纵。”[③]与自主修建的铁路不同，中日双方之间对修建时间、修建进程进行了一系列的磋商。由于此条道路的修建对于日方争取与其内地交通的连通具有重要意义，当时的交通总长曾毓隽或以吉林地方之铁路认可，交通部需要参考意见，或拖延不予答复，对日方的开工要求避而不答。之后，明确拒绝开工，并提出中国自办之要求。中方“鲍贵卿继督，反对该公司开工，文禄赴交通部，请部强硬对付吉省长官，终以吉省长官反对甚力，未克如愿。及孙烈臣督吉，更加激烈之反对，日人遂强行开工，致有殴伤华民之举。吉林交涉员与日人屡次交涉，而日人终以中国北京政府业已承认辞，不稍让步，强行开工如故。吉当局力主取消旧合同，日人坚持不允，会议多次，迄无结果，而日人以警察强行工事如故。吉交涉员无可奈何，乃谋与改订新合同。蔡交涉员主去损失国权太甚之诸条，日人坚持不让。蔡亦不让步。日领又赴总司令部谒张作霖，为张所拒；仍复就蔡商，稍稍让步。”而这也遭到了吉林延吉学生和人民的强烈反对。“国家之有主权，犹人身之有血脉；血脉断，则人立毙，主权失，则国立亡。欲保主权，惟视民气为何如耳！”“天图路未经批准，吴勔勾结日人，强制开工；中央如无法阻止，人民惟有舍

① 宓汝成：《帝国主义与中国铁路（1847—1949）》，上海人民出版社 1980 年版，第310 页。

② 宓汝成：《中华民国铁路史资料（1912—1949）》第 3 册，社会科学文献出版社2002 年版，第 758—759 页。

③ 易丙兰：《奉系与东北铁路》，社会科学文献出版社 2018 年版，第 137 页。

命抵御。”[①]对此，日方回应，这一行为“等于要全部勾消我方同天图铁路的关系。帝国政府认为绝不能容忍”[②]，认为交通部收回天图铁路违背了合同约定，并强硬提出，若再不开工筑路，日方就直接行动。[③]可见其野心之大，并间接暴露了其妄图占取天图的筑路权和路权。

此外，双方在吉敦、洮昂等铁路的修建过程中也出现了些许分歧。在修建洮昂铁路时，无论是对苏干扰的调解、对日利益相关问题的协商，还是对资金欠缺问题、对北满路权争议的解决，都使这条线路修筑得更加艰难。由于日本的参与和干涉，洮齐路运营中受制于“满铁”。有资料记载，当时“行政虽隶属东北交通委员会，而事实上充了南满铁路的四洮路营养线之北段”[④]。当时，吉敦铁路沿线的资源主要依赖林木资源和部分煤矿，不如其他铁路的运输能力；还有中日双方的利润分配问题。中日按照八二分的比例分利，但当时该铁路“所有改良修缮及其他设施费用则均由中国应得之八成利益中担负。则中国所得八成，反不如二成之多，或毫无所得”[⑤]，使得吉敦路一度成为当时负债最多的铁路线。

（二）关于满蒙铁路悬案的交涉

日本方面在其铁路掠夺计划的实施方面毫不让步，在满蒙铁路问题交涉方面，山本条太郎在1927年任“满铁”总裁就于10月份与张作霖、杨宇霆就新线铁路建设进行交涉，10月15日缔结了七线的交涉协约：敦化经老头沟至图们江江岸线、长春至大赉线、吉林至五常线、齐齐哈尔至墨尔根线、洮南至索伦线、新丘至满铁本线奉天以北线、延吉至海林线，上述协约自同年12月9日双方订立大纲条约，开始生效。[⑥]除此之外，还有芳泽谦吉、江藤丰二等日人与张作霖、杨宇霆、张学良等就满洲铁路方面进

①《延吉马之海等致行政院电》，《申报》，1922年7月8日。

②吉林省社会科学院《满铁史资料》编辑组编：《满铁史资料（第1卷）路权篇》第2册，中华书局1979年版，第554页。

③易丙兰：《奉系与东北铁路》，社会科学文献出版社2018年版，第139页。

④凌鸿勋：《中华铁路史》，台湾商务印书馆1981年版，第213页。

⑤直心：《调查吉长吉敦两路之真相及补救策》，《东三省官银号经济月刊》第1卷第6号1929年第5期。

⑥宓汝成：《中华民国铁路史资料（1912—1949）》第3册，社会科学文献出版社2002年版，第739页。

行了交涉，即“满蒙新五路”的交涉，妄图吞并东北。

对日本来说，“满蒙五路”基本是以南满铁路为中心展开的路线，其拓展意义重大；对中方来说，这些铁路对日本所控制的南满铁路及安奉铁路形成了包围之势，若能实际运营，则能在发展经济的同时，打击日本在东北的势力。由此，中日双方就此线路数次交涉实属必然。

张作霖面对日方的强硬态度尽量在保持表面和睦的基础上，维持中国之权益：“东省与日本唇齿相依，素敦睦谊。从前对日外交往往因些微细故引起误会，以致悬案多年，久不解决，甚属无谓。现在对日外交纯取公诚态度，所有从前悬案，如系无关紧要者，应速分别解决，不必争持；倘因关系重大不能轻易让步者，仍应本外交方式慎重办理。此系为解决寻常悬案借敦睦谊办法。”[①] 中日双方于1927年8月24日交涉时，日方条件为：“1. 吉会路等六路建筑权。2. 吉黑二省之森林经营权。3. 实行‘二十一条’中之土地商租权。4. 取消中国所筑之打通，吉海两路。5. 取消满蒙日本之领事裁判权，交换内地杂居权。”中方由于群众的反对声较为激烈，并未有所行动。之后在日方“中日铁道交涉”的迫使中，张作霖提出“如欲向地方接洽可改为铁道事件之协商，有结果时再转请中央核辦，但双方不应含有政治作用。”[②]

1928年5月17日，日本驻华公使芳泽谦吉向张作霖“提出了签订中日合资修筑吉会铁路合同的无理要求；并且诱惑张作霖说，如果他能答应这个要求，日本可以设法阻止北伐军过黄河。张作霖未为所动，正色回答说：‘我们家中的事，不劳邻居费心，谢谢你们的好意’”[③]。

之后，由于张作霖不合作，日本主谋的皇姑屯事件爆发，由张学良主政。1928年7月30日，张学良接管东北境内所有路线（除日本独资的南满、安奉两条铁路外）。1930年，东北交通委员会在自修自管的基础上制

① 宓汝成：《中华民国铁路史资料（1912—1949）》第3册，社会科学文献出版社2002年版，第745页。

② 辽宁省图书馆编：《辽宁省图书馆藏民国时期东北大学毕业论文全集》第53册，中华书局2015年版，第364页。

③ 宓汝成：《中华民国铁路史资料（1912—1949）》第3册，社会科学文献出版社2002年版，第747页。

订铁路网修建计划：延长东西两大干线，增修热河至北平的南大干线，以数条支线将其结成铁路网，均通葫芦岛港口，三大干线及各支线计划修筑6324公里，计划20年内完成。1928年12月29日，张学良宣布东北易帜，使为谋得东北路权与之频繁交锋的日本毫无准备。“12月31日傍晚，驻奉天总领事林久治郎秉承田中义一的指示，拜会张学良，会谈两小时。林久治郎捶着桌子责难：‘突然易帜，等于宣告断交；日本方面现在看你的态度，必要时有采取断然措施的可能。’……林久治郎继之提出有关在满蒙的铁路权益，要求张学良让步，逼他‘表示诚意’；而张学良则推说：‘外交问题是中央政府的权限。’……而这个铁路问题，则一直不能解决，并且后来成了九一八事变的导火线。”①

奉日双方之所以对东北铁路大加交涉，积极控制，是因为东北是中国的较大富源地之一，日方利用其在东北的权益，以南满铁路为中心，利用其所掠夺的吉会路、吉敦路、金福铁路、溪碱轻便铁路等发展经济、建设军队等，为其发动之后的侵华战争奠定重要基础。比如“吉会路自吉林通朝鲜会宁，而出清津港再由海道而至大阪”，此路对于日本在东北地区的输入与输出都相当有利。

可见，仅吉会路而言，能够与日本形成扇形辐射，对接日本重要的港口，如新潟、函馆、敦贺、秋田、青森等港口，有效实现了东北地区至会宁再往日本内陆之重要线路。为谋得更多类似路线，更加利于军队与资源的运输，日人频繁骚扰、强占我东北地区的路权，并借路权以吞噬东北领土和资源。

（三）关于铁路运营方面的经济战

京奉路在东干线和西干线尚未建成之时，尚未能与日本经营的南满铁路和中俄经营的中东路抗衡。之后，张学良执政时期东、西干线的修成，实现了东、西联运的运输系统，大大提升了铁路竞争力。其间，铁路的运价之竞争、客货运输之竞争就成了争取利益的重要部分。

---

① 宓汝成：《中华民国铁路史资料（1912—1949）》第3册，社会科学文献出版社2002年版，第761页。

1. 运价之竞争

铁路的运营以取得利润为目标，日俄战争之后，日本逐渐成为东北地区资源的主要经营者，基本垄断了货物运输。张学良主政之后积极修建东省铁路，之后完成了东、西两条干线系统的建设，实现了东、西四路联运。过去必须通过南满铁路运输到大连、安东等港口的货物，东、西铁路干线系统形成之后也可经中国东、西四路到达营口、秦皇岛、葫芦岛等港口，打破了南满铁路的独占东北运输业的局面。

由于南满铁路运输力强大，中国方面在联运铁路系统的基础上，一方面通过降低运价与南满铁路进行竞争，如 1929 年 4 月，京奉铁路当局将营口及其附近车站至沈阳各站间往返的三、四、五等货物一律按每吨 3 元核收运费，统一的运价低于三、四、五等货物原来的单独运价（三等货物每吨 5.61 元，四等货物每吨 4.39 元，五等货物每吨 3.61 元）[①]。另一方面，增强各铁路支线的连通性，使各货商在保证成本的基础上，减少货物的搬运、换乘，节约了大量的时间和人力，与南满铁路的运输能力并未有大的差别，并对其形成了一定程度上的威胁。

对此，"满铁"与东北地区铁路的负责人进行多次交涉，并提出无理要求。比如在"东京满蒙权益会议"上木村提出，要求双方拟定统一运价。但这对于运输条件与有港口接洽的"满铁"不同，只能依靠降低运费以求增加运输量的中国，基本毫无优势，此项建议中方绝不能同意。另外，双方运营分别以金本位和银本位为主，这也决定了不可能施行统一的运费价格。

2. 运输之抗衡

当时的日人不仅依靠其武力强制掠夺中国的土地，并以此为基础，开发东省的资源，"因南满铁路与东北最大的大连吞吐港相衔接，与安东及营口亦有联络，故为东北之输出入主要干线，而货运的收入远超出客运。"满铁"货运中最主要的为农产品及矿业品，此乃是东北之主要出产。农业物，以大豆、高粱为最多，米、粟及玉蜀黍次之。矿产中以煤铁为大宗。其次，半原料品及林产品亦是东北之主要出产。半原料品为豆饼、豆油、

① 闫成：《九一八事变前中日满洲的铁路之争》，《军事历史研究》2015 年第 6 期，第 39 页。

石灰等。林产品为木材及薪炭。再其次为嗜好品，如烟草、酒类、纤维组织工业，生线棉布以及小工业品，如火柴、蜡烛等，除一小部分外，恐怕是输入品。”[①] 通过铁路运输，在东北和日本大力发展各项工业，如电气、纺织、钢铁等轻、重工业，以促进其经济发展。日本的掠夺手段是强势的，如在“东京满蒙权益会议”上提出的对“满铁”周围线路所属出产物的分配，不仅夺取了原属于奉系铁路的物产，而且双方利益分配不甚均衡。

3. 再观张氏父子的贡献

张作霖主政时期的东北可谓面临“内忧”与“外患”，而应对这些问题的主要着力点即为建设东北经济，经济之建设基础在于铁路等交通之建设，而张氏父子经营的铁路与日、俄形成了三足鼎立之势，对于东北地区的建设有重要影响：政治上，通过建设经济，提高自主地位，在与北京政府或与日方的交涉中拥有话语权；经济上，充分利用东北资源，发展重工业轻工业，建设港口，除此之外，还积极训练军队；军事上，铁路的建设一方面方便军队运输，另外还能用铁路带来的资金，强化军队训练水平和装备水平。当时的东北军在张学良的带领下，训练有素，武器水平和军队素质都处于领先地位。当时以东北铁路为代表的经济建设，展现了技术先进性、领域广泛性、建设自主性等，有效地促进了奉系的地位提升。

以当日政局观来，日本妄图将中国东北据为己有，张氏父子修建铁路之主要目的为对抗日本渗透。日本将东北视为其资金的集中地，与张作霖、张学良为代表的奉天当局交涉，张氏父子为保护东北地区的权益与领土完整，积极与日方周旋，在自修自建自管的政策基础上壮大自身，与“满铁”展开以铁路为基础的竞争。另外，当时奉系与北京政府决裂，东北地区成了较为独立的势力存在，这就决定了张氏父子尤其是张作霖执政时代只能以地方的力量与日本政府抗衡，另一方面又需要在部分战斗中（如巨流河之战）借助日本方面的力量，种种情况，使奉日两方纠缠不清，同时也为皇姑屯事件的爆发埋下了伏笔。张作霖执政时期，由东北地方当局和民众出资修建数条铁路，总长度达 917 公里。

① 辽宁省图书馆编：《辽宁省图书馆藏民国时期东北大学毕业论文全集》第 53 册，中华书局 2015 年版，第 277—278 页。

1928 年张学良执政后，一方面对日持回避态度，一方面继续修建东北铁路各支线的延长线。最后形成了东干线五路（北宁路—原京奉路、打通路、郑通路、郑洮路、洮昂路）联运制度和西四路（北宁路、四洮路、洮昂路、齐克路）干支线的客货联合运输的干线系统，完善了张作霖执政时期东、西干线的建设目标。1921 年至 1931 年的 11 年间，张氏父子、东北地方政府与商民自办铁路 1521.7 公里，占东北铁路总里程 1/4，而东北铁路占全国 2/5 以上，东北自建铁路占全国铁路 1/10 以上。当时，国内铁路大部分是外资控制，用本国资金修建的只占 15%，其中绝大部分是在东北，“1930 年 4 月至 9 月中旬，在张学良领导下，交通委员会多次召开专门会议，制定了新铁路网计划，主要是延长东西两大干线，增修热河至北平的南大干线，三大干线间以支线结成铁路网，三大干线均通葫芦岛商港，三大干线要新修 2254 公里，支线 4070 公里，合计 6324 公里，超过当时东北铁路总长度，计划 20 年内完成”[①]。这些措施对南满铁路形成包围之势，提高了与南满铁路在铁路运输、运价等运营方面的竞争力。

四、铁路是日本吞噬东北的利器

日本为吞噬东北，需在中国开拓土地，而人员是重要因素。日本利用在东北的交通权益，将多数移民于东北的日人、朝鲜人运送至各条铁路的附属地，对其沿线资源进行开发。当时农场、试验场的建设，农作物的种植，森林的砍伐，领土和资源的开拓等，都是在这些人员的基础上形成的。日本运用铁路进行运输，促进日本重工业、轻工业等建设，攫取大量资金，缓解国内的经济危机，为其对中国东北作战，再南下华北、华中运输军队和物资提供便利。可见，铁路对于移民、对于经济建设都有重要影响。

东北大学民国时期的毕业论文《日本对东北经济侵略之史的研究》中对“满铁”经营的铁路及其附属事业进行了描述：“1. 满铁会社所经营之铁路为：甲，大连长春间铁路。乙，南关岭旅顺间铁路。丙，大房身柳树屯间铁路。丁，大石桥营口间铁路。戊，烟台（辽阳县属）及烟台煤矿间

① 张魁堂：《张学良传》，东方出版社 1991 年版，第 49 页。

铁路。己，苏家屯抚顺间铁路。庚，沈阳安东间铁路。2. 满铁会社除经营铁路事业之外，并得经营各种附属事业。其主要者为抚顺及烟台煤矿、航业、仓库业、电气工业，及铁路附属地中的土地及房屋业等。”[①] 可见，当时日本在东北的“经营”较为多样化，陶醉于挖掘、吸取中国的资源和资金，促进本国经济发展。

（一）日朝移民东北

东北地区自古就有多方移民汇入，逃荒、战乱、入侵者等不可胜数。日本政府当时为了开拓东北土地，逐渐占据东北，不仅从军事、政治上侵略，更通过大量移民以谋达到吞并的效果，而日方移民或是运送军队，主要依靠铁路进行大批运输。从 1912 年到 1931 年九一八事变期间，日本尝试着以各种方法向中国东北进行移民侵略，学术界称之为试探移民时期，这为之后日本在东北施行的殖民政策打下了坚实的基础。在此列举的移民数量主要是在 20 世纪 20 年代的。

据 1931 年《满洲年鉴》统计，当时日本外移人数为 110 多万，其中移往我国东北的占外移总数 1/3，可见日方为达到殖民政策之目的所做出的“努力”。

日本将朝鲜侵略之后，大肆驱使朝鲜人进入东北境内，并以其为先锋，积极在“满蒙”开拓领土，逐渐将东北地区的中国人清除出去，从而达到其殖民政策的野心。朝鲜人相对于中国人而言，在体力、食物、衣服和住宅等方面，可以远远超过中国人。[②] 日人“暗中组织‘满蒙开发队’，利用鲜人亲日辈，创设开发队事务所，收买或租地耕种，每户发小枪一支，鲜人与华人纠纷时日本以保护鲜人为名，乘机进攻”[③]。

1920 年 10 月 2 日，珲春事件发生。由于当时朝鲜被日本侵占，部分朝鲜志士流亡于中朝边境，在东北地区的图们、延吉一带，积极为复国做

① 辽宁省图书馆编：《辽宁省图书馆藏民国时期东北大学毕业论文全集》第 53 册，中华书局 2015 年版，第 291—292 页。

② 辽宁省档案馆、辽宁社会科学院编：《“九一八事变”前后的日本与中国东北——满铁秘档选编》，辽宁人民出版社 1991 年版，第 121 页。

③ 黑龙江省档案馆、哈尔滨师范大学历史系编：《黑龙江历史大事记（1912—1932）》，黑龙江人民出版社 1984 年版，第 217—218 页。

准备。之后，他们培养了十余支规模较大、武装较全的反日军队——朝鲜独立军，同时也成了日本的心腹大患。珲春事件起因是朝鲜独立军为报复日军，向珲春城内突击，打死日军十余名，打伤十余名，并趁机火烧日本领事馆及日本人居住地。为打击朝军，日本加紧了对延边朝鲜人所在处出兵打击，但大部分朝军袭击的都是我国境内，日军借机对东北当局挑衅、侵犯。1931 年，万宝山事件爆发。当时我国长农稻田公司经理、汉奸郝永德将田地擅自转租给朝鲜人，朝鲜人在挖河灌溉之时被中国当局发现，而日本政府为压制我方政府，而对朝鲜人处于维护立场，干涉我国内部事务，并妄图借机增兵我国边境，为其殖民计划的实施做准备。

九一八事变爆发后，日军能够较快占领东北，很大部分原因就是事变前的深入渗透。上述被日本驱使入华的朝鲜人、日本人，都是以铁路为载体。同时，也正是由于路权的丢失、附属地的丢失，才为日军殖民政策、侵华政策的实施，打下了基础。可见，边疆的稳定依靠国土的完整、路权的自主，当然，归根结底，还是要依靠国家的强大。

（二）掠夺东北土地

掠夺东北地区的土地资源，是日本方面建筑铁路、移民的基础，同时铁路的铺设使日本加强了对周边土地的掠夺。《九一八事变前日本在奉天的侵略活动档案汇编》之经济侵略篇，1911 年 3 月 19 日至 1931 年 6 月 8 日有 69 篇关于东北民众上诉至中国政府的呈文，以沈阳县（当时的名称）的记录为主，共 41 篇是关于日人通过强占或者沟通我国无赖盗卖农民土地的，其中包括在瓦房店车站附近埋立新界石侵占土地，直接平毁禾稼，强占土地，日本修筑铁路占用田地，强占铁路附近土地。当时日本通过直接或间接的方式竭力“获取”东北土地资源。

其中，直接收买的主要表现为，通过“在大连设立农业股份公司，收买关东州内的土地二千五百垧（约为 3.75 万亩）”，此外，日人所办的东洋拓殖公司曾“收买前清善耆宿亲王底田地一千三百余万亩”。[①]还有的是华人向日人盗卖国土。如 1914 年 10 月 24 日，“沈阳县西路第四乡李官堡农民郭文麟为王玉珊通谋日人盗卖国土及日人所筑堤坝妨害水利致他

① 冯和法：《中国农村经济资料》下册，华世出版社 1978 年版，第 995 页。

人田地荒废一事给奉天巡按使公署的禀文”中所记录的：“禀为通谋外人侵占领土恳请详查法办事窃民同屯住户王玉珊素行不法以赌为业，于前二年间，勾合日本居留人在丁香屯李官堡等村久设赌场，以资营利，旋与日人合谋盗买吴家荒沙岗子等村，熟田数百亩，均系日人备价，由王玉珊出名包买转交日人管领。伊受日人金钱报酬，凡有乡民即认为己买，以图蒙蔽。”[①]据资料显示，九一八事变前，日本在东北以商租名义掠夺的土地资源约 403.6 多万亩。[②]

对铁路的控制使日人强占铁路附属地，如 1918 年 10 月“沈阳县南乡四区富家屯村正王嵩山为日本修筑铁路占用田地请求照册注销以免课赋一事给沈阳县的呈文”、1920 年 2 月“沈阳县南二区四所富家屯村正刘成俊为日人改修安奉铁路占用民地恳请注销课赋一事给沈阳县监督的呈文”、1921 年 8 月“关于中日合资抚奉送电所日人占地及毁坏禾稼等事的文件”以及 1928 年 6 月 2 日“沈阳县警察所为日人中村英城在南满铁路附近侵占民田一事给沈阳县知事的呈文”等日方占领民田事件。具体事件如 1923 年的“关于日人在旺官屯村西铁路东旁建筑日本警察所侵占民地且禁止无效一事给沈阳县公署的呈文”所记录的：“据旺官屯分驻所巡官夏振山呈称查日本铁道旁往往有俄国人从此经过，因而屡起交涉，现经日人拟在旺官屯村西铁道东旁建设日本警察所一处藉资防范，顷据旺官屯民户佟富到所报称，民有坟地一处在旺官屯村西，除坟茔以外，尚有余剩之亩，种植大田现被日人设所割去三分之一，此地虽于日本铁路附近，然于清光绪年间俄国购地修道之际，未曾将此地包套在内，以俄国所挖之壕沟为限，沟以东为民之地，沟以西系属路线。现在日人修所越界侵占民地，割取禾稼不容分辩，请为查禁等请巡官立即前往查阻，见有日本工程司率领苦工四人已将佟富所种之高粱割去，长约七丈，宽约五丈，所割之地，实在壕沟以东，询据该日人，声称此项筑房工程系南满铁路株式会社，包与高岗公

① 沈阳市档案馆编：《九一八事变前日本在奉天的侵略活动档案汇编》第 2 册，沈阳出版社 2018 年版，第 38—39 页。

② 孔经纬：《中国近百年经济史纲》，吉林人民出版社 1980 年版，第 206 页。

司，吾系本公司柜移，立木前来率领割地等语，禁阻已属无效报请鉴核。”①

间接收买之方式可谓“灵活多样”，通过融资合办与农业相关的公司逐渐控制该公司运行，或通过设立贷款机关，使借贷者以房产、地产等抵押，获得大量土地资源。经过日本的农业殖民侵略政策，1928 年 2 月，“满铁”通过收买的以及官有地共 2930 町步（约 4.4 万亩），4 月“满铁用1000万元资金设立了向关东州移民的组织机构——大连农事株式会社，计划以 5000 町步的土地入殖日本开拓民 500 户”。1931 年，大连农事株式会社收买民地和官有地共 998 町步（约 1.5 万亩）。②

当时“满铁”不仅直接对东北土地进行掠夺，还与东洋拓殖会社和大仓组共同融资于 1922 年 1 月建立专门在东北经营土地业务的东亚劝业会社，共同大肆侵占、掠夺中国的土地。侵略情况如表 2。

表 2　东亚劝业会社的土地侵略情况（单位：町步）

年份	1922 年	1926 年	1927 年	1929 年	1931 年	1932 年
土地面积	115323.35	123748.72	123706.79	124723.93	136619.57	136790.29

（注：1931 年和 1932 年加入“满铁”委托地）③

由表 2 数据可知，当时的以东亚劝业会社为代表侵占我国土地的日本，以平均每年 4345.44 町步（约 65181.6 亩）的数量，吞噬着我东北的广袤土地。而这些“收获”的重要原因则需归根于日方在东北抢占的铁路权益，能够提高日军的运输力，扩大日军在我国的权益，而对于铁路周围土地、资源的占领，则能够为日方提供重要的建设资源，促其殖民政策顺利进行，以达到用潜移默化的力量将东北地区收入囊中，为其大规模侵华提供充实储备。

（三）工商业经营

占有铁路的主要目的是运送军队的同时开发附属地资源，满足自身的经济需求。当时，“满铁会社经营铁路沿线主要车站的旅客食宿、货物

---

① 沈阳市档案馆编：《九一八事变前日本在奉天的侵略活动档案汇编》第 2 册，沈阳出版社 2018 年版，第 221—223 页。

② 孙春日：《中国朝鲜族移民史》，中华书局 2009 年版，第 428—429 页。

③ 衣保中、马伟：《日本“东亚劝业会社”对中国东北土地资源的掠夺》，《吉林大学社会科学学报》2017 年第 5 期，第 83—91 页。

贮藏，及与铁路、港湾、水陆运输联络诸必要的设备。满铁会社得于铁路沿线经营土木、教育、卫生等各种必要设置。”[①] 日本在东北共有998个大公司，除“满铁”会社外，可以分为商业，如银行、交易所及保险、仓库；工业，如榨油、制粉、酿造（所谓东北三大工业）。这些工商业的经营主要依赖煤、铁、木材和农产品资源，东北在中国是这些资源的重要产地之一，日方视其为重要侵略目标。

南满铁路等各相关铁路“经过各地有众多之人口，丰富之物产。以户口而论，南满铁路通过大连和沈阳两个20万以上人口的东北最大都市，其次是长春、营口、抚顺、本溪、辽阳、鞍山、铁岭开原、公主岭、盖平、安东、凤凰城……人口均在四五万以上。其中尤最重要的，即使经过各地，均有丰富之物产，南满两支线经过至抚顺、烟台、本溪，是最大煤矿所在地。南满铁路南段之鞍山、立山，是铁矿等之大出产地。安奉线之安东、凤凰城、鸡冠山一带是主要之木材及野蚕出产地。南门铁路全线自金州、盖平、辽阳——铁岭开原、四平街、公主岭、长春几无一处（不是）大豆、高粱、玉蜀黍、大米等农产品之出产地。”民国毕业论文《日本对东北经济侵略之史的研究》对此做了以下统计：

1. 攫取煤矿

“东北之煤储藏量，估计约为三十亿乃至九十亿吨，故为日本之重大注意。”其中，抚顺煤矿有十几亿吨埋藏量，烟台煤矿约有两千万吨，本溪约有两亿吨。“据民国十六年调查，南满三港，煤及焦炭之输出达七百一十二万四千八百十八万吨，价值三千五百二十六万三千四百十四两。主要输出地是日本。”并且日本当时在抚顺、烟台、本溪湖、老头沟等重要的煤矿地都设立了公司，虽大部分为中日合办，但基本都由日方把控，而且出产量甚巨。

2. 挖掘铁矿

东北主要的铁矿为鞍山、本溪湖、庙儿沟、大栗子沟、七道沟、鞍山河等处。其中最主要的是鞍山和本溪湖，但均操于日人之手。“鞍山制铁

① 辽宁省图书馆编：《辽宁省图书馆藏民国时期东北大学毕业论文全集》第53册，中华书局2015年版，第292页。

所日本满铁会社在鞍山设制铁所以经营铁矿，起始于民国五年三月，埋藏量估计约为三亿公吨，含铁量百分之三十五。平均每天出铁七百公吨。民国十三年度，鞍山制钢所出产铣铁不过九万五千余公吨。民国十七年度涨到二十二万四千余吨。九一八事变前一年，鞍山年产二十七万吨。工厂与矿区间，筑有轻便铁路，以资运输。”而且，利用吉长、吉敦、吉海、四洮、洮索、齐克、呼海等铁路矿产资源通过港口大量运往本土，以图国家重工业建设。

3. 砍伐木材

“东北警人之物产，首推木材，据推测东北之森林总面积达三千六百二十三万余町，蓄积量达一百五十一万万石。日本国内需要木材甚多，每年输出木材价格达一亿三百余万元日金，故不能舍弃东北之森林。自清末到现在日本在东北之森林投资已达三千七百六十二万余元日金，其投资之处几遍东北各地。而投资形式则多用中日合办名义。”中日合办实则由日方单独控制与占有。“满铁”还制作了一整套造林计划，提升林地覆盖率，以进行木材的进出口贸易，其中“敦化一带的木材产额，有二亿万吨之巨，由吉会路输入日本，可使他（日本）两百年不受木材饥馑之危，并且每年可抵制价值一亿万元以上的美国木材的输入”[①]。这也是日本强筑吉会路的重要原因。

4. 占有农产品

“东北是大农业地带。东北之主要出产品是农产。以全东北而论，高粱每年出产五千四百余万石。谷子每年出产三千六百余万石。玉蜀黍每年出产一千七百余万石。大豆每年出产四千四百余万石。大麦每年出产九百余万石。小麦每年出产一千余万石。水稻每年出产一千余万石。旱稻每年出产六十余万石，数目可谓不少。日本因为本国内食量之不足，自然甚注意东北之农业。同时，盛移朝鲜人至东北种稻田，而东亚劝业之水田，经营甚为兴盛。”[②] 相对而言，日本农作物资源较为缺乏，主要依靠进口，

①《以满铁为中心的日本对满经济侵略》，《交通经济汇刊》第4卷1931年第1期，第1—12页。

② 辽宁省图书馆编：《辽宁省图书馆藏民国时期东北大学毕业论文全集》第53册，中华书局2015年版，第404页。

而东北则成了其重要的免费农产品“供应地”。同时，日人还积极在东北铁路附近强占的土地附近开设农务课、苗圃等进行农作物的相关试验。可见，铁路不仅有运输作用，还有开拓意义。

大范围侵占东北铁路的日本，从大范围、宽领域吸吮我国东北地区的资源，为其扩张领土、殖民掠夺、国家工业发展、军队建设等提供了营养线，也为侵华战争做出了准备。同时，这也对目前我国的现代化建设提供了重要的经验与启示，以史为鉴，知其兴替。

五、铁路建设对现代化建设的启示

九一八事变之前，日人“凭藉其军事之势力，以施行紧急剥削之手段，是无所不用其极，自地下矿藏上至天空航路，一概掠夺。举如原料之榨取，市场之垄断，铁道之铺设，森林之采伐，金融之操纵，渔盐之横领，各项工业之兴起。一变过去之自由经济而为绝对的统制经济，所有富源悉被攫取，更肆意进行”[①]。其侵略特点表现为涉及的广泛性、行为的殖民性、建设的破坏性、强烈的目的性以及掠夺的残暴性等。这些特点表明，日本对东北铁路及其附属地，甚至全东北的侵占，都是在其侵华计划之内的，日方以毒辣的眼光看到了东北对于中国的重要意义，并以残暴的手段将东北的资源尽数纳入囊中，将东北四省演化成了日本进军中原的资源储备地。而日军的这些行为，对于现代化国家的建设亦提供了重要的经验教训。

（一）以铁路的建设提升国家战略

铁路是推动现代化建设、发展经济来源的主要手段。当代的中国，则应更加重视铁路的建设。一方面，就铁路发展而言，它是城市公共设施建设的重要组成部分。每个城市基础设施的建设程度，是经济发展状况的最好表现。铁路建设更是带动经济发展的重要因素。就如俗语所说“要想富，先修路”，在当代的中国，不乏从铁路上发展起来的城市，如安徽蚌埠、山东德州、河北石家庄、湖南株洲与怀化等地。因铁路而兴盛的城市有河

① 辽宁省图书馆编：《辽宁省图书馆藏民国时期东北大学毕业论文全集》第53册，中华书局2015年版，第206—207页。

南郑州、湖北武汉、江西九江、江苏徐州等地。铁路等交通的建设和独立，是赢得国家建设和独立的基础。

（二）以铁路建设促进边疆发展繁荣

现代化的中国，铁路的建设发展发挥着十分重要的作用。就军事意义和政治意义上而言，边疆是维护国家安全稳定需重视的重要部分。就我国来说，边疆地区如西藏、新疆、云南等地区大多是少数民族聚居区，维护边疆的稳定，促进与内陆城市在经济、文化、宗教、教育等方面的沟通，是促进国家统一的重要部分。马克思主义国家观认为，边疆少数民族地区是国家整体的有机组成部分，国家若想要推动其自身不断进步，边疆建设是国家建设不可或缺的一个环节。[①]

（三）铁路建设推动中国走向世界

马克思和恩格斯在《德意志意识形态》中说："保护关税只不过是抵制竞争的治标办法，是贸易自由范围内的防卫手段，创造了交通工具和现代化的世界市场，控制了商业，把所有的资本都变为工业资本，从而使流通加速（发达的货币制度）、资本集中。"[②]可以看出，交通的发展，是一个国家经济建设的催化剂，能够加速资本积累。经济发达才能促进人民生活水平逐渐提高，使我国目前的主要矛盾逐渐弱化。此外，中国与其他国家之间亦进行着贸易往来，"一带一路"建设是促进国际社会互惠互利的载体。习近平提出的"人类命运共同体""海洋命运共同体"等概念，积极将各个与中国志同道合的国家联系起来，通过交通的发展，促进各个国家的沟通、交流。

作者单位：东北大学马克思主义学院

① 李振友：《列宁边疆建设思想及当代价值》，硕士毕业论文，东北林业大学2015年版，第4页。

② 中共中央编译局：《马克思恩格斯全集》第3卷，人民出版社2002年版，第68页。

中东铁路对黑龙江地区文化的影响

徐建华

东北铁路的建设，开始于1891年由李鸿章主持修建的关内外铁路。1896年，根据中俄两国签署的“中俄密约”，也就是《御敌互相援助条约》，俄国政府开始在中国东北的黑龙江地区修筑东清铁路，这条铁路就是后来的中东铁路。

1898年8月，中东铁路破土动工，这条铁路以哈尔滨为中心，分为东、西、南部三线。西部干线是从满洲里经哈尔滨到绥芬河，南满支线是从宽城子到旅顺及其他支线，东线出绥芬河到达俄国符拉迪沃斯托克（海参崴）西伯利亚铁路在中国境内的 ·段。中东铁路全长2500多公里，采用俄制1524毫米轨距，干支线相连，分布在中国东北的广大地区。

中东铁路于1903年7月14日全线通车，以哈尔滨为中心，东至绥芬河，西至满洲里，南至旅顺口，在黑龙江境内的铁路全长1000多公里，它构成了这个铁路系统的主干和大部分。

到了20世纪初期，随着中东铁路和南满支线的建成通车，东北地区的铁路主框架已经形成。展开中国地图，就可以看到在东北地区有一个T字形的铁路网，它构成了东北铁路网的骨架，这就是中东铁路。

随着中东铁路的兴建，东北地区也陆续出现了一批沿铁路线发展起来的城市。这些因铁路建筑而新兴的城市，主要担负经济职能，在推动城市交流、扩大商贸流通方面起着引领作用。

在东北地区的新兴城市当中，尤其是黑龙江地区，在成长方面，哈尔滨是最具代表性的一座城市。

哈尔滨原先还只是有几个自然村的小地方，在满语中是“渔村”的意思，由此可以想见当初的面貌。当年，俄国人在修建中东铁路的时候，把铁路总局设在哈尔滨的香坊，然后就开始移民和城建。就在短短的几年里，至1905年哈尔滨的人口数量就已经增长到10万人，有着“东方小巴黎”的美誉，后来迅速成长为东北地区的三大政治经济中心之一。不妨这么说，哈尔滨是因为中东铁路的修筑而兴起的一座大都市。

哈尔滨是中东铁路沿线上的最大节点城市。一条中东铁路把哈尔滨分割成了四个城区：铁路以北是道外区和南岗区，铁路以南是道里区和香坊区。这四个城区，至今仍然是哈尔滨市的主城区。

由于哈尔滨是中东铁路网最重要的一个中转中心，所以在铁路建成之后吸引了全球商人纷至沓来，教堂、欧式建筑、俄式饮食、手风琴……它们一同塑造了哈尔滨这座城市的“异域”风格。

中东铁路的建设，留给了黑龙江地区很深的历史文化烙印。

在中国，直到今天哈尔滨被公认是最具俄罗斯建筑风格的城市。最初作为俄罗斯人别墅区的太阳岛是俄侨文化的集中反映，这里的俄罗斯风格建筑非常显著。在哈尔滨的南岗与道里的一些街区，至今仍可见到俄国正教大教堂拜占庭风格的大圆顶与拱形穹顶，市区还有各种建筑物上米黄色的墙体和建筑外墙上的浮雕装饰、郊外别墅赭红色的铁皮斜屋顶、阿尔巴特街的花岗石路等。

遗憾的是，这些俄式建筑在“文革”中大多遭到严重破坏或彻底损毁，尼古拉大教堂、圣母守护教堂和圣母安息教堂已经荡然无存。

幸运的是，远东地区最大的索菲亚大教堂（20世纪90年代改名为“哈尔滨建筑艺术博物馆”）等古老建筑侥幸得以保存下来，仍然见证着古老的俄罗斯文化留给这座城市的深刻印迹。

在中东铁路沿线的黑龙江地区，除了带有浓郁俄罗斯风情的哈尔滨，还有满洲里（今属内蒙古自治区）、阿城、牡丹江、绥芬河等城市。在这些城市里，众多造型各异的俄罗斯正教教堂至今仍能随处可见。

如果是自驾沿中东铁路从齐齐哈尔一路东行至绥芬河，沿途不仅可以看到黑龙江的旖旎风光，还能领略留在这片黑土之上的近代痕迹。

中东铁路进入黑龙江省后的第一个重要站点，便是昂昂溪，它是当年中东铁路沿线上的一个较大的中转站。

当年，在这里修筑铁路的俄国人留下了大量的俄式办公楼和民居。这些带有俄式风情的人文景观，至今仍有很多被完好地保留着。2013 年，昂昂溪的中东铁路建筑群被列入全国重点文物保护单位名录。

出了昂昂溪火车站，不远处就是安达最具特色的一座建筑——中东铁路俱乐部旧址。这座以毛石为基础采用俄式传统砖木结构的建筑，是当年俄国修路者建筑的。走进中东铁路俱乐部楼内的舞厅，细心观看就会发现它并没有按照传统的对称式格局设计，而是采用了“左圆右方”的设计安排。这种风格的建筑在安达还有很多。

“铁路房”是中东铁路沿线建筑中最惹眼的建筑。除了火车站，铁路沿线往往还配有俄式的铁路职工住宅、铁路货运办公室等楼房。

过了安达火车站，就到了中东铁路线上的又一个重要城市——齐齐哈尔。

从哈尔滨往东一直到绥芬河，是中东铁路的东线段——滨绥线。从绥芬河出境十分便利，顺着西伯利亚大铁路一路再往东便是俄罗斯的港口城市符拉迪沃斯托克（海参崴）。

如果说中东铁路的西线是一望无际的草原，那么东线的风景就多了一些有变化的景致，地势开始起伏，森林给这段铁路涂抹上了神秘的色彩。火车驶出森林后，往东便是一个因中东铁路而兴的站点——横道河子。

当年因为修建中东铁路，横道河子一度成为一个铁路建设的中心。建设中东铁路的铺路者，为了克服东线的崇山峻岭，就让大量的工程人员驻扎在了张广才岭东侧的横道河子镇。

横道河子是牡丹江通往哈尔滨的咽喉要道，301 国道和滨绥铁路穿越全境。镇内有俄式建筑 200 余处。2006 年，中东铁路机车库、横道河子东正教圣母进堂教堂、铁路大白楼、俄式木屋群、警备司令部等 5 处单体建筑作为中国 9 个近现代早期工业遗存，被列为第六批全国重点文物保护单位。2018 年 11 月，又获得当年联合国教科文组织亚太地区文化遗产保护的荣誉奖。

如今，历史的烟云早已淡去，但留下的遗迹仍旧保藏在这座美丽的小镇上。

中东铁路的建成通车，使得中国黑龙江地区受俄罗斯和东欧文化的影响更为直接，除了建筑风格而外，俄罗斯的语言、餐饮、家居、服饰等生活习俗也都烙印在黑龙江人的日常生活中。

在“东北作家群”的作品里，俄语音译词时常出现。在萧军的《下等人》中，就有“唔德克”（又译“俄得克”，是俄国劳工常饮的酒）、“巴斤克”（皮靴）。在疑迟的《同心结》中，张绍武“喊着：‘阿鲁布扎，耶希奇聂？’这奇异的外国语言自然又会使茂荣感到惊诧，俄国侍女就毕恭毕敬的答应着”。在哈尔滨地区的方言中，有不少其他地区的人们听不懂的俄语外来词，其中有些是俄国人移民的结果。由于中文里没有对应的词语，于是当地人就沿用俄语的音译，这样也就有了黑龙江地区，尤其是哈尔滨方言中的俄语成分。这些俄语词语，有些至今仍在使用着，比如人们把连衣裙叫作“布拉吉”，大口水桶叫“喂大罗”，把面包叫“列巴”，把用麦芽、面包渣酿制的清凉饮料叫“格瓦斯”。下面这些词语，就是曾经流行过的俄语音译词：

玛达姆（老哈尔滨中国人称中年以后又肥又胖的俄罗斯妇女）、老薄待（称呼民工、卖苦力者）、毕瓦（啤酒）、木什都克（烟斗）、酥合力（糕点）、塞克儿（一种俄式面包）、奥连（橘子）、巴拉士（铁制驳船）、嘎斯（煤气）、木克楞（用木材垒成的俄罗斯式房子）、拔脚木（走或离开）、哈拉少（你好）、波金克（半高鞡的皮鞋）、克罗斯（下雨天穿的套鞋）、沃特卡（俄罗斯的一种酒精饮料）、毛八舍（一种杂拌糖）、格兰（水龙头）、古棒（一立方米）、戈必蛋（军官上尉，也泛指当官的）、壁里砌（暖炉壁炉）、宾金油（汽油）、巴斯赫节（正教的一个节日）。

俄罗斯文化的传播，是跟中东铁路的修筑紧密关联的。俄国人在中东铁路沿线拥有特权，就使得俄罗斯文化在这一地区的渗透与传播处于强势地位。俄国人通过传教、修建正教教堂、经营工商企业、建立文化团体和文化设施等，使得俄罗斯文化在黑龙江地区大量流行并广泛传播。

今天的哈尔滨市有很多俄式西餐厅。哈尔滨中央大街上那金碧辉煌的华梅西餐厅、波特曼西餐厅和圣彼得堡西餐厅等，无不散发着俄罗斯饮食的味道，还有那正宗的俄式咖啡屋和冰淇淋店的装饰也颇具俄罗斯风情。1900 年，俄商乌鲁布列夫斯基为满足当时俄侨生活的需要，最先在哈尔滨开办了啤酒厂，这也是中国的第一家啤酒厂。

除了建筑、语言和饮食，在服装、家居方面黑龙江地区也受到俄侨穿戴习俗的影响。

黑龙江省城市居民的着装风格与审美趣味，或多或少地受到俄式服饰特点的影响，从男士的呢子大衣、船形毛皮帽、高鞠靴、小立领衬衫，到女士夏季五彩斑斓的连衣裙和秋日的皮大衣与大披肩，都可见俄罗斯服饰文化的渗透。

在三十年前，黑龙江哈尔滨等城市的家庭，大多崇尚 20 世纪 20 年代延续下来的俄式家居装饰。比如，墙壁与天花板的连接处镶着各式图案的装饰角线、带铜柱的欧式古典席梦思床、结实而笨重的深色俄式家具及与其匹配的酒柜和衣帽架、长方形或椭圆形的餐桌、为御寒而特制的俄式门斗等。

即便是在今天，仍不难在一些家庭的装饰中找到类似的痕迹。随着 20 世纪 90 年代后中俄贸易进一步发展，俄罗斯的铜质茶炊、木质彩绘、各式套娃等工艺品也成了很多哈尔滨市民家庭里的时尚摆设。

俄国人还把他们的生活习惯带到了中东铁路沿线各地，通过各种途径，或强制或间接地影响了当地的东北人。譬如，俄国人到来这里之后，受俄国人习惯的影响，中东铁路沿线的中国农民也开始种植俄国人喜欢的西红柿和大头菜（包菜），这些菜种很快就被中国农民所接受。而俄式的面包、香肠、啤酒、糖果、糕点等，至今仍然受到东北人的喜爱。

随着中东铁路的修建，大批的俄国铁路员工、中东铁路护路队和大量铁路员工家属也涌入哈尔滨等黑龙江地区。这些人的到来，对黑龙江地区的体育文化产生了重要影响。黑龙江地区早期“白俄”体育文化的形成与发展，跟中东铁路局的建立有关，也跟被苏联政府驱逐到黑龙江地区的“白俄”有着直接的关系。1917年俄国十月革命后，原俄国沙皇政府的一些官吏、军官、地主、商人及其家属也来到了东北黑龙江地区，当地人把这些俄国流亡者称为“白俄”。

“白俄”当时在黑龙江，尤其是哈尔滨一带兴建了不少体育场馆设施，还成立了各种体育组织，从事各项体育活动。这样一来，就使得“白俄”的体育物质文化、体育制度文化、体育精神文化跟黑龙江的地域文化相互渗透融合，从而形成了黑龙江区域独具特色的欧亚体育文化形态。“白俄”原有的生活方式和文化意识形态，在哈尔滨一带流行开来并与黑龙江地区本土文化相互渗透和融合，从而形成了黑龙江地区特有的文化交融形态，其中散发着浓郁的欧陆风情和本土气息，孕育了黑龙江独具特色的体育文化。“白俄”铁路员工及其家属，在铁路建设之余经常开展丰富多彩的休闲娱乐活动，有很多人还是各个运动项目的爱好者。在他们的带动和参与下，不少当地人也开始喜欢和从事一些运动项目，越来越多的人参与到滑冰、滑雪、冰球、自行车、举重、拳击、马术、游泳、篮球、足球、乒乓球等体育项目中来。

金冲及在《奉系与东北铁路》序中指出：“东北铁路，在中国近代历史上占有十分引人注目的地位。许多重大事件，特别是中国近代对外关系中不少问题同它直接有关。”“对真心的唯物主义者来说，一切都应该根据事实来做判断，对复杂的事物做具体分析，不能一说好就一切都好，没有半点不好，说不好就一切都不好，没有一件是好的。这是实事求是应有的态度。”①

中东铁路是在特定的历史背景下修建的，带来的文化影响也是比较大的。俄罗斯各种文化影响到东北地区，尤其是黑龙江区域，有些已经深入当地社会生活的各个领域，有些则在长期的杂居和交往中产生变异，融合在中国东北文化当中。这种文化的碰撞、渗透与融合，也是具有地域原因的。

中国的东北文化，在整个中华文化的系统中属于一种边缘性文化，这

① 易丙兰：《奉系与东北铁路》（序），社会科学文献出版社2018年版，第1页。

种边缘文化受中原文化源地的影响比较弱，因而其对文化源地的认同感也相对较弱。另一方面，俄罗斯的远东文化同样也处于俄罗斯文化系统的边缘区域，受到的俄罗斯文化影响也相对弱些。正因为如此，这两种边缘性文化就很容易在共存的区域内和人员交往的过程中相互吸收、模仿、借鉴、碰撞以至融合，从而形成一种你中有我、我中有你的文化融合体。当然了，这种文化融合体的各自核心部分还是比较明晰的。

具有国际历史文化背景的中东铁路遗产，在今天仍然具有历史价值和现代价值。中东铁路，为中、俄、韩、朝、蒙古、日等东北亚国家的交流合作提供了历史依据，如果通过合作研究与保护，就可以形成一项世界性文化遗产。

中东铁路长期以来的保护实践，也可以为中国历史文化遗产的保护理论和方法提供经验与借鉴。

2013 年 9 月 7 日，中国国家主席习近平在哈萨克斯坦纳扎尔巴耶夫大学作演讲时[①]，提出了共同建设“丝绸之路经济带”的倡议，目前已经得到大多数国家的支持和响应。新的亚欧铁路大动脉快速发展，中东铁路遗产构成了它的历史渊源和文化根基。中国跟俄罗斯、韩国与朝鲜地区的资源和地缘优势，以及东北地区高速铁路的建设，都将为中国东北地区的振兴和未来城市格局的形成奠定基础。实施“一带一路”构想，推进“一带一路”的经济文化建设，既是中国扩大和深化对外开放的历史必然要求，也是中国加强与亚欧，尤其是东北亚地区各国互利合作的现实需要，因而中东铁路可以在新的历史时期发挥它的新的作用。

作者单位：山西农业大学信息学院

① 潘旭涛、拜婧：《德国有座“中国城” 非洲有了“中国稻”》http://world.people.com.cn/n1/2018/0907/c1002-30279047.html，2019 年 6 月 30 日。

中东铁路的修建对东北地区近代化的影响（1896—1904）

杨雅婷

一、中东铁路修建的国际形势

中东铁路的修建具有很深的社会根源。在19世纪末20世纪初，西方列强通过一系列的条约和协定确定了通过政治和经济侵略其他国家来获得本国利益的方针，英法通过殖民非洲获取本国利益，德国通过入侵中东地区，以及修建铁路来逐步达成争霸世界的计划。与此同时，日本经过明治维新后成为一个全新的竞争势力加入对东方的殖民掠夺。而沙俄作为老牌的帝国主义势力自然不会居于人后，出于掠夺资源，稳固封建势力的原因，同样选择修建铁路来进行对世界的瓜分。

（一）俄国对外扩张的历史根源

沙皇俄国起源于莫斯科公国，在几百年的扩张与动荡之中，驱赶走了外敌的侵略，并在16世纪初完成了国家的统一，建立了中央集权的国家政权。俄国的地理位置特殊，位于亚洲与欧洲的交界处，非常容易受到外部国家的影响。因此，对内实行中央集权制度，对外夺得出海口，建立强大的军队以及强势的外交就成为历代著名的君主比如伊凡雷帝、彼得大帝、叶卡捷琳娜等毕生奋斗的目标。但是，19世纪中期沙皇俄国的侵略扩张的步伐受到了西方列强的阻挠并在中东地区频频战败。因此，转换国家对外扩张的方针，成了一个必然的趋势，将国家对外的重点从西欧转换成东亚，目的就是为了缓和国内矛盾，争夺东北富饶的土地资源以及农业资源，更是为了将自己的势力范围深入中国内陆并且夺取大连不冻港。沙俄本国的封建化根深蒂固，为了巩固当时沙皇的统治并且利用清政府的腐朽落后和当时新兴的国家日本进行抗争，于 19 世纪末沙俄内部开始计划在中国东北修建一条对当时的沙俄意义极大的铁路。1895 年中日甲午战争之后与清政府进行谈判，开始了争取在中国东北修建铁路的计划。

俄国于 1903 年开始，修建一条对东北意义重大的交通干线，从此，俄国的工业化进程进入了中国东北，东北的工业化进程和世界开始连接，使伦敦、华盛顿这些当时世界一流的城市开始涌入国人的视野。1907 年，正式建成，以哈尔滨为中心，西至满洲里，南至大连，将满洲里、齐齐哈尔、哈尔滨、绥芬河相连接，其中包括黑龙江、吉林、辽宁、内蒙古四个省区。

（二）资源竞争的需求

早在 19 世纪，欧洲列强就确定了用经济侵略代替武装侵略落后国家的方针。19 世纪末 20 世纪初帝国主义的主要瓜分对象是非洲，从 1884 年所签订的《柏林协定》就可以看出来欧洲列强的真实意图，会议规定任何国家在非洲取得土地以有效占领为原则，掀起一场划分非洲土地的狂潮。而在划分土地的过程中，铁路的修建和占有起到对地区控制的决定性作用，由于铁路可以在运输各种人力物力资源中承担重要的角色，所以修建铁路成为各列强在欧洲竞争中争夺权力的重要手段之一。通过修建铁路来大量地掠夺殖民地的资源，不但可以快速而且大量地运输石油、煤矿以及木材等战略资源，而且可以极其快速地将本国的兵力运往世界的各个角落，以起到划分殖民地以及势力范围的作用。英法两国争相修建铁路，横穿非洲大陆的“2S 计划”是法国计划扩大在非洲的殖民地，连接非洲西部的塞内加尔和非洲之角索马里从而实现横穿大陆的殖民地计划，通过修建铁路进行政治控制、经济渗透和文化灌输来实现北部非洲的法国殖民化。同时，英国不甘落后，打算利用占有非洲南部开普敦和北部埃及的有利位置实行“2C 计划”，建立一个纵贯非洲的英属殖民帝国。如此就可以看出帝国主义的野心，甚至不惜引发了法绍达事件，践踏埃及、苏丹等国家的民族权益。不只英法，德国作为最先崛起的大国，也加入了殖民帝国的行列，从开国元老俾斯麦到腓力二世，德国不仅仅守望自己的天空，还把目标放在了亚欧大陆。20世纪初，德国制订了“3B计划”，希望通过铁路来获得石油资源，修建一条沿柏林、拜占庭、巴格达的铁路，对中东地区进行控制和掠夺。美国也不甘落后，修建了横跨北美的铁路，并且以独特的方式对拉美地区施加影响。美国主要投资交通运输事业，如铁路运输、公路运输和城市公共事业。这样一来，不仅使美国的短缺物资得到了大量补充，让美国不断地走向世界强国的位置，而且间接地促进了拉美地区经济和基础设施的进步，为拉美国家废除奴隶贸易，进而为美国本土提供更多的廉价劳动力，使拉美成为除欧洲外大型输出商品的市场。

（三）修建铁路的战略需要

由此可见，修建铁路对于国家经济以及对外战略起着十分重要的作用，铁路可以快速地连接一个国家和其他边远地区，能够满足移民、军队以及大量的战略资源开进殖民市场。19世纪60年代之后，沙皇俄国逐渐征服了中亚地区。当时的俄国废除了农奴制度，让资本主义有了较快的繁荣与发展。而资本主义市场所需要的两个重要条件就是市场和原料，沙俄为了能够迅速占领中亚进行大量派兵，“当时中亚一切都是军事化，每条街道都充斥着士兵”。[①] 尤其是中亚地区，连接着西欧以及东亚，是十分重要的战略位置。由于这个原因，沙皇为了满足国内的原料以及土地和生产力的欲望，便决定用武力征服这个地区。在这个地区修建铁路，具有重大意义，不仅可以使沙皇俄国稳固边防，为国内的资本主义市场提供生产原料以及劳动力，并且可以将东西打通，也为之后修建中东铁路提供了技术前提。列宁也曾经指出，“东岸的铁路已经开始为资本开辟了中亚细亚”[②]。

---

① 吴文衔、张秀兰：《霍尔瓦特与中东铁路》，吉林文史出版社1993年版，第5页。

② 中共中央马克思恩格斯列宁斯大林著作编译局编译：《列宁全集》第五卷，人民出版社1986年版，第72页。

二、中东铁路修建的过程

“从19世纪80年代开始，沙俄在近东和中亚的侵略扩张受到挫折之后，便把扩张的目标放到了中国远东，这也是沙俄对外政策上战略重点的重大转移。”[①] 为了实现这一重大的战略目标，势必与当时的清政府达成利益上的合作。而《中俄密约》也就是《御敌互相援助条约》，在客观上直接加剧了中东铁路修建的进程。此项条约的签订，不仅仅标志了沙皇对外政策由中亚向中国的战略性转移，同时打开了沙皇争夺太平洋地区霸权的序幕。铁路一旦修建完成，俄国在整个中国东北的地位就会得到保证，并且从沙皇对维特备忘录的批示来看，沙皇也是由衷地赞成这项计划的，“俄国西伯利亚大铁路穿过中国东北的路线就这样通过了”[②]。

（一）修建计划的制订

面对如此复杂的国际形势，俄国作为老牌的帝国主义国家更是不甘居于人后。俄国修建西伯利亚铁路有着很深的社会根源和历史根源，不仅仅为了遏抑英德的扩张，而且为了进一步进入中国的东北广大土地。《北京条约》规定，在边界地区开放双边贸易，并且将税率降至最低。俄国对中国的“柳条边”地区垂涎已久，于是积极推行此计划的俄国财政大臣维特认为“西伯利亚大铁路”可以使沙俄物资快速到达海参崴，从而制订了从外贝加尔直接穿过中国领土，即穿过外蒙古和东北三省计划。修建开始，沙俄就把修建这条铁路称为加强俄国太平洋舰队的工具，这条铁路直接弥补了沙俄对太平洋地区无法掌握的现实，使俄国可以与亚洲最大的竞争对手日本抗衡。该铁路修建的目的是从西伯利亚赤塔到达太平洋的一切事物均在俄国的掌握之中，并且可以直接输送物资，进行远东作战支援。1891年，俄国决定修建西伯利亚铁路，同年6月破土动工，到1894年该铁路已经修建到贝加尔湖畔。但是这个时候铁路的修建计划产生了分歧，一种计划

① 吴文衔、张秀兰：《霍尔瓦特与中东铁路》，吉林文史出版社1993年版，第13页。

② ［美］安德鲁·马洛泽莫夫：《俄国的远东政策（1881—1904）》，商务印书馆1977年版，第84页。

是由赤塔延黑龙江北岸曲折前进，到达伯力后，再顺乌苏里江东岸向南，一直到达海参崴，但是这种方案却遭到了质疑，大多数沙俄将领认为过程太过蜿蜒曲折劳民伤财，并且各国列强尤其是日本不会坐视铁路修建，一定会采取不利于俄国的措施，在这种极端不利的情况下沙皇决定把西伯利亚的路线取直线从贝加尔湖畔直接修建到中国东北，一路到达海参崴。这样的话，不仅可以缩减直线距离更好地掌握中国东北，而且“这条铁路一旦完成，俄国在整个满洲的地位就会得到保证”[①]，这条铁路并不是白白修建的，其起到的政治军事上的作用也给俄国带来了巨大的利益，“以必需品供给俄国舰队，并建立他的坚固支点——能够控制太平洋上一切国际商业活动”。[②]

（二）清政府亲俄远日政策

1895年后清政府因为政治和军事上的双重决策失误，导致了甲午海战的失败，并且与日本签订了《马关条约》。条约规定辽东半岛割让给日本，但这样严重危害到了沙俄的利益，以及它侵略东北的计划。不仅如此，在20年前沙俄已经开始有计划地将辽东半岛和东北地区划入修建西伯利亚铁路的范围，所以从那以后开始时刻监视东北地区的动态，以便控制这一地区。日本的条约一经签订立刻引起了沙俄的敌视，并且联合法、德两国，同时向日本当局施加压力迫使日本放弃辽东半岛的权利，并且做好了武装干涉日本的准备。法国和德国作为欧洲的强国，自然不愿看见日本一家独大，独自占有中国的利益，于是开始了以俄国、德国倡导，法国支持的“三国干涉还辽”活动。1895年，在中日甲午海战，日本获胜的当年，德国、法国和沙俄联合向日本施压要求日本更改《马关条约》的相关要求，并且要求将辽东半岛归还中国，“试图将中国放在俄国和法国两国的政治和金融联盟之下”。[③]同时，向日本施加压力，日本刚刚结束战争，无论是经济和军事实力都表现亏损状态，更何况是与三大强国进行抗衡，所以

① 吴文衔、张秀兰：《霍尔瓦特与中东铁路》，吉林文史出版社1993年版，第14页。

② ［苏］鲍里斯·罗曼诺夫：《俄国在满洲（1892—1906）》，商务印书馆1980年版，第57页。

③ ［英］菲利浦·约瑟夫：《列强对华外交》，商务印书馆1962年版，第273页。

选择退却。而沙俄政府让日本直接归还辽东半岛有重大“功劳”，使当时的清政府和慈禧太后对沙俄感谢有加，并希望可以继续利用沙俄，牵制住日本。因此，在1895年这一个关键的年份，西伯利亚铁路已经修建到了在中俄边界的重要关口，沙俄借帮助中国“赎辽有功”，向清政府提出了接下来的铁路将穿过东北边境的要求，穿过东北，直接到达出海口符拉迪沃斯托克（海参崴）。清政府欣然同意，并且为了维护和沙俄的关系，打算把沙俄作为抵制日本侵略中国的一个工具。清政府于1896年派遣重臣李鸿章出席沙皇尼古拉二世的登基仪式，李鸿章和沙俄驻外大使维特签订《中俄密约》。条约规定，如果日本进攻俄国远东领土，缔约国双方应该互相援助。“为保俄国将来接济军火粮食迅速起见，允许在中国黑龙江，吉林等地方建造铁路，通达海参崴。俄国在铁路运送军队粮食以及器械之外，不应过度停留”。①

三、中东铁路的修建推动了东北地区的近代化

伴随着中东铁路的修建，外国的资本也迅速地涌入东北市场。“在符拉迪沃斯托克（海参崴）港存在的半个世纪中，中国的东北，赋予它重要出口的意义”。② 为了加速与日本、美国以及英国等列强的经济竞争，沙皇俄国决定在远东地区增强自己的经济实力，其中就包括加速资本输入东北，加快在东北地区设厂并将中东铁路的沿线变成商品销售的地点以及原料产地。

（一）俄国对东北的资本输入

“19世纪末20世纪初，沙俄首先把中国的东北作为资本输出的重要场所，并且将资本输出的重点放在中东铁路沿线的建筑行业、航运业以及食品加工业等。”③ 由于沙俄政府对中东铁路以及中国东北地区的重视，使得沙皇大量投资，发展中东铁路沿线的各行各业。“随着清政府规定开放辽宁、长春、哈尔滨、齐齐哈尔、宁古塔等16处为商埠，美国、日本、

① 步平：《东北国际约章汇释1689—1919》，黑龙江人民出版社1987年版，第129页。
② [俄]恩·施坦菲德：《俄国在满洲的事业》，大连市图书馆藏1984年版，第100页。
③ 吴文衔、张秀兰：《霍尔瓦特与中东铁路》，吉林文史出版社1993年版，第91页。

德国等资本家纷纷前往东北投资设厂。”[1] 为了实现沙皇政府对中东铁路的全部控制，建立了中国东省铁路公司，加强对中东铁路的监管，“并且宣称中东铁路公司对这块土地拥有绝对的行政权”[2]。

由于俄国对中东铁路的极大重视，并且中东铁路也是沙俄对中国最大的资本输出项目，有记载显示，“到 1904 年底，用于修筑中东铁路的资金为四亿卢布”[3]。在中东铁路修建开始，整个东北地区的修建前景并不被人看好，“谁也没有想过在东北寻求贸易投资场所”。[4] 不过，在沙皇政府的大力支持和华俄道胜银行的资金供应下，已经有不少公司涌入东北。其中食品加工业是沙俄资本家投资的重点，制糖业、酿酒业、面粉加工业都得到了充分发展。“在日俄战争期间仅哈尔滨地区，就有八家俄人面粉场，日产面粉近五万普特”[5]。

中东铁路修建所带来的经济效益是巨大的。中东铁路修建完成后，可以直接沟通东北地区和俄国的国家经济，从大连直达符拉迪沃斯托克（海参崴），并且开放了大连与旅顺口，促进了中国的大豆、玉米、小麦等的销路，直接提升了沿线的经济水平。不仅如此，中东铁路也缓解了俄国轻工业不发达的状况，同样促进了中俄的经济交流。

（二）促进人口增长

伴随着中东铁路的修建，不仅是俄国人、英国人、日本人、德国人将东北作为投资贸易的主要场所，同时也吸引着法国人大量涌入东北经商贸易。为了与外国商人竞争，俄国商人建立了交易会，能够切实保护俄国商人在东北地区的利益，沙皇俄国派遣重兵前往以保证铁路周边的行政管理、司法，以及税收权。“其中铁路周边驻军数量曾达到七万人”[6]。从俄罗斯和圣彼得堡涌入中国东北的资源快速地充斥着中东铁路的周边地区，也

① 王铁崖：《中外旧约章汇编》，生活·读书·新知三联书店 1982 年版，第 340 页。

② [俄] 尼鲁斯：《中东铁路沿革史》，哈尔滨出版社 1923 年版，第 575 页。

③ [苏] 斯拉德科夫斯基：《苏中经济关系概要》，中国社会科学出版社 1957 年版，第 157 页。

④ [俄] 恩·施坦菲德：《俄国在满洲的事业》，大连市图书馆藏 1984 年版，第 88 页。

⑤ 吴文衔、张秀兰：《霍尔瓦特与中东铁路》，吉林文史出版社 1993 年版，第 93 页。

⑥ 薛衔天：《中俄关系史话》，社会科学文献出版社 2011 年版，第 103 页。

使哈尔滨、长春、沈阳、大连等地区快速地繁荣起来。资本的输入、繁荣的商品经济、便捷的交通，吸引着大量的人口涌入东北。

首先是俄国人大幅度增加。斯拉夫民族的生活方式和习惯对当地中国居民，特别是对当时的一些官僚和商人影响非常大。中东铁路沿线逐步形成“华俄兼容，满蒙并包”的地域经济文化特征。以哈尔滨为核心的中东铁路管理局正式全面管理俄国在中国东北的事务。于是乎，中东铁路成为东北三省与俄国联系的中心，每年数以万计的移民都前来一睹东北的芳容。

其次是关外人口大量迁入。伴随中东铁路的修建，铁路周边的商业、医疗卫生业以及服务行业也逐渐繁荣起来。由于东北地区是清朝的“龙兴之地”，享受中原文化的洗礼较少，生产方式原始，并且效率低下，这时外界的资本输入就显得尤其重要了，大工厂的拔地而起势必造成不小的轰动，而这轰动也就可以推动东北的巨大变化。铁路开工后关内劳动力逐步进入，仅修筑工人最多时就高达二十万人，这些居民来到东北之后大多在铁路周边定居，从事农业、商业、教育事业等，使东北地区的居民迅速增加。

四、结论

中东铁路的修建让大量近现代技术涌入中国，给东北这片黑土地注入新鲜的血液，使东北地区真正地从蛮荒时代进入了近代产业工业时期。大量的俄国商人看到了商机，开始涌入中国东北，使这个资金匮乏的地方突然涌入数以千万计的资金，从而拉动中东铁路沿线的产值巨幅增长。随着俄国发现中国东北的商机，越来越多的外国投资者开始把目标投向东北，不仅仅带来了外国的先进生产方式和技术，而且带来了异域的文化风情与不同的生活方式，推动了东北地区的近代化进程。

作者单位：黑龙江大学历史文化旅游学院

试论九一八事变前东北铁路对关内移民的影响

高 慧

铁路作为近代社会国民经济运行的大动脉，不仅是重要的交通运输工具，也是帝国主义列强在华渗透的重要载体。林则徐、孙中山在其著作中，皆提出修筑铁路的主张，非常重视铁路在国家经济建设中的重要作用。

近代东北，由于其特殊的地理位置，招致邻邦日俄两国觊觎入侵，皆以建筑铁路作为侵略的重要手段。俄国通过《中俄密约》攫取了铁路的修筑权，于1897年动工，宛如利刃一般插入东北心脏，控制了东北经济命脉，对我国危害极大；其次是日本，日俄战后俄国将长春以南，中俄共管的铁路及其附带利权全部让与日本，形成俄国占据北满、日本占据南满的局面。不仅如此，美国也曾想分一杯羹，但由于威胁到日、俄利益，没能实现。在此危急情形之下，我国为维护国家主权、抵御外来侵略，无论是中央还是地方，都先后掀起筑路建港的热潮。在此影响下，近代东北地区的交通建设质量遥遥领先于国内其他地区，成为近代中国铁路网最密集、铁路运营里程最长、铁路系统最为完善的地区。1916年至1931年，东北铁路运营里程占全国总里程的比重从34.5%上升到44.5%，可见东北铁路发展建设之快。之所以出现这种情况，显然是由于受到日俄的侵略刺激以及维护主权、开发东北的需要促成的。

铁路这种新型交通方式的出现，给当时关内向东北的移民带来了深刻的影响。关内移民，指的是近代从关内河南、河北、山东等地迁向东北地区寻求生计之人，因此交通方式对他们的移动显得尤其重要。铁路便利了他们的移动和聚集的速度。

在移民研究理论中，经典的“推—拉”理论认为移民这一现象的出现，是“推力”和“拉力”共同作用的结果。关内人民向东北移民现象的出现，正是由于内地人口增多，人地矛盾尖锐，灾荒匪祸，难以生存，造成一种“推力”推动当地人民不得不远走他乡。“人民迁徙，移密就疏，原为人类自然之趋势”，[①]东北地区正是以其地广人稀的优势，再加上各种鼓励移民政策的实施，此等“拉力”吸引了大量人口的迁入。其中，近代铁路的建设以及相关政策的实行作为一种强劲的“拉力”，给移民运动带来深刻影响。

近代东北铁路问题和移民问题在学界一直备受关注。关于东北铁路方面的专著主要有袁文彰所著的《东北铁路问题》，该书对东北各铁路的建设、发展、运营等各方面进行了介绍，此外还有王贵忠、王奉瑞等人，也对东北铁路相关问题进行了详细的讨论。关于移民方面的著作也有不少，主要以王海波、路遇、范立君、高乐才、付平等人的著作为代表，都突出介绍了历史上东北移民的背景、意义、问题等内容，详细探讨了近代大规模东北移民出现的主客观原因。此外，关于东北铁路与移民关系的论文主要有马义平的《近代铁路通行与华北地区的农村移民》，该文主要介绍了华北地区移民原因，移民对城镇化的推动作用等内容；还有李海滨、李自典合著的《京奉铁路与近代东北移民——以20世纪二三十年代为中心》等文，其中不乏涉及铁路在移民运动中所起的作用方面的论述，但内容比较分散，尚缺乏系统的梳理。本文在借鉴前人研究的基础上，以九一八事变为时间节点，通过收集、整理、总结相关资料，以小见大，从近代东北铁路对关内移民影响的角度进行介绍。

一、铁路便利了关内向东北移民

传统的移民路线，主要有陆、海两条路线。选择陆路的移民只能选择

① 张宗文：《东北地理大纲》，中华人地舆图学社1933年版，第125页。

徒步进入东北，他们拖家带口，风尘仆仆，多经由山海关、喜峰口、古北口等关口流入东北。选择水路的移民，大多步行至小渡口，然后坐船到营口，沿辽河、伊通河北上，可到达松嫩平原一带。但是由于落后的交通条件的限制，效率低下，所以过去来东北的移民一直以来只是间断的、少部分的，尚未呈现大规模的态势。

在近代东北大规模的铁路建设之后，以铁路为代表的新式交通运输线路逐渐完善，为移民提供了新的选择。近代东北自主修建铁路主要在张氏父子统治时期，张作霖于1924年成立专办铁路事务的东三省交通委员会，筹划修建能够自控的铁路，主要是奉（天）海（龙）、吉（林）海（龙）、京奉铁路打（虎山）通（辽）线、洮（洮南，今洮安）昂（昂溪）支线等。皇姑屯事件后张学良临危受命，担负重任，决心完成其父未完成之计划，1928—1931年这四年间，修建了包括呼海、齐克、洮索、吉敦、天图等线在内的900余公里铁路线，虽然后来由于九一八事变爆发，张学良未完成全部计划，但经过多年努力，东、西、南北三大干线计划已基本实现。这一系列自建铁路加上1903年俄国强行修筑的贯通东北全境的东清铁路（后改称中东铁路），日俄战争期间日本强行修筑直通朝鲜的安奉铁路等列强控制的铁路，在东北形成了一个四通八达的铁路网，关内移民可凭借便捷的交通抵达目的地，省去了过去翻山越岭、长途跋涉的艰辛。

由于东北移民的来源相对集中于华北地区，所以当时作为关内外沟通桥梁的京奉铁路便成为移民出关的首选。华北地区的多数移民一般先乘坐京奉铁路（1912年中华民国成立后改称北宁铁路）到达奉天，再从奉天出发搭乘其他铁路分散到各地。主要有以下几种路线选择：1. 由奉天搭乘安奉铁路在安奉路各站下车，到达辽东地区；2. 从奉天起，经过四平、郑家屯、洮南，沿洮昂线、齐克线北上抵达东北北部；3. 乘坐南满铁路直达东北的心脏地区—吉林，经由吉敦线、吉海线到达吉林东部地区。据记载，1912年至1916年，南满铁路干线平均每年要输送300余万人。[①] 另据相关资料统计，通过北宁路出关的移民占31.7%，从青岛启程的占22.9%，其

① 徐恒耀：《满蒙的劳动状况与移民》，《东方杂志》1925年第22卷第21号，第36页。

余人口分别由烟台、龙口、天津等地出发。[1] 仅仅在1927年和1928年上半年由北宁路出关移民就约占当时移民25%。[2] 可见，新式交通工具的出现使移民不再局限于过去传统的出关方式，给移民提供了更多的选择。

二、各铁路局相继推出乘车优惠政策吸引乘客

从清末开始，东北各铁路局纷纷推出关内移民乘车优惠政策，便利了关内移民出行，推动了移民东北的速度提高和规模增加。

1. 实行移民减价政策，订立低廉的特价运费。“东三省各铁路对于难民乘车，一律免费或减收。”[3] 这对于移民来说是一项重要的惠助政策。移民减价政策即移民票价与一般乘客的票价相比，要便宜几成，有的甚至免费。由于东北铁路路权及铁路管理权的复杂性，不仅有中国人控制的铁路，还有日本、俄国控制的铁路，当时为争夺利益，互相竞争，各方竞相采取方便客商的政策。京奉铁路规定：“乘车运费按三等客票价仅收取每单位家族成年壮丁百分之二十之运费，所有随同乘车之父母、祖父母及妻子子女等完全免费。”[4] 这不仅减轻了移民旅费负担，而且改善了过去存在的移民多是男人而没有女人的现象，在规定优待眷属后，其妻女可以一同出关，使边远地区呈现一种安居乐业、家庭繁荣兴盛的景象。况且铁路用运货的车运送出关难民，“按铁路供应客车等值计，铁路减低些许运费实等于未减，于铁路不但无损……奖励移民条例规定后，对于难民有优惠，对于铁路固无若何利益可言，然在铁路行车调度运用上，春季东北粮源拥入关内，出关列车多系放空，再次季节回空利用车辆运送难民，等于一举数得，铁路实亦毫无亏损也”。[5] 京奉铁路局还另设小工票优惠政策，其优惠对象是那些春季出关谋生，等到冬季返乡的“小工”。20世纪初以

① 乔平：《中国的移民殖边》，《清华月刊》1934年第42卷第6期，第54页。

② 朱契：《满洲移民的历史和现状》，《东方杂志》1928年第25卷第12号，第17页。

③ 朱契：《满洲移民的历史和现状》，《东方杂志》1928年第25卷12号，第20页。

④ 王奉瑞：《东北之交通》，台北文海出版社1982年版，第47页。

⑤ 王奉瑞：《东北之交通》，台北文海出版社1982年版，第48页。

来，直隶地区每年春天去东三省做苦力的贫民人数众多，皆因难以负担高额的火车票价，多选择步行出关。1906年，关内外铁路管理局针对这种情况，专登小工票减价广告：“每人均减价收车脚两元，并饬不准另外需索，惟此项专票每苦工一人只须买票一张，并不准有人包买。”[①]而北宁铁路则规定，凡12岁以下的移民，“皆准免费乘车”。[②]洮昂铁路局也实施类似优惠政策，规定在该路线某站上车并前往“镇东（今吉林镇赉县）以北各站下车垦荒者，准坐代用三等车，收票值三成”，[③]七岁以下儿童可免费乘坐。中国人自己控制的铁路，实行移民减价政策的出发点主要以减轻移民负担，以便招徕移民，开发、建设东北为主。但其票价的降低，影响了列强控制的铁路客运收益。于是列强为争夺客源，也纷纷出台减价政策。南满铁路于1925年发售移民减价票，将移民票价较之前降低四成，并于1927年4月1日起，规定十五岁以下及六十岁以上的移民，费用全免。中东铁路同样出台移民减价运送办法，规定长春至哈尔滨每张车票仅收取1卢布92戈比，此外，对符合政策规定的儿童和老人也减免其票款。此类政策出台的出发点虽然是为抢夺客源，增加收入，但这种竞争却产生了一些积极影响，即缓解了过去高昂票价给贫苦移民带来的旅费负担，为其进入东北提供便利。

2. 订立奖励关内移民远赴东北垦荒乘车的优待条例，每年定期开通由关内出发的廉价联运专车出关。以东北交通委员会为代表，规定每年春季定期（农历正月十六日起，这是山东人离家远赴东北，多年来形成的习惯日期，元宵节后，所有出关的人必须从这一天起离家出关）开通移民专用列车，按旅客快车行驶，二十一个小时即可到达，非常便捷。过去铁路对于移民很苛刻，收费按照每人三等车票半价计算，而且只能在这些区间的货运列车上加挂货车供这些移民乘坐使用，称为苦力车或小票车，等到下一区段，将这些车厢甩下，移民需要等待很久，才能将这些车厢附挂在另一区间的货运列车之上，关内移民在此行途中起码要换乘四次才能到达关

①《山海关内外铁路总局装运苦工大减价广告》，《北洋官报》，1906年4月。

② 刘辉：《五十年各埠海关报告（1882—1931）》第11册，《1922—1931最近十年各埠海关报告》上卷，中国海关出版社2009年版，第430页。

③ 东北文化社年鉴编印处编：《东北年鉴（民国二十年）》，东北文化社1931年版，第1288页。

外，在此期间常常会有人因为受冻生病而死。因运送移民的挂用车辆不管“铁棚敞车”都随便挂用，所以铁路方面对此从无关心。在移民优待条例出台后，按照移民专车编组的规定，“须尽量挂用三等客车，不敷之处，得利用木质完好棚车，以便保暖”[①]，再加上列车的运行速度加快，而且在每个较大的车站建设了临时休息处，为移民供应饮用热水；中东铁路方面也出台相关政策，为运送移民的车辆消毒，以减少生病人数，不仅如此，1928 年还将五十辆货车改装成为移民运送专列，每节车厢可容纳四十人，“长哈间每日三次往复”[②]，一天可以运送近六千人，同时购地建筑每所可容三千人的难民临时免费寄宿所。以上措施改善了移民服务，与过去相比，减少了移民路上的人员伤亡和经济损失，在关内外产生极好的影响。于是每年通过铁路运送出关的人数由过去的八九十万骤然增加到二百万左右。

3. 制定移民还乡优待办法。东北交通委员会规定每年冬季铁路开行由关外至关内移民还乡专用列车，收费每人按三等客票价百分之四十优待计算，除幼童按照普通规章优待外，其他家眷亲属也一律按优待规章收费（无免费待遇，以示不奖励移民入关之意）。中国人一向重视伦理观念，在关外成功移民，等到晚年必须还乡与家人团圆，所以对入关还乡的人也予以便利和优待，但价格要高于出关时的费用，而且不免除同行亲属的费用，以示出关与入关的差别。

移民乘坐铁路的优惠政策经过报纸、广告以及移民同乡等各种渠道的宣传，影响范围日益扩大，特别是移民回乡后在邻里中宣传介绍在关外垦荒或工作的情形，更进一步激发了关内民众向东北移民的愿望，从而引发了更大规模的移民浪潮。

据“满铁”会社调查，自 1908（光绪三十四年）至 1928 年东北人口增加的统计如下表：（单位千人，包括外侨在内）

① 王奉瑞：《东北之交通》，台北文海出版社 1982 年版，第 47 页。

②《东铁移民新计划》，《盛京时报》，1928 年 1 月 5 日第 2 版。

	1908 年	1918 年	1928 年
辽宁	10636	12341	14323
吉林	4416	5993	8134
黑龙江	1725	2733	4327
合计	16777	21067	26784

据上表，可知 1908 年至 1928 年的二十年间，东北人口增加一千万以上，这新增的一千万人中，虽不尽是移民，然移民人数的确占重要的部分。另外，据马平安《近代东北移民研究》统计，1912—1923 年每年的移民人数为 20 万—30 万，至 1924—1930 年便增长到 70 万人左右，虽然这只是根据当时各方面的统计数据得出来的结论，不是很精确，但是 20 世纪二三十年代，来自关内的移民大规模增长却是不争的事实。

三、关内移民依铁路呈新的分布态势

铁路的发展给关内民众移民东北提供了便利条件，而且移民随铁路沿线定居，拓展了生存空间。

传统意义上，自然因素（河流、地形等）对人口聚集影响最大。四大文明古国无一不发祥于大河流域，皆是因为这些地区靠近河流，方便水利灌溉，适宜人类生存。过去移民在进入东北后，由于一些客观条件的限制，主要沿辽河流域活动，只局限于辽宁东部、西部地区，未能大规模深入东北腹地。19 世纪初，黑吉两省人口数量“不过占现在人数十分之一”[①]。

近代以后兴起了各式各样的交通方式，尤其是铁路的建设为移民流动提供了便利，移民由过去的沿河活动转变为沿铁路线活动，从而遍及东北各地。“清末，黑龙江人口增长的主要原因是由于中东铁路的修建。”[②]可见，中东铁路的修建为移民大规模向北流动创造了便利条件。据日人调查，民国十六年（1927）上半年流入东北的移民为 63 万人，其分布区域大致如下：东北南部 27 万人，占比 42.9%；东北北部 36 万人，占比 57.1%。此外，据《中

① 王慕宁：《东三省之实况》，中华书局 1929 年版，第 10 页。

② 熊映梧：《中国人口》（黑龙江分册），中国财政经济出版社 1989 年版，第 54 页。

国历代人口变迁之研究》记载，民国十六年以后东北地区的移民“百分之六十四往北满，百分之三十六往南满”[①]；又如《海关十年报告》对1923年那次移民的记载中说道：“这种趋势是由新建成的从呼兰到海伦，以及从昂昂溪往北的铁路所促成的。”[②]造成这样的原因主要是移民随铁路交通直达目的地。由此可见，纵横交错的东北铁路网促使移民由东北南部发展而至北部，便于移民向更广阔的空间流动，拓展了移民的生存空间。

这些四通八达的铁路像触角一样蔓延至东北的各个角落，移民在进入东北后，大多分散在铁路沿线，逐渐形成了大片的移民居住区。据哈尔滨总商会难民簿，1927年中东路东西段分布的难民是当时吉黑两省的难民总数55%，1929年上升到65%，可证当时吉黑两省难民“以中东路沿线各县为最多”；然留在东北南部的移民，同样分散于铁路沿线，其中近半数分散在南满铁路附近，约1/5分散在沈海沿线，其他移民则沿着四洮、长春、吉敦等线前往目的地。又据1929年上半年日本有关部门的移民调查所述，六十多万关内各省来到中国东北的移民大概有三分之二移往北部，这些移民又大都在中东路的东线和西线各县。[③]

铁路的修筑过程也对移民的分布产生重要影响。铁路修到哪里，那些筑路工人就定居到哪里。在近代筑（铁）路技术并不发达的情况下，劳动力在这一浩大工程中起着举足轻重的作用。而近代东北百余年来由于自然条件、朝廷禁令等的影响，到1919年人口密度仍然很小，辽宁、吉林、黑龙江三省人口密度分别为每平方公里83.39人、34.56人、9.40人，在全国各省中排第14、第19、第22名；东北总面积占全国土地面积12.5%，人口却只占当时国内总人口5.22%，因此根本无法满足铁路建设所需劳动力，只能向关内征召。以中东铁路为例，俄国在修筑该路时，在关内设立招工处，劳动力“80—90%是从关内河北、山东等省招往的”[④]，而且在

---

① 陈达：《中国人口问题》，商务印书馆1934年版，第361页。

②《海关十年报告，1922—1931》第1卷，第254页，见章有义：《中国近代农业史资料》第2辑，生活·读书·新知三联书店1957年版，第638页。

③ 钟悌之：《东北移民问题》，日本研究社1931年版，第47、49页。

④ 宓汝成：《帝国主义与中国铁路（1847—1949）》，上海人民出版社1980年版，第355页。

铁路修筑过程中除技术、铁轨以外，所有工程“全由中国工人担负”[①]。不仅中东铁路如此，由于鼠疫流行而被迫中止的吉长铁路工事，在疫情减弱时发布拟继续进行的时报中写道：“且路工一旦开手，则每日约需苦工一万五千余人。”[②]由此可见，铁路修筑需要招募大量移民，这些为数不少的移民，待工事结束之后，多就近散居于铁路沿线，逐渐扩充了这些地区的人口规模，使其在原有基础上继续发展为更大的市镇。

总的来说，铁路建设到哪儿，移民就随之蔓延并就近落户于铁路沿线或相邻市镇，拓宽了移民的生存空间，呈现一种新的移民分布形态。

四、铁路交通弱化了移民的“安土重迁”观念

近代化铁路快捷，更便利了季节性移民的生存方式，一定程度上弱化了移民的“安土重迁”观念。所谓安土重迁，即指留恋故土，不肯轻易离开。中国自古以来就是一个传统的以农业为主的国家，农民与世代生活的土地有着深切的情感，不愿轻易迁徙，这就使其逐渐形成了保守、惧变的心理。因此，传统的中国人没有特殊情况，轻易不离开家乡，即使遇上灾荒年景也很少有人离开家乡。到东北谋生的关内移民都是为生存迫不得已，但“安土重迁”这一乡土情结仍深深根植于关内移民的观念深处，好在铁路的便利，可以让他们采取“候鸟”的生存方式，在一定程度上可以缓解这种情感压力。近代东北铁路网的逐渐完善，为移民出行、往返家乡提供了便利。在此背景下，关内民众为养家糊口，纷纷外出谋生，逐渐形成一种候鸟式的移动形式。1927年之前，86%的移民为季节性移民，他们的流入时间一般从每年的二三月份开始增多；而从东北返回的时间基本都在秋收过后，十月份、十一月份为最多。此种现象产生的原因主要有三个：1. 移民出关主要由于生活所迫，“秋收以后，入关度岁，家人团聚，亦是快事”。[③] 2. 东北作物为一年一熟，冬季休耕期较长，而关内有些地

---

① 常城：《东北近现代史纲》，东北师范大学出版社1987年版，第36页。

②《吉长工事已拟继续进行》，《盛京时报》，1911年3月26日第5版。

③ 马平安：《近代东北移民研究》，齐鲁书社2009年版，第58页。

区还可以农作，使其增加收入。3. 受“安土重迁”观念的影响。的确，这种思想并未完全消失，但我们不可否认的是，近代东北铁路交通的便利确实推动了移民运动的高涨，使关内移民敢于踏上迁徙之路，在某种程度上冲击了传统的“安土重迁”观念。

综上所述，近代关内向东北移民运动的高涨，铁路的修筑及相关政策的实施在其中起到举足轻重的作用。它不仅为移民提供了新的方式和路径，使其能够深入东北腹地，并就近分散于铁路沿线，客观上促进了沿线区域城镇化发展；而且移民优惠政策的提出，减轻了移民负担，催生了大规模移民运动。此外，近代化交通的便利，逐渐弱化了“安土重迁”观念对移民的影响，为移民运动的发展做出了重大贡献。

作者单位：辽宁大学历史学院

透过近代东北铁路建设看张氏父子的人格特质与国民性

廖仁武

一、近代东北铁路建设的时代背景

（一）难民“闯关东”与俄日两国争先侵略东北

1860 年，东北地区出现了大规模的人口迁入，在这之前的 200 年，东北被视为清王朝的“龙兴之地”，限制汉族人移垦。但是伴随全国人口的增多以及战争、自然灾害不断，大量难民不惜铤而走险，纷纷犯禁“闯关东”。

国际上，19 世纪末 20 世纪初，沙皇俄国和日本先后对中国东北地区进行侵略，不仅通过军事手段抢占中国东北地区在内的中国大片领土，而且在侵占的领土上大肆修筑铁路，为其各自的军事侵略和经济发展服务。

1. 沙俄入侵

沙皇俄国对地广人稀的东北很早就虎视眈眈，清政府于 1860 年开始逐渐解除对东北的“封禁”，东北人口从 1871 年的 330 万猛增到 1911 年的 1841 万，关内移民初期从事农耕或放牧，小部分以经商为主。与此同时，《天津条约》的签订，营口开埠，东北地区第一次出现在世界的视野中。大兴安岭地区云集淘金者，昔日荒无人烟的小镇在沙俄的操控下一度热闹起来，成为所谓的“热尔图加共和国”。《瑷珲条约》的签订，使黑龙江以北、乌苏里江以东的 150 万平方公里的领土从此被侵占，伯力、海兰泡、海参崴从此成为俄国远东地区的城市哈巴罗夫斯克、布拉戈维申斯克、符拉迪沃斯托克，铁路的通车让更多寻求生计的关内人有机会“跑崴子”[①]。

1891 年，沙俄政府开始修筑西伯利亚铁路，至 1895 年，海参崴以北各工程段宣告通车。为了谋取远东霸权，沙俄政府提出了把西伯利亚铁路延伸到中国东北境内的要求。1896 年，这一无理要求最终得到清政府批准，双方签订《中俄密约》，沙俄同时获取的还有铁路沿线矿产的开采权和整个东北地区的航运权，“东清铁路附属地”这一荒诞的名词开始和近代东北城镇建设紧密联系起来，并逐步催生铁路沿线环境的剧变。倾销俄国商品，掠夺各种工业原料和农产品，为侵略战争服务，成为沙俄铁路修建的本质需求。

1900 年，俄国以护路为名先后出兵 17 万人侵入东北，用来平息义和团运动，维护铁路的施工建设。事件平息后沙俄不肯撤军，直接引发了 1904 年的日俄战争。但是日俄双方为争夺东北地区权益而引发的战争成为这块土地上永远的伤疤。

2. 日本侵略

1905 年，随着日俄战争的结束，东清铁路被分割成中东铁路和南满铁路，沙俄将辽东半岛的租借权和南满铁路经营权转让给日本。中日签订《中日会议东三省事宜条约》，东三省 16 个城市辟为商埠。1905 年，由日本修建的安奉铁路通车。1906 年，日本正式接管南满铁路，成立南满洲铁道株式会社，该特殊机关拥有铁路附属地的行政权和沿线矿产资源开发权。

1910 年，中东铁路与南满铁路联运。1913 年，京奉铁路与中东铁路联运，货物通过转口海参崴，运输至日本和欧洲等国际市场。同时，抚顺、

① “跑崴子”中的“崴子”一词是东北方言，源于满语“港湾”的意思，是形象的地理名词，意指三面环山，一面平坦开阔地或江河湖海，弯曲的水湾、海湾，地形地势类似簸箕形状，称之“崴子”。故有叫“东崴子”“西崴子”“唐家崴子”等的地方。民间所称的“跑崴子”，就是我们的先人祖祖辈辈从东北各地或从关内到海参崴捞垦殖，繁衍生息，经商、做工、种地、放牧、建立各类生产加工小作坊，定居、打鱼、捞海参，长途贩运布匹等。

本溪等资源性城市开始形成，日本私人资本性质的商业财团进驻矿山开采业，铁路把这些城市同经济侵略联系在了一起，随后形成的是鞍山。强制收购土地，建立工厂，居民、商户被迫迁移，九一八事变后，企业大多转为“满铁”经营。

（二）历经两次世界大战

近代东北铁路建设还走过了两次世界大战的历史阶段。第一次世界大战是 1914 年 7 月 28 日至 1918 年 11 月 11 日，主要发生在欧洲但波及全世界的世界大战，当时世界上大多数国家都卷入了这场战争，是欧洲历史上破坏性最强的战争之一。战争主要在欧洲大陆展开，但作为当时国力并不强盛的东亚国家日本却也野心勃勃地对德宣战，趁欧美列强厮杀于欧洲大陆而无暇东顾之机，放手向中国展开侵略攻势，攫取中国胶州半岛及德国在太平洋上霸占的一些岛屿。而这一时期，日本已经对中国东北殖民侵略了多年，修筑了安奉铁路，接管了南满铁路，并围绕这些以及其他铁路对东北实施殖民侵略，为日本的军事扩张和经济发展提供源源不断的资源。

第二次世界大战发生于 1939 年 9 月 1 日至 1945 年 9 月 2 日，是以德意志第三帝国、日本帝国、意大利王国三个法西斯轴心国和匈牙利王国、罗马尼亚王国、保加利亚王国等仆从国为一方，以反法西斯同盟和全世界反法西斯力量为另一方进行的第二次全球规模的战争。这次战争期间，日本侵占中国东北、华北、华东、华中等大片领土，日本对中国东北地区的殖民侵略也取得了巨大的利益。日本实行“以战养战”，依托前期对中国实行殖民侵略多年获得的丰厚资源进而对中国实施后续更为广泛深入的侵略，最终甚至敢于和当时综合国力最为强大的美国发生正面对抗。

（三）张氏父子先后主政东北

1. 张作霖主政东北

1917 年，因冯德麟参与张勋复辟，张作霖趁势夺取冯德麟第二十八师兵权，统一奉省军政。1918 年，张作霖又于秦皇岛夺取直系购买的日本军械扩充奉军。入关支持皖系“武力统一”，被任命为东三省巡阅使，利用日本的势力控制了奉、吉、黑三省，成为奉系首领。1927 年 6 月 18 日，张作霖在北京就任北洋军政府陆海军大元帅，代表中华民国行使统治权，成为国家最高统治者，并组成北洋军阀统治时期第32届，也是最后一届内阁，成为北洋军政权最后一个统治者，在位期间多次抵制日本人的诱惑，拒绝签订不平等条约。

主政东北期间，虽然张作霖一心想排除日本帝国主义的强力压迫，发展东北经济军事，采取包括自主修筑铁路等措施，但往往心有余而力不足，其强力抵制最终遭到了日本帝国主义的强烈反弹。因为张作霖不肯满足日本帝国主义的无理要求（包括开矿、设厂、移民和在葫芦岛筑港等），1928年6月4日晨5时许，当张作霖所乘由北京返回奉天专列驶到皇姑屯附近的京奉、南满两铁路交会处桥洞时，被日本关东军预先埋好的炸弹炸成重伤，当日身亡。同年12月，其子张学良发表通电，宣布东三省及热河省服从南京国民政府，史称“东北易帜”。

2. 张学良主政东北

1928年6月4日，张作霖在皇姑屯被日本关东军炸死。6月19日，张学良通电全国就任奉天军务督办之职。7月1日，张学良又向国民政府发出《绝不妨碍统一电》，促使中国从形式上走向统一。7月3日，为防东北因张作霖之死而引发动乱，张学良向全国通电就任东三省保安总司令，接手东三省军政大权。12月29日，“东北易帜”典礼在奉天省府礼堂举行，张学良宣布服从南京国民政府，后被国民政府任命为陆海空军副司令、东北边防司令长官。

二、张氏父子在近代东北铁路建设事业上的贡献

张氏父子主政东北期间，依托铁路建设事业发展大力助推东北经济社会发展，取得了不俗成绩。

从张作霖宣布东北“自治”到九一八事变期间，张氏父子为了加强东北边防安全，根据自建自营方针，制订了庞大的铁路修建计划，并不顾日方多次阻挠，努力将其付诸实施，经过近十年的努力，打破了东北铁路长期由外国控制的局面，为加强东北边防安全奠定了良好基础。

在张作霖和张学良父子二人统治的1921年至1931年，东北地区自建

10条铁路，营业里程达1521.7公里，占1931年东北铁路营业里程25%[①]，占全中国铁路里程10%以上，在中国铁路事业发展史上和近代化建设史上写下了辉煌的一页。

三、近代东北铁路建设事业所体现的张氏父子的人格特质与国民性

（一）东北铁路建设体现的张氏父子的人格特质

1.始终心怀正义

近代东北铁路修建事业发展史充分体现了张氏父子饱满的正义感。面对日本帝国主义对东北的侵略和对东北铁路权益的非法抢占，张作霖一直愤愤不平。早在其1922年宣布东北自治时，就准备修建独立的铁路网。1924年5月，东三省交通委员会正式成立，以奉天省（辽宁）省长王永江为委员长，计划由辽西向北修建奉天（沈阳）到黑龙江省省城齐齐哈尔的西干线，从此东北地区拉开了大规模修筑铁路的序幕。[②]1928年7月，张学良接掌东三省大权后，提出了“建设新东北”的口号，决定继续完成张作霖未完成的铁路修筑计划。不久，张学良改组东北交通委员会，扩大其权限，提高其级别，直属东北保安司令部领导，为与东三省平行的机构。1930年4月以后，张学良更直接领导东北交通委员会。在他的主持下，委员会制订了《建设东北铁路网计划》，准备在十年内修建铁路八千公里，至少修好三大干线，以便与日本控制的南满铁路和安奉铁路联线抗争。1929年，张学良命令东北交通委员会委员长高纪毅以北宁路（北平—沈阳）为中心，创办西四路（北宁线、四平—洮南、洮南—昂昂溪、齐齐哈尔—克山）和东四路（北宁线、沈阳—海龙、吉林—海龙、吉林—敦化）客货联运，然后利用银本位优势，通过降低运费的手段，与中东铁

① 王贵忠：《张学良与东北铁路建设》，《沈阳师范大学学报》（社会科学版）1989年第4期，第28—32页。

② 李正军：《张作霖与东北的铁路近代化建设》，《兰台世界》2013年第4期，第61—62页。

路和南满铁路竞争。此外，在铁路建设方针上，张氏父子还以自建自营为主，同时注意加强与欧美特别是英美的合作。

2. 勇武与智慧并存

在东北铁路建设事业上，张氏父子一直与日本帝国主义进行周旋和抗争，不仅凭借其一定的军事实力与日本进行正面抗争，迫使拥有强大军事实力的日本也不敢在军事上轻举妄动，同时也采取外交、经济等多方手段与日本周旋。

由于张氏父子修建铁路的决心和日本攫取路权的野心针锋相对，因此铁路建设一直是在日本的外交压力和军事威胁下进行的，而光靠军事实力与日本硬拼是不理智、不智慧的举动。张作霖开始建设铁路的时候，采取了公开和隐蔽两种方式进行。日本索要路权，张作霖就采取软磨硬泡加装糊涂的方法，因此，在1927年6月“东方会议”前，日本对于奉方基本无可奈何，打通、奉海、吉海等铁路冲破日本的阻挠相继修建。但对这样的情况，日本并没有罢休，进而采取外交和军事手段步步紧逼，随即也引发了东北人民大规模的反日爱国运动。对此，张作霖也表示“绝不做叫了子孙孙抬不起头来的事情”。日本方面对此也有所提防和反应，日本深知张作霖随时有“赖账”的可能，便制造了皇姑屯事件，将张作霖炸死。

1928年7月以后，日本又以张学良为对手发动新的外交讹诈，表面上看是阻挠东北易帜，实质上是担心东北易帜后不承认张作霖与日本秘签的“满蒙新五路”等系列协议。在张学良主政东北后的8个月时间里，日本至少6次派人向张学良提出兑现秘密协议，并威胁说要“武力测筑”，张学良都断然拒绝，日本的侵略行径还激起了东北第二次反日高潮，加上皇姑屯事件后日本在国际上陷入空前孤立，日本新的外交讹诈也宣告破产。

1930年，当奉方《建设东北铁路网计划》公布后，日本又在当年年底的侵华会议上确定了“一由假陆军方面当局之强硬为后援，一由满蒙当局以怀柔的术策以诱之”的对奉外交方针，准备“以放弃长洮线为诱饵，诱其许我吉会线，然后更以放弃吉五线为饵，诱其复活长洮线”。如果奉方不上当，“亦令彼中止东西二大干线之建设”。1931年1月，“满铁”总裁内田康哉派理事河村上造带亲笔信见张学良时表示：“关于敦图修筑问题，如中国新修的沈海铁路、吉海铁路、打通支线、梅西支线，对南满铁路运费抵制问题等等。问题越积越多，纠纷愈演愈烈。现在形势紧迫，倘不及时谋求解决办法，诚恐酿成不良后果。”奉方成立铁路交涉委员会与日本周旋。该委员会根据张学良“我们审核讨论的时间，可以斟酌情形，自由伸缩，欲长则长，欲短则短”的指示，对日方采取拖延政策，采取迂回策略，而非军事等硬手段。直到九一八事变前，交涉仍未取得实质性进展。至此，由“满铁”前总裁山本提出并被“东方会议”所采纳的“以内科的办法”[①]解决满蒙问题的阴谋（用外交和经济手段，保持并扩展日本在东北的权益）破产了。由此也充分显现了张氏父子在对待日本侵略问题上的强硬和智慧。

3. 缺乏战略转变思维

张氏父子在东北铁路建设事业上与日本周旋了十余年，努力排除日本的各种软性和硬性的干扰，取得了令人瞩目的成绩，1912 年至 1918 年，东北地区新建铁路通车里程达 1800 多公里，在自主修筑铁路的同时，还设法加强对路权和东北经济发展权益的保护，铁路的修建也使抗日战争期间中国对日本的抵抗有了一定的回旋余地。尽管如此，在肯定张氏父子功绩的同时，也应看到他们作为脱胎于北洋军阀所固有的局限性。同时具有封建军阀和新军阀双重特点的张氏父子，受阶级的局限，只能通过经济和军事手段与日本侵略势力做相对正面和直接的对抗，而无法像工人阶级及其政党一样放手发动群众、团结一切可以团结的力量共同对敌，他们虽有爱国之心，但终究无法引领劳苦大众打败侵略者。由此可见，张氏父子其实在斗争和发展的战略上是缺乏转变的，这源于其自身的阶级局限性，使其不能进行自我改造并进行对日斗争的战略转变。

（二）东北铁路建设所体现的张氏父子的国民性

1. 渴望民族独立并为之抗争

张氏父子在民族独立和国家富强问题上具有对侵略势力的抗争性，而且因手握较强的军事实力和主政东北所拥有的行政、经济等资源，相对来

① 内科方法：即日本政府想诱使张学良切断与民国政府的联系，在保境安民的名义下充当日本的傀儡，当时机成熟时，趁势而取。

说其抗争能力比较强。围绕东北铁路建设和东北经济社会发展等，张氏父子与俄日两国的侵略势力进行了极力斗争，并取得了不俗的成绩。

2. 喜欢单打独斗却不善联合

张氏父子在与日俄两国的侵略势力进行抗争的过程中，基本上只依靠军阀势力和地方政治力量，未曾联合全国其他地方的政治和军事力量，更未曾联合更加广泛的阶级和阶层以及广大人民群众共同抗争，这同样是军阀阶级固有的局限性所致，也是让人们对于张氏父子未能有更大作为而感到遗憾的地方。

作者单位：重庆红岩革命历史博物馆

发现与体验：试论近代东北铁路与旅游活动的发展

乔志军

一、近代东北铁路与旅游活动的关联分析

作为国民经济发展的大动脉，铁路从其诞生之日起就注定渗透到所有的社会领域，正如我国著名的铁路专家凌鸿勋指出的："举凡我国社会的转变，思想的醒觉，经济的发展，以及政治的演进，国运的隆替，在在与铁路问题有关。"[①] 铁路对于旅游活动的影响也不例外。

这种铁路之于旅游活动的影响在东北有着较为明显且独具特色的显现。一方面，清末以来，铁路这种近代工业革命产生的交通运输方式在相对封闭保守的东北扎根下来。这个过程中，视铁路为洪水猛兽的愚昧思想对于东北铁路修建的阻力并不是主流。东北地方的历任实际统治者，都不同程度地重视铁路的修建；以日俄为首的列强也将修筑铁路作为攫取在中国东北利益的手段，"东清、南满铁轨纵横精华之区，入其范围三十年来越俎代庖，经营不遗余力。迄于今日，满洲实业勃兴，农林矿产尽入他人掌握。环视吾国主权旁落，利源外溢，丧失之巨，可胜言哉？"[②] 但不可否认的是，以中东铁路及南满支线为代表，构建起了中国东北地区的基本

① 凌鸿勋：《中国铁路志》，台北文海出版社 1954 年版，前言，第 1 页。

② 李珍甫：《东三省旅行指南》，商务印书馆 1926 年版，序。

框架，打下了东北铁路的基础。无论是内部因素的萌发还是外部因素的推动，一个事实就是中国东北地区成为近代中国铁路网络最为密集的区域之一。另一方面，东北地区作为“龙兴之地”，自然风光与人文景观等旅游资源比较丰富。“凡自然或社会现象之足以构成诱致游客之因素者，统称之为旅游资源。自然现象如气候、山川、景山、特殊之动植物，社会现象如建筑、美术、体育、宗教、习俗皆有关于客游之诱致，网罗而整理以增游客之兴趣，为游览事业之课题。”①“关东三省地大物博，实为神州之宝库。而沿边万里，逼近临疆，更为华夏之藩篱。”②东北有边塞风光，有长白山、千山、医巫闾山等名山大川，有沈阳故宫、关外三陵等建筑在近代的身份和功能的转变。古迹名胜点缀于山水风光之间，为旅行游览提供了无尽的素材。“惟位当边塞，山川险阻，朔方苦寒，土广人稀”③，只是地理条件所限，加之交通不便，这些旅游资源很难为大部分国人所亲身发现与体验。

正是基于此，铁路交通与旅游活动的内在与外在都有着不可分离的关联。具体而言，主要表现在：

（一）铁路网的逐步形成

东北地区的铁路修建，有资料统计，从1988年至1931年9月，累计长达6226公里。有关国家建设的铁路是：与俄国有关的铁路1788.8公里；与英国有关的铁路889.9公里；与中国有关的铁路1186.4公里；与日本有关的铁路2360.8公里；共计6225.9公里。④另有资料显示，九一八事变前的十余年，东北自建自营铁路事业的发展达到了高潮。东北地方当局和部分民商积极投资铁路建设，“自1921年2月至1931年9月，使用本国资金和技术修建的铁路运营里程共计1521.7公里”。⑤可以说，当时东北地区已经初步建成了铁路网络，铁路密度和人均里程要高于全国平均水平。“东北现有铁路之长度，其总和已有超过关内全部路线之趋势……且仍日

① 余贵棠：《中国游览事业之理论与实际》，中国旅行社1944年版，第52页。

②③ 李珍甫：《东三省旅行指南》，商务印书馆1926年版，序。

④［日］满史会编、东北沦陷十四年史辽宁编写组译：《满洲开发四十年史》上卷，新华出版社1988年版，第209—211页。

⑤ 马尚斌：《奉系经济》，辽海出版社2000年版，第113页。

在拓展之中。故曰前吾国国境之内，铁路网线最密，交通发展最速之地带，允推我关外三省为独步。”[①]铁路的便捷将游者带到了以往不曾到达的风景，减少了人们出行的颠簸，不同于以往人们旅行时的长途跋涉，旅途中轻松舒适成为可能，使出行成为一种不同于以往的体验。

就本质而言，旅游就是人们出于一定的目的在一定的时间内在居住地和目的地之间进行空间位移的活动。而交通业是为旅游者提供空间移位工具和手段的重要行业，离开了交通运输旅游目的就无法实现，因此，交通可谓旅游的命脉和基础。“游客之诱致无时不与交通设备之利便呈密切之关系：盖交通愈便，游客萃集之机会愈多，是为时间之因素；运价愈廉，游客往来之数量愈增，是为费用之因素。充时间费用二项因素之为用，交通设备之良窳，不啻为游览事业振颓之指针；各国游览中心组织辄以交通机关为重要构成分子。……计划游程必以游客能供支配之时间为依据，是则行驶时间之正确性实为游览交通工具应备之要件。”[②]

铁路带给旅游业的影响就是如此。

（二）调整列车票价，鼓励国人旅行观光东北

东北地处边陲，国人鲜至，对于东北地区处于日俄利爪之下的险恶环境更是缺少足够认识。“不到东北，不知东北之大，更不知东北之危。……该地处日俄两列强之中，日俄两国每每派员前往视察，成自行前往者，为数不可胜计，而国内反忽略之”。[③]所以在火车票价方面，铁道部及各铁路管理局往往会根据实际情况降低票价，鼓励更多人关注东北地区的严峻形势，鼓励各地关心东北者，易于前往之。如在1930年时任铁道部部长孙科，拟定东北考察团乘车优待办法八条，并乘车优待请求书团员姓名表等，力予提倡。乘车办法具体包括：

（第一条）本办法专为各地人士组织团体，考察辽宁、吉林、黑龙江三省而设。

① 何西亚：《东北视察记》，现代书局1932年版，第143页。

② 佘贵棠：《游客与交通设备》，《旅行杂志》1942年第16卷第4期，第43页。

③《提倡东北旅行：铁部规定优待乘车办法，三人以上缴纳半价》，《沈海铁路月刊》1930年第11期，第9页。

（第二条）团体之人数最少须有三人，其行期须同时其起讫之站点须一律。

（第三条）团体代表须将各团员之姓名、籍贯、年龄、职业、考察之宗旨、经过之铁路、往返之期间详细开明，如附表并照左列手续转送审核后发给优待乘车证：（甲）旅行之团体，如系教育界人士，即由大学校长证明；（乙）旅行团体除甲项规定外，应由团体代表陈请该省总商会证明转函本部。

（第四条）优待乘车证由本部邮寄代转之机关发给。

（第五条）所有各路之乘车费，一律按照各该路规定之客票价目五折收，团员如乘特别快车或需用卧车、床位时，应照章缴纳特别快车加价费及床位费之全价。

（第六条）优待乘车证只许团员持用，不得转借给别人，如经铁路人员查出，有姓名年龄不符者，所持之票，即作为无效，另须查照无票乘车在车上备票办法办理。

（第七条）优待乘车证之有效期间，即在证上填明，持用之团体须在该期间内完毕其旅行，过期即作为无效。

（第八条）优待乘车证，不得涂改或损毁，否则即作为无效。[①]

该优待办法及其附带的请求书，对乘车人数、乘车人身份、乘车优惠具体操作、注意事项等做了较为细致和严格的规定。该办法是从提倡东北旅行为出发点的，在当时东北边事日亟的情况下，对于开发东北富藏，御防日俄侵略不失为一种补措。

学生团体考证学识、游览名胜、观感所资全部依赖旅行，部分学校也有毕业旅行的习惯，故学生是旅行的重要主体，也是铁路线路重要客源组成部分，对于学生团体的乘车旅行，交通部和各路局制定了减价章程。1920年交通部案至京奉路管理局：“民国七年曾由全国国有铁路会议订定联运团体旅行乘车减价券章程施行在案。顷年以来团体旅行渐趋发达，惟是教育为立国之本，学校乃储才之地，尤宜特别优待，以便莘莘学子远足

①《提倡东北旅行：铁部规定优待乘车办法，三人以上缴纳半价》，《沈海铁路月刊》1930年第11期，第10—11页。

参观。兹由联运运输会议议决学生团体旅行乘车减价章程，较之普通团体尤为优异，自本年七月一日起实行。”① 可以看出，民国政府在 1918 年曾经制定相关的减价章程，但是随着旅行活动的快速发展，原来的章程已经满足不了国民旅行的需求，特别是学生团体的。发展速度可见一斑。所以才时隔两年，重新议决学生团体旅行乘车减价章程，且比普通团体更为优惠。

就票价而言，对于经官署立案的各学校或各种高等学校或专门大学之学生在放假期内结队不少过十人，进行出外研究学业或参观名胜地方的旅行。“若系单程者，其票价则准照普通票价核减百分之二十五；若系往返者则核减百分之五十。其随行教员之票价亦得援照学生团体票价核收。”② 而对于十二岁以下的团体内的学生在第一条的基础上再核减半价。

除此之外，无论是国有铁路线路还是日俄等修筑铁路线路的运行，都更为推荐来回车票的购买。比如在票价设置上，从下表可以看出同样的线路，来回票价与分购买两张单程票价相比更加低廉，这种吸引旅客的方法与现代市场销售策略类似。

分段			单程票价					
自	至	经由	头等		二等		三等	
			成人	孩童	成人	孩童	成人	孩童
上海（北站）	奉天	中华国有铁路沪宁、津浦、京奉三线	大洋七十六元七角	大洋三十八元三角五分	大洋四十八元五角	大洋二十四元二角五分	大洋二十四元八角	大洋十二元四角
奉天	长春	南满铁道	日金十三元二十五钱	日金六元六十二钱	日金八元五十钱	日金四元二十五钱	日金四元七十五钱	日金二元三十七钱
分段			来回票价					
自	至	经由	头等		二等		三等	
			成人	孩童	成人	孩童	成人	孩童
上海（北站）	奉天	中华国有铁路沪宁、津浦、京奉三线	大洋一百二十二元七角二分	大洋六十一元三角六分	大洋七十七元六角	大洋三十八元八角	大洋三十九元六角八分	大洋十九元八角四分
奉天	长春	南满铁道	日金二十一元二十钱	日金十元十六钱	日金十三元六十钱	日金六元八十钱	日金七元六十钱	日金三元八十钱

根据“各路旅客联运来回票价中华国有铁路—南满铁路—中东铁路旅

①JC072-01-019241-000002 奉天教育厅为抄发学生团体旅行乘车减价章程饬各县知事转令各校知照事的训令，1920 年 7 月 11 日。

②《交通部核定京奉京汉京绥津浦沪宁沪杭甬各铁路发售学生团体旅行联运乘车票减费守则》，《政府公报》1920 年第 1573 期，第 24 页。

客联运单程及来回票价及行李运费表（自沪宁铁路上海北站出发）中华民国十四年十一月一日订正[①]”部分整理。

（三）加强宣传，调查沿线风景名胜、古迹古物，编订旅行指南

为了使乘客了解铁路沿线的风景，方便旅客出行游览，铁道部多次令各路局仿照欧美成例，编订各式旅行指南。比如在1917年，铁道部令各铁路局所“查欧美各国铁路例有旅行指南书以导行者，举凡沿途名胜以及车务人事等所关，莫不鸿纤毕举，一目了然，故彼都人士恒以铁路旅行为一极愉快之事。我国国有铁路事业逐渐推广而已，刊之旅行指南，只有京奉、京汉、津浦、京绥、株萍五路，其体裁又复未能画（划）一，且无通用之英文于外人，甚不适用。本部为便利行人起见，拟搜集各路旅行指南总编一帙，其文字华英并用，名曰全国铁路旅行指南”。[②]旅行指南对于旅行的品质有一定的关系。这一形式，原已有之，只不过范围有限，只有京奉等五路编有，且体裁无定制。旅行指南的格式如果不能统一，则将来汇订殊费手续，而通过比较各路局的指南，认为京绥路局所刊行的版本较为详悉，故决定以其为格式令各局仿照，包括《全国铁路旅行指南》《中华国有铁路旅行指南》《京汉铁路旅行指南》《京奉铁路旅行指南》《京绥铁路旅行指南》《沪宁杭甬两路旅行指南》等。

不同于当今的旅行指南以个人经验、感受为依据，用华丽的辞藻书写，彼时的旅行指南以实用为目的，力求准确涵盖旅行过程中的多方面。就内容而言，各旅行指南所涵盖的内容多样，包括铁路沿线的各站及沿途风景名胜古迹、风土人情，与旅行相关的旅馆、饭店等配套设施，各列车线路、时刻表等，“凡旅客得此一编，则担簦负笈，庶几少问道之劳而揽胜探幽，亦足增旅途之兴”。[③]以《京奉铁路旅行指南》为例，其中对万家屯站、兴城站、大凌河站、营口站、皇姑屯站、南满站、沈阳站等关外大大小小四十余站的物产、输入品、输出品、交通、货币、行旅、古迹、名胜等与

① 李珍甫：《东三省旅行指南》，商务印书馆1926年版，第49—50页。

②《部令：交通部训令第一七四号（中华民国六年一月十八日）》，《政府公报》1917年第371号，第11—12页。

③《京奉铁路旅行指南》，1917年7月初版，序。

旅行游览密切相关的信息进行了统计罗列。并且在细节处理上，譬如旅馆茶楼等，除了收录大和旅馆、天泰、悦来等位于大城市的旅馆外，“站地有无旅馆及茶楼酒馆等，除京师、天津、奉天各处人所共知，无须详指外，其他小站记载稍详，以便旅客之投止焉”[①]，不可不谓细致。除此之外，旅行指南还将载客规章、装运行李规则、五路联络旅客运输规章、中华国有铁路发售国内周游券章程等二十余条规章作了附录，方便旅客阅读周知。

（四）旅游方面的其他措施

除了铁路网络的构建，促成各路线之间的联运、票价方面的优惠、加强宣传，编订旅行指南之外，铁路部门还采取了其他一些方法来吸引旅客，便利游览参观。比如与中国旅行社合作，通过中国旅行社代售车票，宣传线路等，使得中国旅行社“（四）历年营业三千一百零四万零六百元。（五）历年净益九万零二百四十一元。历年营业中，以经售铁路车票为大宗，计二千二百五十万二千七百八十七元”[②]；又如经营铁路旅馆等休息场所，“铁路旅馆之设直接则利便行旅，间接则发展运输，风声所播且可引起中外人士往来游历于地方之盛衰，人民之进化，大有关系，实为今日切要之图顾”。[③]虽然各路局因为经济问题尚无余力开设，且商力亦有所不逮，但还是进行了有益的尝试。需要说明的是，日方经营的南满铁路在重要站点也开设有旅馆，“南满铁道株式会社为便于行旅起见，特于南满各繁盛区域建筑旅馆，其建筑之最初者为大连，次为旅顺、长春、奉天，今则沿南满铁道左近主要之地点几全建设矣”[④]，除了规模数量比较多以外，“观以上各处旅馆设置之完备宏壮，陡可知各旅馆营业之发达及该会社经营之得力矣”。

种种措施，都为更广泛的人群游览、出行，到达更广泛的目的地，提供了更多的可能。与此相关，风景的发现愈加层出不穷，情感的体验也就

①《京奉铁路旅行指南》，1917年7月初版，例言。

②《成立十年之中国旅行社营业以经售铁路车票为大宗》，《京沪宁杭甬铁路日刊》1933年第820期，第64页。

③《交通研究会第二次报告：外国铁路每于大站分设铁路旅馆以便行旅中国铁路现在情形自无余力及此能否联合商人办理》，《铁路协会会报》1918年第68期，第57页。

④《满铁会社旅馆经营志》，《铁路协会会报》1916年第50期，第144页。

愈加情真意切。

二、发现与体验：近代东北旅游活动的记述和表达

旅游，抛开其概念的古今发展流变和中外理解差异等诸多因素，就其本质来讲是人类社会一种跨越地域空间的活动现象。对于近代的旅游活动，包括如学生团体毕业旅行、科学考察旅行、闲时消遣旅行等形式，旅游目的、游览人员、交通手段等都不尽相同，甚至差别很大。虽然外在形式不同，但无论何种旅游，都是伴随风景景观的发现和情感的体验。铁路则为此情感升华过程提供了最大可能。所谓发现，即铁路干支线的修筑，将风景与国人串联起来，一定程度打破了二者之间的时空上的隔阂。更多的风景因为铁路纳入了更多国人的视野之内，如南满铁路直接在东北旅游胜地千山下设有车站，便利旅行，“由南满铁路北来入山之路：北来者于鞍山或立山车站下车，距山三十五里，道路平坦，马车轿车均便通行。自南满铁路南来入山之路：南来行此路者最便于汤岗子车站下车，有南北二道”。[①]旅行游览开始少了些许古人的仆仆风尘，而成为更多人的日常。所谓体验，则是触景生情，由景而生情。其中之“情”，既有感叹铁路旅行之便利、赞美风景名胜之壮丽，亦有在近代特殊环境下的家国之情。特别是在近代东北地区，地处边隅，国人鲜至，然而“去年日本游历我国东北之团体，至多二百八十二，如以人数计算则为一万三千六百九十四人，若以军队编制言之，恰逾一师之众，何怪乎日人实力久矣夫纵横深入于我东北各省耶”[②]！以至于造成了“东北各省乃吾疆圉，既为华夏之屏藩，复系神州之宅库，而吾国人能言之者实鲜，乃至自履其堂奥而不能洞悉其井灶门寝之所部署，此东北各省之所以危，而吾

① 王惠民：《新东北指南》，商务印书馆 1946 年版，第 185 页。

②《东北旅行社设立之亟要趣旨及计划》，《沈海铁路月刊》1931 年第 3 卷第 26 期，第 44 页。

国之所以弱也”[①]。白山黑水为俄日列强所蹂躏，危机四伏。此等危弱处境，不能不使人睹物思人，借景抒情，个人的情感与民族的情感交织在一起，内心深处波涌的复杂情感的抒发往往超越对所及目风景本身的美学欣赏。在这种情况下，“综观东三省，岂惟历史陈迹足供研究之资，他若外人施设，尤堪引为借镜。况夫巍巍白岭，滔滔黑龙，坤灵磅礴，河山带砺，裹粮往游，小言之，亦足以荡涤胸怀，发扬魂奇，不让史公专美于前也”[②]。

这一时期，大多数对东北旅行游览的记述都包含对东北铁路交通之于旅行便利的记录，比如《新民晚报》以“安东女校旅行团来去匆匆”为题报道：“【凤城县】安东县立女学校旅行团，师生计一百二十余人，服装整齐，精神活泼，于四月三十日晨，由该校校长徐明堂率领指导，乘安奉列车，至凤山底下车，当即登山游览凤凰山古迹名胜，正午十二时，群赴城里卿云楼稍事休息，午后一时至二时，参观县立女学各处，三点半，复乘火车返校，来去一日形极匆匆云。”[③]一百二十余人的学生旅行团，从安东县到凤城县，游览、休息，复又参观，仅来去一日。此处的“匆匆”应既有行程短促之意，又包含铁路使旅行便捷迅速之意。

又如时人程寄春《千山游记》所写，虽然千山景色美妙，但是地理环境条件阻隔，游人少至，“数十年前，中原人士，除发配出山海关外，鲜有履此所谓苦寒之地者，更无人能前往作登山临水之乐。关东人在昔智识未开，自不知所谓山川灵秀，景物怡情。是故大好名山，殊少游记。……兹山允称辽东第一，惟以地处边陲，游人罕到。倘不书所见，讵不使胜迹郁没，致贻山林之戚”。[④]但是今日之关东，并非昔日可比，“社会日进，文明交通日渐发达。辽阳县即南满车经行之站，欲游千山殊非难事”。故作者时隔两年后重游千山，居山中三日，北部名胜已饱览无遗。

除了对于东北铁路交通之于旅行便利的感受，还包括因发现“景”

---

①《东北旅行社设立之亟要趣旨及计划》，《沈海铁路月刊》1931年第3卷第26期，第44页。

② 李珍甫：《东三省旅行指南》，商务印书馆1926年版，序。

③JC072-01-029939-000080新民晚报登载安东县立女子学校旅行团登凤凰山游览古迹名胜当日返回事的消息（新民晚报第555号），1930年4月30日。

④ 程寄春：《千山游记》，《旅行杂志》1929年第3卷第10期，第9页。

而产生的情感及情感的升华。而且，由此产生一种趋向，即对景的描绘和情感的抒发往往呈现一致性，或是说，发现和体验总是紧密联系在一起的。没有脱离“情”的单一对景的描写，即使火车旅途所见所闻都包含个人情愫；也没有剥离“景”这一媒介而对情的直白抒发，无论是个人情感还是民族情感，都是如此。

例如，卞鸿儒在20世纪20年代所参与的一次修学旅行，此次旅行，以铁路交通为主，先由南满铁路到金州、大连、旅顺实地观察，后由旅顺返大连，由大连渡黄海，逆鸭绿江至安东。经安奉线抵奉。“计往返不及十日，而耳目所触，无非感慨。”[①]这次旅行，南满车上所见，有“见路边远近，山势起伏，晓日与绿野赤土相映照，景极新鲜。然秃山濯濯，土沙粒粒，宜哉其民生之日艰已”[②]的感叹，有“车中四瞩，有最刺戟余目者，即远近山丘起伏皆有苍松蔽之，绿野堤边，树木尤多。铁路旁治一通路，路之两旁皆有植树，异常整齐，中间道途极为平坦，盖皆经修治者，此种现象实可见日人殖民地经营之一斑”，[③]于日本租借地令作者心神不觉一变的情状，也有“车中他无所见，惟见西南海滨盐田累累。闻昔皆金复人民所资为生业者，而今则日本设有‘日本盐业公司’以从事经营，垄断利权矣”[④]的觉察。在其参观日人统治下之金州、大连等处的学校、日俄战争战迹、满洲日日新闻社、“满铁”图书馆、博物馆、旅顺要塞战迹纪念品陈列场等后，结束旅行。这次名曰地理修学，实为乡土地理调查的旅行给作者以极大的触动，时国人对于辽东半岛的认识并不是十分深刻，“是犹身为一家之主人翁，而犹不深悉其田园宅舍之处所也。其田园宅舍有不为人窥伺者乎？有不为人侵吞者乎？”并且“辽东半岛，其入日人之势力范围内，已非伊朝夕矣”[⑤]，对于日本人在辽东地区的种种侵略扩张行为，“此乡人犹梦梦若无闻也者，若无见也者，是讵非大可警异者哉”[⑥]。

作者曾经亦是其中一人，仅从书本上得到些许肤浅的乡土观念，“但

① 卞鸿儒：《辽东半岛旅行记》，《地学杂志》1921年第12卷第9—10期，第36页。

②③卞鸿儒：《辽东半岛旅行记》，《地学杂志》1921年第12卷第9—10期，第37页。

④ 卞鸿儒：《辽东半岛旅行记》，《地学杂志》1921年第12卷第9—10期，第39页。

⑤⑥卞鸿儒：《辽东半岛旅行记》，《地学杂志》1921年第12卷第11—12期，第12页。

通过此幸于此次旅行使旧观念益确切，新观念益明瞭，则实可谓此次旅行莫大之代价也”[①]。除此之外，作者还对安东的前景发出了“恐亦不难有继为辽东半岛之一日也”[②]的担忧。

又如，时人冯朱棣的千山之行，“首途沈阳，乘车南下，止于汤岗子，息于对翠阁。汤岗子为一小村，农居数十家，无市廛，特以温泉著，乃为南满路沿线要站”[③]。在此行过程中，既发现了日本汤岗子株式会社在千山景区的经营，又见识到“辽省地广人稀……辽省农地则阡陌无多，坟墓绝少，放眼四顾，恒绿野无垠，无虫患……歉少丰多，民生裕如”[④]。当其在千山欣赏古刹老院、奇松怪石、涓涓细流之后，亦发现日本对于东北矿产资源的掠夺，“忽闻山中有渊然伐鼓声，又隆然如雷鸣，山鸣谷应，初疑寺僧伐鼓，继知山南矿工炸石声也，日人经营鞍山铁矿，不遗余力，炼铁灰石采自千山。……鞍山铁矿在此采石，振兴公司运石电车，直通南满线之鞍山站”[⑤]。随后至鞍山，“街市建筑，均由日人经营，事业蒸蒸日上。回视吾国，则矿业凋零。……而异国人民，入我腹地，掘我宝藏。金瓯有缺，能不憬然”[⑥]。旅行过程中的发现，给了作者极为深刻的体验，这种体验，已非普通游山玩水，而是被赋予家国情怀，以至于呼吁国人，“深愿国人组队北上，观光辽疆，观夫原野之辽阔，名山之雄伟，足以起爱国爱乡之念。观夫异国之经营，足以自惕焉。”[⑦]即便是如此，作者中午却乘日人所办之南满车抵达沈阳，不得不说是一种无奈。

三、近代东北铁路与旅游活动之认识

发现即对客观的风景记述，但不单是物的记述，而是或隐或显流露对情的表达。这种情的表达，包含对大自然风景的由衷热爱，也包含对家国秀美的赞美歌颂，更包含对民族前途的深切关心。近代以来，日俄等列强

①② 卞鸿儒：《辽东半岛旅行记》，《地学杂志》1921年第12卷第11—12期，第12页。

③④⑤⑥⑦ 冯朱棣：《千山探胜纪》，《旅行杂志》1930年第4卷第7期，第41—46页。

角逐在东北的利益，国破山河危，民族危机日益加剧，在这种特殊背景下，山川江河、古迹遗存、城市风光等种种自然和人文风景景观，无不引起近代国人的爱国之心，激发其爱国热忱。在这种情况下，美学层次的欣赏往往处于从属位置，民族认同、国家意识等具有政治意味的情感表达逐渐成为主导。这种心理情感的体验与表达，一般不是在被动的启发下而产生，而是在风景的“耳濡目染”，视觉体验与心理体验的基础上真实、自然的流露。触景生情，即是如此。中国的传统社会环境下，虽有“游于艺”的主张，但“父母在，不远游”教条根深蒂固，遂造成了以静为美、安土重迁的习性。

“我们必须使一般国民，尤其是青年，实地去观察体验，认识自己祖国的伟大，知自然界知识的无穷，然后才会觉得自己国家之可爱。……看到祖国山河之锦绣，爱国之心，即油然而生。即小而言之，我国各省市亦各有名山大川，可以广我们的眼界；历史上陈迹，足以引起景仰古代豪杰哲人的感想。旅行可以锻炼身体，获得经验，了解人民的疾苦，及养成独立的精神。”[①] 东北铁路的修建，为风景的发现与旅行游览的体验，提供了无尽的可能，这种可能包含越来越多的国人会参与到铁路旅行当中，越来越多的风景被发现，越来越多的国人因为旅行中的发现而产生深刻的体验，这种体验会产生无尽的持续影响，却又难以用数字计算估量。

作者单位：辽宁大学历史学院

① 吴自强：《“还我河山”要从旅行下手》，《京沪宁杭甬铁路日刊》1937年第1919期，第111—112页。

铁路与东北近代新职业关系研究

罗晓敏

东北是中国近现代史上一个颇为特殊的复合边疆地区，既拥有漫长的海岸线，又在陆上与俄国相邻。海疆城埠、陆上口岸点状分布的同时，以铁路为代表的现代交通的兴起又使得外力或曰近代文明呈带状深入内地，促使了一批城市的兴起和新生。路权是一种综合性权利，为外人攫取后，不仅沿线之车站、附属地归其所有，矿产田野收入囊中，且又附设诸多工厂、学校、医院，租地经商，设置军警，干涉司法，行债券发货币，不断拓展权利之广深。为与之角逐，以张作霖、张学良为代表的东北地方军政势力不遗余力发展现代交通，掀起了自建铁路的热潮，这些自建铁路遍布原野，不仅极大地拉动了边远地区经济发展，便利了商业往来，其自身的出现也催生了新职业在东北落地生根。关于东北自建铁路政策的缘起、建设历程和成效，学界着力较多，著述颇丰，其中主要有刘莉的《近代交通与东北城市发展（1860—1931）》，何一民、韩英的《中东铁路与民初东北城市发展变迁》等。以围绕路权的中外角逐为审视对象的有闫成的《九一八事变前中日满洲的铁路之争》，王伟、徐祝申的《东北地方当局的经济发展对日本侵略的抵制》等。然而，学界着眼于铁路与沿线地区资源开发与经济建设的相互关系较多，对于铁路本身所招募和管理的新职业着墨较少，尚有较大空白。本文即以铁路和随之带动发展的新职业为观察对象，主要以档案文献和报纸报道为依据进行分析和考证，以期求教于方家。

一、东北铁路兴起与职业结构变动的背景

本文所称的新职业或近代职业，指的是在近代生产方式和西方生活方式影响下形成的具有全新内容和样态的职业。

传统社会职业结构基本以士农工商为主体，在营口开埠之前，东北社会长期处在四民社会，农民占据着人口的绝大多数。士尚未发育出教师、工程师、科研人员等现代职业，工业群体主要从事以烧锅、榨油、面粉、缫丝等为主的传统手工业，商人群体少且活动范围狭窄。营口开埠后，这种情况逐渐改观，逐渐出现了海关人员、警察等新职业，但是人数较少，影响范围基本局限于开埠城市。民国建立后，欧风劲吹，从事新职业的人数大增，且从招考到离职、从技术培训到福利保障逐渐制度化、完善化。铁路权利是一种综合性权利，而修建铁路对当地的职业结构变动的影响也是多层次、全方位的。从铁路一开始修建，即需要大量工程师、测绘人员、工人以及铁路警察等。而随铁路通车开驶而来的售票员、行李员、检票员等职业层出不穷，机务也有诸如火车司机、浇油夫、擦车夫、验车夫等诸多细分工种。

二、与铁路相关新职业的发展

（一）铁路警察的发展

中国的铁路与警察皆创建于清末，但是铁路创建之初并没有警察。警察尚“略具雏形，通都大邑始有之”，[①]在此种情况下，铁路由于多经过荒僻之区，治安不靖，匪患多发，只得“调拨军队分驻沿路各要厄，以资镇压”[②]。因为铁路关涉繁杂，而军队只能起到“守护票房、防止劫车”[③]之作用，行政诸多事宜如维持秩序、处理案件等难以实现。这种军队负责

① 纪春书：《铁路警察论》，1926年，第1页。
② 纪春书：《铁路警察论》，1926年，第2页。
③ 纪春书：《铁路警察论》，1926年，第2页。

铁路治安，有军队而无警察的局面自光绪二十二年（1896）关内外铁路改添巡警开始被打破，到东北兴起自主修建铁路热潮之时，铁路警察已经全面接管了铁路公安各项事务。随着近代化的全面推进，东北也过渡到了“各地方不可一日无警察”[①]的境况。

由于东北地域广阔，内部草原、林地、田亩交错复杂，匪患猖獗，自建铁路在运营前即需要大量警察，运营后由于事务繁杂警力薄弱，又多需要增募。奉海路在1925年建设初期即明确在呈中称在“不日便可开始工做”之情况下，“所有工段之保护材料之看守均关重要亟应编制警察以资保卫而期安全”。[②]编制警察在建设伊始即被摆到了至关重要的位置。不仅如此，奉海路在编制警察过程中，因路制宜，没有采取编制规模完备但是“需费较巨”的方案，而是以洮昂路为模板，结合奉海路经过当地“警力较为雄厚”且“已筹设专用电报电话以便传达”的特点，去除马警（洮昂路主要为传递消息），最终采取了设官长警察共八十名，薪饷一律定位三级的方案。又如在1926年6月洮昂铁路通车之际，便出现了警察不敷分布的情况，据洮安铁路工程局总务科长兼代局长于长富呈中称：窃查职局原有长警一百九十三名，于上年冬间呈请添编长警六十名，复临时增添巡长七名，计共二百六十名。现查全路工程行将告竣，约于本年七月初间可以全路通车。关于沿线各站警卫暨押车巡道并看守材料弹压工人、保护桥梁以及清洁卫生各项事务日益繁剧，现有警察人数实属仍较单薄，照准难周，拟再请添编警察六十名，先行教练，以备全路开车时得足分布。[③]

在警察招考中，一般不仅要求体格健全，无不良嗜好，且须粗通文理，具有常识。1931年6月《东三省民报》所刊登的北宁铁路葫芦岛公安局招考警察广告[④]中，考试科目涵括论说、报告、讲演等内容，要求二十岁以上三十五岁以下，具有高小毕业或有同等学力，文理通顺具有普通常识，身体强健并无宿疾及不良嗜好，仪容整肃体格在五尺以上，言语应对明了、视听力充足和具有坚忍耐劳毅力。招收学警时同样不仅要求身长五尺以上

① 纪春书：《铁路警察论》，1926年，第2页。

② 辽宁省档案馆藏奉天省长公署档，档案号JC010-01-003799-000007。

③ 辽宁省档案馆藏奉天省长公署档，档案号JC010-01-003837-000031。

④《北宁铁路葫芦岛公安局招考警察广告》，《东三省民报》，1931年6月13日，第3版。

体格健全，也须曾在高等小学以上学校毕业或有同等学力[①]。

警察的职责划分、服务规则、薪资福利也逐渐清晰。以奉海路为例，在1925年奉海铁路暂定章程中铁路警察被分为8类：队长、勤务员、巡官、巡长、警察、巡记长、巡记、夫役。规定警察队隶属于总务课暂设队长一员统率之。并且还明晰规定了各职位职责。规定队长管理全路警务并指挥监督所属官记长警。勤务员由总理委任承长官之命助理一切稽查事务。巡记长由总理派充承长官之命办理该管事务。巡官由总理委任承长官之命办理该管警务并指挥监督所属长警。巡长巡记由队长派充承长官之命办理该管事务。警察由队长承长官之命招募之。将警察队暂设机关分为三类：警察队事务所、警察队分住所和警察队派出所。[②]

在铁路修筑过程中，警察职责较为单一，主要以沿线警卫、看守材料、弹压工人为主。至铁路开通，警权始才逐渐扩充，在诸如查缴私盐、私运货币等方面同地方警力也多有照应配合，如安奉铁路警察局巡警刘振铎在县署后铁道旁便道上缉获逸犯私盐65斤等事件[③]。部省也多次饬令地方警力应与铁路警察互助，拟具办法令遵照施行。1928年，奉天省长出于“资联络以利于缴匪”[④]的目的曾饬各道尹、县知事、警察厅局及各路局，拟定互助条例十条要求一体遵照。1930年，北宁铁路管理局致辽宁省政府函[⑤]中即认为：“缉捕之令频颁，破获之案殊鲜”的一大原因就是铁路警察与地方警团不能通力合作，拟具北宁铁路警察与地方警团互助办法十二条要求“切实实行”。办法主要体现了不分畛域互相协助的宗旨，要求在查访案件、逮捕案犯等方面双方予以便利和必要协助。在出现互相抵触冲突之时，也饬令克制，对滋事者严惩不贷。黑山县公安局在大虎山站地方警察辱骂押车警察队案后速饬“务须恪守铁路章程勿滋生事端倘再敢违反定予严惩”[⑥]。然而，对于路警严格隶属于上级的情况，时人也提出了批评。

①《北宁路警务教练所招考学警广告》，《东三省民报》，1930年10月16日，第2版。

② 辽宁省档案馆藏奉天省长公署档，档案号JC010-01-003799-000007。

③ 辽宁省档案馆藏奉天省长公署档，档案号JC002-01-002732-000421。

④《奉天公报》，1928年11月10日，总第5956号，第2页。

⑤ 辽宁省档案馆藏奉天省长公署档，档案号JC010-01-001479-000001。

⑥ 辽宁省档案馆藏奉天省长公署档，档案号JC080-01-013893-000002。

纪春书《铁路警察论》中即认为“吾国铁路之所谓警察者，卫队也”，批评铁路警察职务仅仅为“护厂护车护站”，采取服从主义，提出警察应该干涉管理局、工务段职员违法者，此种思想虽然不免落于空想，但是某种程度上凸现了警察处于路段权力底层的状况。

（二）工程人员与机务人员中的新职业

“铁路为交通最便之机关而亦有最险者”[①]。从工程的初期勘探开始，铁路部门即需要大量工程师、测量员、绘图员、工人等。比如1929年8月10日《东三省民报》曾载新闻，洮索铁路仅在辽宁一省即已经招三百八十余人，“各佩挂涌源土木工人符号一枚，由刘纯一率领乘南满车赴洮兴工云”。[②]北宁港务处招考在葫芦岛服务测量工人时要求，“资格限有实地测量经验五年以上者、粗通文字者，或高小毕业、有一年以上之测量经验者，年龄限二十以上、三十以下。”[③]为了传递消息，铁路多沿线复设电报电话线路，打字员、电报员等逐渐出现了较大缺口。除直接招收专门电报学堂生之外，多实行自主培养的政策。例如四洮铁路等招考录取电报学生三十名，要求应为高小或中学及有同等学力者，考试科目为国文、算术、洋文三科，学习六个月考试合格后，毕业派往各局司职。[④]据1925年修理厂机务段员役统计，仅京奉铁路一路之员役即已达6720人，其中虽然多为工种未细化的小工（4946人），但是诸如图画员、司机、擦车夫、工务员等职别也有很大的比重。至1931年上半年各路员役统计中，北宁铁路中小工的比例已经从1925年的73.6%降至23.5%，[⑤]体现工种的细化趋势。横向对比的话，可以看出京奉路（北宁路）较之四洮、吉长、吉敦、呼海等路员役种类更为丰富，数量亦巨。工匠也开始采取招考制度，如《东三省民报》1931年曾登载北宁路皇姑屯工厂“拟添设招打磨匠四名、铜匠二名、管子匠一名、关车打磨匠三名”，[⑥]对于考试科目没有交代，

① 王祖岐：《铁路警察大意》，内务部编辑处1920年版。

②《东三省民报》，1929年8月10日，第6版。

③《东三省民报》，1930年4月1日，第9版。

④《东三省民报》，1927年12月11日，第6版。

⑤ 比例数字采取四舍五入法保留小数点后三位。

⑥《东三省民报》，1931年1月15日总第2841期，第6版。

当以技术为主。值得注意的是，招聘科目应所求人才之不同能够及时调整。在招收高级人才如事务人员、会计等，考试科目较工匠、警察更为复杂，要求更加严苛。1930年北宁路局港务处招考事务人才时，悬月薪六十至一百元大洋重金，要求“投稿英文者，试做作文及翻译，投考汉文者，试国文公牍各一篇”。[①]北宁铁路管理局材料课招考打字员时则仅需要满足“专门打字学校毕业英文明顺具有打字技术或非打字专门毕业而有同等学力”[②]即可投考。招考外站高级职员则仅考试科目便涵盖二科十一目，铁路学科中有行车管理、客货运输、铁路经济、铁路会计和铁路沿革五目；普通学科中有国文论说、公文拟稿、英文作文、英文翻译、英文函牍和数学六目。[③]总体来说，自建铁路既起到了市场刺激作用，又凸显了培养主体的主动性，对不同层次人才提出了不同的要求，对于职业结构合理化和职业的标准化建设起到了重要作用。

（三）车务中的新职业

铁路作为交通部门，除运输货物和军警外，更主要的服务对象是广大乘客。针对乘客的服务人员即为乘务人员，其中主要有检票员、售票员、行李员、货物员等。乘务人员也普遍采取了考试入职制度。比如北宁路招考货物员八十名，即要求资格初中毕业，“考试科目有国文、英文、术学、（三角、代数、几何、平面）”。[④]在新职业发展初期，由于规章制度或付之阙如或落实欠佳，也经常出现种种纰漏和乱象，譬如行李员假报逾重，滥行收费等。值得注意的是，铁路在建设过程中，对于女性从事新职业也采取了支持和提倡的态度，在一般招聘中男女皆可投考。并且各路局特招女售票员，北宁铁路管理局便“为提倡女子职业起见特招考女售票员二十名”[⑤]，考试科目包括粗浅中英文字、算术、珠算、口试、常识等，月薪颇丰，为四十元到五十元。北宁路皇姑屯医院招考看护也只招女性。[⑥]

①《东三省民报》，1930年4月15日，第7版。
②《东三省民报》，1929年5月27日，第7版。
③《东三省民报》，1929年4月21日，第5版。
④《东三省民报》，1930年9月21日，第6版。
⑤《东三省民报》，1930年1月14日，第6版。
⑥《东三省民报》，1930年4月4日，第6版。

三、结语

职业指工作者本身所担任的工作或职务，行业则指工作者所隶属的经济活动部门种类，随着近代产业兴起，分工日益明确和细化，职业考核、管理、福利保障也渐趋完善。作为新兴的交通方式，铁路不仅在短时间内就改变了白山黑水大地传统的城市分布格局、催生了现代都市，它自身的出现也带来了诸多新职业。随着新职业的兴起，招考制度和管理制度也日臻完善，对职业群体又提出了更高的要求，促进了职业结构升级。与铁路相关新职业普遍采取招考制度、练习生制度等，并且根据不同岗位职责制定不同招考标准、管理制度等，对于现代化向深层次推进起到了重要作用。但是铁路职员制度也有许多缺陷，譬如往往要求巨额保金或铺保方可入职、制度滞后、员役薪资悬殊和工种分化不足等问题，这些问题也限制了铁路新职业的发展和铁路事业的进步。

作者单位：辽宁大学历史学院

刍议张氏父子建设东北铁路与东北城市规划布局之密切关系——以奉海铁路与沈阳近代城市规划布局为例

邓　庆

明洪武八年（1375），在辽阳，曾设辽东都指挥使司，下辖25个卫城；沈阳为其中卫城之一，城市功能突出军事要塞的性质；十三年后，由闵忠重修，增筑四门，辟十字形大街；至明末，其性质仍是军事戍守之城，在努尔哈赤迁都之前，其城市功能仍以军事为主；至迁都后，则结束了只做军戍性城池的历史，从此开了综合性城市的先河，由单纯军事元素占主导地位的中卫城之城市形态，逐渐改变为突出政治色彩的后金都城。虽然城市格局仍沿用旧式，但在城市空间体系中，已然确定了沈阳故宫大殿十亭之政治广场的重要位置，还有汗宫。而在皇太极执政时期，于天聪四年（1630）修筑了北城墙；天聪五年（1631），又将其建成了以天子治居之城；改四门为八门，建八明楼、四角楼，改井字形街区，中间置皇宫，使其与城市中轴线吻合；宫后四平街辟为商业街，路口建钟楼、鼓楼各一，宫前设六部、两院，城外建天坛、地坛、堂子、太庙、社稷坛，及四塔四寺以卫君；基本完成由单一功能的军事城堡向开国都城的形制转化；城区四射之主道将内方城划为九个区域，皇宫只占中央之一，军政合一之八旗各守一方。清入关后，成为陪都的沈阳城，在康熙年间，又修筑了外城，称郭城或边城；八边门、八关墙，形成了一种新格局，即在康熙十九年（1680）增加圆形关墙设八门，以应内城八门；郭城状似圆形，与原方城同心，形成内方外圆的城市格局，符合传统的天圆地方理念。那么，这样的格局，是怎么转化到现在的局面呢？在沈阳城实现近代化的过程中，一个重要的因素就是对其有着重要影响的铁路建设，尤其是张作霖、张学良父子主政东北时期，坚持了铁路开发和经营的自主权，并大力发展铁路车站和军事工业；奉海工业组团就是根据起点站在沈阳的奉海铁路发展而来，而以其为依托出现的部分城市板块格局是经过规划建设的。

一、在奉海铁路建成之前，沙俄修建铁路与沈阳古城区之外最早城市板块的出现

近代沈阳城的板块格局，主要包括“附属地”、商埠地、老城区、工业区等；在其形成的过程中，铁路的修建产生了重要的影响；近代东北曾铺设了多条铁路，改变了沈阳城市的空间格局。20世纪初，俄国建有中东铁路、日本控制有南满铁路并修筑了安奉铁路，还有中国人自己修建的奉海铁路、吉海铁路，经过沈阳城东部。铁路线和车站的出现，使沈阳等城市发生了巨大的变化和较快的发展，铁路线所到地区出现了新的板块。铁路的修建和运行为城市带来了革命性和根本性的变化，随着诸多铁路的通车，伴随着火车站的兴建，产生了新的城区；“满铁附属地”、商埠地、盛京老城区、奉海工业区等呈“拼贴状”连到一起；还有东北大学工厂等作为独立板块。其中，“满铁附属地”为日本侵略东北的产物，是由日本继俄国之后兴建的，是带有殖民掠夺性质的新区，沿铁路而建，并不受中国地方政府管辖，是日本控制东北的重要组成部分。“附属地”以其高傲与强大的姿态快速兴起于盛京城六里以外的铁路边；商埠地位于盛京旧城与“满铁附属地”之间，属于中国自行开埠，是“附属地”之后的城市新区。本土民族力量不甘示弱，尤其是以奉海车站为中心的沈海工业区成为东部又一大的新区，规划上也采用了方格网加放射线的结构，与“附属地”

形成一东、一西对抗与竞争态势，表现了强烈的民族主义特征。清末民初，尤其是1912年以后，东北一些城市向近代化进行转变，体现在城市规划形态上，呈现多元化的“拼贴”特征；而沈阳的城市形态有其独自特点，就是多区“拼贴”与独立板块共存的城市形态。一些城市新板块的产生，使其由单一中心转变为多中心。奉系军阀为了打入山海关，在军阀混战中夺取有利位置，在沈阳建立了庞大的军事工业体系，并奠定了以军事工业为主的民族工业基础，工业区板块的产生也是这个时代的贡献。自主发展铁路，发展城市建设，成为一定规模的工业区、生活区，形成了与“满铁附属地”相抗衡的新城区，形成了多城市中心，各自成独立系统，众多板块“拼贴”城市形态的格局；这些都与铁路有着密切的关联。

甲午战争后，“清政府被迫签订《马关条约》，把辽东半岛割让与日本”，[①]引起了沙俄的不满，沙俄联合德、法，“演出了一场‘三国干涉还辽’的闹剧”。[②]光绪二十二年（1896），沙俄又“诱逼清政府接受《中俄密约》”，[③]“索取了修筑中东铁路及其支线等特权”。[④]光绪二十五年（1899），“沙俄在东北修筑中东铁路及支线南满铁路”，[⑤]修建火车站，把铁路沿线两侧土地划为“铁道用地”，“进而强占土地变‘铁路用地’为‘铁路附属地’”[⑥]；在老城之外，出现了第一个城市板块，并利用铁路投资特权制度，长期垄断东北的铁路运输，控制经营与营运权。英、俄、日投资了“中东路、南满路、安奉路”等诸多条铁路；[⑦]“北宁本借英款，中东有俄股，南满则为日所独占”。[⑧]光绪三十年（1904）至光绪三十一年（1905）间，日俄战争爆发，日本打败了沙俄，“日俄签订《朴次茅斯条约》，日本与沙俄私相授受，取得在我国南满所有特权”。[⑨]俄国把长春以南至大连、旅顺一段铁路划给日本，这段铁路被称为“南满铁路”。1905年12月，“《中

① 张志强：《沈阳通史》（近代卷），沈阳出版社2014年版，第103页。

②③④张志强：《沈阳通史》（近代卷），沈阳出版社2014年版，第104页。

⑤ 张志强：《沈阳通史》（近代卷），沈阳出版社2014年版，第81页。

⑥ 张志强：《沈阳通史》（近代卷），沈阳出版社2014年版，第123页。

⑦ 王奉瑞：《东北之交通》，文海出版社1932年版，第14页。

⑧ 东北文化社年鉴编印处：《东北年鉴（民国二十年）》，东北文化社1931年版，第373页。

⑨ 胡玉海、里蓉：《奉天军阀大事记》，辽宁民族出版社2005年版，第21页。

日会议东三省事宜附约》签订”，“安东至奉天省城之铁路由日本经营”。[①] 光绪三十二年（1906）6月8日，“日本政府决定在东北成立“南满洲铁道株式会社”，[②] 并修建了一块带有殖民地性质的区域板块，开始经营，[③] 且制订了城市规划方案。8月1日，“日本从沙俄手中接管南满铁路，将铁路用地，改称‘南满铁路附属地’”[④]。“附属地”本是依据修筑铁路之需所租借的土地，而日本却将其私定为南满铁道株式会社“所有”，从而形成一个城市规划的“板块”，在城市空间结构上独立。光绪三十三年（1907）4月1日，“南满铁路正式通车，开始营业”。[⑤]6月29日，“京奉铁路全线通车”。[⑥] 工厂离不开铁路，兵工厂内的大量资源引进和对外运输，均由铁路专用线承担。张作霖、张学良执政时期，发展民族工业板块，也带动了新的城市结构布局的形成。在商埠地，有奉天纺纱厂沿着京奉铁路之一段布置；奉天迫击炮厂也有专门铁路专用线与京奉铁路联系。近代沈阳城建有奉海工业组团；老城区、“满铁附属地”、商埠地等，已初步形成多中心、相对独立完整的城市功能形态，即“板块式”格局。西北板块的构成有惠工工业组团和东北大学校办工厂组团，大东板块有大东兵工组团和奉海工业组团，两大板块使得城市用地形成与“满铁附属地”的对抗态势。

二、奉海铁路的修建与沈阳近代城市规划布局板块的形成

“张作霖主政东北后，为了摆脱日本的控制，就筹划在南满铁路东侧铺设奉天至海龙的铁路，以便使铁路运输摆脱满铁的控制，争取更多的资

① 胡玉海、里蓉：《奉天军阀大事记》，辽宁民族出版社2005年版，第21页。

② 胡玉海、里蓉：《奉天军阀大事记》，辽宁民族出版社2005年版，第24页。

③ 赵焕林、于在海、蔡冰、曲野：《冯庸和冯庸大学》，辽宁民族出版社2012年版，第75页。

④ 胡玉海、里蓉：《奉天军阀大事记》，辽宁民族出版社2005年版，第25页。

⑤ 胡玉海、里蓉：《奉天军阀大事记》，辽宁民族出版社2005年版，第32页。

⑥ 胡玉海、里蓉：《奉天军阀大事记》，辽宁民族出版社2005年版，第34页。

源流动和军事运输的自主权。”[①]奉海铁路，即由奉天到吉林海龙的铁路，是由中国自己设计、筹资、施工的东北第一条铁路。“这条铁路的建设，从一定意义上说，就是为了从日本手中争夺回权利，首先是铁路建设权”[②]。为了摆脱日本关东军和奉天南满洲铁道株式会社的控制，“从1922年开始，张作霖就听从总参议杨宇霆和代省长王永江等人的意见，制订了修建纵贯东三省的铁路东、西干线计划”[③]。其中，奉海铁路最快铺设完毕，这是东北第一条自己独立建设的铁路。以奉海铁路为纽带，连接奉天和吉林，加强东三省联系，发展沿线城镇。“下半年，杨宇霆建议首先铺设东干线南段的奉海路。王永江积极支持和筹备这条铁路的修筑。[④]”自筑铁路，有三大问题：一是技术，二是资金，三是路权；官商合办修筑奉海铁路，重点海龙、吉海线路；日本以包含在“满蒙五路”预定线路为由，提出借款修筑洮昂铁路。

1923年1月，王永江开始与“满铁”交涉，经过两年，最后，向日方妥协，才“取得了奉海铁路的修筑权”[⑤]。1924年，决定建造这条由奉天至海龙的铁路，故名奉海铁路。[⑥]5月8日，“张作霖为筹建东北铁路网，成立东三省交通委员会”，对于铁路之营运兴筑等负其督导之责。[⑦]委员长由王永江担任，委员十五人，有杨宇霆、张学良、姜登选等，由东三省省长和官署长官兼任。[⑧]奉海铁路由沈阳东站起，经抚顺等而达海龙；海龙，明代为女真辉发部属地，清初为专门供皇室打猎的围场。

“1925年春，王永江在省城八王寺设立奉海铁路建设筹办处；5月14日，成立奉海铁路公司”；[⑨]任命王明宇为奉海铁路公司总办；陈树棠任技术长；由于当时奉天省财政不充裕，故而决定招募商股，即官商合办，双方各投资一半，官股由省政府支拨，商股由商民认股。“资本奉大洋

① 辽宁省档案局（馆）：《奉天纪事》，辽宁人民出版社2009年版，第194—195页。

②③④⑤辽宁省档案局（馆）：《奉天纪事》，辽宁人民出版社2009年版，第195页。

⑥《奉天通志》卷一六四，辽海出版社2003年版，第3870页。

⑦ 凌鸿勋：《中国铁路志》，台北世界书局1963年版，第306页。

⑧ 东北文化社年鉴编印处：《东北年鉴（民国二十年）》，东北文化社1931年版，第373页。

⑨ 辽宁省档案局（馆）：《奉天纪事》，辽宁人民出版社2009年版，第195页。

2000万元，官股、商贾各半。”[1]此路创办之初，即决定使用资金由本土官、商共同承担。利用本土的资金，即由奉天官民共同出资，提供技术实力，使用本国技术人才，完全自主建设。7月28日，“官商合办的奉海路（奉天至海龙，后延至朝阳镇）公司成立后，是日开始动工修筑”。[2]铁路干线起点为奉天东站，后沿浑河经抚顺进入丘陵，再进入山区，过清原，沿柳河进入海龙平原，又经山城镇进入海龙镇。奉天省政府在设计奉海车站时，一次性批准占地320公顷，这些土地除了一部分为车站道线和站房占用外，其余大部分土地被规划为商业市场。自筑奉海铁路，具有重要的开创性意义，它打破了日俄对东北铁路建设和运输的垄断。它沿途经过沈阳、抚顺等地，这些地区资源丰富；奉海总站设在大北边门外，与京奉铁路连接；正式开工，同时依托自办铁路，规划城区；东北当局规划设计奉海工业区板块，意在以奉海车站为客货运输中心，形成一个大市场，市场在规划之初，意在围绕火车站建成商业区，故取名奉海市场；市场位于大北边门外，沿东北大马路两侧，北至马场南邻沈阳东站，即奉海站。奉海铁路公司负责施工。是年，东北大学建成。

1926年3月，奉天至抚顺段铁路完工；4月，“东北大学工厂在奉天省城北陵长宁寺前建成，资本奉大洋280万元，生产客货车辆和铁工机械”，[3]即从事铁路机车制造、车辆修理；在附属工厂内设有铁路专用线若干条，与北陵铁路线和京奉铁路沈阳城站接轨；在奉海工业组团成立之初，有东北大学校园和东大附属工厂，即在沈阳城区的北部，出现了东北大学校办工厂组团，为东北自办铁路事业做出了重大的贡献。这一年，奉海铁路公司完成土地收购，并规划建设；投资奉海工业区，开始设计；即以奉海站为中心，以铁路线为奉海市场产业群的基础，除了一部分为车站、铁路线外，其余大部分土地划为商业用地。这是近代地方政府结合自办铁路所进行的最完整的城区规划。是年，开发三个板块即奉海市场、大东新区、惠工工业区，民族工商业的大规模出现，导致了“组团”的形成。

① 胡玉海、里蓉：《奉天军阀大事记》，辽宁民族出版社2005年版，第389页。
② 胡玉海、里蓉：《奉天军阀大事记》，辽宁民族出版社2005年版，第392页。
③ 胡玉海、里蓉：《奉天军阀大事记》，辽宁民族出版社2005年版，第421页。

1927 年 9 月 6 日，奉海铁路正式通车[①]。“奉海铁路自开办以来，营业非常发达，仅 6 月份调查统计，客货收入奉大洋 1552717 元，较比 5 月份增收奉大洋 501327 元。”这条铁路的建设，为摆脱南满铁路独家经营的局面，争取了更多的运输主动权。自建奉海铁路，也维护了民族利权；促进了近代东北铁路自主化进程。1928 年 11 月，京奉铁路管理局与奉海铁路公司达成协定；12 月 25 日，实现客货联运。奉海铁路开了东北自己营筑铁路的先声，打破了日俄对东北铁路建设和运输的垄断；在沈阳的东部形成了新的奉海工业板块。为了摆脱日本殖民势力的干扰，张作霖将城市发展重心转移至老城区的北侧和东侧；在此基础上，他规划了近代沈阳的民族工业区，其中包括惠工广场工业区、奉海市场规划区、东塔兵工工业区等。奉海铁路起点站在沈阳市，它的通车也改善了沈阳的城市空间布局，由地方当局规划开发的几大板块，在沈阳作为工业城市发展历史上也占据了重要位置；大东兵工组团最先建立；而随着奉海铁路的修建通车，又建立了奉海市场工业组团；两个工业组团的不断发展与扩张，最后共同组成了大东工业区。张作霖十分重视铁路对当时社会经济发展的影响，其规划受到了当时国际上规划理论的影响，采用方格网加几何放射的道路网，即在市场组团的几何圆心为椭圆形大广场，并在中心位置竖立了张作霖铜像；而围绕大广场向四周放射三条道路，加上方格网中的四条道路，共有七条道路；其中，西南大马路通向奉海车站（沈阳东站），即奉海市场的发展重点，由奉海站放射三条道路；东北大马路连接奉海车站和奉海工业组团中的公园。在奉海站前，设置三条放射状道路与全区连接的道路格局；在区内，还设有大型跑马场、公园、剧院等游艺场所。随着奉海铁路的通车，在城市东北部出现了以奉海车站为中心的新城区，奉海铁路后改为沈海铁路，这个新的城区便称为沈海工业区。沈海工业区规划学习了当时欧美的城市规划理论，在奉海市场的工业组团中，以网格、端景、放射、节点为元素，采用了小方格网加广场、放射线的结构，学习国外巴洛克式城市空间布局，道路网络的空间序列性较强，以大广场为核心的放射式路网极具指示性；沈海工业区和东三省兵工厂是沈阳最早最大的近代工业区。

① 胡玉海、里蓉：《奉天军阀大事记》，辽宁民族出版社 2005 年版，第 392 页。

以奉海站为中心的市街规划，奉海市场工业组团用地规划布局与铁路关系密切，通过与铁路平行、垂直的道路网，强调地块与铁路的结合，易于铁路沿线场站的客货流与城市道路之间的交换。火车站被突出地放置在几条道路的交点上，按计划将以车站为中心发展本土商圈，这是以铁路为中心组织城市的规划方式，体现了由铁路公司主导的规划特点。惠工工业组团为放射式路网，即呈现城市初期的发展形态；以奉海铁路为母线的铁路支线把兵工厂、大亨铁工厂、造币厂、迫击炮厂、粮秣厂等连成一气，从而推动了沈阳地区的近代化工业发展。这些规划区是为了铁路、车站和工厂的正常运作而设置；以军工业为主，主要机制是围绕铁路、车站和大型工厂周围而形成的规划区。

1928年，张学良主政后，推出南大干线修筑计划。1月，“奉海铁路梅（河口）西（安）支线竣工”[①]。2月28日，“奉海铁路改归官办”[②]。4月，“奉海铁路公司改为工程局”[③]。8月，“奉海铁路海龙至朝阳镇段竣工”[④]。10月，“东北交通委员会第一次会议决定自营自建铁路，国营由平奉路投资，省营由省政府投资，官商合办的由省政府与民众投资。故1928年至1931年九一八事变，筑成昂齐、齐克、洮索三条铁路，实现了张作霖西干线计划”[⑤]。12月25日，“奉海铁路与平奉铁路实行联运”[⑥]。1929年，奉天改称沈阳，奉海铁路公司更名为沈海铁路公司。4月30日，“平奉铁路改名北宁铁路”[⑦]。6月，吉海铁路竣工，并在朝阳镇与奉海铁路接轨。11月10日，“沈海路与吉海路实行客货联运”[⑧]。是年，奉天省政府在沈阳城的东北规划了一个新的城市区域，即筹建奉海市场工业组团；两线连贯东北交通，经由京奉铁路及关内各地。奉海铁路让东北自主经营能力加

① 胡玉海、里蓉：《奉天军阀大事记》，辽宁民族出版社2005年版，第465页。
② 胡玉海、里蓉：《奉天军阀大事记》，辽宁民族出版社2005年版，第467页。
③ 胡玉海、里蓉：《奉天军阀大事记》，辽宁民族出版社2005年版，第472页。
④ 胡玉海、里蓉：《奉天军阀大事记》，辽宁民族出版社2005年版，第488页。
⑤ 胡玉海、里蓉：《奉天军阀大事记》，辽宁民族出版社2005年版，第496页。
⑥ 胡玉海、里蓉：《奉天军阀大事记》，辽宁民族出版社2005年版，第501页。
⑦ 胡玉海、里蓉：《奉天军阀大事记》，辽宁民族出版社2005年版，第515页。
⑧ 胡玉海、里蓉：《奉天军阀大事记》，辽宁民族出版社2005年版，第533页。

强。1930年4月至9月，“张学良决定直接领导交通委员会，多次召开专门会议，讨论制订了东北新铁路网计划，主要是延长东西两大干线，增修热河至北平线，这三大干线均通过葫芦岛港，计划修干线和支线共长6324公里，预计20年内完成，此计划因九一八事变未能实现”[①]。1930至1931年，是沈阳近代城市发展最重要的时期；其间，陆续出现了惠工工业区、奉海市场工业区、大东新市区等，它们与老城、“满铁附属地”和商埠地共同构成了沈阳城市的初始格局。

奉海站的设计，吸收了西方建筑形式，成为中西合璧的新式建筑。在奉海市场工业组团的规划设计中，以火车站为中心，向四周放射；其街区平行铁路，构成方格式街坊。沈阳的铁路枢纽已形成，主要包括中日“两个系统”，内含京奉、奉海、南满和安奉四条铁路线路，在其中设置了多个站点。东北地方政府和爱国民众筹资修建了奉海、吉海等十条铁路；其中，奉海铁路是东北地区第一条由中国人利用自己的资金和技术建成的铁路，它也带动了沿线其他业务的发展；奉海铁路公司也成为近代东北第一家国有铁路公司，其兴建及运营对东北自建铁路计划产生了极大的鼓舞和促进作用；同时，也在一定程度上抵制了“满铁附属地”的扩张。奉海铁路的建成，打破了日俄对东北铁路的垄断，也填补了东北无自营铁路的空白，特别是其与京奉铁路的连轨，使东北与关内的联系更加紧密。

三、结语

综上所述，清末在东北形成了中东、南满、京奉三个铁路运输系统，但在奉海铁路建成前，东北还没有一条由中国人利用自己的资金和技术建设并完全归中国人所有的铁路。奉海铁路的开通及奉海工业组团的建设，首先影响和改善了铁路起点沈阳的城市空间布局。铁路对城市近代化是有促进作用的，带动了城市板块的形成和发展。20世纪20年代，以张作霖为首的奉系军阀在东北实行区域自治；针对日俄对我国东北政治、经济等方面权益的侵略扩大化，以及东北经济发展的迫切需要，东北地方政府开

① 胡玉海、里蓉：《奉天军阀大事记》，辽宁民族出版社2005年版，第555页。

始推行“以路实边”的策略，而自建铁路网的计划也应运而生。铁路的功能不仅是交通运输工具，其更主要的功能是经济功能，繁盛的货物流通促进了铁路沿线城市的发展；尤其是奉海、吉海铁路主要干支线的建成以及联运通车，宣告了东北自建铁路网东干线的成功；而随着奉海铁路、火车站的修建，也形成了奉海市场工业组团，其与“满铁附属地”共性之处，就是以火车站为中心、依托铁路线布置；其规划与铁路线平行，形成格子形道路体系，从奉海站出发修建两条放射线，与其区内广场和公园连接。虽然在修筑过程中遇到了重重困难，但它能够成功建成通车，则使铁路沿线尤其是东北腹地的城市化进程大大加快，使沈阳城的空间布局得到优化，而其近代城市规划布局的一大特点就是城市板块的形成，它由多个组团构成的；到 20 世纪 30 年代，沈阳城各个板块的建设已基本形成，奉海工业组团等板块的规划、布局已成为了中国东北地方政权与日本侵略者之间对抗的典型实例。

作者单位：沈阳故宫博物馆

张氏父子与近代东北铁路建设的历史审视

吴占刚

近代东北的铁路建设问题，并不单纯是我国近代铁路史研究的一个专题，更应该是我国近代史的一个重大研究课题。铁路虽然是先进交通运输工具和新的社会生产门类，但近代东北铁路建设的缘起并非为了适应与满足中国近代化的需求，而是首先出自帝国主义列强侵略中国东北的需要。因此，在近代东北铁路建设过程中必然会产生攫取与反攫取、掠夺与反掠夺、侵略与反侵略的矛盾和斗争。尤其是以张作霖、张学良父子为代表的东北地方当局，以挽回利权和发展东北社会经济为目的，同列强展开了长达十年之久的博弈，自然要在近代东北铁路建设上居于不可或缺的地位。基于上述认识，我们需将近代东北铁路建设这一历史事件或历史过程置于其发生的历史环境之中，用唯物史观予以具体审视分析，在厘清其某些方面存在偏颇的同时，准确把握其发生的历史必然性和评价张氏父子对国家民族有益的重要贡献。

一、张氏主政前的铁路建设已使东北路权丧失殆尽

在张作霖主政东三省之前，近代铁路在东北地区就早已兴起和发展，以铁路、轮船和公路为代表的新式交通运输体系基本形成。

东北地区受沙皇俄国蚕食与侵略由来已久，自清康、雍两朝始，黑龙

江以北、乌苏里江以东广大领土就被其掠夺强占。甲午中日战争后，沙俄以干涉还辽“有功”为由，大肆在东北开矿设厂，并在1896年通过诱骗、恐吓及贿赂手段使李鸿章签订了《御敌互相援助条约》（《中俄密约》），开始了进一步入侵中国的运作。在军事结盟的幌子下，俄国取得了在中国境内修建“大清东省铁路”（简称东清铁路）的权利。1898年3月，《旅大租地条约》签订后，沙俄又取得了修筑东清铁路支线的权利，从而形成了一条以哈尔滨为中心的“丁”字形大干线铁路，西北到满洲里，东至绥芬河，向南直达大连海口以及旅顺军港。另外，还有支线连接大石桥通营口海河港口。这条纵横贯通东北全境的铁路是东北地区最早的铁路，由于它还横贯连接至海参崴，显然也成为俄国势力范围的象征。1920年起，东清铁路始称中国东省铁路，简称中东铁路或中东路。①

自19世纪80年代中期始，俄国与英、法、日等列强在朝鲜半岛就展开了激烈的争夺。为实现其控制东北亚的目的，沙俄政府于1886年决定修筑一条直抵海参崴的西伯利亚铁路。清政府风闻消息后，当即命令总理衙门筹议应对之策。为应对“俄患日亟”，光绪皇帝在1890年3月31日下谕兴办东三省铁路，将津唐铁路展筑至山海关外，过锦州、新民至盛京（沈阳）达吉林，再经宁古塔、珲春至图们江中俄交界修筑关东铁路，并从盛京建一条支线到营口。关东铁路从1891年5月动工兴建。关内段铁路到1893年4月已修至山海关。但关外段却屡遭挫折，最后被迫中止。先是1893年因庆贺慈禧太后六十寿辰移用关东铁路经费而停工；后是1894年8月爆发的中日甲午战争使工程陷于停顿，存放在旅顺的6000吨钢轨也被日本侵略者抢劫一空。其时关外段铁路仅修至中后所（今绥中）。直至1899年复工到1907年完工，自北京永定门车站至奉天皇姑屯车站的关内外铁路才全线通车，并改称京奉铁路。②1904年，在东北境内爆发日俄战争，后俄国战败。根据战后缔结的《朴次茅斯条约》规定，俄国政府将长春（宽城子）至旅顺口的铁路及所属支线，以及铁路贯通区域内的一切权利、特权、财产、矿产等，均移让给日本政府。日方将其改称南满铁路。

① 张治中：《中国铁路机车史》，山东教育出版社2007年版，第38页。

② 杨勇刚：《中国近代铁路史》，上海书店1997年版，第24—26页。

为经营这段铁路及附属事业，日本政府于1906年6月以天皇名义颁发了《关于设立南满洲铁道株式会社之件》的敕令。同年11月26日，南满洲铁道株式会社（以下简称“满铁”）在东京正式成立。第二年，该公司总部移至大连。即使是在所谓天皇的敕令中也声称，“满铁”“采取株式制（股份制），限日清两国政府及日清两国人所有”，然而在具体实施中根本无视中国的合法权益，单方面仅吸收日本国内资金，实行了彻头彻尾的殖民地经营。日本于1905年还在中国东北修筑安东至奉天和奉天至新民的窄轨铁路，后来又在1911年建成安东至朝鲜新义州的鸭绿江桥。1913年，日本又从中华民国政府取得修建满蒙五条铁路的特权，即四洮、开海、长洮三条铁路的借款权及洮承、吉海两条铁路的借款优先权。①

根据《东北年鉴》记载的统计资料，自近代东北兴筑铁路以来，迄于20世纪20年代初，即到张氏父子开始着手自建铁路（1921年4月），东北地区已建成铁路全线的总长为3843.7公里。这些铁路按照路权性质划分可分为4类：

1.“国有借款”铁路：京奉铁路关外段420.78公里，营通支线91.1公里，四洮铁路312.11公里，吉长铁路127.10公里，共951.09公里。这类铁路尽管在名义上归中国国家所有，但由于是借债筑路，还要接受由债权国胁迫强加的许多附加条件，以致丧失了大量铁路本身的利权，铁路在实际上为外国所控制。

2.“中外合办”铁路：中东铁路（中俄）1726.31公里，溪城铁路（中日）24.0公里，共1750.31公里。这类铁路名为中外合办，实际是列强在中国强求修筑的铁路，虽然也设有中方督办或总办的职位，但为外方所直接经营，其铁路利权实际全部被该国所掠夺。

3.“日本自办”铁路：南满铁路849.30公里，安奉支线261.1公里，共1110.4公里，则完全为日本所控制，垄断南满铁路运营。

4.“民有”轻便铁路：齐昂支线25.9公里，双城铁路6公里，共31.9公里。②

从铁路利权本身看，主要有用人权、资金调度权、行车管理权等，另

① 苏崇民：《满铁史》，中华书局1990年版，第31页。

② 东北文化社年鉴编印处：《东北年鉴》，东北文化社1931年版，第374—379页。

外还包括有关铁路的供料权、添造支线权、分享余利权等，完全为列强所掠取。而且铁路沿线的经济利权，包括矿藏开采权、森林采伐权、邮电经营权及移民权等，也被列强所侵夺；铁路沿线的行政领土主权，包括司法权、内河沿海航行权、土地权、中国货币流通权等，同时均被列强所侵犯。列强为保护其掠夺的中国铁路及沿线地区利权，竟公然在中国设置铁路警察和派驻的殖民军。如日本在“满铁”沿线及各支线驻扎 1 个师团和 6 个独立守备大队，兵员总计为 14419 人，这就是关东军的前身。“满铁”成立时，南满铁路及安奉铁路的附属地总面积为 280.9 平方公里，到九一八事变前已达 482.92 平方公里。这种在中国土地上建立的“国中之国”，根本无视中国法律，动辄逞凶肆虐，驱赶中国百姓，捕杀东北民众，在铁路沿线实行殖民地的统治。

通过以上数据我们可以计算出，在 19 世纪 20 年代初日本实际控制的铁路达 1261.5 公里，相当于东北铁路全线的 35.72%；中俄合办中东铁路为全线的 48.88%；向英国借款修筑的铁路为全线的 14.49%; 中国自主线路仅为 0.90%。这几个冰冷的数字就足以表明：在张作霖、张学良父子自建铁路前的东北铁路权益已经丧失殆尽，与路权相联系的其他权益丧失更无法估量。帝国主义列强在掠夺中国铁路利权的同时，还侵夺了铁路沿线经济、政治乃至军事等方面的利权，使中国社会半殖民地化的程度越发加深。

二、张氏父子在自建东北铁路中努力夺回部分路权

到张作霖主政东北之时，东北铁路的密度虽居全国前列，但摆在东北当局面前的铁路交通形势却有如“困毙”的棋局。严重的是，日本凭借南满铁路，不仅可以获取巨大经济收益，更可以在军事上制约东北军行动。东北军要运送部队除交付客运费用外，还必须经日本驻奉天总领事馆和关东军司令部批准，并需临时解除全部武装，将枪支弹药另行托运；然后在关东军和铁路守备队监督下乘车；东北军军事物资需要通过南满铁路，也必须得到关东军司令部批准方可运行；而日方可随时中止东北军这些运输业务。对这样苛刻无理的压迫，张作霖和东北地方当局显然难以忍受。因

此他们必然决心自建铁路，与日本在东北的侵略势力博弈，以赢得东北地区交通权。

从近代东北自建铁路来看，明显是遵循从小到大、从易到难、从支线到干线的循序渐进方式进行的。

张作霖和东北地方当局自建铁路，选择的第一条线路应当是虎壕铁路。这条铁路是1919年兴建的黑山八道壕煤矿运输线，至打（大）虎山共长29.09公里，与京奉铁路干线相接。之后又于1922年冬着手筹办拓展线路，自打虎山起，经新立屯，过彰武，至通辽，共长251.17公里，构成了京奉铁路干线的打通支线。1921年4月，开始兴建由京奉铁路干线锦县站起，经义县，过北票，到时属热河省朝阳县的锦朝支线。[①]

东北自建的第一条干线铁路是奉海铁路，即由奉天省城大北边门外毛君屯起至海龙县的铁路。而兴建这条铁路必须首先解决的就是路权问题，因奉海路干支线通过的区域，全已被与日本签订不平等条约所限制。为此首先就受到“满铁”的横加干涉，他们声言奉海线路与南满铁路平行妨害其营业，有违条约。奉天代省长王永江代表东北当局同“满铁”就此交涉谈判，希望日方放弃借款权；而“满铁”则提出，如让它垫款代筑洮昂铁路，便不干涉中国自修奉海铁路。最后王永江不得已，以向日方借款修筑洮昂铁路作为妥协条件，才取得了奉海铁路的修筑权。交涉自1923年1月始，共历时2年方有如此结果。奉海铁路是一条完全用本国资金兴建的官商合办铁路。在技术上，从设计到施工完全由中国工程技术人员完成；在工期上，231.2公里干线工程用2年零1个月（1925.7—1927.8）全线完工，比竣工计划提前了9个月；在投资上，比用日本技术修建的洮昂铁路和吉敦铁路分别节省了1/3和1/2资金。

张作霖坚持铁路自建自营方针，致力于筑建中国自主线路的东北铁路网。他不顾日本人反对和施压，于1924年5月还成立了东三省交通委员会，专门负责规划和指挥东北铁路建设，[②]并做出为避免日本干涉，分段修筑，

① 东北文化社年鉴编印处：《东北年鉴》，东北文化社1931年版，第391页。

② 卢景贵：《东北铁路十年回忆》，《文史资料选辑》第149辑，中国文史出版社2002年版，第123页。

一概不用外资的决定。1921 年至 1930 年经过近十年的努力，陆续自建了虎壕、锦朝、鹤岗、打通、奉海、吉海、呼海、齐克、开丰和洮索共计 10 条铁路，总长 1482.7 公里，已占当时东三省铁路总长 24.55%。东北地方当局自建铁路网基本成形，已然成为与南满铁路（实控 38.88%）和中东铁路（实控 29.6%）两大铁路系统相抗衡的第三大铁路系统，而东北当局对京奉（北宁）铁路和中东铁路还具有监督管理权。

在近代史上，帝国主义列强攫取路权一直是侵略中国的重要方面，而中国政府和各界民众为维护路权的抗争也一直没有停止。中东铁路通车后，俄国人单方面解释《合办东省铁路公司合同》，攫取了包括中东铁路沿线驻军权和警察权在内的全部行政管理权。1909 年 5 月，经中国政府反复交涉及西方各国施压，中俄双方签订了《东省铁路公议会大纲》，明确规定："铁路界内，首先承认中国之主权，不得稍有损失"。此后，尽管俄方坚持把持行政权，但中国官民各界坚持不懈的抗争仍见成效。1920 年 7 月 15 日，部署在中东路的俄国护路军解散，由中国军队组成护路军承担护路任务。同年 10 月，东北当局宣布成立东省行政特别区，掌管中东铁路沿线的行政权。在 1924 年 5 月签订的《中华民国东三省自治政府与苏维埃社会联邦政府之协定》（俗称"奉俄协定"）宣布，"中东铁路为纯粹的商业机关"，"各项司法、民政、军务、警务、市政、税务及土地等，一切由中国官方处置"。事实上，中国方面已完全收回了俄国攫取的行政管理权。1929 年 7 月，张学良打算以武力夺回中东路全部主权，东北军与苏联发生大规模武装冲突，中东路事件的爆发曾导致中苏外交关系一度中断。

显而易见，张作霖和东北地方当局兴办铁路的目的并不单纯在便利交通，开发富源，更是为收回国家利权，将自主修筑铁路作为挽救民族危亡的基本武器之一。

三、张氏父子在东北铁路建设史上留下了卓著功绩

张作霖、张学良父子及东北地方当局苦心经营自建铁路 10 年，所带来的绝不仅是近代东北铁路网络布局的结构性改变，也绝不只是对东北铁

路长期由外国控制局面的突破，而是带来了对日本独霸南满铁路殖民机构“满铁”的沉重打击。东北地方当局10年间自建自营的铁路网已形成了包围南满铁路、纵断中东铁路的竞争线，并从1925年之后实行各段铁路联运和运费折扣政策，来努力吸收货物到营口或葫芦岛，实际上与南满铁路展开了货物运价消减和货运业务争夺的斗争。当时恰逢银价低落，而中国铁路采用银本位运价，显然低于南满铁路金本位运价。此外，张学良还运用各种行政手段来围困“满铁”，如在“满铁”附属地交界处派驻税卡，对进出铁路附属地的货物包括“满铁”运输的货物在内一律征税；征税人员还对到日本商店购货者征收“买卖日本货交易税”。在日企工作的人纷纷罢工，使“满铁”本应是铁路运输的繁忙期竟变得“声息消沉，前途益现暗淡”，其他像煤铁各行业也“已全陷入死境”。以1930年为例，南满铁路客货运输总收入为9130.7万日元，由于中方各铁路的联运竞争，使其收入较上年减少了3079.6万日元。“满铁”不得不采取紧缩政策并实行裁员减薪，这在东北铁路史上实在是破天荒的一页。在九一八事变前的三四年，“实为北宁路的黄金时代，万端并举，百废待兴，营业盈余，年终达五千万元以上”。沈海铁路，乃至西四路、东四路的铁路联运，沉重打击了大连港和南满铁路的垄断地位。[①]

事实上，在20世纪20年代初，以张作霖为首的东北地方当局，为打破东北所有铁路和港口几乎完全被日俄控制的局面，就开始了自建东北铁路干线与海港的积极酝酿和缜密筹划。1922年，张作霖按照总参议杨宇霆、代省长王永江等人提出的意见，制订了于南满铁路两侧修筑东西两大铁路干线而纵贯东三省全境的宏大计划。1924年东三省交通委员会成立后，对东北海港和铁路网建设计划又做了进一步的修订与完善。准备此后15年在东北各地建设长达1万公里的35条铁路，形成一个由东、西、南三大铁路主干线构成，以港口为指向的庞大铁路交通网：

1. 东大干线：从葫芦岛起，经锦州、奉天、海龙、吉林、呼兰到黑龙江下游同江，连接奉、吉、黑三省。

---

① 姚永刚：《中国近代经济地理·第九卷·东北近代经济地理》，华东师范大学出版社2015年版，第126页。

2. 西大干线：从葫芦岛起，经锦州、打虎山、通辽、洮南、昂昂溪、齐齐哈尔、嫩江到黑龙江黑河，连接奉、黑两省。

3. 南大干线：从葫芦岛起，经朝阳、赤峰到内蒙古多伦，连接奉、热两省达内蒙古东部。

4. 葫芦岛筑港的最初酝酿始于清末徐世昌任东三省总督之时（1908年），他认为良好的海港和完整的铁路网是维护民族权利的关键，因此聘请英国工程师休斯经勘查渤海海湾后选定葫芦岛做港口，并于1910年8月正式开工建设，但因历史变革缘故该工程中止。1920年，张作霖同北京政府商谈，拟由中央和地方各出资500万元再次修筑，后因时局影响又陷于停顿。张学良主政东北后，鉴于葫芦岛区位与地势的重要，东北交通委员会于1930年1月决定继续修建。并将业务承包给荷兰筑港公司，计划5年半完工，建成年吞吐量500万吨的大港。①

九一八事变前，张氏父子及东北地方当局利用本国资本和技术，在东三省交通委员会规划指导下，自建地方铁路计划得到切实有效实施。这对于收回和维护国家利权，尤其是扭转“满铁”长期控制东北铁路交通、垄断运输的形势，发展东三省的民族经济以及巩固东北边防等，都具有重大意义。

反观这段历史，评价张氏父子及东北地方当局自建自营铁路的作为似乎并不难，可以往人们在认识上却大相径庭。

1926年曾担任京奉铁路“办事”（特别科员）的王奉瑞如是说：“东北地方政府及人民为抵御外患，成立交通委员会，收复外权，自谋建设铁路及其他交通设施。”而学界编著的《中国近代铁路史》却是以“‘满铁’支配下东北铁路的展修”这样的小标题，来介绍近代东北铁路建设的：“北洋政府时期开筑的新线路集中在东北地区……这些铁路中的大部分是由‘南满洲铁道株式会社’建造、经营或控制经营的，另一部分则是在该会社的支配下，由东三省官商合办的。”也承认“在满铁大肆掠夺中国铁路利权的同时，东北地方当局也开展了自建铁路活动”，“东三省官商合办

① 姚永刚：《中国近代经济地理·第九卷·东北近代经济地理》，华东师范大学出版社2015年版，第151页。

铁路活动，遭到了满铁的干扰和破坏”。可最后结论是“总之，东三省官商合办的铁路，最终都为日本满铁所利用，或受满铁支配”。

笔者认为，前者作为历史亲历者，在认识与评价上基本是符合史事本相和前人本意的，也就是说基本符合历史事实与客观真实。而后者作为史学领域的一种看法，既违背了客观事实，也不符合唯物史观，只要尊重事实并稍微了解东北近代史都不会得出“‘满铁’支配下东北铁路的展修”的结论。那么，为什么会做出如此结论呢？原因不外有三：一是还缺乏把近代东北铁路建设放在一定的历史条件下，进行具体的、本质的、全面的、发展的、相互联系的研究分析；二是囿于“军阀”这一习以为常概念的禁锢和误导，对与其所联系的历史实事一概做谱系化研究；三是张氏父子自建东北铁路的业绩被九一八事变所中断，进而被日本对东北 14 年殖民统治所冲淡。近年来，学界对张氏父子自建铁路业绩给予积极肯定的观点逐渐增多，但还多是含糊其词或语焉不详，有的甚至在立论基础上就存在“硬伤”。近代铁路建设的核心是路权问题，而路权的本质就是主权。可有的著作就把东北地方当局同日、俄列强围绕路权的斗争，说成是“围绕东北路权产生的长期纷争”“路权是奉日间根本利益冲突的外在表现”等等，显然不妥，似乎是在追求“价值判断中立”中丢掉了民族立场。

对于张作霖、张学良父子和先后主持东北交通工作的王永江、常荫槐、高纪毅等人，在当时极端困难的环境下坚持自主建设经营东北铁路，并且做出了相当的成绩，到底怎么看？答案只有一个，即站在国家主权、民族大义的立场上才会得出正确的历史结论。

张氏父子及东北当局在修建东北自己的铁路过程中，敢于顶住日本侵略者的压力和强暴，展开持久顽强的抗争，在中国近代史上为我们留下了永不该忘记的一页。

作者单位：沈阳市大东区政协文史资料馆

中东铁路南满支线鞍山市区沿线近现代建筑调查报告

张　旗

一、中东铁路历史及沿革

中东铁路是1896年清朝政府与沙皇俄国签订《中俄密约》后，由俄国在我国东北地区修筑和经营的一条铁路，原称东清铁路或东省铁路。由满洲里经哈尔滨到绥芬河是中东铁路干线，全长480多公里；由哈尔滨经长春到大连是中东铁路支线，称南满铁路，全长940多公里。1903年7月，中东铁路全线通车，并开始正式营业。日俄战争（1904—1905）后，沙俄把南满铁路的长春至大连段转让给了日本。

1920年起东清铁路始称中国东方铁路，简称中东铁路或中东路，长春以北段由中苏共同经营。1935年3月，苏联把中苏共同经营的中东铁路作价卖给了日本。1945年8月，中东铁路改称中国长春铁路，由中苏共管。1952年12月31日，结束中苏共管，中东铁路完全由中国收回，归中国所有。南满铁路原来是中国东北的一条铁路，原属于1897年至1903年由沙俄所筑中东铁路南下支线（哈尔滨至旅顺）的长春至旅顺段，1897年8月与中东铁路干线同时动工，自旅顺向北、自哈尔滨向南同时铺设，1902年12月完工，1903年7月通车，属于宽轨铁路。

日俄战争期间，中东铁路支线旅顺至公主岭段被日军占领，改为与日本国内相同的窄轨轨距（1067mm）。当时所使用的机车有部分在改建为标准轨距后，被卖至台湾，供当时兴建中之纵贯线铁路使用（当时被编为80号型，战后改称为CK80型）。1905年日俄《朴次茅斯条约》规定以长春宽城子站为界，以南的铁路交给日本，改称为南满铁路。为管理南满铁路，日本于1906年11月26日成立南满洲铁道株式会社，总部设在东京。南满洲铁道株式会社成立后，将战时所修改的窄轨轨距再更改为标准轨距。该公司后又获得了安奉铁路（安东至奉天）、抚顺铁路（奉天至抚顺）、牛庄铁路（大石桥至营口）的路权，其铁路从奉天再向东延，直达中朝边境的安东，与朝鲜半岛的铁路系统连接起来。

抗日战争胜利后，南满铁路被中国收回，和旧中东铁路合并为中国长春铁路，简称中长铁路。现以沈阳北站为界，分属京哈铁路和沈大铁路。此外，东北按照习惯，将原南满铁路称为“长大铁路”（长春至大连）。

二、调查情况说明

此次调查是在2009年8月国家文物局下发《关于中东铁路沿线历史建筑的通知》，并结合鞍山市第三次全国文物普查登记不可移动文物的基础上，鞍山市博物馆考古部对鞍山市区范围内总长约30公里的中东铁路支线（长大铁路）沿线进行了拉网式普查工作。另外，在2017年6月和2019年3月，我们又对此路段再次进行复查工作。现将这几次调查工作情况综合起来介绍如下：

1. 南满铁路灵山给水塔旧址，位于鞍山市立山区灵山街道办事处水塔街。灵山给水所院内北部，占地约为15平方米，通高约30米，直径15米左右，钢筋混凝土结构，水塔底部南侧开有一门高约2米，宽约1米，门楣上部有“灵山给水塔”字样，具体年代看不清楚，建于1930—1935年。为日伪时期中东铁路南满支线灵山火车站配套建筑，主要是给火车站及周围日本人提供水源。现还正常使用。

2. 灵山铁路住宅建筑群，位于立山区灵山街道站南街、兴工街。建设年代为1930—1935年。整个建筑群分布范围为南北长200米，东西宽130

米，共由26栋砖木结构二层红砖楼组成，每栋楼均为硬山式两坡水泥瓦顶，单体建筑东西长约26米，南北宽约7米。这些房屋供当时日本的管理和技术人员居住。最初该建筑每栋楼住四户，新中国成立以后改成住八户，20世纪70年代后期至80年代初对其中一部分做了改造，但大致面貌未变，现在居住在这的基本是铁路职工。包括原沈阳铁路局产权房号为沈房225#（兴工街36号）、沈房226#（兴工街42号）、沈房227#（兴工街44号）、沈房228#（兴工街50号）、沈房231#（兴工街38号）、沈房232#（兴工街40号）、沈房233#（兴工街46号）、沈房234#（兴工街48号）、沈房235#（站南街91号）、沈房236#（站南街93号）、沈房237#（站南街95号）、沈房238#（站南街97号）、沈房241#（站南街79号）、沈房242#（站南街77号）、沈房243#（站南街75号）、沈房244#（站南街73号）、沈房245#（站南街65号）、沈房246#（站南街67号）、沈房247#（站南街69号）、沈房251#（站南街51号）、沈房252#（站南街49号）、沈房253#（站南街47号）、沈房254#（站南街35号）、沈房255#（站南街37号）、沈房256#（站南街39号）、沈房257#（站南街41号）的单体建筑共26处。

3. 灵山站站南街住宅建筑群旧址，位于鞍山市立山区灵山街道站南街，建设年代为1930—1935年。旧址分布范围南北长约160米，东西宽150米，共分布有八座单体建筑。建筑结构为红砖水泥二层楼。每栋楼均为硬山式两坡水泥瓦顶，其中5处单体建筑东西长约26米，南北宽约7米。另外3处与前5处不同，东西长20—14米，南北宽5—7米。这些房屋供当时日本的管理和技术人员居住。建筑群西北距长大（长春—大连）铁路线仅百余米。现保存完好，正在使用。包括原沈阳铁路局产权房号为沈房265#（站南街40号）、沈房266#（站南街20号）、沈房267#（站南街18号）、沈房269#（站南街28号）、沈房270#（站南街26号）、沈房271#（站南街24号）、沈房272#（站南街30号）、沈房273#（站南街32号）的建筑。

4. 灵山站站北街住宅建筑旧址，位于鞍山市立山区灵山街道站北街，建设年代为1930—1935年。旧址南北长约36米，东西宽约10米，高约8

米，局部烟囱高约 12 米。共两层红砖水泥结构，硬山式两坡水泥瓦顶。这些房屋供当时日本的管理和技术人员居住。建筑群西北距长大（长春—大连）铁路线仅百余米。现保存完好，正在使用。包括原沈阳铁路局产权房号为沈房 278 #。

5. 沙河铁路桥哨所遗址，位于鞍山市立山区劳动路沙河桥西 850 米处。据立山火车站工作人员介绍，原哨所分两层，高约 6 米，为砖混结构。长约 7 米，宽 4 米。在 2007 年被鞍山铁路部门拆除，现仅存墙基，高约 1 米，宽约 0.3 米。此哨所为日伪时期建筑。现遗址内保留了大量日式青砖，其东侧 3 米为铁路，西 100 米为鞍钢厂区，南 1000 米为立山火车站。

6. 南满铁路沙河铁路桥旧址，位于鞍山市立山区劳动路沙河桥西 800 米处。此桥为南北走向，长约 150 米，宽约 7 米，旧址上现可见六个桥墩，两个桥台，每个桥台高约 4 米，宽 4 米，桥台和桥墩均为石质结构，桥跨无存，两个桥墩之间相距约 15 米，距今长大铁路约 5 米。此桥原为日本侵华时期在建造的铁路桥。

7. 立山火车站火车调头转盘旧址，位于鞍山市立山区沙河镇西简易社区，劳动路桥西侧 800 米处。该旧址呈圆形，用钢筋混凝土砌成，在圆圈东南处还有一个台阶，供人出入圆圈内部。经过现场测量，发现其四周的墙体高 1.2 米，宽 0.5 米，圆圈中间有一个高 1 米的突起水泥台。在墙体内侧还铺有一圈枕木。该处火车调转台为 20 世纪 30 年代日本人修建，专供日本火车调头使用。火车头进入圆圈内部后，里面突出的部分下面有机械传动装置，可以使火车头调转过来。同时，工作人员也可以在这里对火车头进行修理。目前该旧址人为破坏严重，原有的铁轨基本不复存在。

8. “满铁”鞍山警察署署寮旧址，位于鞍山市铁东区钢城街 79 号的中国三冶集团第二建筑工程公司的办公楼，就是日伪时期“鞍山警察署”的警员宿舍——“署寮”。该建筑呈凹字形，地上两层，地下一层，砖木结构，建筑面积 2130 平方米，外墙体厚度达 0.6 米。正门朝南，两侧有镂空装饰。拾阶而上，楼内大厅为大理石地面，其余地方为水泥地面。目前楼内除部分有改动外，还保持着原来的面貌。早在九一八事变前，日本人即在“满铁附属地”设有警察机构。1915 年 12 月 1 日，当日本侵略者正在筹划申请开采鞍山铁矿尚未取得采矿许可证时，就无视中国主权，在立山擅自设置了辽阳日本警务署立山派出所。1918年5月，鞍山制铁所成立。随着生产规模的扩大和人口的增加，立山警察派出所升格为辽阳警务署鞍山支署。当时下设4个派出所，分别是大正通警察官吏派出所、站前警察出张所、立山警察官吏派出所、敷岛町警察官吏派出所（旧址位于今“台町”内文化街上）。1925年，该支署脱离辽阳警务署管辖，成立鞍山警察署。鞍山日本警察署管辖区域包括汤岗子、千山、鞍山、立山4处“满铁附属地”，以及制铁所厂区和所有鞍山矿区，在这些地区分别设立14个警察派出所。1937年，日本侵略者指使伪满政权在鞍山设市，成立伪鞍山市警察厅。1940年，伪警察厅并入伪市公署，警察权由市长直接掌管。伪市公署内设立权力很大的警务处，下设警务、特务、司法、保安、经济保安和卫生等科，分设20多个警察派出所。

9.“满铁”鞍山电话电报局旧址，位于今鞍山市火车站前铁东二道街与二一九路交会处，建设于20世纪30年代左右，隶属于伪满电信电话株式会社。原建筑为砖混结构，主体二层、局部三层，新中国成立后（具体时间不详，猜测时间在20世纪90年代左右）整体加盖一层，外墙局部加罗马柱和彩色玻璃进行装饰，如今建筑基本保存完好，现为鞍山联通站前营业厅。在正门附近的马路上，还能看到伪满时期遗留下来的带有“满铁”标志的老井盖。

“满洲电信电话株式会社”，简称电电会社、满洲电电，是控制伪满洲国电信、广播网络的中枢和经营电气通信业务的特殊会社（公司）。九一八事变之后，日本全面控制中国东北的电信、广播网络，1932年提出《对满洲国通信政策》，声称“帝国在满最高指导机关应是日本人，特别是帝国将校参与满洲国电信电话公司的创设和经营”。

10.旧堡碉堡，位于千山区东鞍山镇旧堡村南300米沈大铁路东70米处。在一片正在拆迁的住宅区，一户居民家院内，被用作仓库。碉堡为圆柱体，钢筋混筑，高5.6米，直径5.5米，碉堡外墙均匀分布3个外凸方形加强筋，堡上有20厘米边长正方形射击口30个，顶有垛口18个，北侧有出入口一处，外安铁门，外墙有射击弹痕十余处。据当地村民介绍，该处碉堡是抗日战争时期由侵华日军修建的军事设施。

11. 南满铁路汤岗子站水楼旧址，位于鞍山市千山区汤岗子镇汤岗子村，建筑年代为 1930 年左右。此处水楼高约 16 米，整体呈正方形，楼身上用于加固的九道槽钢把整个楼身全部保护起来。东、西墙体上下共 6 个窗户，南、北墙体上各有两个窗户，大门在东侧。据在此处居住的汤岗子疗养院职工介绍，水楼分上下两层，现已废弃。在水楼西侧 5 米处有一口直径约 2 米的水井口，在井口北侧井壁上有供上下爬行的铁楼梯，据介绍此处水井深约 20 米，内部情况不详。在此水井西 5 米处有一个更大的水井口，直径大约 8 米，内部情况不详。在水楼西北 6 米处为原水楼工作人员住宿的平房。在水楼北侧 8 米处有水泵房一座，据介绍这处平房及水楼周围这几处建筑都是跟水楼同一时期的附属建筑，这处平房内有水泵房现还在使用，主要是供应汤岗子。

12. 中所屯中东铁路早期俄式值班房旧址，位于鞍山市千山区东鞍山镇中所屯村村委会东约 500 米处，建筑年代约为 1900 年左右。旧址南北长约 12 米，东西宽约 5 米，通高 7 米，局部烟囱高约 8.5 米。建筑坐东朝西，共一层（内部应有阁楼，但房间主人不在，无法确定）。旧址面阔 4 间，进深一间，房屋 4 个转角立柱、门、窗为内石砌外包砖，做装修用。其余全部为毛石水泥砌筑结构。房屋西侧为两处进户门，各两个窗户。其中进户门高约 3 米，宽约 1.2 米。窗户高约 1.2 米，宽约 0.6 米。房屋东侧有 3 个窗户，平均分布，其中中间窗户较大，两侧较小一点。中间窗户高约 1.2 米，宽约 0.6 米。两侧窗户高约 1.2 米，宽约 0.4 米。每个窗户下方 0.4 米处都有一个方形通气孔。房屋为硬山式两坡水泥瓦顶，在此后坡顶部偏东的位置分布两个烟囱。另外，房屋南、北山墙呈品字形分布 3 个窗户。下面两个窗户宽约 0.6 米，高约 1.2 米。上面一个窗户（应为阁楼通气窗）宽约 0.3 米，高约 0.6 米。现保存较完好，作为铁路附属建筑已停止使用。房屋现在由当地村民住宅使用。

三、现状及后期保护工作

经过这几次调查和复查工作，现在基本摸清市区内现存有关中东铁路支线历史建筑的基本情况，鞍山市区内保存下来的中东铁路支线沿线不可移动文物，全部为日本侵华时期修建，其中包括火车站、水塔、住宅等共12处。就现状及后期保护工作而言，要做到以下几点：

一是在加强文物机构建设同时，提高文物保护工作水平，加大文物调查工作力度，对于有文物价值的建筑物、构筑物，相关各级人民政府及其文物行政部门应当及时认定为不可移动文物，并核定公布为相应级别的文物保护单位，对具有保护价值的历史文化街区、历史文化村镇，要积极依法采取保护措施；对于中东铁路沿线现有的文物要加强保护，加强文物行政执法监督，消除安全隐患。

二是充分认识经济振兴与文化遗产保护协调发展的重要意义。在铁路改造和基本建设立项前，应当充分征求文物部门意见，并依法保护历史建筑及其环境风貌。同时，对现有的文物在加强保护的前提下合理利用，保持其生命力和功能延续性。

三是树立中东铁路整体保护理念。中东铁路是我国独一无二的完整体现20世纪早期工业化、近代化进程的实物例证，因其铁路遗产的完整性和系统性，在全国具有高度的代表性、唯一性，具备全国重点文物保护单位的条件，应当加强研究和协调，尽可能将中东铁路整体申报全国重点文物保护单位。

四是加大中东铁路文化遗产保护的宣传力度，让广大群众充分认识中东铁路文化遗产的价值，增强保护意识，积极参与保护行动。

作者单位：鞍山市博物馆

近代东北铁路建设与当代启示

李　莹

铁路的建设是近代东北地区经济发展的重要因素。清代以来，由于交通不便，东北的社会经济完全处于封闭状态。传统的交通运输体系限制了近代东北的经济开发。19世纪末期以后中东铁路、京奉铁路、自建铁路等各条铁路线路的修建和运营，使东北传统交通运输体系发生改变。李淑云认为："中国铁路是中国近代化的产物和标志之一，又反过来影响并推动了我国东北地区近现代化的发展进程。"[①]铁路建设给东北地区经济带来了巨大的发展机遇，对于促进东北地区经济开发及向近现代化文明发展起着不可替代的作用。

一、近代东北铁路建设的背景及过程

铁路作为一种先进工具，在中国半殖民地半封建社会里，扮演着重要角色，起着非常大的作用。1876年中国第一条铁路在上海诞生后，中国近代铁路事业才开始。纵观近代中国一个世纪的铁路发展史，可以看出，不同的历史时期铁路的发展，是不平衡的，有非常大的差距。东北铁路的早期建设可以追溯到沙俄时期。沙俄通过两个不平等条约，从中国获得100多万平方公里的土地。但是沙俄并不因此而满足，它的主要目标是：侵占

① 李淑云：《铁路交通与东北近现代经济发展》，《辽宁师范大学学报》1999年第4期。

我国东北、西北以及西藏等地区，同时还要在中国北方沿海地区寻找一个不冻的良港，以便控制远东太平洋地区。中日甲午战争中国战败，经过俄、法、德“三国干涉还辽”后，沙俄于1896年6月3日强迫中国签订了《中俄密约》。根据这个条件，沙俄取得了在中国修建东清铁路（满洲里—绥芬河）的权利。此后不久，沙俄又强迫中国政府与之签订了一系列不平等条约，取得了哈尔滨—旅顺铁路的修筑权（史称东清铁路支线）。1897年8月16日至1903年7月1日，这两条铁路全线开始施工，到最后正式通车历时6年。

中日甲午战争之后，清政府洋务派官员修建关内外铁路，已经修至今天的绥中。借款英国修筑的国有京奉铁路，1903年修新民屯，1904—1905年因日俄战争筑路工程中断，至1911年全线通车，连成北京至奉天（今沈阳）的重要交通线。

沙俄侵略势力在中国东北的扩张，引起了日本侵略者的不满。因此，日本与沙俄为争夺东北的势力范围，1904年2月8日爆发了日俄战争。战后沙俄将长春至旅顺的铁路让与日本（史称南满铁路），构成日本控制东北的南满线，俄国和日本对东北分而治之，使控制着东北经济命脉的铁路权益掌控在外国侵略者手中，尤其是掌控在日本手中。九一八事变之前，俄国在东北拥有铁路1788.8公里，日本控制的铁路达2360.8公里，其中每一条铁路的修建都有着险恶的用心，或经济，或军事，或兼而有之。

为了掠夺东北的丰富资源，并为发动新的侵华战争做准备，日本政府于1906年6月7日下令宣布成立了对中国进行政治、经济、文化侵略的先遣特务总机关南满洲铁道株式会社（简称“满铁”）。

“满铁”成立后，于1909年8月下令将日本在日俄战争中修建的临时轻便军用铁路安奉铁路，改成标准轨铁路。与此同时，“满铁”还在鞍山、阜新等地掠夺铁矿与煤炭及其他资源。

20世纪20年代中期的东北，主要交通工具是铁路，但铁路绝大多数掌握在日本人和俄国人手中，只有北宁路归中国管。张作霖、张学良父子为与日本侵略者抗衡，从1921年至1931年，动员东北地方政府和部分商民投资修筑了锦朝、开丰、打通、沈海、呼海、鹤冈、昂齐、齐克、吉海、洮索等10条铁路，营业里程总长1521.7公里，其中与张学良有直接关系修建的铁路营业里程为860.56公里，投资现大洋8000余万元，占东北铁路总长25%，占全国铁路总长12.9%以上。自建自营铁路居全国首位。不仅如此，自从自建自营的打通铁路于1926年4月开始向通辽修建，以后又陆续修通锦朝铁路、四洮铁路、奇昂铁路、通裕铁路、开丰铁路。1927年11月，打通铁路正式通车后，每天约有15对客货列车通过，成为东北地方政府独立的运输体系，打破了日本南满铁路的垄断地位，为增强民族经济实力、发展民族工商业和铁路运输业，创造了有利条件。张学良倡导和主张修建的铁路投资之多，速度之快，而且大多数铁路是运输干线，在全国各地区中是罕见的，也是各省都无法与之相比的。也可以说，在当时来讲，张学良将军开创了中国自建铁路之最（东北地区与全国其他地区相比）。由此可见，张学良将军为中国的铁路建设事业做出了重大贡献，有力地限制了日本掠夺东北的丰富资源和垄断东北铁路交通运输的图谋，大长了中国人民的志气。打通铁路的修建，对东北现代化民族工业的建设与发展，起到了极其重要的推动作用。

二、近代东北铁路建设对东北的影响和当代启示

九一八事变以前的东北铁路，可以说在当时来讲是我国里程最多的地区，可这些铁路并不都是中国修建的，东北铁路分别有中国、中外合资、沙俄、日本修建的铁路。它们所带来的影响有两个方面。一方面，沙俄、日本修建铁路的目的是对东北矿产资源的掠夺，不是为发展东北的资本主义。从一组数字可以看出，一战以后东北的大豆出口量逐年增加，1924年达1491.5万担，1928年突破3300万担，在四年里猛增到2倍多。在这些大豆中，平均每年有457.6万担的大豆输往日本，694.6万担输往俄国。也就是说，平均每年有将近75%的外销大豆输往日俄两国。两国也正是通过铁路控制了东北农业的发展，使东北农业服务于帝国主义发展的需要。铁路的发展对于开辟广大东北市场、处理帝国主义国家的“过剩资本”和大批商品是一个极为重要的条件。除此，还通过铁路掠夺东北的森林资源，

加强军事、文化侵略，加剧了东北的殖民地化。

另一方面，张作霖和张学良自建自营铁路，密如蛛网的铁路，便利了东北资源的开发，带动了东北地区自建煤矿、自建重工业工厂、关内移民和城镇的兴起的热潮，加速了东北地区的近现代化进程，推动了东北地区民族资本主义的发展。

1. 铁路的修建促进了东北资源的开发和工矿业的发展

东北铁路的修建加快东北现代化进程，客观上也为日后东北地区成为全国的重工业基地打下基础。“铁路是资本主义工业的最主要部门即煤炭和钢铁工业的总结，是世界贸易发展与资产阶级民主文明的总结和最显著的指标。”[①] 铁路与工业的发展也表现为互相维系和相互促进的关系，即铁路的建设在为工业的发展准备条件的同时，也为自身发展提供了丰富的货源，它便利了原料和燃料运输，使产品得以更大范围地运销。

近代以前的东北，交通不便，人烟稀少，自然工业化进程较晚，工业发展比较落后。东北传统工业主要有烧锅、柞蚕缫丝、土法面粉、土法油坊以及土法炼铁。因为这些工业基本上都是家庭手工业的性质，所采用的设备都是较为落后简单的机器，产出量较少。从整个东北来看，营口开埠以后东北工业基本都围绕农产品加工行业发展，其他工业鲜少进步，已经表现出早期殖民地工业发展不均衡、发展门类单一的特征了。

铁路开通前，我们发现了煤矿，如鹤岗煤矿，但开设煤炭开发公司皆因没有铁路运输不得不倒闭。自铁路修建以后，该矿煤炭产量从原来的年产 25704 吨，上升到 1929 年的 187574 吨，是原先的 7 倍，其他近代煤矿如西安（今辽源）煤矿、北票煤矿的发展也都与铁路建设息息相关。而有些煤矿，就是铁路局直接投资扩建的。铁路推动了煤矿业发展。

九一八事变前夕，东北地区共有 50 个煤矿，其中比较大型的煤矿有十数个。这些煤矿包括抚顺、本溪、阜新、八道壕、北票、西安、蛟河、奶子山、孙家沟、穆棱、扎赉诺尔、鹤立岗等。而这些煤矿的发展都与铁路有必然的联系。

自建铁路和煤矿的发展，需要同时建设现代重工业工厂，为矿山铁路

① 列宁：《列宁全集》第 22 卷，人民出版社 1958 年版，第 182 页。

修理和制造机器设备。20世纪20年代东北自建的重工业工厂有四家（包括辽宁迫击炮厂附设民生工厂），其中有三家：东北大学工厂、东三省兵工厂（附设机车车辆厂）、北宁铁路皇姑屯机车车辆厂，为东北自建铁路修理机车和客货车，组装新机车，制造客货车，为东北自建煤矿修理机器设备。

20世纪20年代的东北，以沈阳为中心初步形成了辽宁自建重工业的体系。这个体系以东大工厂、皇姑屯机车厂、兵工厂附设机车厂、迫击炮厂附设民生工厂为骨干，以自建的复州湾煤矿、阿金沟煤矿等为煤炭能源基地，以沈海、吉海、打通、锦朝、北宁铁路，及其营沟支线为交通运输条件，初步形成了自建重工业体系。

辽宁自建重工业体系粗具规模，这样的建设成绩在全各地区是少见的，是屈指可数的，具有收回利权的重大意义。东北自建的工厂、煤矿和铁路、港口，打破了日本满铁长期垄断东北经济命脉的局面。

2. 铁路的修建加快了东北农业生产的发展

东北地区气候适宜，土壤肥沃，对农作物生长十分有利。早期农作物除了满足农民自己的生活需要，剩余产品初投入市场，进行原始的物与物交换，而且交换只是在东北进行。20世纪初以来，随着铁路线的不断延伸，移民涌入，大片耕地被开垦，大量农产品通过铁路与海港运往国外，加快了东北地区农业生产商品化的步伐，使农业生产开始向专门化发展。随着东北农业生产商品化的逐步提高，东北大豆及大豆制品被大量输往欧洲和日本，走俏国际市场。根据哈尔滨总商会1918年的报告，该地区年产大豆、小麦八九百万担，经由铁路外运的数量多达600多万担。另根据“东省铁路特区”路警处1930年调查，中东铁路大小各车站附近物产经铁路运输到国内外市场的比重达80%—90%。东北南部的新民，原系蒙古等地畜产品集散地，靠马车运输，年输出值平均约300余万元。有了铁路之后，输出量年年递增，到20世纪头十年，年销售值平均增到1000万元上下。东北北部农产品运量的增长更为显著，九一八事变前几年间经由铁路运输的粮食和所占全部货运量的比重是:1922—1923年度，196万吨，占95%；1923—1924年度，128万吨，占83%；1924—1925年度，200万吨，占83%；1925—1926年度，249万吨，占89%；1927—1928年度，277万吨，占91%；1928—1929年度，299万吨，占90%。据《铁道年鉴》的统计资料，东北国营及省营铁路运输的农产品在货运量中所占比重最大，如：吉长铁路1927年运输农产品38.9万吨，占货运总量56.1%；1928年运输农产品45.5万吨，占货运量56%；1929年运输农产品39.7万吨，占货运量52.9%。呼海铁路1927年运输农产品22.4万吨，占货运量89.6%;1928年运输农产品35万吨，占货运量89.1%;1929年运输农产品45.5万吨，占货运量89.9%。

铁路的建成加快了农产品流通的速度和范围，也带动了农产品加工业发展，东北的油坊、制粉、造酒等门类的工业发展最快，南满地区铁路沿线的油坊数量和规模都远远超过了北满铁路沿线地区。除了营口、安东、开原、四平街、郑家屯、抚顺、长春、公主岭等地的大批油坊，九一八事变前仅大连一地就有油坊64家。可见南满油坊业之发达，北满油坊业的发展也紧随其后。在中东铁路沿线地区，主要以哈尔滨为代表，仅在哈尔滨，一地即拥有油坊50多家，齐齐哈尔、富拉尔基、安达等地的油坊数量和使用机械情况，也有了明显进步。

铁路通车之后，“因交通发达而使自足经济迅速破坏，都市工业品长驱直入，首当其冲者为纺织等家庭手工业”。加之“都市高，利贷资本”“侵入农村”，“自足经济之断垣残壁扫荡一空”。自然经济的解体，无疑有利于资本主义经济的发展，有利于近代化进程。当然，近代中国农村自然经济解体，带有鲜明的殖民地半殖民地特征，广大农民逐步破产、半破产，经济生活每况愈下。

3. 铁路的修建鼓励关内移民定居东北

交通是实现客体空间位移的唯一途径，也是大规模移民的先决条件。借助现代化交通工具，移民的速度和频率会大为加快，从而对移民运动产生间接的推动作用。1901年，清政府的“移民实边”新政实施，以后陆续有少量关内移民进驻洮昌道垦荒。但因该地气候偏寒，交通不变，所以常常是“百里不见人烟”。20世纪二三十年代，东北地区掀起了一个铁路建设的热潮，奉（天）海（龙）、吉（林）海（龙）、呼（兰）海、沈（阳）

海、京奉铁路打（虎山）通（辽）线、洮（南，今洮安）昂（昂溪）、齐（齐齐哈尔）克（山）等铁路相继建成，并以京奉铁路为中心而相互联络。这样，以京奉铁路为媒介和桥梁，华北与东北两个区域的铁路网络相互衔接，形成了一个快捷流畅的运送网络，成为运送关内移民往返东北的一种现代化交通载体。1923 年，张作霖在蒙荒内成立了垦务局，向移往该处的农民提供旅费、种子和农具。同时，还颁布了瞻榆县、开通县、洮南县、镇东县等地的难民收容简章，尽最大努力为移民提供方便。铁路建成后，负责洮昌道铁路的管理部门对移入该地的关内农民提供半票或免票的优惠。地方官员采取减税、降价、提供贷款等优惠办法来推进移民垦荒。这些闯关东的直鲁地区移民首先选择了气候稍好的南满地区谋生，后来才因多方利诱二次移至洮昌道。随着从土地中获得的利益不断稳步增加，许多移民放弃了投机性的暂时移民思想，选择了定居。当地的农业、商业因为人力资源的丰富而得到快速发展，对铁路沿线的影响尤其巨大。截至 1930 年，原科尔沁哲里木盟 10 旗县放荒面积已达 905.80 万亩，占该区总面积 38.5%，其中主要集中在铁路沿线地带。20 世纪初，东北社会经济发展的两大因素是关内移民开发土地和东北自营铁路逐年增多。但是，外国势力控制的东北铁路干线只注重吸货，对关内移民，没有优待措施，“闯关东”的移民实际上大多数是难民，移民在途中历尽艰辛，苦不堪言。

张作霖、张学良父子在东北执政期间一贯实行鼓励关内移民开发土地、定居东北的政策，对东北经济发展起到了重要的促进作用。1918 年，东三省巡阅使张作霖倡议国有铁路减免关内移民的票价政策。1925 年，京奉铁路实行移民减票价的办法，只收三等客票的 50%，优待移民。从此，东北的国有铁路每年减免移民客票价成为惯例，这是东北当局一贯实行的重要经济政策。

1928 年年初，北京政府大元帅张作霖指示东北各省设法安置大批的山东难民，开垦荒地，组织移民生产自救，又指示东北铁路各局免费运送关内难民。20 世纪 20 年代初，关内每年移民东北 30 余万人，逐年激增，1927 年达 105 万，1908 年冬季返回 70%，1929 年返回人数下降到 4%。与此同时，东三省人口增长很快，1908 年 1715 万人，1918 年增到 2156 万人，

1928年增到2800万人，20年间增长63%，移民定居东北是人口增长的主要原因。北部边疆遍布移民村落，移民定居东北地区既开垦了荒地，又保卫了祖国边疆领上。

4. 近代东北铁路建设给我们当代的启示

铁路交通对东北地区近现代经济发展所起作用很大。但我们应清醒认识到，那些在东北地区处于半殖民地、殖民地的社会状态下修建的铁路，为日、俄等帝国主义列强对东北进行殖民掠夺，将东北地区大量的农、林、矿业产品作为原料运回本国，并将其国内过剩的工业制成品倾销到东北及关内各地，在客观上提供了便利条件；同时也为帝国主义掠夺东北丰富的矿产大开方便之门。列强在其控制下的中东、南满等铁路沿线直接开矿建厂，更进一步加深了东北地区的半殖民地、殖民地化程度，使东北人民生活更加困苦；四通八达的铁路网也为日本将东北作为战争基地，扩大在中国乃至亚洲其他地区的军事侵略提供了方便。当然，这一切不良影响都不该归罪于铁路的发展，它们是由铁路之外的地区间、国家间政治、经济原因造成的。铁路对东北开发及近现代经济发展所起的积极作用是主要的、值得肯定的。

第一，引进外资发展交通必须是在保护主权完整的前提下进行，合理利用资本是发展交通事业的有效途径。近代东北铁路运输存在两种方式。一方面，重要交通运输权把握在帝国主义手中，他们的目的不是推动东北经济发展，而是疯狂掠夺东北的资源。九一八事变前修建的东北铁路大部分是在帝国主义列强胁迫之下，通过不平等条约，以合资、独资等形式修建而成。虽然中国政府和东北当局曾经力主自办铁路，但迫于资金、技术难题，加上外人直接经营的铁路的打压，发展异常艰辛。“资本为经营企业之要素，我国各项实业所以不能与外人竞争者，虽多半由于知识之简陋，而资本不充尤为其最大之原因。”另一方面，东北铁路修建加深了东北殖民地化程度，客观上推动了东北近现代化的发展进程。

今天我们立足本国利益，以开放的姿态合理利用外资（技术）发展本国经济是国民经济发展的有效途径。同时，在如何利用资金的问题上近代的日俄列强也给我们以启示，即经历日俄战争的日本和俄国，经济发展也是困难重重，但是他们却能够在短时间内，利用自身和外资的力量，通过先进的金融体制，集中有限的资本，有计划有步骤地进行国策性的投资。当然，不能学习其中的侵略行为。

第二，交通发展的同时注重实业开发，建立健全的产业结构，注意各产业之间的协调发展。一方面，没有近代化工农业、不注重近代实业开发的结果就是，铁路修建以后还没来得及带动工农业生产，大量国外工农业产品充斥进来，这种影响由原来的港口拓展到铁路腹地，使东北在短时间内成为帝国主义商品倾销市场，东北刚刚起步的近代资本主义工商业受到各种挤压，生存举步维艰。另一方面，铁路修建之初的东北没有近代大工业生产能力，然而这个空白让沿铁路而来的列强所填补。近代东北重要的矿产资源几乎全部处在铁路所经地区，而这些矿产资源是发展钢铁、机械、化工等产业的前提，列强对这些矿产资源的占领和开发扼住了东北工矿业发展的咽喉。

另外，如上文所述，列强的殖民地开发是围绕宗主国的需求的掠夺式开发，因此就谈不上对东北区域经济发展的合理规划。尽管如此，在工农业生产上仍然有可以借鉴的经验教训。在农业发展上，日、俄盯住国际市场对大豆、粮食需求的猛增，大力推广相关经济作物的种植，特别是大豆生产呈现单一化局面，并深深陷入国际资本主义农产品市场之中。我们今天农产品要大豆生产的专业化、区域化，而且要带动其他作物和部门的生产。

综上，铁路作为一种现代化的交通工具和基础设施，推动了工农业发展，对近代东北移民运动起到了促进作用，又在一定程度上改变了近代东北发展景观，赋予这一时期更多的现代化色彩。

作者单位：沈阳航空航天大学

清末民国之奉海与“满铁”、中东铁路综论——兼论元帅林支线

郝武华

在中国近代史上，在东北主要有三条重要的铁路：即中东铁路、南满铁路和奉海铁路。日俄战争结束后，中国东方铁路简称中东铁路，在沙俄一直把吞并中国东北地区作为它的既定国策，从 19 世纪 80 年代即开始酝酿建设一条穿过中国东北地区的铁路，把远东重镇符拉迪沃斯托克（海参崴）与其国境内的西伯利亚铁路东段连接在一起。南满铁路是东清铁路的支线，在日俄战争后，由沙俄之手转入日本的手中。奉海铁路作为中国东北第一条自建铁路，填补了东北国有铁路的空白，有着特殊的历史价值和纪念意义。

一、沙俄为攫取中国东北资源而修建的中东铁路

中东铁路为 19 世纪末 20 世纪初沙俄为攫取中国东北资源，称霸远东地区而修建的一条“T”字形铁路。“与日本相反，国内拥有无比广大领域的俄国，还要向远远的满洲扩张，不容否认，需求新的国外市场是其动力之一。”① 俄国原是一个后进国家，其现代化的发展，起步大大晚于西

①②［日］满史会编、东北沦陷十四年史辽宁编写组译：《满洲开发四十年史》上，新华出版社 1988 年版，第 34 页。

欧各国，清咸丰十一年（1861），颁布农奴解放令时，才开始进行产业革命。光绪六年（1880）以后，其发展相当迅速，产业生产力很快得到提高。“他们这种产业革命的发展，在很大程度上得力于外国资本特别是法国资本的援助。向俄国投资法国的资本，大部分用在兴修铁路上，对俄国进入满洲起了决定性重要作用的西伯利亚铁路，也是靠法国资本兴建的。由于西伯利亚铁路开通，俄国农民向西伯利亚移居，俄国与满洲和中国本土的关系也密切了。”[①] 光绪二十二年（1896）5月，沙皇尼古拉二世举行加冕典礼，李鸿章代表清政府，以特使身份参加。在沙俄的威逼利诱之下，李鸿章代表清政府与沙俄签订《御敌互相援助条约》（简称《中俄密约》），允许俄国修筑东清铁路。之后，清政府又被迫签订了《中俄合办东省铁路公司合同》等一系列不平等条约，从而使沙俄攫取了在中国东北修筑中东铁路等许多特权。东省铁路是在中国的土地上，利用中国廉价的劳动力和沿路的各种器材而修筑的；中东铁路的主线是从满洲里经哈尔滨至绥芬河，与俄国境内的西伯利亚大铁路相接。同年12月，俄国将铁路定名“满洲铁路”，遭到李鸿章反对。李鸿章坚持“必须名曰‘大清东省铁路’，若名为‘满洲铁路’，即须取消允给之应需地亩权”。因此，正式定名为大清东省铁路，又称中国东省铁路，简称东清铁路。光绪二十三年（1897）8月，中东铁路开始施工。光绪二十四年（1898）5月，沙俄与清廷签订《中俄旅大租地条约》，根据其内容：“勘定租地范围、修筑东清铁路支线”[②]，修筑了从哈尔滨经长春至大连的中东铁路支线，从而形成一条由主线和支线组成的2800余公里的铁路。是月，东清铁路破土动工，以哈尔滨为中心，分东、西、南部三线，由六处同时开始相向施工。北部干线（满洲里到绥芬河）和南满支线（宽城子至旅顺）及其他支线，全长2500多公里，采用俄制1524毫米轨距，干支线相连，恰如“T”字形，分布在中国东北广大地区。中东铁路建成后，大量资本注入，商贸发展迅速。光绪二十六年（1900），沙俄军队侵占中国东北。光绪二十八年（1902）4月8日，

①②［日］满史会编、东北沦陷十四年史辽宁编写组译：《满洲开发四十年史》上，新华出版社1988年版，第34页。

③胡玉海、里蓉：《奉系军阀大事记》，辽宁民族出版社2005年版，第9页。

“经交涉，沙俄同意撤兵，交还占地，遂签订《中俄交还东三省条约》”[①]。是年10月，“中国与沙俄签订《中俄交还关外铁路条约》，规定交还关外铁路具体办法”[②]。光绪二十九年（1903）7月14日，东清铁路全线通车，并开始正式营业。这一年完成的这条铁路，“从东到西横穿北满平原，从北向南联结海港，全长2500公里，总投资达3.65649亿卢布。修筑铁路工程，把庞大的人口集中到北满，其中有通过铁路流入北满粮仓地带的大量中国移民，尤其是向北满调集了百万俄国远东军。这些人在中东铁路沿线建起许多集镇，开始移殖俄国资本经营的现代工业，以适应其扩张的需要”[③]。光绪三十年（1904）后，沙俄把南满铁路的长春至大连段转让给了日本。从这一年到光绪三十一年（1905），哈尔滨出现了使用新式蒸汽机的制粉厂、麦酒厂、裁缝厂等。[④]俄国以中东铁路为动脉经营满洲，通过资本输出，各种产业投资逐步实行中国东北殖民地化。日俄战争使俄国的企图遭到挫折。“日俄战后，当多数俄军撤回本国时，适应那种需要的北满工业当然不能不发生恐慌。与此同时，战后俄国的经营满洲也就一蹶不振，剩下的俄国主要经营事业，只有铁路、机械制粉和采伐木材三种了。”[⑤]沙俄修建中东铁路的目的，主要是夺取远东地区霸权，进一步掠夺中国东北部丰富的资源，加强对东北地区的经济侵略和政治入侵。光绪三十二年（1906）4月1日，“南满铁路正式通车”[⑥]。日本从沙俄手中接管南满铁路，“将铁路用地改称‘南满铁路附属地’”[⑦]。光绪三十三年（1907）7月30日，“日俄订立《第一次日俄协定》《第一次日俄密约》和《附款》协定共二条，规定：互相尊重彼此领土之完整及两国各自与中国缔结有效之条约协定和合同之权利；日俄两国承认中国的独立与领土完整以及各国在驻华机会均等主义，并约定用和平方法维护现状。《第一次日俄密约》的内容是：划分南北满的分界线，保证互不侵犯；俄国承认日本在朝鲜的现有地位，

① 胡玉海、里蓉：《奉系军阀大事记》，辽宁民族出版社2005年版，第14页。

② 胡玉海、里蓉：《奉系军阀大事记》，辽宁民族出版社2005年版，第15页。

③④⑤［日］满史会编、东北沦陷十四年史辽宁编写组译：《满洲开发四十年史》上，新华出版社1988年版，第35页。

⑥ 胡玉海、里蓉：《奉系军阀大事记》，辽宁民族出版社2005年版，第23页。

⑦ 胡玉海、里蓉：《奉系军阀大事记》，辽宁民族出版社2005年版，第25页。

日本承认俄国在外蒙的利益。《附款》规定南北满的分界线是从俄韩边界西北端起画一直线至珲春，从珲春画一直线至秀水甸子，由此沿松花江至嫩江口止，再沿嫩江上溯至嫩江与洮儿河交流之点，再由此点起，沿洮儿河至此河横过东经一百二十二度止。划‘南满’为日本势力范围，‘北满’为沙俄势力范围”[①]。十月革命后，北段由中苏合办；抗战胜利，全线合称中国长春铁路。1920年1月29日，“北京外交部向各国声明关于中东路的边防护路办法：中东路属于我国领土主权，不容第二国施行统治权；霍尔瓦特仅为铁路坐办，无担负国家统治之权能；公司俄员及居住在沿线之中外人民，应由我国完全保护”[②]。31日，“北京交通部密电鲍贵卿设法迅速接管东省铁路”[③]。2月6日，“布尔什维克领导的中东路各团体联合会照会各国驻哈尔滨领事和中国地方当局，要求立即解除霍尔瓦特及其他白俄分子的职务”[④]。28日，“霍尔瓦特同意自是日起一周内撤销中东铁路护路军司令部号牌”[⑤]。

1922年2月28日，北京政府与苏俄、远东共和国两政府代表就中东铁路问题签订协定大纲，规定：中东铁路归中国政府管理；俄人所有该铁路股份由中国政府于向后5年内收回之；该路未完全收回前，苏俄、远东两政府之代表有权派员参与该路路政；中东路所负各国政府及外商之债，由中国政府完全负责。1926年1月19日，“东省护路军强制中东路南段通车，伊凡诺夫局长下令路员停工”[⑥]。中东路督办刘海泉向张作霖报告中东路交涉情况并请示应对办法。24日，“东三省交涉署署长高清和与前苏联驻奉天总领事加拉柯维斯基，签订《中东路问题先行解决办法》，决定释放伊凡诺夫局长及职工，恢复通车，运兵费由中方分红利项下抵扣。翌日，伊凡诺夫局长得释。哈长线恢复通车”[⑦]。3月19日，东省特别行政区长官张焕相奉令颁布整顿东路军政办法，加强护路管理等。4月19

① 胡玉海、里蓉：《奉系军阀大事记》，辽宁民族出版社2005年版，第35页。
② 胡玉海、里蓉：《奉系军阀大事记》，辽宁民族出版社2005年版，第217页。
③④ 胡玉海、里蓉：《奉系军阀大事记》，辽宁民族出版社2005年版，第218页。
⑤ 胡玉海、里蓉：《奉系军阀大事记》，辽宁民族出版社2005年版，第219页。
⑥⑦ 胡玉海、里蓉：《奉系军阀大事记》，辽宁民族出版社2005年版，第408页。

日，“苏交通部副部长谢列布略科夫在奉天省城与张作霖洽谈后，中东路理事会免去中东路局长伊凡诺夫职，以叶米沙诺夫继任”①。4月21日，“谢列布略科夫与张作霖会谈中东路问题。张提出缩小局长权限、平等任用中苏职员、经济财政委托理事会管理等三项建议”②。1929年7月，发生“中东路事件”。7月5日，张学良接蒋介石电称：“坚决收回中东铁路全权，不得已时可绝交。并嘱东北边境戒严”③。7日，“张学良抵达北平，与蒋介石谋商中东路问题，蒋认为：‘须先取中东路然后谈判一切问题’”④。1935年3月，苏联把中苏共同经营的中东铁路北段（北满铁路）以1亿4000万日元的价格卖给了日本扶植的伪满洲国。1945年8月，抗日战争胜利，苏军驻扎中国东北，中东铁路改称中国长春铁路，由中苏共管。1950年2月14日，中苏双方通过谈判，签订了《中苏友好同盟互助条约》《中苏关于中国长春铁路、旅顺口及大连的协定》以及苏联给中国的贷款协定等文件。有关中东铁路的协定中说：“缔约国双方同意苏联政府将共同管理中国长春铁路的一切权利以及属于该路的全部财产无偿移交中华人民共和国政府。此项移交一俟对日和约缔结后立即实现。在移交前，中苏共同管理中国长春铁路的现状不变。惟中苏双方代表所担任的职务（如铁路局长，理事会主席等职），自本协定生效后改为按期轮换制”。4月25日，中苏双方通过谈判，成立了中国长春铁路公司，作为中苏两国在中东铁路移交前共同管理该路的机构。9月15日，中苏发表联合公告，宣布为进行铁路移交工作，成立了中苏联合委员会，该委员会应于1952年12月31日前，将中东铁路向中国移交完毕。1952年12月31日，结束中苏共管，中长铁路（原中东铁路）完全由中国收回，归中国所有。当时，恢复设立哈尔滨铁路管理局，管辖中长铁路全部，包括哈尔滨到旅顺的哈大铁路；其后，中东铁路分为了滨州线、滨绥线、哈大线三条铁路线，延续至今。

①②胡玉海、里蓉：《奉系军阀大事记》，辽宁民族出版社2005年版，第420页。
③④胡玉海、里蓉：《奉系军阀大事记》，辽宁民族出版社2005年版，第520页。

二、日本从沙俄手中接管的南满铁路

南满洲铁道株式会社，简称“满铁”。“‘满铁’创建于1906年，是日本最大的公司，号称拥有两亿日元的资金，起初，大部分事业资金依靠英国资本（日本实缴资本为200万日元，截至1911年，曾在英国四次征募公债1400万英镑，折合1.36亿日元）。”[①]日本在日俄战争后获得了俄国在“南满”铁路及附属地的利益。清光绪三十二年（1906）8月1日，“日本从沙俄手中接管南满铁路，将铁路用地改称‘南满铁路附属地’”。[②]为了“经营满洲”，光绪三十三年（1907）设立国策会社，“满铁”的总部在大连。“这样一来，日本也跻身列强之林，能以‘租借地’和‘铁道附属地’为基础，以满洲铁路为动脉，参与殖民活动”[③]。满铁会社的性质是半官半民的，资金和人事任命方面都是，“满铁”总裁由政府任命，并受到监督，初建的资金也是政府出资一半，剩余的通过股份发放。“日本经营满洲，从1906年（明治三十九年）至1931年（昭和六年）这25年期间，日本的政治统治权能够达到的范围，仅限于南满洲的一部分，在此期间，南满洲一带实属日本所称的‘不殖民的殖民地’”[④]。九一八事变后，日本对东北全境进行殖民统治。“以1931年的‘满洲事变’为转折，日本的政治统治才扩大到满洲全境，在这以后放弃满铁之前的十五年间，日本则以全满洲为对象展开了现代的殖民活动。”[⑤]“满铁”的经营范围庞大，除铁路外，还有港湾、矿产、林畜产及文化电影业，名义上是个公司，实际方便日本在中国资源获取和输出，同时获取商业和政治经济情报，就是一个庞大的殖民集团。“满铁”最臭名昭著的是“满铁”调查部，负责搜集苏联远东和中国地缘情报，且在世界各地设置事务所。“满

① [日]满史会编、东北沦陷十四年史辽宁编写组译：《满洲开发四十年史》上，新华出版社1988年版，第39页。

② 胡玉海、里蓉：《奉系军阀大事记》，辽宁民族出版社2005年版，第25页。

③④⑤ [日]满史会编、东北沦陷十四年史辽宁编写组译：《满洲开发四十年史》上，新华出版社1988年版，第3页。

铁”对中国的调查最为细致，很多报告都有关东军和政府的参与和参考使用。“日俄战争后，日本的国策都是以再次对俄作战为前提的。所以经营满洲也不外乎是预想战场展开而已。持这种见解的人认为，‘满铁’应较其他优先考虑充分发挥军事上、国防上的功能。参谋总长儿玉源太郎和后藤新平的国营论就是这种见解的代表。儿玉大将在《朴次茅斯条约》缔结之前，在他拟定的《经营满洲策略概要》一书中就论及：‘战略上经营满洲的唯一秘诀，就是表面上经营铁路，暗地里则要充实各种设施，根据这一秘诀，租借地内的统治机构和经营铁路的机构要截然分开。经营铁路的机构必须装作除铁路之外，与政治、军事全然无关。’”[①]正如“满铁”的首任总裁后藤新平所讲那样：“经营满洲铁路并采煤，只要计算得好没有亏损，就算尽到了经营满洲铁路的任务。另外它也不是专门向满洲推销商品、购入商品借以牟利的贸易商行。“满铁”是一个奉行经济上军事上种种国家重要任务的殖民地开发机构。”[②]参与“满铁”业务的人身份有很多，政府、军方、商人、浪人、学术界都有，还有日本共产党人。最出名的是“满铁”的首任社长后藤新平和后来的总裁松冈洋右，还有中西功。后藤新平原来是学医的，被派到中国台湾，组织卫生事务及公共规划，主持少数民族的生活习性和民族调查，深入了解当地习惯，发展经济，制定法律，这样一来，殖民进一步扩张，很多殖民地理念灌输到“满铁”。后藤新平在其就职理由书中说道：“日俄战争恐非能以满洲一战而定局，第二次战争究将于何年到来，难以预料，胜券在我时，则当先发制人；如难操胜券，则当自重，以待时机，即使再战而不胜，我仍应留有善后余地。总而言之，我于满洲必须居于经常以主制客，以逸待劳的地步。为此，经营要点之一则在于经营铁路之巧拙，此亦君之一贯主张也。一得之计，必须以第一经营铁路、第二开发煤矿、第三移民、第四牧畜，尤其要以移民

---

①［日］满史会编、东北沦陷十四年史辽宁编写组译：《满洲开发四十年史》上，新华出版社 1988 年版，第 93 页。

②［日］满史会编、东北沦陷十四年史辽宁编写组译：《满洲开发四十年史》上，新华出版社 1988 年版，第 10 页。

为其要务。”[①]光绪二十六年（1900），松冈洋右毕业于美国俄勒冈大学，从光绪三十年（1904）起，进入日本外务省，历任日本驻中国、美国等国外交官，在九一八事变前，多次担任日本驻中国领事，是极右翼分子，二战甲级战犯，两次当过“满铁”总裁。他最有名的是鼓吹“满蒙生命线”，将“满洲和蒙古”独立出来，也是“近卫声明”的坚决贯彻者，法西斯轴心国的活跃分子，他任职“满铁”期间，调整机构，强化情报功能，并且与军方紧密结合，钳制中国。中西功在中国很受欢迎，不仅是因为他的共产党身份，也是由于他情报业务能力很强，不仅准确，也具备预见性。他有很多故事，也写了很多共产主义研究专著。“满铁”会社里还包括很多领域的政客、商人和专家学者，在1945年日本战败，“满铁”解体后，在各自领域继续发挥作用。

三、中国东北第一条自建铁路：奉海铁路

清光绪三十年（1904），日本和沙俄为了争夺在中国东北的势力范围，在中国国土上发动了战争。日俄战争的结果，使日本在中国东北南部地区取代俄国，并攫取了东清铁路支线长春至大连的铁路及附属地，改称南满铁路。光绪三十二年（1906），日本设立“满铁”，代替日本政府“管理”在东北的“权益”。“满铁”通过南满铁路及其附属地掠夺东北资源，对东北进行政治、经济、军事、文化等方面的侵略。此时，长春以南的铁路运输全部被“满铁”控制，即使是奉军使用铁路，除了交付运费之外，还加设了各种条件，比如奉军在日本驻奉天总领事和关东军司令部批准之后才能乘车，必须临时解除一切武装，枪支弹药另行托运，关东军和铁路守备队有权监督；奉军的军事物资，必须得到关东军司令部批准才给运输；日本方面随时可以拒绝奉军运输。

张作霖主政东北后，为了摆脱日本的控制，就筹划在南满铁路东侧铺设奉天至海龙的铁路，以便使铁路运输摆脱“满铁”控制，争取更多的资

---

① [日]满史会编、东北沦陷十四年史辽宁编写组译：《满洲开发四十年史》上，新华出版社1988年版，第93页。

源流动和军事运输的自主权。可见，这条铁路的建设，从一定意义上说，就是为了同日本争夺权利，首先是铁路建设权，其次是经济权，再次就是军事运输权。在当时历史条件下，中国人想要自己修铁路谈何容易。1923年1月，张作霖责成王永江开始与“满铁”交涉谈判，希望收回修筑权。“满铁”以各种理由百般阻挠。经过两年交涉，最后奉天省用向日方借款修筑洮昂铁路为妥协，取得奉海铁路修筑权。1924年5月8日，“张作霖为筹建东北铁路网，成立‘东三省交通委员会’，任命王永江兼委员长，任命杨宇霆、王树翰、于驷兴、张学良等为委员，统一管理东北铁路、交通、电信等事业”[①]。8月，“东三省交通委员会委员长王永江主持召开委员会议，决定：奉天、兴京间、洮南、兴安岭间、开原、海龙间铁道筹备建筑仍旧官民合资办理”。[②]

奉海铁路是奉系军阀用本国资金和技术建成的官商合办的铁路，是奉天省长公署与商民合作投资，由奉海铁路股份有限公司承建和管理的省有铁路。奉海铁路是东北第一条官商合办的铁路。暂定奉海铁路由本国投入资金奉大洋两千万元，官商各投资一半。官股由奉天省财政厅投资，由东三省官银号支出。商股在各大银行、各地银行和各商民个人中募集。商股不足额或整个投资不足部分，由省财政厅随时垫支，保证了筑路资金来源。公司章程明确规定：“入股者以本国籍人民为限”，公司股票为记名式有价证券，股票可在中国人之间转让，“不准转让或抵押给外国人”。奉海铁路干支线营业里程总长337.1公里，干线自奉天省城经海龙县至朝阳镇263.5公里；支线自梅河口至西安县城及煤矿73.6公里。1925年春，王永江在省城八王寺设立奉海铁路建设筹备处；5月14日，成立奉海铁路公司，以奉天省政务厅厅长王镜寰为公司总理，原四洮铁路总务处长、技师陈树棠为技术长。奉海铁路是完全用中国自己的技术和资金建设的，7月开工。7月28日，“官商合办的奉海路公司成立后，是日，开始动工修筑”[③]。8月3日，“奉海铁路自开办以来，营业非常发达，仅6月份调查统计，客

① 胡玉海、里蓉：《奉系军阀大事记》，辽宁民族出版社2005年版，第359页。
② 胡玉海、里蓉：《奉系军阀大事记》，辽宁民族出版社2005年版，第366页。
③ 胡玉海、里蓉：《奉系军阀大事记》，辽宁民族出版社2005年版，第392页。

运收入奉大洋1552717元，较比5月份增收奉大洋501327元”[①]。1927年9月6日，奉海铁路通车。这对中国人来说是个可喜可贺之事，对日本人来说就不是好事了，他们极力反对。7日，“日本就东北当局修筑奉海、打通铁路向北京政府提出抗议”[②]。16日，“奉天当局决定不顾日方反对，继续修筑打通铁路彰武至通辽段”[③]。10月24日，“彰武至通辽段铁路竣工，至此，打通路全线完成，并与四洮路郑通路接轨。是日，京奉列车首次开抵通辽站；11月15日，开始临时营业”[④]。12月，干支线基本完工。筑路工程异常艰苦，奉海铁路干线除需要建设279座桥涵外，还要凿通老虎岭、西岭山两座隧道。筑路者开通了490米长的隧道之后，使得铁路全线提前9个月竣工，自奉天省城大北边门外的毛君屯起，向东北延伸，长236公里。奉海铁路筑路速度非常快，在大通路竣工仅三个月后，1928年1月29日，“奉海铁路梅（河口）西（安）支线竣工”[⑤]。奉海铁路建成后，“满铁”与其签订联运协议。2月16日，“奉海铁路局与满铁签订南满、奉海两铁路联运和交换车辆协约”[⑥]。

奉海铁路初建之时，由于当时财政资金紧张，采取官民合资联办的形式。铁路建成后，资金得以缓解，为了便于管理，28日，“奉海铁路改为官办”[⑦]。初期，由于机车、货车数量少而营业亏损。4月下旬，“奉海铁路公司改为工程局，常荫槐任督办，原公司总理张志良调任他职”[⑧]。1929年，正式营业，收入和利润逐年增多。奉海铁路每年运出农产品90余万吨，以大豆粮食为大宗货物，占货运量百分之七十，其次是运输西安（辽源）煤矿煤炭，以及工业品杂货：货源充足，保证营业运输获利。不到一年，奉海铁路已经成为南满铁路东部的平行竞争线。4月，因省城更

① 胡玉海、里蓉：《奉系军阀大事记》，辽宁民族出版社2005年版，第455页。
② 胡玉海、里蓉：《奉系军阀大事记》，辽宁民族出版社2005年版，第457页。
③ 胡玉海、里蓉：《奉系军阀大事记》，辽宁民族出版社2005年版，第458页。
④ 胡玉海、里蓉：《奉系军阀大事记》，辽宁民族出版社2005年版，第460页。
⑤ 胡玉海、里蓉：《奉系军阀大事记》，辽宁民族出版社2005年版，第465页。
⑥ 胡玉海、里蓉：《奉系军阀大事记》，辽宁民族出版社2005年版，第466页。
⑦ 胡玉海、里蓉：《奉系军阀大事记》，辽宁民族出版社2005年版，第467页。
⑧ 胡玉海、里蓉：《奉系军阀大事记》，辽宁民族出版社2005年版，第472页。

名而改称沈海铁路。奉海铁路建成打破了日本对东北铁路运输的垄断。奉海铁路的经济价值无可置疑，铁路沿线土地开垦成耕地，“物产均可吸收集中省城”。它沿途经过沈阳、抚顺、清原、海龙、东丰、西安六县，还有山城镇和朝阳镇两个商业中心市场，烟麻、粮产、森林、矿产等资源丰富，以前都通过南满铁路运输，现在都可转入奉海铁路。奉海铁路修筑期间通车的各站随时营业。奉海铁路的建成通车也方便了沿途商贾、旅客的出行，客运量逐年增加。1929年至1931年，铁路收入每年增长二百万元现大洋，增长额相当于路产的十分之一。1931年，利润最多达457.6万元，相当于筑路投资的五分之一，平均每公里收入1.5万元，是自建铁路中收入和利润最多的铁路。

四、元帅林支线

在奉海铁路的建设中，1929年5月至1930年，有一段支线铁路建设有关史料没有记载，即“元帅林支线”。元帅林车站建在抚顺市东洲区章党镇高丽营子村西南，西距营盘站约7.5公里，东距铁背山站0.7公里。元帅林站至元帅林陵区2公里，是为转运从北京购买的六千吨陵墓石刻而建的铁路支线。当年为修建元帅林，张学良在北京将西郊石景山区的隆恩寺及附近的清初王爷坟上的陵墓石刻全部买下，“辽宁省抚顺市已经开放‘元帅林’（即张作霖墓园）陈列有从北京西郊隆恩寺移去的明、清石刻六十二件”[①]。冯其利书中所说的这些石刻只是元帅林众多石刻中的一小部分。这些石刻从隆恩寺拆卸后，经过编号、包装后，用马车拉到北京三家店，通过火车运输至沈阳东站再转运到元帅林。“元帅林是1929年5月动工兴建的，预计三年完工……因元帅林工程浩大，岗北增设了元帅林火车站，向南修了火车道和大车道与沈吉路相通。”[②]元帅林支线在建陵当中发挥了重要作用，如果没有这条运输线，在28个月内是无法完成“元帅林”这个恢宏工程的。“大元帅墓葬规模扩大了许多，工程预算为1400

① 冯其利：《清代王爷坟》，紫禁城出版社1996年版，第66页。

② 郝武华编著：《元帅林》，辽宁人民出版社2010年版，第39页。

万元。”[①]

1933年，伪满洲国将奉海路与吉海路（吉林至海龙）合并，称为沈吉线。随着奉海路的建成，沿线车站也先后建成。奉海铁路在抚顺境内有“滴台、抚顺城、前甸、章党、石门岭、营盘、元帅林、铁背山、南杂木、苍石、南口前、北三家、斗虎屯、清原等车站”。[②]

抚顺市在20世纪50年代为修建大伙房水库，元帅林支线及铁背山火车站有一部分处于淹没区，被迫拆除了，铁路平行向北移建。当年的老道基现在有多处还露出水面，元帅林火车站在90年代末被铁路部门拆除，在原址建了民房。

作者单位：抚顺市元帅林文物管理中心

① 郝武华编著：《元帅林》，辽宁人民出版社2010年版，第37页。

② 肖景全、金辉：《往事旧影》，辽宁人民出版社2008年版，第149页。

试论和九一八事变前的东北铁路相关的两个问题

张连杰

一般地说，1931年九一八事变前的东北铁路系统包括三大部分：沙俄修建的中东铁路、日俄战争后日本控制下的南满铁路和安奉铁路等以及张作霖张学良父子修建的锦朝线、打通线、奉海线（又叫沈海线）、吉海线、呼海线、齐克线、吉敦线和洮索线等多条铁路。张氏父子主政东北的15年间（1916—1931），其所建设的东北铁路，营业里程已达2000多公里，在促进本地区的经济社会发展、交通现代化、城市化进程、传播先进思想文化以及维护国防安全和保卫边疆安稳等方面，均发挥了积极的作用和有益的功能。

从某种程度上可以说，张氏父子的东北铁路系统与沙俄中东铁路系统、日本南满铁路系统，在东北地区可谓三足鼎立。有鉴于此，笔者虽学力有所不逮，但仍不揣浅陋，拟从俄日侵略中国东北地区和东北地区的反侵略斗争是这一地区的铁路起源、形成与发展的社会历史背景以及中东铁路是马克思列宁主义和布尔什维主义传入中国东北地区和其他地区的一条重要路线这两个方面，来分析与论述和九一八事变前的东北铁路相关的两个问题，以此抛砖引玉，并求教学界的专家与同行，不足之处，敬请批评与斧正。

一、俄日侵略中国东北地区和东北地区的反侵略斗争是这一地区的铁路形成与发展的社会历史背景

日本是中国的近邻，经过明治维新之后，其国力大增，对外扩张的野心也与日俱增，并把中国的东北地区等视为肥肉欲吞并之。在1894年至1895年的中日甲午战争中，中国战败了。“（清军）初败于牙山，继败于平壤，日本乘胜内侵，连陷九连、凤凰诸城，大连、旅顺相继失。（日本）复据威海卫、刘公岛，夺我（指清政府，笔者注）兵舰，海军覆丧殆尽……命（李）鸿章往日本议和。”[①]1895年4月17日，清方的李鸿章、李经方与日方的伊藤博文、陆奥宗光签订《马关条约》，中国进一步沦为半殖民地社会。

甲午战后，日本取得东北地区的辽东，直接影响了西方列强特别是沙皇俄国在中国的利益，沙皇俄国不仅垂涎旅顺、大连之天然不冻港，而且更是把东北地区看作其必得之肥肉。1895年4月23日，沙俄联合法、德两国共同干涉，劝告日本放弃辽东半岛；结果清政府与日本签订《中日辽南条约》：清政府以三千万两白银的代价，收回辽东半岛失地。沙皇俄国趁机以联清制日为诱饵，于1896年与清政府签订了《中俄密约》等，从而攫取了在中国东北地区修筑并经营、管理中东铁路（又叫东省铁路或东清铁路）的特权。到了1898年春，“旅顺口、大连湾、辽东半岛租借于俄罗斯”[②]。

1898年6月，沙俄侵略者以哈尔滨为中心，分东、西、南三线（哈尔滨至绥芬河的滨绥铁路、哈尔滨至满洲里的滨洲铁路和哈尔滨至大连的哈大铁路三条线），同时开始相向施工、筑路。1903年7月，中东铁路建成通车；中东铁路分为两段，呈“T”字形——横穿东北北部地区的从满洲里经哈尔滨再到绥芬河的东西方向段干线和从哈尔滨向南经过长春纵向穿过东北三省的心脏地区并经过奉天（沈阳）直到旅顺和大连的南北方向段支线。与此同时，沙俄也加速了对哈尔滨及中东铁路干支线包括其分支线的沿线属地等东北其他地区的侵略扩张与殖民统治的进程。

---

① 赵尔巽：《清史稿·卷四百十一》，中华书局1976年版，第12020页。

② 赵尔巽：《清史稿·卷二十四》，中华书局1976年版，第922页。

沙皇俄国通过修筑中东铁路及其支线，在东北地区建立了中东铁路局，并以保护中东铁路路权为借口，在东北地区大量派遣护路军。沙皇俄国在攫取中东铁路修路权的同时，还顺便攫取了沿铁路线周围的伐木、采矿、驻扎军队、派遣警察以及减免税厘等多项特权。这样，整个东北地区便成为沙皇俄国的势力范围。由于沙皇俄国的侵占东北计划与日本的侵华目标相冲突，日本经过十年左右的精心准备之后，便决定与沙皇俄国一决高低。这样便在中国东北地区发生了 1904 年至 1905 年的日俄战争，结果日本战胜了沙皇俄国。

1906 年 5 月 11 日起，中东铁路的长春以南的全部权益和控制范围，被日本侵占，构成了日本控制东北地区势力范围的“南满铁路”及其附属地；不久，日本又强行修筑了安奉铁路等。这两条铁路相互配合，在日本扩大和加紧侵华方面，为其提供了极大的便利并发挥重要作用。与此同时，日本还在东北地区成立了南满洲铁道株式会社，简称“满铁”。“满铁”担负着政治和经济、军事和文化、刺探信息和搜集情报等的全面侵华的责任，名副其实地成为“假公司之名，行机关之事，代替（日本）政府经营南满”[①] 的日本政府代理机关。

从此以后，中国东北地区便被俄国和日本分而治之，控制着东北交通和经济两大命脉的铁路权益大都掌握在俄日两个帝国主义侵略者手里，特别是掌握在日本方面。日本关东军（“关东军”之名称始见于 1919 年 4 月 13 日）出现后，利用南满铁路及其附属地于 1931 年发动了九一八事变，1932 年成立了伪满洲国，吞并了整个东北地区。九一八事变爆发前，日本通过“满铁”掌握了东北地区几乎所有的铁路，不但将其触角伸入矿山、海运、钢铁和森林等行业，而且更成为日本侵略者掌控东北的重要工具。这便给张作霖张学良父子主政和统治东北造成了极大的压力，张氏父子为了冲破和摆脱俄日特别是日本侵略势力的羁绊和束缚（从某种程度上也可以说是中国人民出于反侵略的需要与目的），就修筑了属于张氏父子主政和统治下的东北铁路系统。

1922 年 6 月，张作霖宣布东北“自治”，准备修建其独立管辖的铁

① 陈本善：《日本侵略中国东北史》，吉林大学出版社 1989 年版，第 113 页。

路网（因为其管辖区域内并没有他本人所控制下的铁路）。1924 年 5 月，东三省交通委员会正式成立，计划修建奉天到齐齐哈尔的铁路西干线、奉天到吉林市的铁路东干线即修建能够连接奉天、吉林和黑龙江三省省城的铁路线，以冲出东北地区俄日两国铁路系统的束缚，特别是打破日本长期控制与垄断东北地区铁路的局面，这便拉开了张氏父子大规模修建东北铁路的序幕。奉海铁路总长为 253.3 公里，这是张氏父子所投资创建修成的东北地区第一条自主铁路干线。

张作霖建设西线铁路的成就包括：新修筑成的和利用改造的奉天至打虎山（今大虎山）段、打虎山至通辽段、通辽至郑家屯段、四平街至洮南段、洮南至昂昂溪段、昂昂溪至齐齐哈尔段和齐齐哈尔至克山段。张作霖建设东线铁路的成就包括：南段在奉天成立奉海铁路公司，由奉天省官民共同出资；北段在吉林成立吉海铁路局，由吉林省出资。新修筑成了奉天至海龙干线以及梅西等支线、吉林至海龙线。

皇姑屯事件之后，便进入了张学良掌控东北地区的少帅时期。1928 年 7 月至 1930 年 4 月前后，张学良直接领导和管制东北交通委员会，并改组、扩大、提高其权限与范围——这一决策机构直属东北保安司令部领导，为与东北三省平行的重要机构。除此之外，张学良少帅还提出了“建设新东北”的口号，且制订了《建设东北铁路网计划》。该计划拟修筑和建成铁路 8000 公里，且逐步建立起独立的东北地区铁路客运和货运的联运网，以便与南满线、安奉线和中东路等铁路线抗争。

张作霖张学良父子在建设东北铁路的进程中，注重加强与欧美国家特别是美英等国的合作与交流，从而解决了铁路建设中的部分资金和不少技术上的困难和难题。在东北铁路的建设战略上，张氏父子制定了以自主筑路为先导的战略方式。在东北铁路的建设方针与方法上，张氏父子以自建自营为主：国营的由京奉路出资承办；省营的由地方省政府出资兴办；官商合办的由地方政府和广大民众共同出资联办。

1929 年，张学良命令东北交通委员会委员长高纪毅以北宁路为中心，创办了西四路（北平—沈阳段、四平—洮南段、洮南—昂昂溪段、齐齐哈尔—克山段）和东四路（北平—沈阳段、沈阳—海龙段、吉林—海龙段、吉林—敦化段）的客货联运方式，随后再利用银本位的优势，还通过降低运费等手段，与东北大地上苏方控制的中东铁路以及日方控制的南满铁路进行了和平的竞争，并取得一定的成效，特别是加速和催化了东北地区铁路交通的现代化过程。

1930年，北平到齐齐哈尔这条铁路线正式通车，还实现了北宁线、打通线、郑通线、郑洮线和洮昂线五路联运；北平至吉林这一路段也实现了正式通车，还实现了北宁线、沈海线和吉海线三路联运制。可以说，这基本上实现了张作霖张学良父子东北铁路的东西两大干线计划，并把中东铁路和南满铁路大体上置于中国铁路的包围之中。从军事上来看，正所谓："万一奉军以其铁路网之机能，由东、北、西三面而夹击之，斯时也，南满路必一转而失却国防军事上之能力，而帝国驻屯沿线及兴安岭、开鲁一带之国军，不为降虏，即须全覆。"①

另外，当时的中国政府也采取了维护和保证东北地区国家铁路权利和权力的一些行动和措施。如："1917年（民国六年）2月，中国派兵进入中东铁路管辖区，翌年，在哈尔滨成立铁路临时警备司令部，同时设立中东铁路督办所，特委吉林省省长郭宗熙办中东铁路事宜。1919年（民国八年）7月，奉北京政府明令，改临时警备司令部为中东铁路护路军总司令部，委吉林督军鲍贵卿任护路军总司令。"②

1920年，吉林省接收了哈尔滨地方行政权，中国北京政府颁布法律，首次在公文中出现了"东省特别区"之称，司法部将中东铁路用（占）地划为东省特别区（指哈尔滨东至绥芬河、西至满洲里、南至长春宽城子的范围）。"1922年（民国十一年）2月28日，中苏议定《中东铁路大纲》，中东铁路由中国特设机关管理。……1924年（民国十三年）5月，北京政府批准东省特别区独立于吉林、黑龙江两省区域之外。……1926年（民国十五年）3月30日，东省特别区行政长官下令解散白俄霸占的市公议会及董事会，所有卷宗、票照及财产统由哈尔滨市政管理局接

① 中国第二历史档案馆编：《中华民国史档案资料汇编第五辑第一编外交（一）》，江苏古籍出版社1994年版，第352页。

② 陈立明：《中东铁路及在长春的历史足迹》，长春市政协文史资料委员会、民进长春市委员会编：《长春中东铁路记事》，2012年版，第18页。

受。至此，被沙俄及其残余侵占28年之久的行政权全部收回。”[①]

1929年5月27日，在美、英等国策动下，南京国民政府蒋介石指使张学良的东北军夺取中苏合办的中东铁路，此即五二七事件。7月10日，张学良派东北军占领了中东铁路，此即七一〇事件。8月17日起，中苏进行多次战斗，双方互有伤亡，苏军打到海拉尔，东北军失败。10月22日，中苏双方派代表在伯力谈判，签订草约、立即停战，恢复苏联对中东铁路的原有权益、维持中苏合办，中国政府对此不予承认。1930年12月4日至1931年10月7日，中苏双方还先后举行过25次会议，但最终未能达成协议，只好维持原状。这便是东北铁路史上非常著名的“中东路事件”。从某种程度上也可以说，中东路事件理应是属于中方收回自身铁路权益的正义行动和爱国之举。

二、中东铁路是马列主义传入中国的一条重要路线

中东铁路修成后，中国东北地区的铁路线便与沙俄西伯利亚等地区的铁路线联结相通，这些铁路线最终成为通行欧亚大陆，乃至太平洋地区与大西洋地区的重要交通要道（又叫第一亚欧大陆桥）。苏联学者A.H·赫菲茨在他撰著的《19世纪末20世纪初马列主义在哈尔滨的传播》一书中写道：“布尔什维克在中东铁路区内，不仅在俄国工人中间，而且在中国工人中间进行了革命工作。还在1905—1908年时，哈尔滨的布尔什维克就开始在中国工人中间做系统工作了。”[②]

从某种程度上可以说，中东线这条铁路与马克思列宁主义和布尔什维主义之传播到中国、许许多多的中国革命先进分子到苏俄去“取经”以及中国共产党的建立等，均有着相当密切的关系和联络，从而也就形成了从中国内地到中国东北地区、再通往苏俄和共产国际的一条“红色之路”。这条形成于俄国十月革命之前的“红色之路”，在十月革命之后的五四运

① 陈立明：《中东铁路及在长春的历史足迹》，长春市政协文史资料委员会、民进长春市委员会编：《长春中东铁路记事》，2012年版，第19—20页。

② 李忠义：《中国最早接受和传播马列主义的城市——哈尔滨》，《奋斗杂志》2013年第11期，第58页。

动和中国共产党的成立及其之后的历史进程中，更是体现了更大的功能和发挥了更重要的作用。

“关于俄共中央西伯利亚局东方民族处的机构和工作问题给共产国际执委会的报告……以前这项工作是在俄国远东和东西伯利亚的一些城市（如伊尔库茨克、海参崴、哈尔滨、布拉戈维申斯克等）单独进行的。最初，由于远东同西伯利亚隔绝，仅在哈尔滨与海参崴之间及部分地在哈尔滨与布拉戈维申斯克之间固定的各种联系和接触。……同中国来往的路线是：1. 从伊尔库茨克出发，取道蒙古（经恰克图、乌尔噶［指乌兰巴托，笔者注］）是 12—16 天的路程；2. 直接路线（伊尔库茨克—满洲里—哈尔滨—北京）是 8—10 天的路程；3. 伊尔库茨克—哈尔滨—海参崴—上海；4. 伊尔库茨克—赤塔—布拉戈维申斯克—哈尔滨或海参崴。……为中国革命工作培训中国人是这个营的任务。……从中国弄到的一些革命文献正在译成俄文。”①

哈尔滨是中国东北北部地区的最大城市，它处于西满、东满与南满以北地区铁路的交会点上；在中东铁路线上，哈尔滨既是中转站，又是中枢地，更是必经地。正是因为哈尔滨的这一便捷的铁路交通条件与特殊的中心地理位置，所以，贯通西伯利亚和中国东北地区的中东铁路就成为马克思列宁主义在中国（先是东北地区，再是中国其他地区）早期传播的特殊而便捷的路线、渠道，以至于这条路被中共党史研究者称为“红色中东路”“远东红色路”。

马克思列宁主义，是以工人阶级作为其传播的物质力量和阶级基础的；中东铁路哈尔滨地区的工人阶级，是传播马克思列宁主义的基本人群和主要力量。马克思列宁主义在哈尔滨能够传播开来，是因为这里初步具备了其传播的环境与条件。可以认为：马克思列宁主义之传播到哈尔滨等东北地区，比马克思列宁主义之传入中国的其他地区要早。笔者认为：这一点，应是确定无疑的。

一般地说，史学界有这样的一种传统观点：1917 年俄国十月革命之后，

① 中共中央党史研究室第一研究部译：《联共（布）、共产国际与中国国民革命运动（1920—1925）》（第一册），北京图书馆出版社 1997 年版，第 49—55 页。

马克思主义、列宁主义才真正开始在中国大地上传播开来。“一九一七年11月7日（星期三）……‘十月革命一声炮响，给我们送来了马克思列宁主义。’以此为开端，特别是经过五四运动，马克思主义在中国开始了真正意义上的传播。”[①]而在实际上，早在十月革命之前的1905年甚至更早些时候，马克思列宁主义、布尔什维主义就开始由俄国社会民主工党哈尔滨工人团沿着中东铁路直接传入中国的东北地区，正所谓“中东铁路火车一响，给哈尔滨送来马克思主义。”[②]“我（指瞿秋白，笔者注）现在有了我的俄乡了——苏维埃俄国。……他始终是世界第一个社会革命的国家，世界革命的中心点，东西文化的接触地。”[③]

还在修筑中东铁路时，沙俄侵略者便在中东铁路沿线的东北地区甚至河北省、山东省等地的农村地区，欺骗、雇用了一大批破产的农民；1898年10月，这些农民已达近20万人之多。与此同时，沙俄侵略者也在其国内招聘了一批技术工人，非常幸运的是：在这些俄国工人中间，就有布尔什维克党人。十月革命前夕，在革命导师列宁的领导之下，这些远在异国他乡的布尔什维克党人，积极而稳妥地进行着相关的革命组织与宣传鼓动等活动。1905年前后，哈尔滨市的地包与三十六棚地区等，总是时不时地响起嘹亮的、动听的《国际歌》歌声。

1907年5月14日（俄历五月一日，笔者注），中东铁路线上哈尔滨的中俄工人在太阳岛一带举行集会活动，纪念五一国际劳动节，青年学生和哈尔滨市民等1万多人参加这次大会，会上提出实行8小时工作制、反对剥削压迫和改善生活待遇等斗争口号，这是中国的工人阶级首次庆祝自己的劳动节日。总之，发生在哈尔滨地区的纪念五一国际劳动节的活动，比北京、上海和广州等大城市都要早十多年，这在中国工人运动史上和中国共产党创建史上，均有着十分重要的意义和极为显著的影响。

苏联的《十月革命与社会主义建设档案》中有这样的记载内容：1908

① 嘉兴学院红船精神研究中心编：《马克思主义在中国早期传播史料长编（1917—1927）》（上卷），长江出版社2016年版，第1页。

② 崔贵海：《马列主义早期传播与中共哈尔滨组的建立》，《学理论》（旬刊）2011年第22期，第1页。

③ 瞿秋白：《瞿秋白文粹饿乡纪程》，太白文艺出版社1995年版，第23页。

年前后，布尔什维克党人“就在他们（指哈尔滨地区的工人，笔者注）中间相当有计划地进行工作，不仅努力帮助他们提高阶级觉悟，而且还培养他们，成为中国人民反对清朝专制制度的民族解放斗争中的先锋队”[①]，从而使当地的工人初步懂得了一些马克思列宁主义、布尔什维主义的基本原理（如《共产党宣言》等）以及要进行革命斗争的道理（如马克思的革命斗争、列宁领导俄国工人阶级进行革命活动等），其阶级意识也受到了感染和熏陶，阶级觉悟更是得到了启蒙和提高。

“1984年，我（指李忠义，笔者注）采访了一些机务段（指中东铁路上的哈尔滨机务段，笔者注）的百岁老人，他们大部分是火车司机。当他们慷慨激昂地跟我们谈论当年的情景时，暮色的眼睛里还放射着激动的光彩。他们说：当时有许多中国工人加入了布尔什维克组织，他们称之为国际党。血气方刚的年轻工人，就像一滴水融进了松花江一样，全副身心都投进了布尔什维克的怀抱”[②]。1917年11月20日，“中东路的中国工人与俄国工人一起，庆祝十月革命的胜利”[③]。

除了哈尔滨中东路的工人最早接受和传播马克思列宁主义之外，马克思列宁主义在哈尔滨地区的早期传入，还有另外一条特别的渠道、另外一个特殊的人群——旅俄华工、旅欧华工。十月革命前后，数以万计的华工沿着中东铁路断断续续地回到自己祖国的怀抱，其中不少人在哈尔滨等地谋生并定居下来。他们随身携带的《华工醒世报》《社会警钟》《旅俄华工大同报》等宣传十月革命的图书和报刊，给哈尔滨等地区的工人以相当的影响；而且，他们还把耳闻目睹和亲身经历的有关俄国革命和马克思列宁主义的理念、意识，直接传播给周围的人群，从而撒播了革命斗争的火种，为五四运动的发展和中国共产党的建立，做出了应有的贡献，发挥了应有的作用。

① 李忠义：《中国最早接受和传播马列主义的城市——哈尔滨》，《奋斗杂志》2013年第11期，第58页。

② 李忠义：《中国最早接受和传播马列主义的城市——哈尔滨》，《奋斗杂志》2013年第11期，第58页。

③ 嘉兴学院红船精神研究中心编：《马克思主义在中国早期传播史料长编（1917—1927）》（上卷），长江出版社2016年版，第6页。

与此同时，中国国内的一些初步具有共产主义思想的青年知识分子，为了学习十月革命和苏俄的成功经验，便不断地大量地涌入哈尔滨，然后再沿着中东铁路奔赴苏俄境内。1920年，赴俄考察的瞿秋白和新闻界的“释迦牟尼”俞颂华在哈尔滨住了一个多月；瞿秋白第一次听到《国际歌》的时候便感觉到耳目一新，“自从到哈尔滨一个半月（瞿秋白和俞颂华等待在哈尔滨的时间是：1920年10月20日—12月10日，笔者注），先得共产党的空气”。[①]“请先得共产党一点空气（atmosphere），回转去说一说哈尔滨工党联合会庆祝十月革命纪念的盛况。”[②]

还有，位于中东铁路主干线及其支线、分支线上的满洲里、哈尔滨、密山和扎赉诺尔等处，续建了共产国际交通局的五个联络处和交通站。1921年春夏，中国社会主义青年团的创建者俞秀松赴苏俄的莫斯科参加少共国际第二次代表大会和共产国际第三次代表大会，以及筹建中中国共产党委派张太雷等人去伊尔库茨克的共产国际远东书记处参加工作等，均是从哈尔滨沿着中东铁路去苏俄的。

三、结语

总之，通过中东铁路前往苏俄境内的这一革命的红色之路，既是一条传播马克思列宁主义、布尔什维主义的道路，也为五四运动的进一步发展和中国共产党的创建乃至中国新民主主义革命的进一步胜利发展，发挥了桥梁的功能与纽带的作用。1931年12月17日，瞿秋白曾撰文写道：“首先是因为有苏维埃……最后是因为坚决英勇的群众的斗争之中，锻炼出了新式的人物。……是矿工，是雇农，尤其是大工业的工厂工人。是的，劳动民众在无产阶级领导之下，去改造世界，去消灭敌人，这种巨大的战斗之中，他们同时改造着自己。”[③]

作者单位：河北省唐山市唐山师范学院教育学院

---

① 瞿秋白：《瞿秋白文粹饿乡纪程》，太白文艺出版社1995年版，第51页。
② 瞿秋白：《瞿秋白文集（一）》，人民文学出版社1953年版，第51页。
③ 瞿秋白：《瞿秋白文粹饿乡纪程》，太白文艺出版社1995年版，第253页。